广东省教育厅2017年创新团队项目（项目编号：2017GWCXTD002）和广东农工商职业技术学院2017年创新团队项目资助出版

高职院校"同伴互助"教学科研团队建设理论及实践探索

张乖利　刘后伟　　著

西南财经大学出版社
Southwestern University of Finance & Economics Press
中国·成都

图书在版编目(CIP)数据

高职院校"同伴互助"教学科研团队建设理论及实践探索/张乖利,刘后伟著.—成都:西南财经大学出版社,2023.10
ISBN 978-7-5504-5121-6

Ⅰ.①高… Ⅱ.①张…②刘… Ⅲ.①高等职业教育—学术团体—科研管理—研究—中国 Ⅳ.①G718.5

中国版本图书馆 CIP 数据核字(2021)第 209555 号

高职院校"同伴互助"教学科研团队建设理论及实践探索

GAOZHI YUANXIAO "TONGBAN HUZHU" JIAOXUE KEYAN TUANDUI JIANSHE LILUN JI SHIJIAN TANSUO

张乖利　刘后伟　著

策划编辑:王琳
责任编辑:王琳　廖韧
责任校对:余尧
封面设计:张姗姗
责任印制:朱曼丽

出版发行	西南财经大学出版社(四川省成都市光华村街55号)
网　　址	http://cbs.swufe.edu.cn
电子邮件	bookcj@swufe.edu.cn
邮政编码	610074
电　　话	028-87353785
照　　排	四川胜翔数码印务设计有限公司
印　　刷	郫县犀浦印刷厂
成品尺寸	170mm×240mm
印　　张	21.25
字　　数	488千字
版　　次	2023年10月第1版
印　　次	2023年10月第1次印刷
书　　号	ISBN 978-7-5504-5121-6
定　　价	89.00元

前言

这是一个资源共享、跨界整合的时代，人类社会面临大变革。尤其是教育变革扑面而来，高职院校教师再不能单枪匹马孤军奋战，而是应该积极行动起来面向人才培养和社会发展开展"同伴互助"。只有合作共赢，才能走得更快、更远。

正如帕克·帕尔默（2005）在《教学勇气——漫步教师心灵》一书中指出的："世界上没有优质教学的公式，而专家的指导也只能是杯水车薪。如果想要在实践中成长，我们有两个去处：一个是达到优质教学的内心世界，一个是由同行所组成的共同体，从同事那里我们可以更多地理解我们自己和我们的教学。"这指出了教师学习共同体和"同伴互助"在教师专业成长过程中的重要作用。

学校是教师职业生根、壮大、开花、结果的生态园，教师之间的互动、关联、合作使得思想、知识、技术、方法得以创新和传播，人类文明得以传承。而在教师之间存在一种自愿互惠合作，被称为"同伴互助"，具有区别于其他行业或领域的特征：首先，这种合作不以经济利益互换为基础，而是以知识、思想沟通和行动示范为媒介载体，具有明显的非金钱特征；其次，合作的领域多限于教学、科研和社会服务，其结果往往能够创新性地解决这些领域的问题，极大地推动了科技创新和教育改革；再次，教师选择这种合作的本质是思想、技能、想法等稀缺资源泛化，使集体为解决问题所支付的成本迅速降低，提高集体效率。但在实际调查中，我们发现高校教师，特别是高职院校教师在教学科研中面临教学工作繁重、学校中"同伴互助"的氛围缺失、教研组的活动流于形式、缺乏专家指导、可供进行信息交流的平台有限、教师之间缺乏有效沟通、学习交流的机会比较少、科研资金来源不足以及经费报销难等问题。这些问题极大地限制了高校教师间"同伴互助"的开展。因此我们围绕"同伴互助"教学科研团队建设开展了专题研究。

不可否认的是，20世纪80年代初美国学者乔伊斯和肖尔斯提出"同伴互助"（peer coaching）概念确实具有里程碑式的意义。他们认为，改变早期教师培训模式的设计和组织方法可能有助于教师将培训内容迁移到教学实践之中，过去将教师培训低效的结果归咎于教师自身的认知可能是错误的。他们假设，教师可能需要一些持续的帮助和反馈才能够在教室里应用新的教学策略和方法。他们在随后的研究中验证了这一假设，并证实了"同伴互助"的效果：教师可以与同事或同伴保持互相信任和依赖的关系，他们共同规划教学活动、相互提供反馈意见和分享经验，拥有"同伴互助者"的教师比那些独自工作的教师更容易运用新的教学策略和方法。人们在实践中也发现，相对于管理层和学生做出的教师评价，来自同伴的评价更有助于教师改善自己的教学行为。乔伊斯和肖尔斯建议学校让教师组织和参与同伴互助小组，以使教师之间能够互相帮助、彼此支持和共同成长。

这确实是划时代的里程碑，他们的贡献主要是"同伴互助"理论体系的建立。理论的创新总是在危机中孕育的，"同伴互助"也不例外。回头来看，当面对教师培训效率低下时，如何有效提升教学质量是教育理论界必须面对和解决的课题。

本书是广东省教育厅2017年普通高校创新团队项目"'同伴互助'卓越教学科研团队建设（项目批准号：2017GWCXTD002）"和广东农工商职业技术学院2017年创新团队项目"'同伴互助'卓越教学科研团队"的项目成员"同伴互助"的成果。

2017年12月，课题立项后，项目团队联合广东农工商职业技术学院的人事处（教师发展中心）、教务处、科研处、财经学院和热带农林学院的研究骨干，成立了跨部门、跨专业的项目团队，以财经学院为试点开始了系统的理论研究和实践探索。

项目团队在国内外"教师学习共同体"建设的实践经验的基础之上，面向我国高职教育高质量发展和高水平复合型技术技能人才培养，探讨如何从关注教师全面发展的角度入手，通过有效的教师"同伴互助"模式的构建，来提升教学和科研团队的凝聚力、战斗力和目标达成率。

首先，项目团队广泛搜集和整理国内外"教师'同伴互助'""高职院校教师专业发展""高职院校教学科研团队建设"等相关资料，通过对文献的梳理，阐明教师"同伴互助"的内涵和实质。其次，项目团队基于文献研究设计了《高校教师教学科研合作情况调查问卷》和《高校教师教学科研合作情况访谈提纲》，并对省内外国家示范高职院校进行了实地调研。调查问卷包括教师互助认知、教师互助技能、教师互助行为、教师互助影响四个维度，旨在调查高职院校教师"同伴互助"的基本情况，访谈则力求细致、深入地了解高职院校教师在"同伴互助"中的成功经验及存在的问题。最后，项目团队通过对问卷回收数据和访谈结果的整理分析，围绕高职院校"同伴互助"教学科研团队建设的思路、对策、内在机制和配套政策支持，进行了系统深入的研究。

在理论探索的同时，笔者还带领项目团队其他教师开展跨专业"同伴互助"的实践探索。首先，我们以赛促教，提升团队教学能力，打造省级精品在线开放课程。我们结合"三教"改革，将思政教育融入专业课教学，实施项目化教学改革，打造课程特色。我们在2017—2021年教师教学能力比赛中连续获得国赛一等奖1项和二等奖1项、省赛一等奖7项和二等奖1项，获广东省青年教师教学能力比赛一等奖1项、二等奖1项和三等奖1项，成功建设了跨专业卓越"同伴互助"教学团队。其次，优势互补，"同伴互助"，团队教师合作申请省级重点科研项目17项，累计经费150多万元，合作发表论文62篇，其中在中文核心期刊发表了5篇。再次，团队教师指导学生参加技能大赛和创业大赛，获得省级以上奖项9项。最后，我们以财经学院为试点，创新基层教学组织改革，组建模块化教学团队，2020年财经学院会计省级二类品牌专业和国际金融省级二类品牌专业相继通过验收（粤教职函〔2020〕19号），2021年财经学院审计省级高水平专业群立项（粤教科函〔2021〕9号）。

基于以上的理论探索和实践，项目团队围绕"同伴互助"教学科研团队建设进行了以下方面的创新：

第一，项目团队从学习共同体的角度界定了"同伴互助"教学科研团队的内涵和特征。"同伴互助"教学科研团队是指一群追求"自我认同、自我完善"的教师，基于教学、科研中的共同问题而自愿走到一起互相研讨，主动合作而形成的平等互信的学习共同体。在共同体内，有一定教学经验或学术造诣的教师主动担起责任，组织大家结成伙伴关系，首先通过共同阅读、研讨、示范教学和课例研究，特别是通过系统的观察与反馈等方式，相互学习并分享新知识，改进教学策略，进而提高教学质量，促进自身专业能力的发展；其次围绕教学中的重点和难点、专业建设、学科发展以及科技创新中的难题，通过分工和合作开展项目申请、课题研究、论文撰写和发表、社会调研、社会服务（乡村振兴团队）等方面的研究工作，从而形成的教学科研团队，以教促研，平等协商、合作互助、共赢发展是其主要特征。

笔者结合自己带团队参加高职院校教学能力大赛的实践经验，以教师教学发展为核心，以提升教师学科教学有效性为切入点，以教师专业能力发展、教学设计与实践等能力的提升为抓手，构建了基于教师专业发展的教学、科研和社会服务三位一体的高职院校教师专业能力模型（如图1所示）。

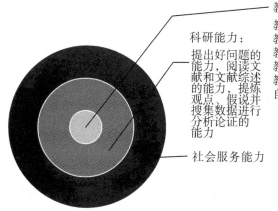

教学能力：
教学设计能力、
教学实践能力、
教育指导能力、
教学创新能力、
教学学术能力、
自我发展能力

科研能力：
提出好问题的
能力，阅读文
献和文献综述
的能力，提炼
观点、假说并
搜集数据进行
分析论证的
能力

社会服务能力

图1　高职院校教师专业能力模型

第二，项目团队构建了"同伴互助"教学科研团队的凝聚力模型，提出了"同伴互助"教学科研团队建设的思路和对策。"同伴互助"教学科研团队凝聚力提升的关键是提升团队带头人的领导力和团队成员的追随力。我们以组织行为学理论为指引，从主体间性视角探讨团队成员追随力建构的动因及进程，认为领导力的有效实施基于团队成员追随力的建构，团队负责人要有人品、有威望、有资源、有能力，其专业素养及人格魅力是领导力的根源，负责人通过以身垂范、道德引领和有效沟通形成成员认同与追随。教学科研团队建设绩效来源于团队带头人领导力与团队成员的向心力相互作用而形成的正向合力。团队成员间通过民主协商、互助学习及相互激励形成团队合作动能，通过主体间性的沟通与认同，形成团队集体行动的追随力。基于以上的凝聚力模型，"同伴互助"教学科研团队建设的思路和对策包括以下方面：①明确团队共同的发展愿景、建设目标和行动计划；②建设"同伴互助"的团队合作文化，让教师之间互助合作成为常态；③成员的年龄、学缘、专长等结构互补，确保团队成员间关系和谐；④通过团队学习提升团队整体工作能力与绩效；⑤完善高职院校传帮带机制，增强教师"同伴互助"活动的实效性；⑥进行专家引领下的教师"同伴互助"，提升"同伴互助"的绩效；⑦完善"同伴互助"教学科研团队的内部制度，实施团队考核和项目管理评价；⑧加快教师发展中心建设，助力教师专业水平和教学科研能力提升。

第三，项目团队系统分析了"同伴互助"教学科研团队持续运作的内在机制，包括以下四个方面：一是"动力机制"，用来解决"同伴互助"的主体——高职院校教师自发参与"同伴互助"的主观意愿问题。这需要以校园人际互信关系的建立为前提，以教师专业发展为核心，以教学任务协调和教研成果保护为基础，以宣导"同伴互助"知识为辅助，以绩效考核为保障来进行相关动力机制的设置。二是"整合机制"，主要探讨的就是"同伴互助"实施中资源的使用问题。对现有各项资源进行梳理、盘点之后，基于各项资源自身的情况特点（数量、类别、频次等）和资源与资源间的组合特点，创新设计各资源的搭配形式和使用方式，做到在尊重各项资源的客观事实的基础上进行全面统一的调配使用，最终达到资源的更优化使用效果。整合机制的设计原则在于"不浪费、不过度、不滥用"。三是"激励机制"，解决的是教师在"同伴互助"的整体实施过程中保持持续的参与热情和积极性的问题。激励机制的设置需以项目目标为导向，以参与者的需求为入口，以多种激励模式组合使用为策略，注重项目考核和团队考核，并把团队考核结果跟团队负责人和团队成员的职称考核挂钩，促使参与各方保持参与热情和积极性。四是"保障机制"，以解决"同伴互助"推行的持续性和有效性问题为核心。一方面需要从文化层面切入，另一方面也需要从行为层面着手。文化层面需要建立宣传、宣导规则，保障院校对"同伴互助"理念和进度的持续认知与动态了解；行为层面需要建立考核、审核与改善为一体的组合规则，形成系统性的保障环境。

第四，项目团队以"教师学习共同体"建立为依托，论述了"同伴互助"教学科研团队创新发展的形式和途径。带头人围绕教学或科研主动牵头建立学习共同体，先做好自己，再吸引更多的人加入；有效促进学习共同体内部教师之间的知识分享。

第五，项目团队界定了教学名师的内涵并提炼了教学名师的培养路径。教学名师是指集专家、导师和教育家于一身的教师，是持续地绽放并和学生一起学习和成长的教师。有情怀的专家型教师，至少必须满足以下三方面要求：融会贯通的专家敢于放下自己的知识经验，与学生肩并肩地解决实际问题；真正的导师愿意俯下身来帮学生把抽象的知识转化成真正的能力；真正有情怀的教育家，在教给学生知识的同时，也滋养学生的心灵。

"同伴互助"、博采众长是教学名师成长的捷径。这种捷径就是以提升教学质量为切入口，教学团队的课程负责人老带新，指导年轻教师精耕一门得心应手的专业课程、掌握出类拔萃的教学技巧、练就精湛娴熟的实践技能，在教学中围绕人才培养和社会服务追踪一个行业专业的发展前沿、寻找教研和科研的主题开展合作和互助。在教学科研水平提升的过程中，团队负责人应鼓励年轻人主动吸引有共同兴趣、性格专业互补的其他教师，领衔组建一支能征善战的科研团队，并联系一家知名企业进行深度校企合作，从而获得令人羡慕的教研成果，最终成为一位学高身正的教学名师。

综上所述，围绕"同伴互助"教学科研团队建设，项目团队提出14118模型，即1（依托学习共同体）+4（四大机制）+1（团队负责人领导力）+1（团队成员追随力）+8（八大举措）的"同伴互助"教学科研团队建设模型（如图2所示）。

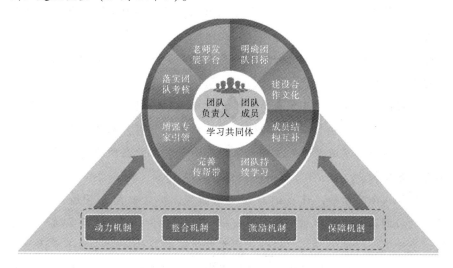

图2 "同伴互助"教学科研团队建设模型

本书的完成是团队成员"同伴互助"的结果，我们边实践边总结，力求将"同伴互助"教学科研团队建设的最新研究成果反映在书中。全书由张乖利副教授提出写作思路并担任总撰和审阅，各章节主要由张乖利副教授和刘后伟副教授撰写。另外，杨立艳副教授和胡爱清副教授为本书提供了大量资料并对书稿进行了校对。本书的编写得到了东莞轻创圈教育赋能平台顾问合伙人曲丹女士的大力支持，她不仅分享了培训行业和创业团队"同伴互助"的经验和做法，而且为本书第五章提供了参考资料。

课题调研中非常感谢广东轻工职业技术学院先进材料研究所负责人黎或教授，广东科学技术职业学院人工智能技术与应用领域国家级职业教育教师教学创新团队的负责人曾文权教授，浙江金华职业技术学院、浙江机电职业技术学院、江苏经贸职业技术学院、南京信息职业技术学院和浙江金融学院的领导和教师发展中心负责人的大力支持和无私分享，让我们对国家级教学科研团队建设有了真切的感受和系统的了解。

疫情期间，我们一边带团队比赛，一边线上收集调查问卷。问卷回收过程中，感谢全国高校同仁的鼎力支持，特别是西安欧亚学院、西安培华学院、山东劳动职业技术学院的老师们热情参与了问卷的填写。

项目研究中，笔者有幸参加了"应用型课程联盟"组织的线上公益读书沙龙——四元读书会。在这个线上虚拟的"同伴互助"学习共同体中，关于教学科研团队"同伴互助"机制的建立，笔者得到了河北大学崔佳副教授、湖南师范大学刘艳侠老师、人民网文华在线教育首席教学设计师刘欣老师、广州商学院艾冬生老师和读书会每期分享嘉宾老师的指点，受到了启发，在此向他们一并感谢。

本书得以付梓，得益于西南财经大学出版社的大力支持。在编写过程中，本书参考了一些专家学者的研究成果和文献资料，在此，向这些作者表示诚挚的谢意。由于著者水平有限，书中不足之处在所难免，恳请广大读者不吝赐教。

合作从今天开始，让我们启动互助模式，抓紧时间去营造"同伴互助"的校园氛围，做出相应的制度安排，确保教师之间"同伴互助"制度化、长效化、持续化。我们相信，广东农工商职业技术学院800多位教师如果能够团结起来，相互帮助，共同提高，我们的力量将所向披靡，一定能创造出一所能够帮助每一位学生成长和成功的伟大学校。

张乖利

2023 年 5 月

目录

第一章 "同伴互助"从理论到实践探索综述

第一节 研究背景

本书关注高职院校教师的专业发展，以教师"同伴互助"为切入点，研究职业院校教师在专业发展过程中"同伴互助"的现状，并找出存在的问题，探寻相应对策。研究背景有以下几点：

一、从单干到合作，是人类社会发展的必然选择

人的成功是靠团队合作，还是个人单干，学术界目前没有定论。但从 19 世纪 60 年代的第二次工业革命开始，截止到 2018 年 5G 技术兴起，其间 158 年，合作署名发表论文的比例，是这么一条曲线（见图 1-1）。

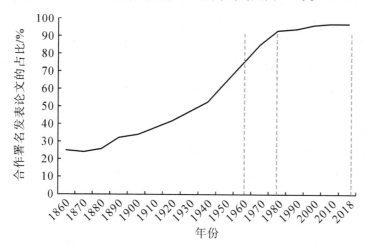

图 1-1　1860—2018 年合作署名发表论文的占比

从图 1-1 中可以看出，随着科学技术的进步，人们越来越趋向于通过合作来完成一个项目。以 2016 年 LIGO 发表的引力波实验论文为例，署名者多达 1 000 人。可以预计，即将要取得突破的人造生命、人工智能等领域，合作参与人数只会更多。

随着科技的进步，人类面临的问题复杂程度提高、问题的跨度增大、问题的深度延长，更需要我们分工协作。

过去 50 年来，差不多所有的学科领域都转变了本学科的现实观——从单打独斗观转向群体合作观。

以物理学的发展为例，该学科之所以被人信服，不仅在于其是最受尊崇的一门"硬学科"，还在于其从最基本的层次描绘了我们的物质实体及其属性。

物理学自肇始时起就深受苏格拉底哲学中的原子论的影响。到了现代，以原子论为基础的物理学又有了新意义。因为当代物理学家正是通过将物质世界简析为各个组成部分而获得了预测能力甚至政治影响力。一旦用简化主义的科学观来解释当代的社会疏离现象，"原子主义"就被用来喻指当今的主流文化：我们及我们生活其间的世界呈现的整体不过是一种幻影，后面隐藏着四分五裂的现实。

不过，物理学最近展现的现实观使这种"原子主义"难以自圆其说。物理学家通过一系列重大实验证明，亚原子粒子即使在彼此之间"看起来相隔太远无法进行联系的时间内"也表现出"好像有某种相互联系"。这些所谓的粒子，无论时空相隔多远，似乎都有联系起来的各种途径，它们的行为看起来不像"离群索居"的个体，而像是一个群体中相互作用、相互依存的成员。

当物理学家试图依据实验结果来描述世界时，最易脱口而出的便是共建共享之类的比喻。澳大利亚物理学家戴维斯（Panl Davies）说，实验结果表明，"一种令人惊异的各系统相互联系观，各系统都曾一度相互影响，不管他们以后是否可能相隔甚远"。美国物理学家斯塔普（Herry Stapp）说得更加斩钉截铁："基本粒子不是独立存在、不可分解的实体，究其本质，它是向外关联其他事物的一套关系。"①

再比如，百科全书的编写模式演变。

第一种模式：个人努力时间长、效率低、知识陈旧。创建权威知识库一开始就是学者们的事，古代挑战这一难关的是一些独立的博学家：古希腊哲人亚

---

① 帕尔默. 教学勇气：漫步教师心灵 [M]. 方彤，译. 上海：华东师范大学出版社，2020：162-164.

里士多德、罗马贵族老普林尼、中国学者杜佑；18世纪狄德罗和他的几个伙伴用29年时间完成《百科全书：科学、艺术和工艺详解词典》。

第二种模式：技术团队合作。工业革命后个人的努力逐渐衍化成了更大范围的团队合作，合作更有效率。18世纪后期，苏格兰启蒙运动的几位成员开始把工业界的科学管理和装配线原理运用于百科全书的编写，1788—1797年出版了《不列颠百科全书》。其创作过程耗时费力——专业编辑、学者撰写、同行评审，使得《不列颠百科全书》刚开始印刷就开始陈旧。

第三种模式：开放式的集思广益，借助互联网技术在线共同编写，有了更大范围的合作。随着互联网技术的飞速发展，2001年，富有的期权交易商吉米·威尔士开始编撰网上大百科全书《维基百科》。Wiki（维基，快捷、迅速之意），是一种在网络上开放且可供多人协同创作的超文本系统，由沃德·坎宁安于1995年首先开发，这种超文本系统支持面向社群的协作式写作。沃德·坎宁安将wiki定义为"一种允许一群用户用简单的描述来创建和连接一组网页的社会计算系统"。Wiki站点可以有多人（甚至任何访问者）维护，每个人都可以发表自己的意见，或者对共同的主题进行扩展或者探讨。

《维基百科》的非凡之处在于它能自我完善、永远更新，它能长期不断地改进自己，是一部与众不同的百科全书，一部完全不受空间约束和生产限制的百科全书。维基百科就是所有"大热门"和大批"利基产品"的结合体①。

百科全书的编写变革说明团队的合作效率远远高于个人。

合作和独干的利弊分析见图1-2。

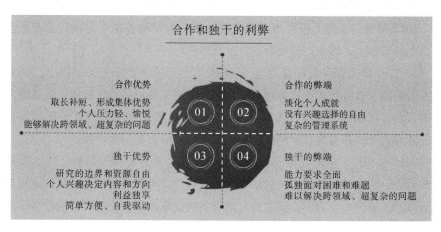

图1-2 合作和独干的利弊分析

① 安德森. 长尾理论 [M]. 乔江涛, 石晓燕, 译. 北京：中信出版集团, 2015：73-77.

选择合作还是独干，不仅是一个 to do or nor to do 的问题，更是一个 to be or nor to be 的问题。选择合作，需要包容合作者的不适；选择独干，则要承受低效、格局的限制。总体来说，合作能有力地协调人际关系，提高工作效率。

知识改变命运，合作改变人生。一个人可以走得很快，但一群人可以走得更远。

《三国志·吴志·孙权传》注引《江表传》云："能用众力，则无敌于天下矣；能用众智，则无畏于圣人矣。"

只有在集体中，个人才能获得全面发展其才能的手段，也就是说，只有在集体中才可能有个人自由①。

二、高职院校加快发展对教师队伍建设提出新的要求

随着我国高等职业技术教育大众化进程的推进，职业教育作为一种类型教育，在培养高素质技术技能型人才方面，为我国经济社会发展做出了重要的贡献，提供了人力资源支撑。目前，我国高职教育发展已经进入人才培养模式改革转型的新阶段，如何进一步推进产教融合、校企合作、工学结合等人才培养模式，提高教学质量水平，已成为目前各高职院校迫切需要研究的重要课题。造就一支高素质职业技术教育的师资队伍，加强专业教学团队的建设，是办好高职教育和促进高职院校教学改革和发展的关键所在。

党中央、国务院高度重视职业教育发展，目前我国的职业教育焕发出新活力，进入高质量发展阶段。

2017 年党的十九大报告为职业院校教育事业发展指明了方向：完善职业教育和培训体系，深化产教融合、校企合作②。

2017 年 12 月国务院印发的《关于深化产教融合的若干意见》指出，用 10 年左右时间，教育和产业统筹融合、良性互动的发展格局总体形成，需求导向的人才培养模式健全完善，人才教育供给与产业需求重大结构性矛盾基本解决，职业教育、高等教育对经济发展和产业升级的贡献显著增强。

2018 年 9 月，全国教育大会确定了未来职业教育的发展目标：大力推进产教融合，健全德技并修、工学结合的育人机制，要源源不断为各行各业培养亿万高素质的产业生力军。要出台灵活有效的优惠政策，推动职业院校与行业

---

① 马克思，恩格斯. 马克思恩格斯选集：第一卷［M］. 北京：人民出版社，1972：82.
② 习近平. 决胜全面建成小康社会 夺取新时代中国特色社会主义伟大胜利：在中国共产党第十九次全国代表大会上的报告［EB/OL］.（2017-12-03）［2022-04-11］. www.qstheory.cn.

企业形成命运共同体。

2019年1月，国务院印发的《国家职业教育改革实施方案》（简称"职教20条"），明确了办好新时代职业教育的施工图，职业教育大改革大发展的格局基本形成，进入爬坡过坎、提质培优的历史关键期。

2019年2月，《广东省职业教育"扩容、提质、强服务"三年行动计划（2019—2021）》提出要做大做强高等职业教育，到2021年，新增高等职业教育学位12万个以上，省属职业院校集团办学方案全面实施，省级职业技术教育示范基地（清远）基本建成①。

2019年10月，《国家产教融合建设试点实施方案》指出，深化产教融合，促进教育链、人才链与产业链、创新链有机衔接，是推动教育优先发展、人才引领发展、产业创新发展、经济高质量发展相互贯通、相互协同、相互促进的战略性举措②。

2020年9月，教育部等九部门印发的《职业教育提质培优行动计划（2020—2023年）》（以下简称《行动计划》）指出，聚焦重点、疏通堵点、破解难点，将"职教20条"部署的改革任务转化为举措和行动，推动中央、地方和学校同向同行，形成因地制宜、比学赶超的工作格局，整体推进职业教育提质培优。

2021年10月，《关于推动现代职业教育高质量发展的意见》指出，助力职业教育高质量发展，旨在培养更多高素质技术技能人才。

2021年11月，《广东省教育发展"十四五"规划》以建设粤港澳大湾区教育高质量发展为主题，落实立德树人根本任务。强调促进学生综合素质全面提升，加强学生创新精神和创新能力培养，推动创新与课程融合，建设创新创业实践平台，提升学生敢闯的素质、会创的能力。

2022年，党的二十大报告提出，统筹职业教育、高等教育、继续教育协同创新，推进职普融通、产教融合、科教融汇，优化职业教育类型定位。

随着职业教育的蓬勃发展，职业院校教师队伍建设的问题日益凸显，办学规模扩大、学生人数增加、师资流动频繁等问题促使一些职业院校不断招聘青年教师来充实师资队伍，但是青年教师的专业水平和教学能力尚待提高。

---

① 广东省人民政府办公厅关于印发《广东省职业教育"扩容、提质、强服务"三年行动计划（2019—2021年）》的通知：粤府办〔2019〕4号［EB/OL］.（2019-02-20）［2022-04-09］.
http://www.gd.gov.cn/zwgk/wjk/qbwj/yfb/content/post_2170531.html.
② 《国家产教融合建设试点实施方案》印发［N］. 人民日报，2019-10-11（2）.

与新时代国家职业教育改革的新要求相比，职业教育教师队伍存在着数量不足、来源单一、校企双向流动不畅、结构性矛盾突出、管理体制机制不灵活、专业化水平偏低的问题。尤其是同时具备理论教学和实践教学能力的"双师型"教师和教学创新团队短缺，已成为制约职业教育规模化发展的瓶颈。

对于新时代职业教育的新方位、新征程、新使命，教师队伍建设还不能完全适应，还存在一些问题：职前准备不充分，企业经历不足；胜任力参差不齐，研究能力、社会服务能力欠佳；学校归属感、工作获得感、工作满意度不高等①。

三、教师教学能力和专业能力发展需要加快"双师型"教师教学创新团队建设

教师队伍是发展职业教育的第一资源，是支撑新时代国家职业教育改革的关键力量。教师队伍的专业发展水平关系着职业教育的发展和教学质量，建设高素质"双师型"教师队伍（含技工院校"一体化"教师，下同）是加快推进职业教育现代化的基础性工作。

1. 当前职业院校教师专业发展中存在的问题与需求

职业院校教师承担着传承价值、传播知识、传授技能的历史使命，肩负着立德树人的历史重任，是发展职业教育的第一资源，是支撑职业教育改革的关键力量，决定着技能人才培养的质量。

近年来，在党和国家的高度重视下，在一系列利好政策的引导下，尤其是"职教20条"颁布后，职业教育教师队伍建设水平明显提升，广大教师牢记使命、不忘初衷，爱岗敬业、教书育人，改革创新、服务社会，为职业教育的发展做出了重要贡献。

职业院校的青年教师大多数为刚从学校毕业或是从事高职院校教学工作年

---

① 为推动"双师双证型"教师队伍建设，全面提高职业教育教学质量，教育部职业技术教育中心研究所借助全国职业教育调研联盟，在2020年4月至5月开展了首次全国职业院校教情调查。调查根据职业院校的不同类型、层次和发展水平及区域分布等因素进行分层多阶段不等概率抽样，在中国境内31个省（自治区、直辖市）抽取了425所中职校和203所高职校的70 591名专业课教师（含30 575名中职教师，40 016名高职教师），样本具有较好的代表性。本次调查是第一次真正意义上的全国职业院校教情调查，调查侧重了解提质培优背景下职业院校教师胜任力状况及存在的突出问题，为职业教育增值赋能提供有针对性的改进建议。参见：教育部职业技术教育中心研究所课题组. 全国职业院校教情调查报告［N］. 中国教育报，2020-10-16（10）.

限较短的教师，他们一般为硕士研究生或本科学历，普遍存在教学经验不足、科研能力薄弱、专业发展动力欠缺等问题，这些问题成为他们专业发展道路上的阻碍。

高职院校青年教师的发展需求主要集中在教学能力发展需求、科研能力发展需求、良好工作环境和组织氛围的发展需求以及个人人际交往能力发展需求①。

职业院校青年教师有提升自己专业知识和专业能力的强烈需求，期望获得学术圈的认同。同时，他们也渴望在良好的组织环境下进行工作，获得工作的归属感和稳定性。

职业教育的高质量发展对职业院校教师的教学观、教学方式、教师角色都提出了更高的要求，要求教师更新教育理念，学习新的教学技术和策略，成为教练型教师，实施项目式教学，精心设计教学情境以激发学生学习动机，运用各种信息化工具设计课堂教学活动吸引学生参与，实现以学生为中心，让学生在做中学，掌握各种职业技能。实施职业教育"三教"改革攻坚，包含提升教师"双师"素质、加强职业教育教材建设、提升职业教育专业和课程教学质量三个方面。

要解决这些问题与需求，职业院校与职业院校青年教师都必须意识到教师专业发展的重要性。青年教师要具备主动寻求专业发展和与他人互助学习的意识，学校必须重视对青年教师的培养，为青年教师的专业发展提供有效支持。

2. "同伴互助"是促进职业院校教师专业发展的有效方式

教师专业发展是指教师在其职业生涯中通过不断学习，提高自己专业水平的过程。在当前教育改革和学校改革的诉求下，教师专业发展逐渐由个人发展向群体发展转变。教师群体的发展使教师改变传统孤立工作的方式，要求教师加强彼此之间的合作交流，相互分享经验，共同反思，改进教师个体在专业上的知识、态度、能力等，实现个人所不能实现的专业发展的目标。教师"同伴互助"的核心要义是教师通过与同伴教师之间的相互交流、探讨与指导，相互学习以实现彼此的专业发展。教师"同伴互助"是教师合作学习的一种方式，也是有效促进教师专业发展的方式。在职业院校青年教师群体中开展教师"同伴互助"，有利于职业院校青年教师专业化成长。

---

① 郭丽君，吴庆华. 地方高校青年教师发展需求探析 [J]. 现代大学教育，2013（5）：106-111.

"同伴互助"最早是在 1982 年由美国学者 Joyce 和 Showers 提出，当时主要用于促使教师掌握某种新的教学技术和策略，改善教学行为，改善教学效果。这种教师间相互帮助的方式被英美等国的很多中小学采用，取得了非常好的效果。如今，教师"同伴互助"已成为众多国家所采用的教师专业发展策略。

　　2000 年，余文森、丁钢、朱宁波等在国内引入"同伴互助"的概念并开始研究。后续的研究表明，"同伴互助"可以迅速提高教师的教学科研水平，解决教学中出现的难题，使教师能创新地提出各种教法、学法。"同伴互助"逐步成为教育学研究的热点。

　　国内外的研究业已证明，教师"同伴互助"不仅是教师专业发展的有效策略，而且是校本教研活动的重要形式。更重要的是教师"同伴互助"有助于在高职院校形成教师之间协作互助的校园文化，教师"同伴互助"是校本研究的标志和灵魂。

　　校本教研，就是为了改进学校的教育教学，提高学校的教育教学质量，从学校的实际出发，依托学校自身的资源优势和特色进行的教育教学研究。教师个人的自我反思、教师集体的"同伴互助"、专业研究人员的专业引领是开展校本教研和教师专业化成长的三种基本力量。校本教研是一种合作性的参与式研究，强调研究的民主性，包括教师之间，教师与专家、学校管理者、其他合作者之间的相互协作与支持。

　　教师"同伴互助"的最终目的是促进教师集体的专业发展。有研究者认为，拥有同伴关系的教师对于自身的发展和教学行为的转变，态度更为积极，更容易习得新的行为，也能更合适地将这些行为应用于教学实践。为了强化职院校本教研的效果，应充分发挥校本教研中的教师"同伴互助"的作用。教师"同伴互助"在校本教研中的作用具体表现在以下几个方面：提高职院校本教研的绩效；形成一种合作的学校文化；促进教师集体的专业发展，支持和帮助新教师更快、更好地提高专业技能；更新高职教师的教育教学观念，提升高职教师的教育技能，有利于提高高职教师的教学研究能力；提高教师的合作能力，增进教师的团队合作意识。

　　笔者作为一名高职院校教师，在工作中主导并参加了许多教师"同伴互助"活动，例如：师徒结对、读书交流会、听课评课、同伴观课、课程建设、集体备课，微课大赛、教学能力大赛、精品在线课程建设，课程思政建设，双师型教学团队、产业学院建设，合作指导学生比赛（职业技能大赛、创新创业大赛等），申报课题（科研课题、教改课题），社会调研、社会服务（乡村振兴团队活动）等。通过参加这些教师"同伴互助"活动，笔者从同伴身上学到许多实践性知识，教学设计与课堂管理能力有了很大提升。同时，笔者也意识到这些"同伴互助"活动存在一些不足，例如：听评课的随意性较强、缺乏规范、探讨难以深入等问题，严重影响了教师"同伴互助"的效果。学校该如何改进教师"同伴互助"活动？教师怎样才能和同事形成良好的同伴关系进行有效合作？这些问题激发了笔者极大的探究兴趣，促使笔者进行本研究。

3. 教师教学创新团队建设成为促进高职院校教师之间"同伴互助"的主要形式

改革开放以来特别是党的十八大以来，职业教育教师培养培训体系基本建成，教师管理制度逐步健全，教师地位待遇稳步提高，教师素质能力显著提升，为职业教育改革发展提供了有力的人才保障和智力支撑。

2018 年我国政府颁布的《中共中央 国务院关于全面深化新时代教师队伍建设改革的意见》指出："要全面提高高等学校教师质量，建设一支高素质创新型的教师队伍，着力提高教师专业能力，推进高等教育内涵式发展。搭建校级教师发展平台，组织研修活动，开展教学研究与指导，推进教学改革与创新；加强院系教研室等学习共同体建设，建立完善传帮带机制；全面开展高等学校教师教学能力提升培训，重点面向新入职教师和青年教师，为高等学校培养人才培育生力军。"①

2019 年 1 月，职教 20 条明确提出实现职业教育"由参照普通教育办学模式向企业社会参与、专业特色鲜明的类型教育转变"，为此要多措并举建设一支高素质"双师型"教师队伍，分专业建设教学创新团队②。

2019 年 8 月，教育部、国家发展改革委、财政部和人力资源社会保障部四部门联合印发的《深化新时代职业教育"双师型"教师队伍建设改革实施方案》指出，建设高素质"双师型"教师队伍（含技工院校"一体化"教师）是加快推进职业教育现代化的基础性工作。要将"双师型"教师个体成长和"双师型"教学团队建设相结合，提高教师教育教学能力和专业实践能

---

① 中共中央 国务院关于全面深化新时代教师队伍建设改革的意见 [EB/OL]. (2018-01-20) [2022-04-17]. http://www.moe.gov.cn/jyb_xxgk/moe_1777/moe_1778/201801/t20180131_326144.html.

② 国务院关于印发国家职业教育改革实施方案的通知：国发〔2019〕4 号 [EB/OL]. (2019-02-13) [2022-04-17]. http://www.gov.cn/zhengce/content/2019-02/13/content_5365341.html.

力，优化专兼职教师队伍结构，大力提升职业院校"双师型"教师队伍建设水平，为实现我国职业教育现代化、培养大批高素质技术技能人才提供有力的师资保障。发挥教师教学创新团队在实施1+X证书制度试点中的示范引领作用。全面提升教师信息化教学能力，促进信息技术与教育教学融合创新发展①。注重通过"双师型"教师教学创新团队建设，提高教师教育教学能力和专业实践能力。

2020年12月教育部等六部门印发的《关于加强新时代高校教师队伍建设改革的指导意见》（以下简称《指导意见》），聚焦高校教师队伍建设关键领域和重点方面，提出高校教师发展支持系列举措：在建设高校教师发展平台、着力提升教师专业素质能力方面，提出健全高校教师发展制度、夯实高校教师发展支持服务体系等措施，继续实施高职教师教学创新团队建设项目；在完善现代高校教师管理制度、激发教师队伍创新活力方面，提出完善高校教师聘用机制、加快高校教师编制岗位管理改革、加强高校教师教育教学管理、推进高校教师职称制度改革、深化高校教师考核评价制度改革、建立健全教师兼职和兼职教师管理制度等措施。注重个体评价与团队评价相结合，鼓励教师使用"同伴互助"这一教师专业发展策略，对提高教师素质，推进教学改革、课程建设、课题研究和人才培养至关重要。

职业教育的迅速发展要求职业院校加快建立基于"同伴互助"的教学科研团队。新时代背景下，职业院校教师队伍建设应重视教师专业发展的问题，要求各职业院校为教师创设相应的平台与活动以促进自身专业发展，让教师们能够在这些平台和活动中与其他教师增进交流、交换观点、探讨问题，将教育理论与实践相结合，促进自身专业水平的提高，这与教师"同伴互助"的内涵相契合。

从教研室、高职教师教学创新团队建设到高职院校专业群建设，高职院校基层组织更加重视教师之间的"同伴互助"。教研组作为一种教师"同伴互助"组织，在过去的几十年中在组织教师进行合作、研究教学、提升素质方面发挥了重要作用。然而，其中也存在一些不足。教研组要求教师以学科背景为基准来开展全员参与的合作活动，合作内容听从教研组长的统一安排，这种行政指令性的合作方式难以激发教师的主动性，也无法关注到不同层次教师的

① 四部门关于印发《深化新时代职业教育"双师型"教师队伍建设改革实施方案》的通知[EB/OL].（2019-10-18）[2022-04-17]. http://www.gov.cn/xinwen/2019-10/18/content_5441474.html.

个体需求，易使教师"同伴互助"活动流于形式。学校应积极培育校园"同伴互助"的氛围，搭建"同伴互助"的各种途径，教师"同伴互助"应遵循教师的意愿，由教师自主选择合作对象，共同商讨合作内容。将合作的主动权下放给教师有利于激发教师参与"同伴互助"活动的积极性，从而提高合作的有效性。因此，非常有必要借鉴国外"教师同伴互助"的经验来改进我国职业院校的教学科研团队建设。

第二节　研究意义

一、理论意义

首先，本书通过整理国内外相关文献，阐述了教师"同伴互助"的内涵、价值、组织方式、活动形式、实施策略和保障等，充实了教师"同伴互助"理论和教师专业发展理论。

其次，本书对国内高校教师教学科研合作情况进行了调查和实证分析，发现了其中存在的问题并提出应对之策，可以为高职院校建立基于"同伴互助"的教学科研团队的理论研究提供实证性参考资料。

最后，本书从教师"同伴互助"的角度来研究高职院校教师专业发展，拓展了高职院校教师专业发展的研究视角。

二、实践意义

从我国高职院校校本教研实践来看，教师"同伴互助"的问题并没有引起足够的重视。从教师层面来说，如何在校本教研中借助教师集体的力量来促进自身专业发展十分重要，本书的研究有助于教师深化对教师"同伴互助"现状的认识，看清其中存在的问题，找到科学的方法进行"同伴互助"，尽量少走弯路，在校本教研中能够借助集体的力量不断成长。

本书力求通过国内外"同伴互助"的文献综述和对国内高校教师教学科研合作情况的调查研究，发现存在的问题及原因，积极探索高职院校更好地开展教师"同伴互助"的思路和措施，从而促进高职院校教师的专业发展和校本教研的质量和效果。

本书研究的实践意义主要体现在两个方面：

第一，我们通过实地访谈和问卷调查的方式，深入了解高职院校教师"同伴互助"的现状，发现其中存在的问题，并分析原因，集中研究探索"同伴互助"教学科研团队建设思路、实施路径、动力机制、整合机制、激励机制和保障机制，为高职院校教师在教学和科研中更好地开展"同伴互助"活动提供策略。我们希望研究能在以下方面起到推动作用：推动高职院校教学和科研团队发展的组织化和制度化，建立健全教师发展的有效运行机制，促进教师自身成长和专业发展，构建有利于各类人才成长的"职业培养体系"，为教师的成长、教学质量的提高、教学的改革创新和科研创新提供全方位服务，促进高职院校教师教学能力和科研学术水平全面提升，提高师资队伍的整体实力和核心竞争力，提升校本教研质量，从而提高教育教学质量，优化教师队伍，教师获得成长最终也将反哺学生，带动高职院校加快发展。

第二，本书的研究成果在广东农工商职业技术学院（以下简称"AIB 职院"）实践应用的基础上可以在全省高职院校推广使用，即形成高职院校教师建设"同伴互助"教学科研团队的有效模式和运行机制，能够为其他高职院校开展教师"同伴互助"活动提供实践上的指导。

第三节 国内外相关文献综述

根据研究背景和目的，本书对教师"同伴互助"、高职院校教师专业发展、教师学习共同体建设三方面进行国内外研究综述。

一、教师"同伴互助"研究综述

我们以"同伴互助"兼"教师"为检索词在中国知网（CNKI）上以高级检索方式进行检索，共检索到相关文献 392 篇，其中硕博士论文 209 篇。通过对文献进一步的总结归纳可知，国内外对教师"同伴互助"的研究已形成相对完善的体系，涵盖了教师"同伴互助"的内涵、形式、作用、实施策略、保障措施及局限性等各个方面：

1. 教师"同伴互助"的由来

"同伴互助"一词产生于美国，1982 年美国学者 Joyce 和 Showers 首次提出"同伴互助"的概念，他们通过实验证实了教师在小组训练过程中受益匪浅。他们建议将教师组成小型的教师"同伴互助"小组，通过教师"同伴互助"的方式促进教师专业发展①。20世纪80年代以前教师培训的失败引起当时学者的反思。当时有研究表明，仅少数教师能将专业培训中所学的内容用于教学实践，新知识的迁移率非常低②。Joyce和Showers认为，改变早期教师培训模式的设计和组织方法，对教师将培训内容迁移至教学实践之中有一定的帮助。起初他们假设，教室里新的教学策略和方法的应用与教师之间持续的帮助和反馈有密切联系。为了验证这一假设，他们进行了一系列的研究，最终"同伴互助"的效果得以证实：教师们每周都会开展"同伴互助"会议，可以探索出一些新的方法，使教师的实践技能有了很大的提高。研究结果是：那些与同事、同伴有着相互信任和信赖关系的教师比那些孤军奋战、独自工作的教师更易于应用新的教学方法和策略③。研究者普遍认为，教师合作互助的专业发展途径，能积极和持久地改变老师的实践。从20世纪80年代至今，英美等国很多中小学采用教师"同伴互助"的方法，将其作为教师专业发展的一种形式，取得了非常好的效果。在论证了教师"同伴互助"的作用及有效性后，国外关于教师"同伴互助"的研究主要集中于"同伴互助"的类型、"同伴互助"的方法、"同伴互助"的保障④。

国内关于教师"同伴互助"的研究在2000年以后才真正开始，在国外研究成果的基础上发展出自己的鲜明特色，主要是以校本教研为背景从教师"同伴互助"的内涵、教师"同伴互助"的实现形式、教师"同伴互助"的组织方式、教师"同伴互助"的实施模式等方面进行的研究。国内相关研究以余文森、丁钢、朱宁波等一批学者的研究为主。余文森认为教师"同伴互助"的内涵是指教师在自我反思的同时开放自己，加强教师之间以及在课程实施等教学活动上的专业切磋、协调和合作，共同分享经验，互相学习，彼此支持，共同成长。"同伴互助"的实质是教师作为专业人员之间的对话、互动与合作。其基本形式包括交谈、协作和互相帮助⑤⑥。丁钢教授从教师专业团队的

① SHOWERS B, JOYCE B. The coaching of teaching [J]. Educational leadership, 1982 (1): 4-10.

② 戴忠恒. 心理与教育测量 [M]. 上海：华东师范大学出版社, 1989：23, 46-47.

③ 心理学百科全书 [M]. 杭州：浙江教育出版社, 1995：23-59.

④ BARNETT B. Overcoming obstacles to peer coaching for principals [J]. Educational leadership, 1990, 47 (8)：62.

⑤ 余文森. 论以校为本的教学研究 [J]. 教育研究, 2003 (4)：53-58.

⑥ 余文森. 自我反思同伴互助专业引领：以校为本的教学研究的三个基本要素 [J]. 黑龙江教育, 2003 (10)：18-19.

角度论述了教师"同伴互助"的组织方式①。朱宁波、张萍从目标、特点、组织结构和实施四个方面对教师"同伴互助"的校本教研模式进行了研究,并将教师"同伴互助"的实施分为六个阶段,为在实践中更好地开展教师"同伴互助"活动提供了借鉴②③。其中,香港的课堂教学研究也最为典型。李金榜提出相互听课这种新型的"同伴互助"机制:"以备课组为单元的教师挂钩相互听课、评析、反思的教学行动研究方式,每单元的教师挂钩互动,每学期相互听课 10 节以上,在交流、反思教学问题过程中形成小的研究项目,并及时采取行动研究和实践"④。吴秉健建议用教师"同伴互助"、伙伴指导的方式为感兴趣的教师开辟探讨教学的论坛。教师采用伙伴指导的方式,可以满足他们制定教学策略的需要、评论彼此教材教法的需要、回顾考试透明度的需要,还能促进教师采取务实的态度,深入课堂了解教学目标。教师"同伴互助"、伙伴指导是通过所观察到的重要信息进行分享并唤醒对方的问题意识。伙伴教师和非伙伴教师进行交流和讨论,对评价教师"同伴互助"、伙伴指导的有效性提供了很好的机会,也为提高教学质量提供了良好的策略⑤。逄明波指出,我国教师"同伴互助"的方法主要是通过组织"学习共同体"建立共同愿景;开展"合作备课",共享课程资源;开展"合作教学",探求共同发展;组织反思研讨,寻求良策;开展经验交流,共享成功经验;架设校园网研究平台,构建基于网络的校本研究;等等。他还提出了促进校本研究中教师"同伴互助"的相应对策⑥。

2011 年中国教育研究前沿与热点问题年度报告提出,希望通过教师"同伴互助"共生发展的互动性活动,优化教师学习生态,从而为教师有效学习提供保障。此后,国内关于教师"同伴互助"的研究层出不穷,从研究对象主体来看,国内此方面研究已非单纯停留在中小学教师的基础研究领域,而是已经开始尝试将"同伴互助"的范围不断扩大,其研究向图书馆馆员、校长、幼儿教师和高职院校教师蔓延;从研究课题内容趋势来看,国内此方面研究在充分认识"同伴互助"优越性的基础上,注重结合时代变革要求,紧密结合

① 丁钢. 教师的专业领导:专业团队计划 [J]. 教育发展研究,2004 (10):5-10.
② 朱宁波,张萍. 校本教研中的教师同伴指导 [J]. 教育科学,2005 (5):30-32.
③ 朱宁波,张萍. 教师同伴互助的校本教研模式探析 [J]. 教育科学,2007 (6):16-20.
④ 李金榜. 使校本教研真正成为课程改革的推动力 [J]. 内蒙古教育,2008 (3):41-42.
⑤ 吴秉健. 国外教师"同伴互助"伙伴指导研究综述 [J]. 中国信息技术教育,2009 (5):79-81.
⑥ 逄明波. 校本教研中教师同伴互助问题研究 [D]. 长春:东北师范大学,2009.

研究现状，与校本教研、行动研究、课程研究和教师专业发展相结合，研究涵盖"同伴互助"的内涵及其特征、实现形式、组织形式等方面；研究方法上，结合具体教师群体，尝试实证研究。张意忠指出"同伴互助"、博采众长可以通过教学观摩、教学竞赛与教学研究等途径予以实施，并借助教师互动机制、教师互助平台与宽松环境的营造等予以保障。"同伴互助"、博采众长成就了教学名师，也是名师成长的捷径①。张亚珍详细分析了教师"同伴互助"的概念，高职院校实施教师"同伴互助"的必要性，高职院校教师"同伴互助"的特征和实施类型——师徒结对式和教学团队式，校际"同伴互助"、区域"同伴互助"和网上"同伴互助"，问题解决式、交叉机能式和自我管理式"同伴互助"。实施教师"同伴互助"的保障条件：学校和教师要明确"同伴互助"的目标定位，学校要营造教师相互合作的和谐文化氛围，学校要在评价制度上有所创新，学校要在管理制度上为教师"同伴互助"提供保障②。谢维和从理论和现实的角度主张，大学教师之间的相互听课，应该成为大学教学活动中的学术性规范和重要制度，成为大学教师的一项规定动作③。李品详细分析了"前期会议→观察→后期研讨"的教师"同伴互助"模式实施的关键因素④。杨翠娥和杨斌运用文献研究法、个案分析法和行动研究法，分析了信息技术环境下"同伴互助"促进教师专业发展的策略⑤⑥，何婷、张建玲、赖翔晖和张翔实证研究了"同伴互助"对教师专业发展的促进作用⑦⑧⑨。

总体说来，目前国内关于"同伴互助"的研究尚不成熟，其研究不管从量还是质上来说都有待继续提高，部分研究只是指出在基础教育、高等教育等

① 张意忠. 同伴互助、博采众长：高校教学名师生成之道 [J]. 教育研究，2011（3）：49-50.

② 张亚珍. 促进高校教师专业发展的有效路径：同伴互助 [J]. 浙江树人大学学报（人文社会科学版），2011（5）：61-66.

③ 谢维和. 相互听课：大学教学的学术规范 [J]. 中国大学教学，2013（11）：4-6.

④ 李品. 高校教师同伴互助模式研究 [J]. 湖北函授大学学报，2015（5）：107-108.

⑤ 杨翠娥. 信息技术环境下同伴互助促进教师专业发展的策略研究 [J]. 中国电化教育，2011（11）：67-71.

⑥ 杨斌. 信息技术环境下的立体化校本教研研究 [D]. 合肥：安徽师范大学，2012.

⑦ 何婷. 高职教师互助式观课对其职业发展的影响 [J]. 哈尔滨职业技术学院学报，2015（5）：29-30.

⑧ 张建玲. 同伴互助模式：英语教师专业发展有效途径 [J]. 常州信息职业技术学院学报，2015（12）：60-62.

⑨ 赖翔晖，张翔. 教师专业发展新模式："教师领导—校长主导" [J]. 遵义师范学院学报，2017（2）：101-106.

各层次教育及工作人员中开展"同伴互助"的必要性，但对于具体如何开展"同伴互助"还缺乏深入的理论和实证研究，引进、评介和借鉴西方较为成熟的"同伴互助"模式和策略将会成为继续研究和借鉴的热点[1]。鉴于此，本书力求从实践层面对教师"同伴互助"问题进行研究，分析问题存在的原因，从而找出解决问题的对策。

2. 教师"同伴互助"的内涵

"同伴互助"对应于英语中的 peer coaching，与 peer instruction（同伴指导）、peer supervision（同伴监督）等是同一概念的不同提法。关于"同伴互助"的界定，学者们的看法不一。Minor 和 Preston（1991）认为，"同伴互助"是教师通过共同阅读与讨论、示范教学、各种有系统的课堂观察与反馈等方式，彼此学习新的教学模式或改进既有教学策略，进而提升学生学习成效，达成教学目标的历程。Joyce 和 Showers 将"同伴互助"界定为：教师自愿结对，相互观察对方的教学。教学观察的目的是向同事学习。观察过后，通过同事之间的对话、交流、互助和反馈等促使教师共同成长[2]。Galbraith 认为，"同伴互助"是一种增进归属感与改进教学的专业成长过程。教师通过经验分享，提供反馈、支持与协助的过程来达到熟练旧技巧、学习新技巧、解决教学问题等目标[3]。

3. 教师"同伴互助"支持和策略研究

贝克尔（Jean M. Becker）总结了在"同伴互助"中必要的支持，包括：所有参与者的信任关系；行政支持（组织、财务、情感）；所有参与者需要认识到持续学习的重要性；对参与"同伴互助"的明确期望；衡量互助结果的评估方法；"同伴互助"的时间；培训资金[4]。帕克（Polly Parker）和卡拉姆（Kathy E. Kram）等学者指出，"同伴互助"是批判性学习的宝贵的潜在资源，具有增强自我意识、发展关键技能、提高关系技巧、激励伙伴关系的作用。他

① 李英霞. 新世纪以来国内关于"同伴互助"的现状研究 [J]. 齐齐哈尔师范高等专科学校学报，2013（4）：113-116.

② SHOWERS B，JOYCE B. The evolution of peer coaching [J]. Educational leadership，1996（6）：12.

③ GALBRAITHM M. Community-based organization and the delivery of lifelong learning opportunities [Z]. National Institute on Postsecondary Education Libraries and Lifelong Learning, Office of Educational Research and Improvement, U. S. Department of Education, 1995.

④ BECKER J M. Peer coaching for improvement of teaching and learning [EB/OL]. (2003-02-06) [2022-04-19]. http://www.teachnet.org/TNPI/research/ growth/becker.htm.

们还提出了"同伴互助"的三步骤模型：第一步是建立关系，为"同伴互助"提供一个支持包容的环境；第二步是创造成功，在"同伴互助"活动中建立自我意识，练习、反思、磨炼技能；第三步是内化技能，将"同伴互助"的经验和结果内化，应用到实际生活中，并发展更深层次的关系①。

关于教师"同伴互助"的实施策略，Joyce 和 Showers 根据训练理论，提出"同伴互助"的四个连续性步骤：研习、示范教学、指导式练习与反馈、独立练习与反馈。美国教育学家 Gottesman 将其分为五个步骤：发出邀请、课堂观察、独自反思、一起反思、报告。美国教学视导与课程开发协会则将其简化为三步：观察前会议、教室观察、观察后会议②。在进行同伴观察的同时，还需及时进行专业对话。对话的主要类型有以下几种：一是信息交流，二是经验共享，三是深度会谈，四是专题讨论。教师在一起围绕某个问题畅所欲言，提出各自的意见和看法，每个教师都能从中获得单独学习所缺少的东西③。

杨超将美国教师"同伴互助"的活动流程分为二人搭档式和小组合作式两类并分别进行描述。二人搭档式主要为教学观察，小组合作式分为六步：组建"同伴互助"小组、确定活动主题、划分任务、研讨、解决问题、得出应用研究成果并在全校分享。

关于教师"同伴互助"的保障，主要有领导的关注、合作的氛围和充足的时间。①领导的关注。学校领导对教师"同伴互助"活动给予足够的重视与支持能保证教师"同伴互助"活动的顺利展开④。②合作的氛围是教师"同伴互助"取得良好效果的保障之一。教师只有在安全、合作的氛围中才愿坦诚相待、真诚相助。③充足的时间。国外学校采取多种方法增加教师"同伴互助"的时间，例如：延长午餐时间，安排专门的时间，利用学生进行社区服务的时间，等等⑤。

吕云飞、于动提出要促进教师"同伴互助"，需要做到四点：完善"同伴

① PARKER P, KRAM K E, HALL D T. Peer coaching: an untapped resource for development [J]. Organizational dynamics, 2014, 43: 122-129.

② 张德锐. 以临床视导促进教师专业成长 [M] //师资培训与教育革新研究. 台北：五南图书出版公司, 1999: 110-111.

③ 张惠珍. "同伴互助"与大学英语教师的专业发展 [J]. 教育理论与实践, 2012 (30): 32-34.

④ BARNET B. Overcoming obstacles to peer coaching for principals [J]. Educational leadership, 1990, 47 (8): 62.

⑤ ANNE M. Finding time for collaboration [J]. Educational leadership, 1993, 51 (1): 30-34.

互助"式制度，培养引领"同伴互助"的引领教师；充实教师"同伴互助"内容，关注教师教学实践；激发教师参与"同伴互助"的热情，形成良好的学习氛围；采取多种多样的互助形式①。陆文泽、安翠英指出，增强教师对"同伴互助"学习的认识，明确"同伴互助"的目标定位，丰富"同伴互助"的形式，提高"同伴互助"的成效，营造良好的教师"同伴互助"的文化氛围，强化"同伴互助"的计划性和连续性，是保障教师"同伴互助"有效性的策略②。

陈维嘉对地方高职院校教师"同伴互助"的情况进行了调查，提出营造团体合作的学习氛围、建立灵活的高职院校教师专业发展管理体系、完善高职院校教师评价制度等策略③。秋杰在对大学英语教师"同伴互助"进行研究后，提出明确互助内容、创新互助形式、确定时间保障等建议④。

4. 教师"同伴互助"形式研究

依据不同的划分标准，教师"同伴互助"可分为不同的类型：

（1）根据参与互助的人数，教师"同伴互助"可分为一对一合作和小组合作。一对一合作又分为"师徒结对"和"同辈教师间的合作"，同辈教师指专业发展水平、身份和地位等大致相同的教师。小组合作是指三名及三名以上教师组成合作小组。

（2）根据互助的场所，教师"同伴互助"可分为课堂内指导和课堂外指导。课堂内指导是指在教室内发生的合作，如教学观察。课堂外指导是指在教室外发生的合作，如集体备课、校本课程开发、合作反思等。

（3）依据活动是否有目的，教师"同伴互助"可划分为有目的的参与和无目的的参与。有目的的参与是指教师在活动之前已有明确的需要解决的问题，然后邀请教师同伴参与活动，帮助其分析问题、解决问题；无目的的参与是指教师在活动之前根本没有需要解决的问题，希望与教师同伴一起发现问题，进而为提高自己做进一步打算。

（4）根据不同的专业发展策略和形式，教师"同伴互助"可划分为技术性互助（technical coaching）、合作性互助（cooperative coaching）、认知性互助

① 吕云飞，于劲.教师同伴互助的特点、问题与对策［J］.开封教育学院学报，2014，34（8）：145-146，156.

② 陆文泽，安翠英.新升本高校教师专业发展策略探析：基于同伴互助的视角［J］.甘肃高师学报，2015，20（1）：73-75.

③ 陈维嘉.同伴互助视角下地方高校教师专业发展研究［D］.青岛：青岛大学，2018.

④ 秋杰.同伴互助促进大学英语教师专业发展研究［D］.西安：西安外国语大学，2013.

（cognitive coaching）和挑战性互助（challenge coaching）。技术性互助是强调教师以改善教师专业技能为目的进行的互助，目的是帮助教师将新的专业技能运用到实际教学中。合作性互助主要是促进教师之间在专业领域内的各种合作，加强专业对话，培养教师的沟通交流能力与情感联系。认知性互助关注教师在与教师互动中的思维能力与认知能力的提高。挑战性互助主要是用于解决教师在实际工作中遇到的特殊问题，以不同的情境和问题为导向进行的互助，既有课堂教学问题，也有学生管理层面的问题。

（5）根据互助的风格，教师"同伴互助"可分为"照镜式"互助、合作式互助和专家式互助。"照镜式"互助只真实记录同伴的课堂教学，并不提供个人建议；合作式互助则是教师共同探讨、分析并解决问题；专家式互助即资深教师或专家对普通教师的指导。

（6）北美在线教育委员会（NACOL）总结了教师同伴指导的类型有：①任务指导型：聚焦教师个人的短期需要，以便提高教师的技能，习得新知识去履行一个新的角色；②经验指导型：面临新教学岗位，与有经验的教师结伴交流学习；③随机即时指导型：与没有期望得到帮助的教师结伴，并提供指导；④一对一指导型：单个导师指导单个新手老师；⑤团队指导型：加入指导教师团队与被指导教师小组交流；⑥正规指导型：通过已设定的时间、要取得的成效、进步的基准和通信的方式等实现清晰的指导目标、过程和结果[1]。

余文森认为"同伴互助"的实质是教师作为专业人员之间的对话、互动和合作，其基本形式主要有三种，第一是对话，包括信息交流、深度沙龙、专题讨论等；第二是协作，是指教师共同承担课题任务等；第三即帮助，是指教师间的互帮互助，特别要突出骨干教师的引领作用[2]。高翔指出教师"同伴互助"有基于问题的互助型学习，如课堂观察、成立研修小组等；有基于对话的互助型学习，如读书分享会、教研沙龙、专题论坛等[3]。

5. 教师"同伴互助"作用研究

斯蒂芬妮（Stephanie A. Kurtts）和芭芭拉（Barbara B. Levin）在一个项目中研究了"同伴互助"对于初任教师的重要性。她们指出，"同伴互助"是帮

---

① 吴秉健. 国外教师同伴互助：伙伴指导研究综述 [J]. 中国信息技术教育，2009 (5)：79-81.

① 吴秉健. 国外教师同伴互助：伙伴指导研究综述 [J]. 中国信息技术教育，2009 (5)：79-81.

② 余文森. 自我反思 同伴互助 专业引领（一）：以校为本的教学研究的三个基本要素 [J]. 黑龙江教育（综合版），2003 (28)：18-19.

③ 高翔. 教师成长：凝聚互助力量 [M]. 北京：北京师范大学出版社，2018.

助初任教师从学生走向专业教师的角色转变的一个途径，帮助新教师成为反思性的实践者，使其将所学技能运用到课堂中，获得组织、同伴的支持和反馈，加深对自身和教师职业需求的理解，增加专业感，减少孤立感①。查达里斯（Jennifer Charteris）和斯马登（Dianne Smardon）对 5 所不同学校的 13 名教师进行课堂观察，他们发现，对话式的"同伴互助"使教师们在对话中成为彼此的指导者，能够提高他们的领导能力，包括有目的的提问引发思考、促进空间思考和对专业探究的共同支持。休斯顿（Therese Huston）与韦弗（Carol L. Weaver）以西雅图大学 10 名经验较丰富的高校教师为研究对象，研究了"同伴互助"对有经验的教师专业发展的重要性，认为其能够提高有经验教师的职业认同感，实现优势互补，满足有经验教师的独特职业发展需求等②。汉斯曼（Catherine A. Hansman）和麦卡蒂（Kathryn A. McAtee）的研究表明，在高等教育领域中，开展教师"同伴互助"对高校教师专业发展十分有必要，教师"同伴互助"是教师作为成人的自我导向学习与批判性反思实践的一种，使教师成为学习者，在专业合作中发现学习的价值③。孙晓雪认为"同伴互助"通过调动教师专业成长的主体生长性、强化教师的合作意识和水平，以及提升教师的实践智慧，促进了教师的专业发展④。彭云则指出，教师专业发展中的"重要他人"是对教师专业发展有重要影响的个人或群体，包括行政领导、领袖教师和合作伙伴，其中合作伙伴也就是同辈教师，对教师专业发展起着支撑性的积极的作用⑤。

6. 教师"同伴互助"行为研究

张思、熊久明、刘清堂、黄景修等在教师混合式培训中调查了教师"同伴互助"行为，其主要表现为：校本研修中同伴教师的听课评课、网络研修中同伴教师答疑解惑、共同讨论教学实践等。教师在互助环境下为彼此提供学术性支持、情感性支持、反思性支持和技术性支持⑥。郑兰琴、李欣、黄荣怀、

① KURTTS S A, LEVIN B B. Using peer coaching with preservice teachers to develop reflective practice and peersupport [J]. Teaching education, 2000, 11 (3): 297-310.

② HUSTON T, WEAVER C L. Peer coaching: professional development for experienced faculty [J]. Innovation high education, 2008, 33: 5-20.

③ HANSMAN C A, MCATEE K A. Faculty development opportunities: peer coaching, learning communities, and mentoring [J]. Journal of education & human development, 2014, 3 (1): 71-84.

④ 孙晓雪. 同伴互助：教师专业发展的有效途径 [J]. 辽宁教育, 2017 (20): 23-26.

⑤ 彭云. 重要他人：教师专业发展的促进者 [J]. 当代教育科学, 2012 (15): 20-22.

⑥ 张思, 刘清堂, 熊久明, 等. 教师混合式培训中的同侪互助模式与支持策略研究 [J]. 电化教育研究, 2015, 36 (6): 107-113.

陈凤英关注网络学习空间中的"同伴互助"行为,指出"同伴互助"的焦点主要集中在认知层次,"同伴互助"的手段主要集中在分享信息、解释信息和提出问题三个方面①。

7. 教师"同伴互助"局限研究

兹瓦特(Rosanne C. Zwart)和伍贝斯(Theo Wubbels)等学者邀请一所中学的教师参与实验,研究了"同伴互助"的特征与教师学习之间的关系和哪些因素会影响教师的互助学习。结果显示,影响教师互助的原因主要有外在的时间因素以及教师自身内在因素,例如,对于尝试新的教学方式的恐惧感以及被同伴观察教学时的尴尬等②。帕克(Polly Parker)和卡拉姆(Kathy Kram)将"同伴互助"的影响因素分解为个人、人际、组织因素,其中包括个人缺乏动力、双方缺乏相关技能、组织文化不重视等。陈金华指出,教师在"同伴互助"的观念、目标,行政、愿景,时间、压力,制度、保障上都陷入了困境。例如,教师普遍互助意识不强,学校没有为教师提供良好的互助保障环境、教师没有充足的时间进行互助等③。邓涛则认为影响教师合作的因素分为个体因素、学校环境因素、工作性质因素三个方面,具体有教师的心理偏爱、价值取向、知识能力,学校物理、文化、制度方面的缺失,教学工作的不确定性和教学行业公共技术文化缺失等④。

通过整理和查阅文献,我们发现国内外学者对教师"同伴互助"的研究视角多元,研究内容广泛且深入。国外学者对教师"同伴互助"研究主要是以教师之间相互的课堂观察为主,最为典型的、非常成熟的教师"同伴互助"的实施模式应该是日本的授业研究。随着"同伴互助"在教师专业发展领域实践的不断深入,教师"同伴互助"的内涵、形式、类型不断丰富,国内学者提出了更为多样且系统的教师互助形式,而且注重实证研究,很多学者的研究成果本身就是在学校里进行实证研究的结果。但是目前研究的对象范围较窄,主要以中小学教师为主,以高职院校教师为主要研究对象的文献很少,忽略了"同伴互助"对高职院校教师的专业发展同样具有重要的意义。而且高

① 郑兰琴,李欣,黄荣怀,等. 网络学习空间中同伴互助焦点和手段的研究 [J]. 中国电化教育,2017(3):76-81.

② ZWART R C, WUBBELS T, BERGEN T, et al. Which characteristics of a reciprocal peer coaching context affect teacher learning as perceived by teachers and their students? [J]. Journal of teacher education, 2009, 3(60):243-257.

③ 陈金华. 教师同侪互助的现实困境与出路 [J]. 中国教育学刊,2013(9):69-73.

④ 邓涛. 教师专业合作的影响因素探析 [J]. 外国教育研究,2008, 35(12):7-12.

职院校专业划分细致，各专业都具有较强的专业性，教师之间的联系较为松散，再加上高职院校教师职业的自由性、学术性，高职院校教师的"同伴互助"与中小学相比存在频率低、形式少等特点。高职院校教师"同伴互助"研究的局限性为本书的研究提供了方向，如何更好地促进教师"同伴互助"在高职院校中的应用是本书的重点。

前文提到的学者探讨了教学和科研中教师和师生"同伴互助"的意义、价值、类型以及实施教师"同伴互助"的条件、方式、机制和保障。结合高职教育的本质特征，提出构建适合高职学生能力和支持教师互助成长的教学和科研团队的机制、模式和保障，是本书的切入点和可能的创新点。

根据一流院校的建设需求，结合学校实际，我们集中研究探索高职院校"同伴互助"教学科研团队建设思路、实施路径和保障机制，推动高职院校教学和科研团队发展的组织化和制度化，建立健全教师发展的有效运行机制，促进教师全面发展，构建有利于各类人才成长的"职业培养体系"，为教师的成长、教学质量的提高、教学的改革创新和科研创新以及人才培养提供全方位服务，促进高职院校教师教学能力和科研学术水平全面提升，提高高职院校师资队伍的整体实力和核心竞争力，以及优化实用专业人才培养模式。

二、高职院校教师专业发展研究综述

随着高等教育的普及，人们越来越关注高等教育的质量。高职院校教师作为高等职业院校类型教育的承担者，是高等教育质量和高职院校发展的关键。我们以"高职院校教师专业发展"为检索词，在中国知网（CNKI）以高级检索方式进行检索，共检索出文献363篇，其中硕博士论文33篇。通过对文献进一步的总结归纳，我们发现国内外对高职院校教师专业发展的研究主要集中在以下方面：

（1）教师专业发展，首先从词的构成来看可以有两种理解，即教师专业的发展和教师的专业发展。教师专业的发展，强调教师这种职业的发展，在一定程度上与教师专业化是相通的，都是强调这一岗位在职业规范、专业化水平、社会地位等外在方面的提升。教师的专业发展，指教师从非专业人员发展为专业人员的过程，强调教师个人作为主体的内在能力素质的提升和规范意识的形成与完善的过程。本书更侧重于第二种理解。

（2）国内外学者对"教师专业发展"的界定，大体分为侧重过程、侧重结果和兼顾过程与结果三种。如，Hargreaves认为教师的发展是在技术能力和道德态度两个方面的提升，Evans 提出教师专业发展的内涵包括功能发展、态度发展和智力发展三个方面，每个方面都包含具体的变化焦点。教师通过有意识或者无意识地运用心理内化过程来提高他们的专业性，从而获得与专业工作相关的知识、理解、态度、技能和能力等。潘懋元认为教师专业发展在广义上是教师各方面水平的提高和完善，狭义上仅仅是教学能力的提高。具体而言，教师专业发展的内涵主要包括学术水平的提高、教学技能的提高和师德的提升三个方面[①]。谢安邦等提出教师应该持续深化自己的专业知识、掌握教育教学所需的知识和技能、形成社会所要求的职业道德、拥有健康的身体和心理，这是作为合格教师的必然要求，是教师专业发展的内涵所在[②]。何聚厚、党怀兴提出，对于高校教师而言，教学发展主要是针对其学科的有效教学。因此，教师教学发展首要面对的是学科教学中的问题。解决学科教学问题，实现有效教学，需要教师专业能力的有效支撑。基于教师专业发展的高校教师教学发展内容体系，中间是学科教学需求及教学实践，最外层是教师专业能力的支撑内容，从外向内支撑并促进教师教学发展，进而实现学科教学的有效性（见图1-3)[③]。

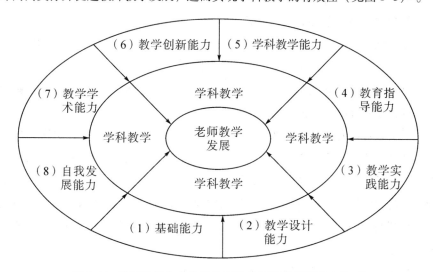

图1-3　基于教师专业发展的高校教师教学发展内容体系

① 潘懋元. 大学教师发展论纲：理念、内涵、方式、组织、动力 [J]. 高等教育研究，2017, 38 (1)：62-65.

② 谢安邦，周巧玲. 提升大学教师的专业化发展水平：构建终身的学习型体系 [J]. 中国高教研究，2007 (5)：72-73.

③ 何聚厚，党怀兴. 基于教师专业发展的高校教师教学发展探索与实践 [J]. 中国大学教学，2017 (9)：85-90.

2022 年北京师范大学国家职业教育研究院院长和震教授提出了职业院校卓越"双师型"教师素质能力分析框架（见图 1-4）。

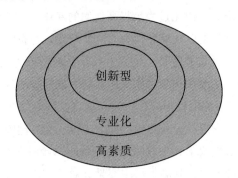

图 1-4 卓越"双师型"教师素质能力分析框架

该框架表明"双师型"教师的能力素质由里到外包含三个层次：创新型、专业化、高素质。其内涵分别包括：

创新型：创新精神、方法与意识，职业型科研，无界融合能力，批判性思维，教师"三性"领导力，创业教育；

专业化：职业分析/任务分析、职业行动能力、职业知识/工作过程知识、课程开发、能力本位教学设计、职业技术技能、一体化；

高素质：四有好老师、四个引路人、科学民主价值、学生中心、立德树人、综合素养导向、服务生涯、合格公民[①]。

从文献可以看出，国内外学者对于高校教师专业发展的研究角度比较全面，从理论研究到实证研究都取得了较为丰富的成果。国内外学者对高校教师专业发展的定义大同小异，普遍认同高校教师发展是基于组织的，自主的、全面的、持续的发展，且高校教师发展与组织的发展和个人的需求相匹配；发展内容包括教学的发展、学术的发展等方面，并强调高校教师在专业发展中所具备的多重职业职能。

相比国外，我国对高校教师专业发展的研究起步较晚，但近年来我国越来越重视高等教育质量和高校教师的发展，为高校教师专业发展提供了良好的制度和环境保障。高校教师专业发展也从单一式的教师培训转变为更加关注高校教师在发展过程中的自主性和自发性，让教师在参与专业发展的项目中成为主

---

① 该内容参考了和震在 2022 年全国高职研究论坛上的发言《双师型教师队伍建设的理论与系统设计》。

动的学习者。本书试图从"同伴互助"的角度研究高职院校教师的专业发展，对高职院校教师在互助实践中存在的具体问题进行研究，促进高职院校教师的专业发展。

三、教师学习共同体研究综述

1."学习共同体"的理论启示

20 世纪 80 年代以来，随着全球经济一体化的加快和高新科技的迅猛发展，世界范围的学校和教育改革一浪高过一浪。在改革的过程中出现了"学校是学习机构""学校是学习的共同体"等观点。迈克尔·富兰总结学校改革成功与失败的经验后，认为学校应"从一所官僚主义的机构转变为一个兴旺发达的学习者的社区"①。博耶在 1995 年发表了题为《基础学校：学习的共同体》的报告，同样指出，有效的学校教育首要且最重要的要素是：在学校建立真正意义上的学习的共同体。

同时随着生态意识在教育研究领域的逐渐增强，一种强调把教师专业发展置于更加广阔的背景之下，关注教师专业发展的社群、背景、合作和文化的生态变革取向，越来越多地引起了教育研究者们的关注。生态变革取向从文化的、组织的以及制度的层面研究教师专业发展的问题，并提出了通过积极的文化建设、学校组织的重构来促进教师专业发展的理论构想，这与专业学习共同体理论所倡导的合作、分享的文化氛围和学习机制不谋而合。

2. 国外关于教师学习共同体的相关研究

（1）有关共同体的研究。

对于"共同体"，研究者们倾向于认为其是一种人与人之间精神上的共同追求，他们将共同体理解为一种拥有共同精神追求、相互身份认同的群体。自1887 年德国社会学家斐迪南·腾尼斯出版著作《共同体与社会》开始，"共同体"这一概念就进入了人文社科领域。腾尼斯认为共同体是人类群体生活的一种基本类型，经历了从地域共同体、血缘共同体到精神共同体的演进过程。当今社会语境下对共同体的理解倾向于精神共同体，是一种基于协作关系的合作组织，共同体中的人应该具有共同的精神追求，而且关系亲密无间②。马克斯·韦伯在此基础上进一步指出，共同体不是由理性驱动的，而是建立在感

---

① 富兰. 变革的力量：透视教育改革 [M]. 中央教育科学研究所，加拿大多伦多国际学院，译. 北京：教育科学出版社，2004.

② 滕尼斯. 共同体与社会 [M]. 林荣远，译. 北京：商务印书馆，1999：62-67.

情、情绪或传统的基础上的。他把共同体界定为一种社会关系，他认为在一些场合中，只要有一定的社会行为，而且参与者能主观感受到自己共同属于一个整体，此时的社会关系，就可被称为共同体①。这里可以看出共同体的驱动要素不是行政力量，而是精神力量的感召或者说是文化氛围的熏陶。

（2）有关学习共同体内涵及要素的研究。

在"学习共同体"的界定中，最被突出的两个要素是"学习"与"合作"，学者们对这两个要素的侧重有所不同。

关注"学习"的学者主要将"学习共同体"看作通向美好未来的一种途径，即成员在共同的学习过程中获得某种能力或取得好的结果。1990 年，一位美国教育学者发表 *Why Should Schools Be Learning Communities* 一文，提出"学习共同体是由学习者及其助学者包括教师、专家、辅导者等共同构成的团体，团体成员经常在学习过程中沟通、交流，分享学习资源，共同完成一定的学习任务，因而在成员之间形成了相互影响、相互促进的人际联系"②。罗兰·巴斯（Roland Barth）认为学习共同体是"学生和成人都能根据对他们的重要性，积极主动学习，并且共同促进彼此学习的地方"。司皮克（Speek）则认为学校的学习共同体包括"教师、学生、员工、校长、家长以及学校社区之间的动态对话，将学习视为持续的、积极的合作过程"③。日本的佐藤学于 20 世纪 90 年代提出学校应构建"学习共同体"，认为这是学校改革的愿景与哲学。这种改革哲学由三个原理组成——"公共性""民主性""卓越性"。佐藤学在《静悄悄的革命》中提到，"作为学习共同体的学校，不仅是学生们共同学习、共同成长的场所，也是教师作为教育专家共同成长的地方"④。这些学者并非不重视共同体中的"合作"要素，但他们的界定更加突显的是未来的发展，而且他们主张的学习共同体包含学生和老师的广义学习共同体。

而重视"合作"的研究者们把"学习共同体"看作一种学习的状态或过程，合作是共同体成员工作的方式，是"学习共同体"中最为核心的要素。彼得·圣吉曾在 1990 年对"学习共同体"做过界定，认为"学习共同体"是一群有着共同目标的人走到一起，一起去建构新的知识。共同体中的人们不断

---

① 韦伯. 社会学的基本概念 [M]. 胡景北，译. 上海：上海人民出版社，2000：62.

② 转自：何树彬. 中小学学习共同体之构建：理念与策略 [D]. 上海：华东师范大学，2005.

③ 罗伯茨，普鲁伊特. 学习型学校的专业发展：合作活动和策略 [M]. 赵丽，刘冷馨，朱晓文，等译. 北京：中国轻工业出版社，2004：5-6.

④ 佐藤学. 静悄悄的革命 [M]. 李季湄，译. 长春：长春出版社，2003：170-171.

地增强能力以获得他们真正希望的结果，新的、扩散性的思维模式被孕育，共同的愿望被释放，人们持续地学习如何共同学习。圣吉深入阐述了学习型组织的五项修炼，即自我超越、改善心智模式、建立共同愿景、团队学习和系统思考①。由此可见，学习共同体的建立有赖于团队成员间的合作分享，需要多方主体展开动态交流。

（3）有关教师专业学习共同体的研究。

①专业学习共同体的研究。

1997 年，美国西南教育发展中心（Southwest Educational Development Laboratory）首次对专业学习共同体下了一个较为明确的定义：专业学习共同体是由具有共同理念的管理者与教师构成的团队，他们致力于促进学生的学习，并且是进行合作性、持续性的学习。作为一种组织形式，专业学习共同体被认为是促进教职工发展的有力途径，并成为学校变革与改善的有效策略。此后，克里帕特里克（Kilpatrick）又提出，专业学习共同体是基于同一区域、具有共同兴趣的教师通过合作分享技能与知识的团体，同时这种团体还可被视为挖掘预设课程内容深层含义的一种手段。2004 年，杜富尔（Dufour）提出创建专业学习共同体，需要成员聚焦学习而非教学，协作推进工作，各司其职。

②教师专业学习共同体的研究。

国外对教师专业学习共同体的研究始于 20 世纪 80 年代末 90 年代初。1989 年，美国学者罗森赫兹（Rosenholts）第一次把教师工作环境的因素纳入教学质量的讨论中，他认为："那些认识到自己的学习和教学行为得到了持续支持的教师比那些没有被支持的教师更忠于自己的事业，而且工作也更有效。"1991 年富兰和哈格里夫斯（Funan & Hargreaves）在研究中也发现教师的工作环境对教师的发展和学校的改革具有重要的影响。他们认为当教师的专业发展被看成一种集体行为而非个体行为时，教师们更可能相信专家的建议，更重视对专业知识和技能的学习。合作的环境能减少教师的不确定性和无能感，增强他们的自我效能感。1993 年，麦考莱和泰尔伯特（Mcuughlln & Talbert）进一步证实了罗森赫兹的研究结论，指出当教师有机会参与合作式学习和探究时，就会产生一种能被教师们广泛分享的教学智慧。1996 年，达琳·哈蒙德（Darling Hammond）从课程改革的角度提出，应该把分享决策作为影响课程改

---

① SENGE P M. The fifth discipline: the art and practice of the learning organization [M]. New York: Oubleday, 1990: 14.

革和教学角色转换的因素之一。她还倡议："学校应该留出一些固定时间以便教师能有时间一起设计教学、相互观摩课堂教学和进行反馈，因为这对学校的变革是十分重要的。"由此可以看出，专业学习共同体成员以团队的方式围绕优化学习所从事的各类教学研究活动，是一种高度合作的教师学习，支持性的工作环境与氛围对教师专业学习起着至关重要的作用。

（4）学习共同体实践应用的研究。

莱芙和温格（Lave & Wenger）在《情境认知：合法的边缘参与》中出于对非正式学习和非核心成员的关注，提出了构建学习共同体的理论模型——"实践共同体"，认为实践共同体是知识在组织内以及跨越组织边界的生产和创新的社会机制。其基本结构包含三个要素：知识的领域、共同关注该领域的人的共同体，以及这些人为有效获得该领域知识而发展的共同实践。赖耶和斯克布里尔（Reyes & Scribner）等结合对西班牙裔美国学校的调查，详细阐述了专业学习共同体实践的成效。他们通过实证数据的对比，证明这些一度被认为学习水平低的学校，通过专业学习共同体的创设，帮助教职工克服了改革实施中的问题，同时也促进了学生的学业表现。汤普森（Thompson）通过对美国十几所中学学习共同体实践的研究，确立了共同体学习实施中的四个主题：实施的途径、变革与学习的关系、内嵌式价值观和因素间的相互依存。斯特金斯（Stiggins）则采用社会文化学的视角，强调这一模式实施的关键是以学生学业成就结果为中心，目标就是要提升学生学习的结果。

在日本，东京大学佐藤学教授首先倡导作为"学习共同体"的学校改革，并于1998年在茅崎市的滨乡小学建立了研究试验基地学校。但是佐藤学试图从学校层面进行改革，不同于本书讨论的针对教师群体的学习共同体。"教师学习共同体"这一教师专业发展组织模式，在国外尤其是西方发达国家的研究中并不如"学习共同体"那样受重视，这是因为国外没有专门关注教师专业成长的教育研究机构。所以，实践中存在的一些教师学习共同体主要是部分教师参与的自主性组织。

（5）专业学习共同体存在的问题的研究。

杜富尔（DuFour）给出了专业学习共同体的"软肋"与不足：过多的顺从、缺乏强有力的引导、结构与文化的阻碍、忽视文化变革等。美国西南教育发展中心（SEDL）于2004年进行的一项大规模调查指出：专业学习共同体在实际运作中，或多或少存在着形式主义，学校制度层面的制约更多的只是规范一些具体技术层面的交流和资源分享,而未能深入有关价值、理念层面的共同遵循。这样,合作的宗旨易变得相当行政化,而与学校的整体发展理念相悖。这表明文化和制度是制约专业学习共同体顺畅运转的两大障碍。

概括而言,国外对专业学习共同体的研究主要集中在两个方面:

第一,宏观层面:专业学习共同体与学校变革。胡弗曼和海普把专业学习共向体的创建过程视为学校文化重建的过程,他们认为如果想转变学校氛围,改进教育质量,就必须改良学校文化。杜富尔和雅克认为专业学习共同体是提高学生学习成绩的有效途径,而学生学习成绩是否提高又是检验学校变革是否成功的唯一标准,因此专业学习共同体最重要的就是满足学生的学习需要。

第二,微观层面:专业学习共同体与教师专业发展。瑞查德森发表过《团队学习:共同学习,共同提高》一文,对专业学习共同体中教师团队学习的合作机制、活动选择进行了较为详细的介绍。罗伯茨和普鲁伊特(Roberts & Pruitt)主要关注专业学习共同体为教师提供学习机会的策略,在其著作《学习型学校的专业发展——合作活动和策略》(2003)一书中,通过对一些学校创建专业学习共同体的案例分析,总结了教师在专业学习共同体中进行专业学习与合作的成功经验。霍德(Hord)是专业学习共同体研究领域里颇有影响的研究者,她将专业学习共同体看成一种有效的教师专业发展途径。在《学习型学校的变革:共同学习和共同领导》(2004)中,她不仅界定了专业学习共同体的五个维度(①相互支持和共同领导;②共享价值观与愿景;③集体学习与实践;④提供支持性的条件;⑤分享实践经验),还详细阐释了合作式教师专业发展的过程和策略。

3. 国内关于教师学习共同体的相关研究

国内最早的相关研究是钟启泉教授于1998年对日本"学校学习共同体"的研究,因此我们在CNKI以"学习共同体"为关键词,仅对1999—2011年的期刊论文进行搜索,发现已有212篇硕士论文、12篇博士论文和1 394篇期刊论文对"学习共同体"展开了论述,其中核心期刊论文312篇。这些论文的研究内容大致集中在:①相关理论背景及文化研究;②实践应用研究;③网络技术背景下的虚拟学习共同体研究;④学习共同体与学校改革研究;⑤学习共同体与教师专业发展研究;⑥国外理论实践的借鉴研究,如"当代美国学校学习共同体问题探析"等。其中,期刊论文对学习共同体的研究主要集中在两个方面:

一是理论方面的研究。一方面，这类研究集中在相关内涵的研究上。徐丽华（2005）认为教师协作学习共同体在教师专业成长中起着激发教师主体生长性、提升教师的实践性智慧、提高教师的合作意识和能力的作用。其运作方式包括：课题活动方式、同行交流方式、结伴合作方式、专家引领方式、教育教学问题研讨方式。赵健（2006）在研究学习共同体学校时，更加强调学习共同体的合作，认为一个学习共同体的基础就是合作，为了共同体目标而共同努力、建立同伴关系、分享领导、共同发展和共同学习。李子建（2006）认为专业学习共同体的最终目标是通过高素质的协作、共同研习等专业发展活动，寻求教学上的有效实践，改善学生的学习。根据专业学习共同体的属性，他将其分为成熟的专业学习共同体、发展中的专业学习共同体、分割的专业学习共同体和静止的专业学习共同体四种类型。李树英（2010）指出，有效的专业学习共同体应具有共享的价值观和愿景、反思性的专业探究、集体责任感和合作等特征。熊燕、王晓蓬（2010）从国家课程发展和校本课程发展两个层面，分析了课程发展与专业学习共同体之间的关系，指出课程发展为建构专业学习共同体提供了资源支持，专业学习共同体的建立又进一步为教师参与课程发展提供了专业分享平台。周俊（2010）认为教师专业学习共同体的生成要素包括自我超越、合作文化、心智模式、共同愿景和基于对话的团队学习。与一般意义上的学校学习组织不同，专业学习共同体是以教师专业发展为根本目标，紧紧围绕学生学习需要和教学的实际困难与问题，使教师承诺共同的理念与目标，并承担责任、相互支持、共享经验、协同学习的组织。根据研究对象的不同，专业学习共同体可以分为三类：教育者的专业共同体，教师与学生的专业学习共同体，所有参与者（家长、学校和社区）的专业学习共同体。根据研究载体的不同，专业学习共同体主要包括：以校本教研为主的专业学习共同体，以项目为依托的专业学习共同体，以网络为平台的专业学习共同体。另一方面，专业学习共同体的现状及改进策略研究也是国内学者关心的问题。李树英（2010）认为专业学习共同体存在学习主题游离、缺乏合作文化、对数据的收集和应用不力等问题，并提出了提供时空保障、创建积极的学校文化、营造信任和尊重的学校氛围等策略。

二是实践应用方面的研究。"面向未来的基础学校研究"课题组早已开展关于学习共同体的实践研究，通过对全国15个省、自治区、直辖市67所中小学、幼儿园的教师和校长的调查，他们从德育、课程、教师、管理四个方面分析基础学校存在的问题，比较成员校与非成员校的差异与进步情况，提出要建设实践性的学习共同体。

硕士论文里关于教师专业学习共同体的代表性研究包括：商利民（2005）梳理了教师专业学习共同体的实质与特点、理论背景、基本要素、基本模式和价值，并指出教师专业学习共同体具有不同于其他组织的独特性：相互支持和共享的领导关系、集体创造与实践、分享价值观和共同愿景、提供支持性条件、分享知识与经验。但是他将研究更多地放在"专业学习共同体是什么"，对"专业学习共同体该怎么构建"的问题并无详细介绍。黎进萍（2007）对美国学校创建专业学习共同体，实现学校组织变革和教师发展的成功经验进行了总结，在此基础上提出我国学校实现专业学习共同体的转变的建议与策略。但这种直接的模式移植，缺乏对本土适用性的考量。徐文祥（2009）在对实验学校建设教师学习共同体进行调查的基础上，阐述了教师学习共同体五大运行机制的特点及相互联系，分析了影响教师学习共同体运行的主要因素，并据此提出了确立以人为本的建设理念，引导教师从自发状态走向自觉状态，建立教师知识共享机制，构建教师学习和报偿系统，发挥校长领导和模范作用等对策建议。马传军（2010）以历史为线索追溯了教师学习共同体的思想渊源，阐述了合作型教师文化与教师学习共同体间的耦合性。这些都是基于个别样本学校的案例进行的研究，在代表性上存在不足。

根据前面的文献综述，我们还可以知道，对于"教师专业学习共同体"，有的学者倾向于从合作性文化的角度分析，有的把它当作一种新型的学习方式，这些都体现了这一概念的部分内涵。应该说，专业学习共同体的中心是"学习"。在专业学习共同体中，教师们的学习融于工作之中，学习方式是团体协作，学习结果是教师集体的专业发展，学习的最终目标是促进学生的学习与发展。教师专业学习共同体是教师专业发展的强大助推力和教学有效性的有力保障。教师专业学习共同体是显性的组织活动与隐性的氛围文化的有机统一体，其活动既包括教师群体性学习（如培训进修），又包括教师个体性学习（如教学反思）；其顺畅运行既需要利用校内资源开展"同伴互助"，又需要广泛吸纳校外资源对教师进行专业引领（孟芳，2021）。

4. 研究述评

从目前已有的研究成果来看，教师专业学习共同体已受到人们的关注，为本书研究的开展提供了参照框架。但是我国相关研究仍处于起步阶段，且很多是囊括在学校专业共同体这个大框架下进行研究的，存在一些不足，主要表现在：

（1）关于教师专业学习共同体的直接研究多是文献综述和理性思辨，在新课程改革背景下对其现状的实践考察与分析并不多。目前的问题有：如何基于中国学校的现状，在发挥已有优势的同时，把我们目前偏重教学规范的学校组织转化为真正的教师专业学习共同体；如何变革深层学校组织文化从而形成富有成效的教师团队；等等。要解答这些问题，需要我们将视角投入"底层"，关注一线教学实践。

（2）现有教师专业学习共同体的实践调查研究要么以发达地区的基础学校为考察对象，要么立足于个别学校进行研究。其中研究教研组或者教师合作学习的较多，忽略了教师专业学习共同体的活动既包括教师群体性学习（如培训进修），又包括教师个体性学习（如教学反思）；其顺畅运行既需要利用校内资源开展"同伴互助"，又需要广泛吸纳校外资源对教师进行专业引领。教师专业学习共同体应是可见组织活动和不可见文化氛围的有机统一。

（3）经检索，将"高职院校"和"专业学习共同体"相结合的研究尚不多见，对学习共同体的实践研究以中小学的师生共同体为主。本书关注职业院校教师的专业发展，以教师"同伴互助"为切入点，研究职业院校教师如何依托学习共同体建立"同伴互助"的教学科研团队来有效提升专业发展能力。

第四节　研究设计

一、研究思路

本书在国内外"教师专业共同体"建设的实践和经验的基础之上，面向我国高职教育高质量发展和复合型技术技能人才培养，探讨如何从关注教师全面发展的角度入手，通过有效的教师"同伴互助"模式的构建，来提升教学和科研团队的凝聚力、战斗力和目标达成率。

首先，项目团队广泛搜集和整理国内外"教师同伴互助""高职院校教师专业发展""高职院校教学科研团队建设"等相关资料，通过对文献的梳理，阐明教师"同伴互助"的实质和内涵。其次，项目团队基于文献研究设计了《高校教师教学科研合作情况调查问卷》和《"同伴互助"卓越教学科研团队调研访谈提纲》，并进行了实地调研。调查问卷包括教师互助认知、教师互助技能、教师互助行为、教师互助影响四个维度，旨在调查高校教师"同伴互助"的基本情况，访谈则力求细致、深入地了解高职院校教师在"同伴互助"中存在的具体问题。最后，项目团队通过对问卷回收数据和访谈结果的整理分析，探索高职院校"同伴互助"教学科研团队建设的思路、对策、内在机制和配套政策支持。

本团队将通过比较、理论、实证、应用四个维度探讨"同伴互助"与卓越教学和科研团队打造的互动与耦合，并在对 AIB 职院师资队伍培养和教学、科研团队建设现状（数量、质量、结构）进行分析的基础上，提出 AIB 职院"同伴互助"教学和科研团队的建设方案和教学名师的培养方案，形成政策建议；完成研究成果的出版，形成结项报告；完成结项论证及相关工作，并通过校内重点专业试点，打造卓越的教学科研团队，并推广到全校。

二、研究方法

1. 文献分析法

我们通过互联网、图书馆等查阅文献，搜集、鉴别和整理教师"同伴互助"、高职院校教师专业发展、高职院校教学科研团队建设研究现状的相关文献，了解相关领域的知识，对现有研究进行评述，为本书的研究提供理论依据。我们还通过对这些文献资料的研究形成对研究对象的科学认识，从而确定研究目标和研究思路，在此基础上借鉴国内外诸多学者的研究方法，选取教师专业发展阶段理论、终身教育理论和群体学习理论作为本研究的理论支持。

2. 问卷调查法

问卷法是我们主要运用的调查方法。在文献分析的基础上，我们借鉴已有的研究工具、前人研究成果和理论基础，广泛征集校内外教师意见，编制《高校教师教学科研合作情况调查问卷》，运用描述性统计和 SPSS 软件对问卷数据进行分析。我们通过调查问卷的形式获取国内外高职院校教师和相关领导对教学科研团队建设中"同伴互助"的看法、建议和需求，总结高职院校教师"同伴互助"的现状和问题，为高职院校"同伴互助"教学科研团队建设的现状分析和建立优化模型提供依据。

3. 访谈法

访谈是以研究者与受访者面对面，以口头交流的形式深入挖掘受访者心理和行为的研究方法。我们通过个人访谈、集体访谈等多种形式获得国内外高职院校优秀教学科研团队的第一手资料，然后通过详细分析典型案例为"同伴互助"教学科研团队的建设提供实施路径和借鉴。

为深入了解高职院校教师在实际中的"同伴互助"情况，我们编制了《"同伴互助"卓越教学科研团队调研访谈提纲》，以访谈形式翔实记录了受访教师的真实想法。

笔者以教师对"同伴互助"的认识、素养、行为、效果和保障为维度，来设计本书研究的访谈提纲，通过访谈来考察部分学校教师"同伴互助"的现状。我们以广东省高职院校教师为访谈对象，包括正式访谈和非正式访谈两种方式。正式访谈主要在办公室进行，使用纸、笔和录音笔等辅助工具。同时，笔者利用课间操、中午吃饭时间等在操场上、餐厅中对教师进行非正式访谈。我们通过访谈了解广东高职院校教师"同伴互助"的组织方式、活动形式、开展情况以及保障等。

4. 观察法和实践法

笔者是 AIB 职院的一名专任教师，在工作期间笔者多次找机会深入不同学科的教研活动中，考察不同学科、不同专业教研活动的内容与形式，认真观察同伴之间是如何互助的，并适时选择相对随意的场合向教师询问教研活动后的感受。同时，笔者通过观察微信群里教师的对话情况，了解 AIB 职院教师的日常工作，并找机会多次进入各个二级学院的办公室，观察教师们的对话与协作情况。

同时，笔者先后作为教师发展中心的负责人和国际金融专业负责人，在全校和财经学院发起建立"同伴互助"的教学科研团队。笔者通过付出和努力，在团队建设、教学和科研方面取得的一些成果，成为成功建立"同伴互助"教学科研团队的有利佐证。

5. 比较分析法

我们对调研的广东省内外高职院校教学团队、科研团队的建设情况、成功经验及存在的问题等进行比较，从教学水平、科研能力、学科竞赛成果、师资队伍结构等方面进行对比，力求在此基础上发现共性和规律，找出优化路径，提出改进建议。

6. 定性研究和定量研究相结合的方法

我们通过定性研究和定量研究相结合的方法对高职院校教学科研团队建设

中存在的问题进行分析、梳理和提炼；通过借鉴学习，构建高职院校教学和科研团队建设模型、实施路径及各种机制。

三、研究技术路线

本书的研究技术路线见图1-5。

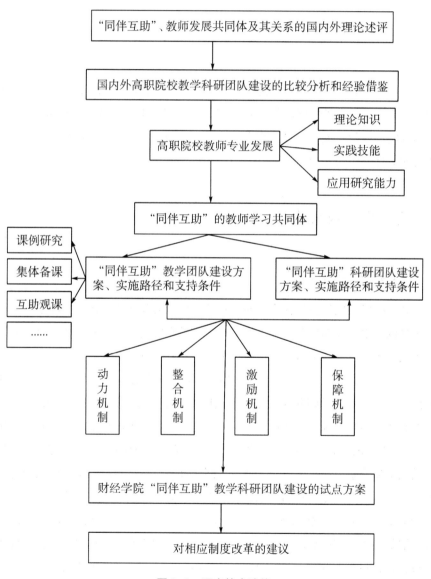

图1-5 研究技术路线

第二章 相关概念界定和理论基础

基本概念和相关理论是研究的基础，是保证论述科学性的基石。为了避免产生歧义，本章在借鉴国内外学者研究成果的基础上，结合本书研究的内容，对高职院校教师"同伴互助"的相关概念进行界定，并引入对研究有指导作用的相关理论作为基础。

第一节 概念界定

一、教师"同伴互助"

合作是以团队任务目标为导向，基于外在压力开展的协作，一般是自上而下主导的结果；互助是基于个人的生存、成长和发展，由不同个体自愿结成的学习共同体，以取长补短、互信互助为形式展开，以共赢为导向。

关于"同伴互助"的界定，国内外学者各抒己见。国际上通行的"同伴互助"概念，提倡教师共同工作，形成伙伴关系，通过共同研习、示范教学，以及有系统的教学练习与回馈等方式，彼此学习和改进教学策略，提升教学质量。"同伴互助"模式是指具有相当身份（如职称、教龄、学科、地位）的教师结成伙伴关系，在一起工作，通过共同阅读与讨论、示范教学、课例研究等方式，学习并彼此分享新的知识、改革教学策略，进而提高教学质量，并促进自身的专业发展。张意忠将"同伴互助"概括为：教师在教育活动中博采众长、取长补短，进而形成先进的教育理念、崇高的职业道德和熟练的教学技能的过程，教师在吸取前辈、专家的经验的同时结合自身经验形成自己的教学特色①。孙晓雪（2017）指出"同伴互助"对应的是两个或多个教师同伴组成的伙伴关系。它立足于教学实践，其价值诉求在于通过指导，解决实际问题；它倡导协作交流与互动，是教师共同进步的一种手段；它的最终目的是让教师改进教学方式，建构新技能，提高教学绩效。"同伴互助"具有互惠的共同体、交互活动和多元化评价等特征。

综合国内外众多研究的观点，笔者把教师的"同伴互助"总结为在两个或两个以上教师间发生的，以解决实际问题、促进教师的专业发展为指向，立足于教学实践和科学研究，通过专业对话、一课多研、沙龙会谈、学术团队建设等多种手段开展的，旨在实现教师持续主动地自我提升、相互合作并共同进步的教学科研活动。

"同伴互助"教学科研团队是指一群追求"自我认同、自我完善"的教师，基于教学、科研中的共同问题自愿走到一起互相研讨，主动合作形成平等互信的学习共同体。在共同体内，有一定教学经验或学术造诣的教师主动组织大家结成伙伴关系，首先，通过共同阅读、研讨、示范教学和课例研究，特别是通过系统的观察与反馈等方式，学习并彼此分享新知识，改进教学策略，进而提高教学质量，促进自身的专业发展；其次，围绕教学中的重点和难点问题，专业建设、学科发展以及科技创新中的难题，通过分工和合作开展项目申请、课题研究、论文撰写和发表、社会调研、社会服务（乡村振兴团队）等方面的研究工作，形成教学科研团队。以教促研、平等协商、合作互助、共赢发展是其主要特征。

二、教师专业发展

笔者比较认同潘懋元教授对于教师专业发展的狭义上的界定，认为教师专业发展主要是教师教学能力的提升。但是，当今时代，教学水平的提升离不开科学研究能力、社会服务水平的支撑。因此，高职院校教师专业发展是以教师教学能力的提升为主要内涵的，同时也考虑科学研究能力和社会服务水平的提高②。

当前，我国高职院校从事教学科研的教师基本上都是硕士研究生或博士研究生学历，这些教师经过硕士或博士阶段的科研训练，已经初步或完全具有科

---

① 张意忠. 同伴互助、博采众长：高校教学名师生成之道 [J]. 教育研究, 2011 (3)：49-50.
② 陈维嘉. 同伴互助视角下地方高校教师专业发展研究 [D]. 青岛：青岛大学, 2018.

学研究的能力；而对于教学工作，很多教师还处于比较初级的认识阶段。通过对 AIB 职院近三年新入职的老师的跟踪调查，我们发现超过 43% 的教师认为教学就是经验的传承，即按照自己当年学校的体验开展教学活动。一般而言，教学活动涵盖教学主体（教师、学生）与教学客体（教学环境、教学设备和教学资源）。随着社会的不断发展，教师在教学活动中所面临的主、客体的具体情况已发生巨大变化。如以前强调的信息化教学，当前已经从课堂教学中多媒体课件、动画展示等方式转变为智能设备参与下的课堂教学方式和学习方式。杜威曾言，如果我以昨天的方式教今天的学生，等于扼杀了学生的明天①。

因此，教师基于与时俱进的教育教学理念，深入了解和分析当前学生的学习特征和学习习惯，有效利用学校已有的教学客体，采用合适的教学模式及方法开展教学至关重要。要达到这一目标，需要教师全面系统地学习教育教学的相关理论并进行教学实践训练，系统科学地发展教师专业能力以实现有效教学。

随着"双高计划"（中国特色高水平高职学校和专业建设计划）高职院校建设和《职业教育提质培优行动计划（2020—2023 年）》的推进，高职院校不得不面对的现实是，教师科研任务日益成为教师（尤其是青年教师）职业发展的新要求，而教学能力的提升需要花费大量的时间，在具体操作中很难实现系统地发展教师教学能力的目的。

对于高等教育而言，人才培养是核心，科学研究是做好人才培养工作的前提条件，人才培养是服务社会、传承和创新文化的直接表现。

我们以高职院校培养思想政治坚定、德技并修、全面发展，具有一定的科学文化水平、良好的职业素养与国际视野，掌握扎实的专业技能知识的复合型技术技能人才的目标为指导，结合笔者带团队参加高职院校教学能力大赛的实践，以教师教学发展为核心，以提升教师学科教学的有效性为切入点，以教师专业能力发展、教学设计与实践等能力提升为抓手，构建了基于教师专业发展的教学、科研和社会服务三位一体的高职院校教师专业能力模型，如图 2-1 所示。

---

① DEWEY J. Democracy and education［M］. NewYork：Macmillan Company，1944：167.

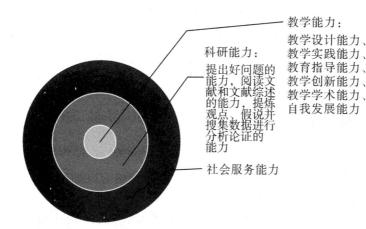

图 2-1 基于教师专业发展的高职院校教师专业能力模型

其中，可以有效支撑并促进学科教学有效性的教师教学能力包括：①教学设计能力。这是指教师基于教育教学理论，深入理解本学科教学的特点，科学分析学生学习的特点、知识储备和学习能力；基于规范的教学设计流程和模式，进行教学目标、教学内容、教学实践、教学策略、教学方式方法与手段以及学习评价等内容的设计的能力。②教学实践能力。这是指教师基于教学设计开展有效的教学实践的能力，如根据学生的课堂表现与学习状态，快速地做出决策、执行、反馈与调节，进而有效激发学生学习动机、引导学生参与教学过程的课堂教学监控与信息加工能力；基于学科内容，能够引起学生思考探究并促进学生深度学习的课堂提问能力；实现协作学习、同伴互教、互动教学、小组教学等的能力；课堂教学中针对学生的问题进行有针对性的辅导与干预的能力；学科教学特点的形成性评价和终结性评价相结合的多元评价能力等。③教育指导能力。这是指教师在学科教学过程中，以所学内容对学生发展的影响为切入点，将教书与育人相结合的能力，如帮助学生树立正确的人生观、价值观的能力，科学指导学生职业发展规划的能力等。④教学创新能力。这是指教师基于学生特点和学科特点，选用合适的教学模式开展有效教学的能力；探索形成既符合教育教学理论，又能有效促进学生知识学习、能力发展与情感态度发展的教学模式的能力。⑤教学学术能力。这是指教师通过对学科教学实践的持续性反思与探究，构建学科教学知识体系的能力；围绕学科教学中的问题，基于科学的研究范式进行研究，进而促进自身专业发展，并通过学术交流实现知识共享的能力。⑥自我发展能力。该项能力是指教师如何基于自身特点进行专业发展规划，并通过教学实践和教育教学行动研究，促进自己成长为卓越教师；自我发展能力还包括教师职业自我效能感、教学动机、职业认同、教学反思、终身学习与发展、教师专业发展能动性、自我心理调节等能力。

三、教师学习共同体

目前直接对"教师学习共同体"进行概念界定的研究并不多，较多的研究对"教师专业共同体""教师共同体""学习共同体"等相关概念进行界定。Patrick M. Jenlink 和 Karen Embry Jenlink 曾把教师学习共同体定义为一起分享、观察和讨论教学方法、教育观念的教师们，他们寻求替代传统方式的教学范式和创造更为民主的教学实践，以鼓励合作学习①。

1. 教师学习共同体的概念

通过前文对"共同体"概念的研究，我们发现"共同体"注重"精神上的共同追求"，"学习共同体"则是突出"学习"和"合作"两个核心要素。现有的对"教师学习共同体"的概念界定也契合了这三个关键要义。

本书主要研究高职院校教师中的学习共同体。笔者根据教师学习共同体的这三个核心要素，并在"学习共同体"定义的基础上对"教师学习共同体"进行界定。"教师学习共同体"可以被理解为：教师们本着共同的发展愿景，围绕共同的任务或问题，在和谐的人际氛围中展开合作实践，为成员提供互相学习的机会，从而促进教师群体专业发展的组织（邱欢辉，2014）。

2. 教师学习共同体的特征

国内直接针对"教师学习共同体"特征的研究比较少，许多针对共同体特征的研究针对的是"实践共同体""专业共同体"或"合作共同体"。对于教师学习共同体，国内的已有研究找到了四个方面的重要特征，即共同目标或愿景、成员之间的对话、在协商中共同进步、解决教学问题。总体来说，目前国内关于教师学习共同体特征的研究尚未形成系统的研究结论，且关于该问题的研究主要聚焦于学习共同体的建构过程的特征，因此该类研究需要进一步的思考和完善。

---

① JENLINK P M, JENLINK K E. Creating democratic learning communities: transformative work as spatial practice [J]. Theory into practice, 2008, 47 (4): 311-317.

国外关于该问题的研究与国内既存在着类似的成果，也有其独特的发现。国外关于教师学习共同体，特别是针对教师专业学习共同体特征的研究，经历了一个不断完善的过程，从对学习共同体建构过程的特征的概括，到关注建构的前提和结果，再到对学习共同体这一概念的周延，这一过程可以帮助我们很好地认识教师学习共同体特征的研究成果。基于上述研究成果，本书进一步总结和提炼，从而得出更为系统的教师学习共同体的特征，主要有以下三方面的关键特征：

（1）关于"共同愿景"。这指的是价值观层面的共同愿景，本书中是指对教学的共同追求。

（2）关于"真实的合作"。它包括：①可分解的任务；②共同的规范；③平等互助的人际互动。

（3）关于"共同提高"。它包括：①专业知识和技能的提高；②观念的转变（邱欢辉，2014）。

学习共同体是教师"同伴互助"的基本依托。

第二节　理论基础

一、教师专业发展阶段理论

教师专业发展阶段理论的相关研究始于 20 世纪 60 年代，美国学者富勒（Fuller，1969）以教师关心的问题，即他们要自己解决的问题和完成的任务为依据，将教师专业发展分成三个阶段：教学前不确定的或者与教学无关的担忧阶段；教学早期关注自我的保护阶段，这种保护可能是公开的或秘密的；教学后期关注学生和教学成果的阶段。此后，学者们以人的生命周期为研究视角，提出了教师职业生命周期阶段论。1985 年，美国学者费斯勒（Fessler）从职业生涯的动态特征出发，将教师专业发展划分为职前教育期、职初期、能力建构期、热情与成长期、职业挫折期、职业稳定期、职业消退期和职业离岗期八个阶段。

我国学者也对教师专业发展阶段进行了探索，提出了许多具有代表性的教师专业发展阶段理论。1991 年，王秋绒以专业社会化的历程为视角，将教师的专业发展过程分为探索适应的师范生、充满挑战的实习教师、平淡成熟的合格教师三个阶段。2002 年，唐玉光以职业生涯成长过程为研究视角，将教师职业生涯分为职前、入职、在职三个时间段。在此基础上，他把教师的专业发展分为职前个人接受教育、入职初步训练辅导、在职继续教育提高三个阶段[①]。罗琴和廖诗艳（2002）将教师群体成长水平差异作为标准，将教师专业发展过程细分为新手教师角色转换和反思教学技能的适应阶段、反思知识体系和教学效能感的发展阶段、克服职业疲倦和实现教育理想的成熟阶段、加强理论学习的持续发展阶段。崔佳（2021）将教师的职业生涯分为三个阶段：未见学生的职业化阶段，看见学生、开启师生共同体的阶段，引领学生追寻伟大事物、求知于共同体的阶段。这里强调的是广义的以学生为中心的师生学习共同体。

教师专业发展阶段理论，根据不一样的研究视角和依据，将专业发展分为若干个阶段，每个阶段教师有不同的关注点和需求，有不同的发展特点，会遇到不同的发展问题。研究教师专业发展阶段理论，对于管理部门、管理者和教师本人都具有重要的意义。对于管理部门、管理者来说，可以根据相关理论来判断教师所处的阶段和本阶段的特征等，依据教师的需要和特点帮助教师制定个人发展规划，有针对性地为其提供适合的专业发展方式等；可以使教师管理部门的政策、方案更具有科学性和可行性，进而调动教师自我提高的积极性和主动性，更好地促进教师专业发展。对于教师自身而言，了解教师专业发展的阶段理论，可以清楚地知道个人所处的阶段，明确个人的发展规划，有目的、有计划地选择适合自己的发展路径和发展方式。同时，也可以帮助教师了解自己在发展中可能遇到的问题，使其思考和了解该如何面对和解决，以此更好地促进教师个人的专业发展。

二、终身教育理论

"终身教育"这一概念是保罗·朗格朗在 1965 年正式提出的，此后学术界关于这一概念的探索持续进行，但至今也没有形成统一的权威性的界定。终身教育理论，简而言之就是活到老、学到老。终身教育理论强调对象的广泛性与全民性，强调时间上的持续性，强调形式上的灵活性和内容上的多样性，强调目标的主动性和差异性。终身教育理论认为，社会上的所有人，不论男女老幼、贫穷富贵，都应该接受教育，不断学习。而这个学习过程贯穿人的一生，

---

① 唐玉光. 基于教师专业发展的教师教育制度 [J]. 高等师范教育研究，2002 (5)：35-40.

从婴幼儿、儿童、少年到青年人、中年人、老年人，每个人每时每刻都在学习，都在接受教育。只有不断地接受教育、不断地给自己充电，才能在瞬息万变的时代中生存。这种教育不仅是指我们在学校接受的有组织的正规教育，还包括我们在家庭、社会等各种场所所接受的非正式的教育；我们所学习到的内容也是灵活多样的，没有时间、地点上的限制，没有形式上的束缚，无限地延伸我们学习的宽度和广度。接受教育的每个人都有明确的目标，根据自己的特点和需要选择最恰当的学习内容和方式。终身教育理论强调了学习的重要性，人要不断学习才能挖掘自身的潜能，实现自身各方面的发展，适应社会的进步和科技发展带来的巨大变革。

终身教育理论对高校和教师都具有重要意义。对于高校而言，终身教育观念是高校长盛不衰的精神动力。高校管理者只有明白学习是终身的，在工作中不断地学习，完善自身的管理理念、管理方法等，才能跟上时代的步伐，在知识经济时代更好地为全校师生服务，促进教师的专业发展，提高学校的办学质量。高校教师作为传道授业解惑的特殊群体，更是需要不断地学习，需要树立终身教育的观念。高校教师面对的是不断变化的新一代年轻学生，他们在思想、学习习惯、学习方式等许多方面都是不断变化的，这就要求教师也要与时俱进，学习新的思想、了解新一代学生的特点、了解学生的学习习惯，丰富自己的知识体系，学会使用新的教学工具，因材施教，以新的方式将知识传授给学生，提高自己的课堂管理能力和教育教学能力等。教师要不断地充实自己，了解自己所研究领域的最新研究方向、最新研究成果等，掌握前沿知识，通过不断学习来拓展自己的知识宽度和广度，开阔视野，不断创新，提高自己的科研水平。随着信息技术的发展，教学方式也在发生变化，教师必须树立终身教育的理念，学习新的教育手段和方式，适应科技发展的需要，进而培养出社会所需要的人才。

三、群体学习理论

群体学习理论最初主要应用于临床心理学领域，后来逐渐被应用于组织行为学领域。德国心理学家勒温认为，群体不是没有关系的个体的简单相加，而是有关系的个体组成的一个动态的整体，是一个系统。他在团体动力理论的基础上分析了不同领导风格对群体成员间的关系和其工作绩效的影响。罗杰斯的群体学习理论提倡群体成员在没有控制的自由氛围中讨论，没有固定的教学模式和教学目标，鼓励学员进行创造性的思考，通过群体学习使学员的态度、价值观和行为得以"重建"。每个学员都是群体中重要的一部分。群体中营造的是充分被接纳的氛围，群体成员可以发表自己的看法，了解其他人的看法，从而获得更多的知识。

所谓群体是指两个或两个以上的人，为了达到共同的目标，以特定的方式关联在一起组织活动而形成的人群。群体成员有着共同的目标，对群体有认同感，他们以一定的组织结构存在，有着共同的价值观。群体学习就是以共同的目标为基础，以小组和团队学习为主要形式，强调彼此学习和激励，以增强群体的学习力为核心。群体中的每个成员都是一个独立的个体，都是群体中不可缺少的一部分，成员之间相互合作，互相启发，使成员不断地超越自我。

高校教师有着共同的目标，就是为国家和社会培养人才。就一个学校、一个学院、一个系而言，教师也是一个群体。教师在这个群体中有共同的愿景，他们进行团队学习、组建科研团队等，以一定的组织方式存在。教师之间交流观点，分享经验，互相启发。教师之间通过学术论坛、小组讨论、科研小组等方式，营造平等合作的氛围，让大家在自由的环境中分享自己在教学、科研过程中遇到的问题和困难，共同探讨解决办法。教师也可以分享自己的研究成果、研究思路等，从其他老师那里得到新的想法和建议，也可以为其他老师的研究提供参考，促进群体成员的共同进步。所以，我们应该鼓励教师进行群体学习，更好地进行知识管理，通过交流和共享，使隐性知识在群体之间进行交换，丰富教师的知识储备，促进教师的专业发展。

第三章　高职院校教学科研团队建设的现状及问题分析

第一节　问卷的设计、调查的实施与调查数据的实证分析

一、问卷的设计、调查的实施情况

1. 调查目的

根据一流院校的建设需求，结合学校发展的实际情况，本研究团队纳入学校教学、科研和管理各方面专家教授，以学校教师发展中心的专职人员和财经学院知名教授为研究骨干，集中探索高职院校"同伴互助"教学科研团队建设的思路、实施路径和保障机制，推动高职院校教学和科研团队组织化和制度化，建立健全教师发展的有效运行机制，促进教师全面发展，构建有利于各类人才成长的"职业培养体系"，为教师的成长、教学质量的提高、教学改革和科研创新以及人才培养提供全方位服务，促进高职院校教师教学能力和科研学术水平全面提升，提高高职院校师资队伍的整体实力和核心竞争力以及促进专业人才培养模式的优化。

为此，我们设计了一份《高校教师教学科研合作情况调查问卷》，用来深入了解高职院校教学科研团队的发展现状以及"同伴互助"的情况，教学科研团队互助过程中存在的主要问题，以及优秀教学科研团队的影响因素及保障措施。我们希望通过此次调查，为本研究收集资料，提供定量分析的依据。

2. 问卷设计

《高校教师教学科研合作情况调查问卷》（见附录 A）是在学习借鉴逄明波 2009 年硕士论文《校本教研中教师同伴互助问题研究》中的调查问卷《关

于校本教研中教师同伴互助的调查问卷》的基础上，结合高职院校教学科研团队的建设进行设计、更新和完善的。

（1）问卷设计的目的。

"同伴互助"作为教师"学习共同体"中成员之间的互动方式，涉及的相关问题有："同伴互助"的内涵，"同伴互助"的内容，"同伴互助"的方式，"同伴互助"在实际中可以解决的问题，高校在"同伴互助"方面存在的问题和提供的保障机制，等等。

要确定"同伴互助"是否能够真正帮助教师发展，最好的方法是跟踪每位老师的发展轨迹，比较进行"同伴互助"与未进行"同伴互助"的教师之间发展的差异。但这实际上很难实施，原因在于时间跨度长、"同伴互助"的行为难以界定、个人发展难以量化比较。本问卷同时收集不同高校教师对"同伴互助"的看法，属于截距数据，并不能直接分析"同伴互助"对教师职业生涯的影响，但可以得出不同类型的教师在"同伴互助"中的行为方式。

"同伴互助"一般可从两个方面展开：教学和科研。教学涉及教学内容、教学手段、教学标准、师生关系、教学效果等，经验丰富的老师比刚刚从事教育工作的老师有更多更好的解决问题的手段。老教师帮助新教师尽快成长是"同伴互助"的一个重要形式，学校等机构也会搭建教学方案研讨、教学观摩、集体备课等方面的平台促进教师互助。这往往表现为强帮弱的单方面付出，在没有其他奖励补偿机制存在的前提下，是否能广泛开展值得深入调查。教师间的科研合作比教学更复杂，教师从事科研工作的意愿是未知的，不同教师的研究方式、研究方向不同，科研条件、科研经费存在差异等，都会影响教师科研合作的开展。常识告诉我们，教师在科研上合作更能取长补短、达成双赢，但相互矛盾的因素使得科研上的"同伴互助"在高校教师中的开展变得复杂。"学习共同体"中的"同伴互助"是教师自发的行为还是无奈的选择，取决于互助的成本和收益。互助往往被认为是相互的行为，但在实际行为上又表现为教师个人的选择和判断，互助倾向与教师的个人偏好、性格和行为方式有关，同时也是一种社会化行为，机构或组织会鼓励教师间相互帮助、共同提高；教师互助意味着自愿在时间、信息、方法、空间和实验条件等方面共享，回报方面有从对方获得的帮助、支持、方法、数据等。这种互助往往是不对等的，一方可能为另一方贡献更多，其间关系复杂，很难从理论研究中得出结论，需要开展田野调查。

高校作为教师管理机构，应为教师之间的互助行为提供政策、搭建平台、进行绩效考核等。但鉴于互助形式、成果难以界定，目前尚未有高校对具体的各项互助行为进行资助、考核，高校的相关举措更多地表现为鼓励教师参与教学改革、科研等集体活动。本问卷从教师的感受的角度了解国内高校采用何种方式促进教师之间的"同伴互助"，以此分析在哪些方面值得持续改善。

（2）问卷的结构。

本研究的调查问卷包括两部分内容，第一部分是被调查者的基本信息，主要包括被调查者的性别、就职院校性质、专业和年龄四方面的信息。第二部分是被调查者就职学校教学科研"同伴互助"建设的情况。调查问卷在这部分一共设计了 24 个问题，题型包括单选题、多选题和开放题三种题型。调查的内容包括教学科研团队"同伴互助"的目的，"同伴互助"的项目及形式，"同伴互助"存在的问题，"同伴互助"缺失的因素，优秀的教学科研团队应具备的条件，教学科研团队获得高素质标志性成果的影响因素，等等。

问卷涉及如下几个方面：①被调查者的个人基本信息；②"同伴互助"对教师发展的影响；③教师对合作的态度；④年龄、专业互助的影响；⑤"同伴互助"的内生动力和行动的边界；⑥高校在推动"同伴互助"上的作用；⑦"同伴互助"平台建设需改进的方面。其关系见图 3-1。

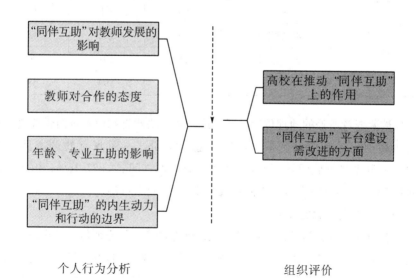

图 3-1　调查问卷各个部分的关系

3. 调查实施及问卷回收情况

（1）调查实施过程。

为了收集更多的样本，保证收集到的资料的客观性，问卷调查采取的是匿名调查方式。调查问卷通过问卷星软件面向全国高校专任教师发放，教师可以通过手机、电脑等工具登录问卷星网站填写问卷。受新冠疫情影响，调查历经2.5年（2019年1月—2021年7月）。通过会议、培训、工作群、好友推荐等方式，全国50多所本科和高职院校的老师登录问卷星完成了问卷填写。

（2）问卷回收情况。

调查结束后我们共回收有效调查问卷583份，来自国内25个省（自治区、直辖市）的高校教师和国外高校教师。

对回收的调查问卷进行分析，我们发现，从被调查者任职的院校类型来看，395份调查问卷来自高职院校，188份调查问卷来自本科院校。其中男性教师189人，女性教师394人；180人为理科类专业，403人为文科类专业（见表3-1）。

表3-1 被调查的高校教师的基本信息分布情况　　　　　单位：人

专业类型	学校类型	男	女	合计
理科	本科院校	15	37	52
	高职院校	64	64	128
文科	本科院校	34	102	136
	高职院校	76	191	267
合计		189	394	583

从被调查者所处的地理位置来看，广东省、陕西省和山东省回收有效问卷占比排名前三。其中：广东省回收问卷311份，占回收有效调查问卷的53.07%；陕西省回收问卷124份，占回收有效调查问卷的21.16%；山东省回收问卷53份，占回收有效调查问卷的9.04%（见图3-2）。

（3）调查实施后的评估。

"同伴互助"的问卷设计和随后开展的问卷调查，很好地帮助了我们了解高校教师组团完成特定的教学、科研的现状。调查发现，互助往往是教师的个人行为偏好，具有明显的个人特征，个人的成就与参与团队合作没有明显的相关性。

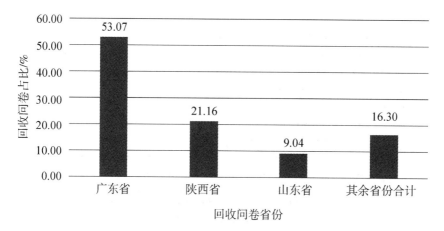

図 3-2 問卷地理位置来源分析

二、回收问卷的实证分析及研究结论

1. 数据真实性分析

数据的真实性分析，就是对问卷星 IP 地址、登录时间和完成问卷时间分布、调查数据之间的关系的分析。真实的数据应为个体独立完成，不同个体在时间、地点和对问题的选择上没有关联，完成问卷的时间分布接近正态分布。我们采用的分析统计技术是非参数的 Kolmogorov-Sminov 检验和游程分析。

登录 IP 分析，我们发现有 123 条记录 IP 重复，而访问方式也相同的只有 34 条，它们都有相同的学校类型，相同的 IP 属地，可以认为是通过校内专用 IP 地址登录问卷星网站。因此虽然存在相同的 IP 地址，但结合性别、年龄、职称等资料，可以排除重复输入的可能。

教师完成问卷的时长是衡量调查问卷是否具有随机性、真实性的一个重要指标。我们对被调查者完成试卷所用的时长进行了分析。我们将每位老师完成问卷所需要的时长看成独立随机变量，调查发现，用时最少为 34 秒，最多为 5 376 秒，平均用时 327.61 秒，绝大部分为 250~350 秒。由于用时为机器采样，没有人为干预，能真实反映调查数据信息源情况，可以作为数据有效性分析的依据之一。比较合理的假设是参与调查的教师为不同的个体，完成问卷时长分布呈正态分布。我们以每 100 秒为一个区域，将所用时长分为 15 个区域：0~100，>100~200，>200~300，>300~400，>400~500，>500~600，>600~700，>700~800，>800~900，>900~1 000，>1 000~1 100，>1 100~1 200，>1 200~1 300，>1 300~1 400，>1 400。频数的分布见图 3-3。

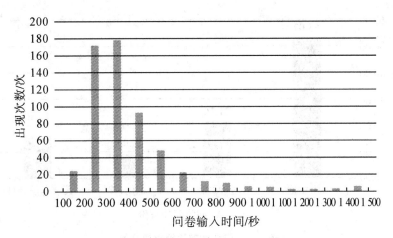

图 3-3　参与调查教师完成问卷需要的时间分布

分布的均值为 327.61，标准差为 361.48，实际用时累计概率与正态分布的累计概率差采用 Kolmogorov-Sminov 检验。我们分析得出：实际用时累计概率与正态分布的累计概率差的最大值为 0.233，$\alpha = 0.05$（双侧检验）差的极值 $D\alpha$ 为 0.349，$D\alpha > 0.233$，可以认为参与调查教师完成调查问卷所用时间的分布与正态分布之间没有显著性差异。我们用 SPSS19 对样本信息进行 Kolmogorov-Sminov 检验，结果见表 3-2。

表 3-2　单样本 Kolmogorov-Smirnov 检验

检验项目		时间
N		583
正态参数[①②]	均值	327.61
	标准差	361.481
最极端差别	绝对值	0.233
	正	0.231
	负	−0.233
Kolmogorov-Smirnov Z		5.628
渐近显著性（双侧）		0.000

注：① 检验分布为正态分布。

　　② 根据问卷回收数据计算得到。

调查问卷共有 25 个问题，其中问题 1~5 为性别、院校类型、专业分类、职称和年龄，属于被调查者的个人信息；问题 6~8、10~22 为多项选择，问题 9 为单选题。一方面，多选题的每个选项都要求被调查者独立判断，而且只有选择或不选择（用 1 和 0 表示）两个结果，因此问题的选项可以被认定为 Bernoulli 变量[①]。如选择 1 的频率为 p，选择 0 的频率为 $1-p$，则方差为 $p(1-p)$。另一方面，多项选择的每个问题可以看成由 0、1 组成的序列，可能会连续出现 0，0，…，0 或 1，1，…，1，这样连续的 0 或 1 区段被称为游程。游程检验的原则：如果序列为真随机序列，那么游程的总数应该不太多也不太少。如果游程的总数极少，就说明样本缺乏独立性，内部存在一定的趋势或者结构，这可能是由于观察值间不独立，或者来自不同的总体。如果样本间存在大量游程，则可能有系统的短周期波动影响观察结果，同样可认为序列非随机，因此可以用游程的个数来检验样本的随机性，或总体的分布特征。

我们通过 SPSS 软件对所有的多项选择题的单样本游程进行分析，所有的选择 0、1 分布为随机序列，Sigma 水平为 0.12~0.95，游程数量为 35~450，不存在样本缺乏独立性和有系统性的趋同行为。

以上的分析表明，调查获取的独立性、代表性和真实性没有问题，从数据中分析得出的结论是被调查教师的共性，具有普遍性。

2. 数据一致性分析

调查问卷结果的一致性、稳定性和可靠性被称为信度（reliability），表明了数据的可信程度。调查要求对于同一被调查者多次调查结果要有一致性，但实际上我们无法对被调查者进行多次重复调查，因此通过测量内部一致性来分析数据的信度。方法为将每个多项选择的问题选择数作为该问题的值，采用 Cronbach's α 系数衡量内部一致性，计算公式为

$$\alpha = \frac{k}{k-1}\left(1 - \frac{\sum \sigma_i^2}{\sigma_y^2}\right)$$

其中 σ_i^2 为各多项选择题的方差；σ_y^2 为总体方差，等于所有多项选择题与协方差之和；$\left(1 - \dfrac{\sum \sigma_i^2}{\sigma_y^2}\right)$ 为潜变量引起的共有方差比例；k 为同一分析的多项选择题的数量。

用 Cronbach's α 系数衡量的调查问卷表的问题为目前教学中遇到哪些问

---

① Bernoulli 变量是指结果只能为对、错，或有、无等成对互补结果，可用 0、1 表示。

题、科研中面临的挑战包括哪些、教学科研中遇到上述问题您一般如何解决、在团队合作中如果您是团队带头人如何凝聚团队成员、团队成员如何促进团队合作等17个问题。我们采用SPSS 19进行分析，Cronbach's α值为0.885，根据信度判断标准（见表3-3），本次调查问卷非常可信。

表3-3　信度的判断标准

信度≤0.30	不可信
0.30<信度≤0.40	初步的研究，勉强可信
0.40<信度≤0.50	稍微可信
0.50<信度≤0.70	可信（最常见的信度范围）
0.70<信度≤0.90	很可信（次常见的信度范围）
0.90<信度	十分可信

3. "同伴互助"对教师发展的作用

教师的工作除了教书育人之外，还有教学改革、科学研究、社会服务等。评价教师发展成绩的指标有：教学效果、教学改革项目、科研项目、科研经费、获奖情况、社会服务产生的效益等。但存在一些需要考虑的情况：上述成绩很难量化，成绩之间难以比较；教师发展为一个历时过程，教师成就可以分为历史成就、当下成就、未来成就，也可以分为已完成的成就、正在进行的成就；等等。"同伴互助"对教师发展的影响我们可以从不同职称人群对问题的选择来分析，虽然职称不能反映当下教师的成就，但职称能够综合反映过去较长一段时间内个人取得的成绩和业绩。

（1）不同年龄段的职称分布。

本书将高校教师分为20~29岁、30~39岁、40~49岁和50岁以上几个年龄段，职称分为初级、中级、副高和正高4个级别。不同年龄段的职称分布见表3-4。

表3-4　不同年龄段职称的分布情况　　　　　　　　单位：人

年龄	初级	中级	副高	正高	合计
20~29岁	70	6	0	2	78
30~39岁	39	185	51	1	276
40~49岁	1	58	101	14	174
50岁以上	0	9	26	20	55
合计	110	258	178	37	583

我们可以看出，20~29岁的高校教师大部分为初级职称，但极个别的人通过个人努力获得了正高职称，说明年龄是个人成就的限制因素，但不是唯一的限制因素。随着年龄的增加，初级职称的人数占比逐步减少，高级职称的人数占比不断增加，但基本上在不同的年龄段都有中级和高级职称，利用职称代表个人的业绩成就不会造成不同年龄段人群的数据偏差。

（2）不同职称的教师对教学中存在的问题的认识。

教学的本质是传道、授业、解惑，教学行为具有明显的反映教师个人认知水平和行为的特点，有艺术化的特征，涉及教学内容组织、设计和呈现，教学手段的采用与优化，教师的形象和表达等，最终反映为学生对教学效果的评价；在教学管理上涉及课程标准制定、人才培养方案设置等，又涉及个人教学上的问题。不同职称的老师在这些方面遇到的问题可从教学改善和教学管理两方面来说。

①教学改善。

从教学内容更新、教学手段信息化、教学效果提升三个方面来看，不同职称教师在教学中人均问题选择率的分布见图3-4。

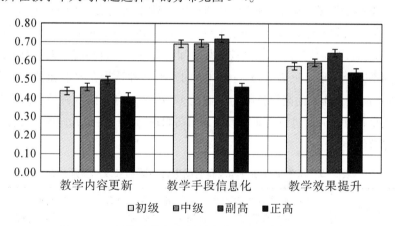

图3-4　不同职称教师在教学中人均问题选择率的分布

初级、中级和副高三个级别的教师在教学内容更新、教学手段信息化和教学效果提升三个方面的问题相当，差距在误差范围以内。但正高职称教师的人均问题数量明显低于前三类教师，说明职称提升也是个人能力的全面提升，而这种提升有一个积累的过程。

②教学管理。

被调查教师在教学管理方面的表现见图3-5。中级职称教师在课程标准制定和人才培养方案设置上存在的问题较少，而初级和高级职称教师存在的问题会多些，说明高校的专业教学管理工作更多是中级教师在承担。

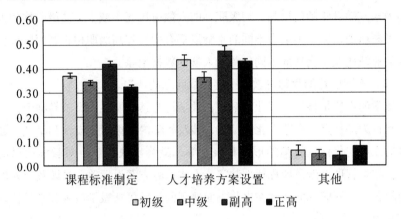

图 3-5　不同职称教师在教学管理方面人均存在的问题分布

（3）对没有获得同伴帮助的状况和工作繁忙缺乏时间进行教改和科研的情况的分析。

57.8% 的高校教师认为在教学科研中单打独斗且成效并不明显；70.7% 的高校教师认为教学任务繁重，没有时间进行科研和教改，说明高校教师科研和教学压力大。"同伴互助"在高校教师之间不常见，本科和高职教师对此问题的认知不完全一致（见表 3-5），58.0% 的本科教师认为在教学和科研中没有"同伴互助"合作，而高职教师的比例是 57.7%；67.0% 的本科教师认为教学任务繁重，没有时间进行科研和教改，而高职教师的比例是 72.4%。二者之间存在显著性差异。

表 3-5　认为单打独斗和没有时间进行科研和教改的教师分布　单位：人

学校类型	单打独斗且成效 并不明显	教学任务繁重，没有 时间进行科研和教改	参与调查的 教师人数
本科教师	109	126	188
高职教师	228	286	395
合计	337	412	583

从职称的分类来看，初级、中级和副高职称的教师在缺乏"同伴互助"和缺乏时间开展教改与科研方面的比例没有显著性差异（见表 3-6），上述三类教师资源缺乏、工作任务繁重，在学校的处境相似。但正高职称的教师对这

两类问题的认知正好相反，而且这种差距是具有显著性的。是教师在取得正高职称以后获得了更多人的帮助和只有少量的教学任务，还是正高职称教师有意愿和能力与教师开展"同伴互助"，以及能够有效处理教学任务与科研的关系，我们的调查不能区分，但我们更倾向于后者。

表3-6 不同职称教师单打独斗和没有时间进行科研和教改的情况的分布

项目	初级	中级	副高	正高
单打独斗且成效并不明显	51.8%±0.3%	57.8%±0.3%	64.0%±0.2%	45.9%±0.1%
教学任务繁重，没有时间进行科研和教改	65.5%±0.2%	72.5%±0.3%	75.3%±0.2%	51.4%±0.2%

（4）高校教师个人发展目标和"同伴互助"对其的作用。

成功需要持续性的努力，需要有效的时间管理和不断的自我激励。当以职称的高低作为个人成就的高低时，我们的调查发现，初级职称高校教师中只有46.4%±0.2%有明确的个人发展目标，中级为55.4%±0.2%，副高为67.4%±0.2%，正高为95.6%±0.1%；初级职称的高校教师中只有21.8%±0.2%认为得到他人的帮助或支持，中级为29.1%±0.2%，副高为39.9%±0.2%，正高为83.4%±0.2%，说明职称越高的人越有明确的发展目标以及越能得到他人的帮助。有明确的发展目标和能得到他人的帮助与职称发展有密切的关系，说明"同伴互助"对教师的个人发展有明显的促进作用（见图3-6）。

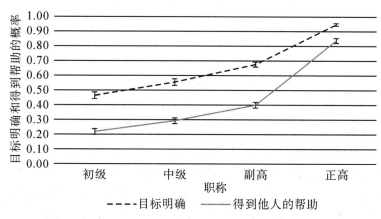

图3-6 个人发展目标明确和能得到他人的帮助与职称的关系

4. 不同类型的高校教师对"同伴互助"认识的异同

因为学校定位不同，人才培养方式不同，学校对教师的要求不同，高职院校和本科院校的教师群体对教师间"同伴互助"的认识是否相同值得关注。参与本次调查的有本科教师 188 人和高职教师 395 人，他们对 99 个问题的选择中，有 83 个问题的看法（人均被选率）没有显著差异，占 83.8%。下面分析本科教师和高职教师认知存在差异的问题。

（1）本科教师和高职教师调查结果的比较方法。

每个教师作为独立个体进行问卷填写，每个多项式选择问题的选项，如果选择被看成 1，没有选择被看成 0，全体教师（N）对该问题的选择值之和（Y）服从二项式分布，有

$$P(Y) = \frac{N!}{Y!\ (N-Y)!} \pi^Y (1-\pi)^{N-Y}$$

π 为选择该选项的概率，$Y = 0, 1, 2, \cdots, N$。

当 π 未知，我们利用最大似然法对 π 进行估计，$\hat{\pi} = p$，p 为本科(高职)教师选择该选项的比例。当 N 比较大时，其分布接近正态分布：

$$E(p) = \pi,\ \sigma(p) = \sqrt{\frac{\pi(1-\pi)}{N}}$$

当本科教师和高职教师对某选项的比例是 p_1 和 p_2，它们不存在显著差异，估计 $p_1 - p_2$ 的标准差：

$$\hat{\sigma}_{(p_1-p_2)} = \sqrt{\frac{p_1(1-p_1)}{N} + \frac{p_2(1-p_2)}{M}}$$

检验（$p_1 - p_2$）与 0 之间是否存在显著性差异，Z 值为

$$Z = \frac{p_1 - p_2}{\hat{\sigma}_{(p_1-p_2)}}$$

当置信区域设置为 95%，$\alpha = 5\%$，双侧检验，$Z > 1.96$ 即可认为它们之间有显著差异。

（2）本科教师和高职教师对"同伴互助"方式评价的差异。

调查问卷中提供给教师选择的高校教师参加"同伴互助"的形式有：教学经验交流、教学资源交换或共享、定期参加集体备课活动、观察课堂教学并提出意见和建议（同伴观课）、观摩公开示范课、课例研究、定期进行的教研组活动、其他方式等。本科院校有 41.0%±0.4% 和 53.3%±0.2% 的教师参加定期集体备课活动、观察课堂教学，相应的高职教师只有 31.6%±0.4% 和 42.5%±

0.2%，存在显著性差异。81.9%±0.3%的本科教师认为学习小组是"同伴互助"沟通的渠道，而高职教师只有 77.7%±0.2%认同这一点。以上 Z 值计算见表 3-7。

表 3-7　不同类型高校教师对"同伴互助"形式和存在的问题等的认知差异

选择项目	本科教师人均比例	高职教师人均比例	估计 p_1-p_2 的标准差	Z 值	显著性
定期参加集体备课活动	0.410	0.316	0.043	2.174	*
观察课堂教学并提出意见和建议	0.532	0.425	0.044	2.418	*
专题研讨是"同伴互助"的一种沟通渠道	0.819	0.777	0.035	1.197	
学校经常为教师提供互助平台	0.335	0.215	0.040	2.986	**
学校偶尔为教师提供互助平台	0.362	0.501	0.043	3.235	***
教学内容更新是教学中遇到的问题	0.383	0.499	0.043	2.663	**
教学信息化、教学方式优化是教学中遇到的问题	0.569	0.742	0.042	4.081	***
个人发展目标不清晰、动力不足是科研工作中的问题	0.293	0.453	0.042	3.863	***
学校提供了激励机制保障"同伴互助"	0.617	0.732	0.042	2.737	**
"同伴互助"组建团队是为了完成摊派的任务	0.489	0.597	0.044	2.456	*
教师"同伴互助"的缺失原因之一：学校的互助氛围不足，缺乏"同伴互助"的文化、传统或制度	0.569	0.734	0.042 4	3.891	***
教师"同伴互助"的缺失原因之一：教师任务重或课时较多，没有足够时间进行有效的"同伴互助"	0.303	0.428	0.042	2.985	**
教师"同伴互助"的缺失原因之一：教师之间彼此不了解或性格原因造成缺乏有效沟通	0.309	0.443	0.042	3.207	***
"同伴互助"是为拿到课题和项目临时拼凑团队	0.617	0.732	0.042	2.737	**
团队合作是为了完成摊派的任务	0.489	0.597	0.044	2.456	**

注：$|Z|>1.96$ 为有显著性差异，用 * 表示；$|Z|>2.57$，非常明显的显著性差异，用 ** 表示；$|Z|>3.00$，为显著的显著性差异，用 *** 表示。下同。

50.1%±0.3%的高职院校教师认为高校只是偶尔提供了互助平台，本科教师则有36.2%±0.4%；33.5%±0.3%的本科教师认为学校经常提供了互助平台，但高职教师只有21.5%±0.2%。高职教师在教学中遇到的问题更多，如教学内容的更新，49.9%±0.4%的高职教师认为这是一个教学上的问题，而本科教师只有38.3%±0.3%这样认为；74.2%±0.2%的高职教师认为教学手段信息化、教学方式优化是一个教学问题，而56.9%±0.4%的本科教师认为这是问题。高职教师有73.2%±0.2%认为"同伴互助"是为拿到课题和项目而临时拼凑团队，59.7%±0.2%认为团队合作是为了完成摊派的任务，而本科教师这样想的只有61.7%±0.4%和48.9%±0.4%，显然高职教师对"同伴互助"的认知更加负面。本科教师相对高职教师具有更大的独立性、更多的方式实现个人目标，有较多的个人支配时间，因此对学校等外界条件的要求相对更低，对教研活动予以相对更正面的评价。

5. 高校教师对"同伴互助"的态度

（1）数据分析研究方法。

多选题的每个选项可视为一个二值相应的贝努利变量（被调查者选择该选项，记录为1；不选择该选项，则记录为0），一个多选题由 n 个选项组成，最多有 $2n$ 种不同结果，可以看成 n 位的二进制表示。例如一个多选题有3个选项——Q-1、Q-2、Q-3，对 N 个人进行了调查，其调查结果可以用表3-8表示：

表3-8 3个选项的多选问题二进制编码结果统计

Q-1	Q-2	Q-3	结果统计
0	0	0	n_1
0	0	1	n_2
0	1	0	n_3
0	1	1	n_4
1	0	0	n_5
1	0	1	n_6
1	1	0	n_7
1	1	1	n_8
合计			N

注：$N = n_1 + n_2 + \cdots + n_8$。

实际上，这种分布不是均匀的，有的选项组合大量被选中，有的选项组合没有人或极少人选择。由此可以对人群进行分类，集中关注被大量选中的组合类型，分析不同人群占的比例和其行为特征。

①分析被调查对象对一些选项组合的偏好，对被调查对象进行分类。一般可以认为选项之间的各种组合只是起到分类的作用，不存在序等关系。结果统计量 n_i/N，是这种组合的出现概率 p_i 的无偏估计，当 $N \rightarrow \infty$，$n_i/N \rightarrow p_i$。如果某些 n_i（n_i/N 也同样）明显大于其他 n_j，说明这些有较高 n_i 的二进制组合代表了某一类型的人群，将这群人的调查数据独立出来，可以研究他们的特点和行为规律。

②各选项是否相互独立的判断。如果被调查者选择多选题的选项时是独立的，选中 i 选项的概率为 p_i，没选中的概率为 $1 - p_i$，二进制编码为 $c_1 c_2 \cdots c_k (c_i = 1$ 或 0，k 为整数)，该组合出现的概率为：$p_1^{c_1} p_2^{c_2} \cdots p_k^{c_k} (1 - p_1)^{1-c_1} (1 - p_2)^{1-c_2} \cdots (1 - p_k)^{1-c_k}$，表示为

$$\prod_{i=1}^{k} p_i^{c_i} \prod_{i=1}^{k} (1 - p_i)^{1-c_i}$$

预期数量 μ_i 为

$$\mu_i = N \prod_{i=1}^{k} p_i^{c_i} \prod_{i=1}^{k} (1 - p_i)^{1-c_i}$$

计算 n_i 和 μ_i 之间的差异可以通过计算 X^2 评价，公式为

$$X^2 = \sum \frac{(\mu_i - n_i)^2}{\mu_i}$$

X^2 的分布近似 χ^2 的分布[1]，与自由度 df$=k-1$，X^2 有关，它的均值等于 df，标准差等于 $\sqrt{2df}$。n_i 和 μ_i 越接近，X^2 的值越小。X^2 足够小（没有显著性差异），说明该类型教师的分类不会影响性别、专业、学校类型、各种选项等的选择；如果 X^2 的值超过一定范围，说明 n_i 和 μ_i 差异出现的概率超过预设的范围，可以认为 n_i 和 μ_i 存在显著性差异。显著性差异、明显的显著性差异、显著的显著性差异的显著性水平可定义为 $\alpha = 0.05$，$\alpha = 0.01$，$\alpha = 0.001$。

不同类型的教师，在性别、专业、对"同伴互助"的认知等方面可能存在差异。这种差异可能由误差引起，也可能是由教师的特性所致，我们采用 χ^2 检验来判断。假设每个教师完成问卷每项选择是随机且独立的，我们可以根据

---

① AGRESTI A. An introduction to categorical data analysis [M]. Hoboken：Jone Wiley & Sons Co.，1996.

性别、专业、学校类型、各种选项等的比例，该类型的教师在性别、专业、学校类型、各种选项上的人数分布（n_i），实际调查中的分布人数μ_i，按照上面的公式计算x^2值。

（2）高校教师解决教学科研问题的类型。

高校教师在教学、科研上习惯于采用某种态度来解决遇到的问题。我们把教师解决教学科研问题的方式分为个人研究、团队合作、个人研究和团队合作混合（混合型）三种类型，其中是否使用互联网工具作为另外一个指标，再对高校教师进行分类统计（见表3-9）。

表3-9　高校教师解决教学科研问题的方式　　　　　　单位:%

分类	不用网络资源	利用网络资源	合计
个人研究	13.7	24.5	38.3
团队合作	11.1	12.7	23.8
混合型	7.4	23.0	30.4
合计	32.2	60.2	92.5

38.3%、23.8%和30.4%的老师分别为个人研究型、团队合作型和混合型。三种类型教师所占比例差距不算大，个人研究型稍多。混合型的教师采取何种方式进行科研教学会依具体情况而定，如果条件合适，他们会与其他老师一起开展教学科研活动，但条件不合适时他们又会倾向于独干。60.2%的老师会在互联网上寻找资源或合作伙伴，还有6.5%的教师只通过网络技术来解决教学和科研问题。不用互联网的老师也有32.2%，1.0%的教师选择其他的方式，例如夫妻、父子等关系间合作。综合以上的分析，我们将高校教师主要分为，不用网络的个人研究、不用网络的团队合作、不用网络的混合型、利用网络的个人研究、利用网络的团队合作和利用网络的混合型6种不同类型教师群体，分析他们的行为、态度和个人业绩等。

①不用网络资源的个人研究型教师。

这类型的教师有如下特点：以男性教师为主，文科类和理科类专业都有，年龄分布正常，职称分布正常，说明这种特点对个人的发展成就（职称）没有影响。这部分的教师非常有特点，具有独立行动的能力和愿望，对"同伴互助"活动的认可度明显偏低，对目前参与的"同伴互助"的形式的评价显著偏低，对"同伴互助"能解决问题的评价明显偏低。这种类型的教师没有愿望和行动力参与教师间的"同伴互助"（见表3-10）。

表 3-10　不用网络资源的个人研究型教师的主要特点

类别	内容	调查人数	理论人数	χ^2	显著性差异
性别	男	42	25.8	14.95	**
	女	38	54.1		
学校类型	本科	30	25.8	1.01	
	高职	50	54.2		
学科	理科	24	24.7	0.03	
	文科	56	55.3		
职称	初级	9	15.1	3.50	
	中级	36	35.4		
	副高	29	24.4		
	正高	6	5.08		
年龄段	20~29 岁	6	10.7	2.52	
	30~39 岁	40	37.9		
	40~49 岁	25	23.9		
	50 岁以上	9	7.55		
团队人数	3~5 人	75	69.7	3.94	
	6~8 人	4	8.92		
	10 人左右	0	0.69		
	其他	1	0.69		

②利用网络资源的个人研究型教师。

这类教师在性别、学校类型、学科、职称、年龄段和团队人数方面都属于正常分布。这类教师与不用网络资源的个人研究型教师完全不同，他们承认在教学和科研中存在问题，能正常评价个人的能力和发展愿望，愿意在团队中做出有助于团队的行动，较高程度地认同互助能帮助科研工作的开展，但不太认同"同伴互助"在教学中的作用。他们对"同伴互助"的作用有所肯定，尤其认为"同伴互助"可实现教师之间优势互补和资源共享，比较肯定学校目前的状态；认可目前在"同伴互助"中出现的问题，认为学校的互助氛围不足、缺乏"同伴互助"的文化、传统或制度，以及教研组的活动流于形式、没有得到较深入的开展是"同伴互助"的主要问题。这种类型的教师有较强的愿望和行动参与教师之间的"同伴互助"（见表3-11）。

表3-11　利用网络资源的个人研究型教师的主要特点

类别	内容	调查人数	理论人数	χ^2	显著性差异
性别	男	33	25.8	2.93	
	女	47	54.1		
学校类型	本科	20	25.8	1.92	
	高职	60	54.2		
学科	理科	26	24.7	0.10	
	文科	54	55.3		
职称	初级	8	15.1	5.40	
	中级	37	35.4		
	副高	31	24.4		
	正高	4	5.08		
年龄段	20~29 岁	6	10.7	2.85	
	30~39 岁	39	37.9		
	40~49 岁	28	23.9		
	50 岁以上	7	7.55		
期望团队人数	3~5 人	72	69.7	1.32	
	6~8 人	7	8.92		
	10 人左右	1	0.69		
	其他	0	0.69		

③不用网络资源的团队合作型教师。

这类教师在性别、学校类型、学科、职称、年龄段和团队人数方面都属于正常分布，但他们有明显的群体特点：对个人的教学能力十分肯定，对个人驾驭教学与科研工作有显著的信心，对个人在团队中的表现期望不高，尤其在分配上，强调同一学校的学院间的教师合作，显著反对高校间的教师合作，对"同伴互助"的作用和功能认识处于平均水平，明显不认同目前高校"同伴互助"出现的各类问题。这种类型的教师倾向于与熟悉的教师开展有限的合作（见表3-12）。

表 3-12　不用网络资源的团队合作型教师的特点

类别	内容	调查人数	理论人数	χ^2	显著性差异
性别	男	18	20.6	0.51	
	女	46	43.3		
学校类型	本科	22	20.6	0.13	
	高职	42	43.4		
学科	理科	25	20.1	1.75	
	文科	40	44.9		
职称	初级	10	12.1	2.40	
	中级	32	28.3		
	副高	16	19.5		
	正高	6	4.1		
年龄段	20~29 岁	7	8.6	3.12	
	30~39 岁	30	30.3		
	40~49 岁	17	19.1		
	50 岁以上	10	6.0		
期望团队人数	3~5 人	53	55.8	2.21	*
	6~8 人	10	7.1		
	10 人左右	1	0.5		
	其他	0	0.5		

④利用网络资源的团队合作型教师。

这类教师在性别、学校类型和期望团队人数方面分布正常，但以刚入职的青年教师居多，职称也以初级为主。这种类型的教师的特点就是对"同伴互助"的认知、存在的问题和可能的作用没有鲜明的判断和要求。具体来说，他们不认同个人单打独斗成效不明显的看法，同时又不拒绝其他老师的帮助；个人在团队中表现一般，对"同伴互助"作用的认同一般，这类教师对"同伴互助"既不拒绝也不主动参与（见表3-13）。

表 3-13　利用网络资源的团队合作型教师的特点

类别	内容	调查人数	理论人数	χ^2	显著性差异
性别	男	26	23.5	0.37	
	女	47	49.3		
学校类型	本科	24	23.5	0.01	
	高职	49	49.5		
学科	理科	24	22.5	0.14	
	文科	49	50.5		
职称	初级	23	13.8	7.81	*
	中级	28	32.3		
	副高	19	22.3		
	正高	3	4.63		
年龄段	20~29 岁	18	9.77	8.36	*
	30~39 岁	31	34.6		
	40~49 岁	17	21.8		
	50 岁以上	7	6.89		
期望团队人数	3~5 人	61	63.6	0.98	
	6~8 人	10	8.14		
	10 人左右	1	0.63		
	其他	1	0.63		

⑤不用网络资源的混合型教师。

该类型的教师在性别、学科、学校类型、职称、年龄和期望团队人数等方面分布正常，对"同伴互助"的所有问题的认知分布正常。该群体没有特别要求和期望，不主动合作，不太认同"同伴互助"对教育学生的帮助，不认同组织教学活动是教师间"同伴互助"的形式，显著性地认为教师间的共享网络平台不是互助的一种形式。这类教师认同"同伴互助"在科研方面有帮助，但不太认同其对教育教学的作用，尤其是不认同互联网在"同伴互助"中的媒介作用（见表 3-14）。

表 3-14　不利用网络资源的混合型教师的特点

类别	内容	调查人数	理论人数	χ^2	显著性差异
性别	男	18	13.9	1.80	
	女	25	29.1		

表3-14(续)

类别	内容	调查人数	理论人数	χ^2	显著性差异
学校类型	本科	14	13.9	0.00	
	高职	29	29.1		
学科	理科	15	13	0.46	
	文科	27	29		
职称	初级	7	7.92	1.20	
	中级	17	18.6		
	副高	16	12.8		
	正高	2	2.67		
年龄段	20~29 岁	5	5.62	2.04	
	30~39 岁	19	19.9		
	40~49 岁	16	12.5		
	50 岁以上	2	3.96		
期望团队人数	3~5 人	38	36.6	0.87	
	6~8 人	4	4.68		
	10 人左右	0	0.36		
	其他	0	0.36		

⑥利用网络资源的混合型教师。

这类教师主要为高职院校教师，本科院校教师很少，他们的特点是对几乎所有问题的表达都超过了平均水平，仅在"教学任务重，没时间进行教改或科研"和"缺乏专家指导或有经验的前辈帮助"，"本校跨学科教师"，以及"同伴互助"存在的主要问题的一些选项等上面，没有显著地超过平均水平。这类教师倾向于支持"同伴互助"和参与"同伴互助"的所有活动，对目前"同伴互助"存在的问题也有强烈关注，但他们可能缺乏个人特质（见表3-15）。

表3-15　利用网络资源的混合型教师的特点

类别	内容	调查人数	理论人数	χ^2	显著性差异
性别	男	22	25.8	0.85	
	女	58	54.1		

表3-15（续）

类别	内容	调查人数	理论人数	χ^2	显著性差异
学校类型	本科	9	25.8	16.14	***
	高职	71	54.2		
学科	理科	23	24.7	0.17	
	文科	57	55.3		
职称	初级	19	15.1	2.60	
	中级	34	35.4		
	副高	20	24.4		
	正高	7	5.08		
年龄段	20~29岁	14	10.7	2.06	
	30~39岁	39	37.9		
	40~49岁	22	23.9		
	50岁以上	5	7.55		
期望团队人数	3~5人	68	69.7	2.48	
	6~8人	12	8.92		
	10人左右	0	0.69		
	其他	0	0.69		

（3）六种不同类型教师的合作愿望与强度分类。

我们从"同伴互助"的合作愿望强度和参与"同伴互助"的行动力强度两个维度分析不同类型的教师，可以将这六类教师分为4个类型：积极合作者、不积极合作者、被动合作者和合作回避者，其关系见图3-7。

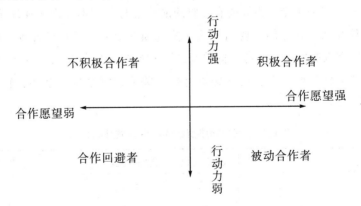

图3-7 从合作愿望和行动力两个维度对教师参与"同伴互助"的分类

本次调查中，我们以调查问卷第七个问题的第二个选项"单打独斗，成效不明显"的人均选择率作为衡量教师群体合作愿望的指标，以第十一个问题中第四个选项"主动合作、'同伴互助'"的人均选择率作为衡量人群参与教师同伴合作的行动力强度指标，对上述教师人群进行分类，结果见图3-8。

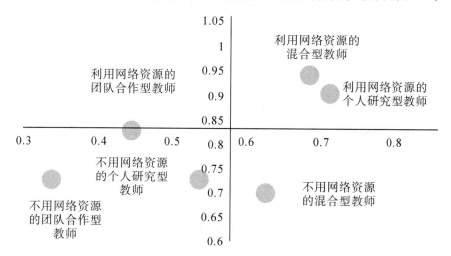

图3-8　教师在团队合作愿望和行动力强度上的分类

注：被调查者选择"单打独斗，成效不明显"的为0.58，选择"主动合作、'同伴互助'"的为0.83，故以点（0.58，0.83）为原点，对六类教师进行分类。

"利用网络资源的个人研究型教师"和"利用网络资源的混合型老师"相对其他教师属于积极合作者，"不用网络资源的混合型教师"属于被动合作者，"利用网络资源的团队合作型教师"介乎不积极合作和合作回避者之间，"不用网络资源的个人研究型教师"和"不用网络资源的团队合作型教师"属于合作回避者。归纳上面的分类可知，是否利用网络资源是是否参与教师间合作的一个重要标志。

6. 高校教师在"同伴互助"中的行为模式

教师在"同伴互助"中的行为模式是由四个方面的指标来确定的：①主动承担工作，负责任；②主动学习，虚心请教；③师徒结对；④主动合作、"同伴互助"。这四个指标也可以分为合作行为、贡献行为、学习行为和帮助行为，它们不是互斥的，教师可以多项选择。四种行为的特点分析见表3-16。

表 3-16　从付出和预期收益来分析教师的行为选择

选择的行为	合作行为	贡献行为	学习行为	帮助行为	特点
主动承担工作，负责任		√			奉献，服务共同体
主动学习，虚心请教			√		学习，从中获益
师徒结对				√	帮扶，帮助他人
主动合作、"同伴互助"	√				合作，"同伴互助"

教师四种行为倾向的组合分布见表 3-17，人数最多的为四种行为倾向俱全（下称"全面参与行为"）的人，占被调查人数的 37.9%；其次是具有贡献、学习、合作三种行为倾向的人，占 18.7%；其他行为倾向的人群占比为 3.8%~7.3% 不等。还有 14.4% 的教师为其他情况，因数量太少，不便统计分析。

表 3-17　高校教师在"同伴互助"中的行为倾向分布

行为特征倾向	人数/人	合作行为	贡献行为	学习行为	帮助行为	个人态度
全面参与行为	221	√	√	√	√	在乎付出和收益
贡献、学习、合作行为	109	√	√	√		在乎收益
贡献、合作行为	43	√	√			在乎付出和收益
学习、合作行为	41	√		√		稍微在乎付出，但更在乎收益
合作行为	37	√				在乎付出
贡献、学习行为	26		√	√		不在乎付出但在乎收益
贡献行为	22		√			不太在乎收益
合计	499	451	421	397	221	

（1）六种行为模式的基本特点。

我们对不同行为类型的教师在性别、学院等情况上的分布进行比较，结果见表 3-18。"贡献、学习、合作行为""学习、合作行为""贡献行为"三种类型的教师在性别、学校类型、专业、职称和年龄等方面分布正常；"全面参与行为"主要是高职教师，而青年教师行为特征为"贡献、合作行为"、在"同伴互助"中只采用"合作行为"特征的教师年纪偏大的老师多些，值得关注的是具有"贡献、学习行为"特点的教师，在职称方面中级和副高分布居多，其行为特征是否有利于教师发展值得研究。

表 3-18　不同行为类型的教师在性别、学校类型、专业、职称和年龄上的分布

行为特征倾向	性别	学院类型	专业	职称	年龄
全面参与行为	正常	高职教师显著偏多	正常	正常	正常
贡献、学习、合作行为	正常	正常	正常	正常	正常
贡献、合作行为	男性显著偏多	正常	正常	初级和中级显著偏多	主要为20~39岁的教师
学习、合作行为	正常	正常	正常	正常	正常
合作行为	正常	正常	理科教师显著偏多	正常	主要为50岁以下教师
贡献、学习行为	男教师显著偏多	正常	正常	中级和副高偏多	正常
贡献行为	正常	正常	正常	正常	正常

（2）人均选择率比较。

比较全体教师对某问题的选择率与具有某类行为特征的教师对该问题的选择率，有两种方式：

①比较全体教师对某问题的选择率 p_{i0}（整体人均选择率）与具有某类行为特征的教师对该问题的选择率，看二者之间是否存在显著性差异。因为高校教师有相似的背景，又是独立参与问卷调查，问卷中具有某类行为特征的教师群（N_i）选一个问题选项的人数为 Y_i（$i=0,1$），选择率 $p_i = Y_i/N_i$，当样本数较大时，接近正态分布 $N(p_i, \widehat{\sigma}_i^2)$。

$$\widehat{\sigma}_i = \sqrt{\frac{p_i(1-p_i)}{N_i}}$$

计算 Z 值，有公式：

$$Z = \frac{p_i - p_{i0}}{\widehat{\sigma}_i}$$

当置信区域设置为95%，$\alpha = 5\%$，双侧检验，$Z > 1.96$ 即可认为它们之间有显著性差异。

②分析具有某类行为特征的教师对某问题的选择数量 Y_i 和平均分配时预

期的数量 Y_{i0}（有 $Y_{i0} = N_1 \times p_{i0}$）之间的差异，或不选择的数量（$N_i - Y_i$）与不选择平均分配时预期的数量 Y'_{i0}［有 $Y'_{i0} = N_1 \times (1 - p_{i0})$］之间的差异。我们可以通过下面的公式计算 x^2 值，由此可以判断具有某类行为特征的教师与全体教师之间是否具有不同的行为模式：

$$\chi^2 = \frac{(Y_i - Y_{i0})^2}{Y_{i0}} + \frac{\left[(N_i - Y_i) - Y'_{i0}\right]^2}{Y'_{i0}}$$

公式中 Y_i 为选择 i 项的人数，Y_{i0} 为理论上选择 i 项的人数，N 为调查的总人数，Y'_{i0} 为理论上不选择 i 项的人数。加号前的部分的计算值为选择了问题选项的教师的 x^2 值，加号后的部分的计算值为未选择该问题选项的教师的 x^2 值，总体 x^2 的自由度 $df = 1$。

x^2 值的判断和 Z 值的判断可能存在不一致，主要出现在 N_i 比较小时，此时以二项式分布来分析判断更加合理。

（3）不同行为倾向的教师对"同伴互助"方式、沟通渠道的选择。

不同行为倾向的教师对"同伴互助"的方式和渠道的选择是有区别的。我们对教师开展"同伴互助"的方式和渠道进行调查，将合作方式分为："共享网络平台"（16-1）、"专业领域资深专家或教师的指导"（16-2）、"专题讨论、教材推介会或学术会议"（16-3）、"师徒结对，老教师带新教师"（16-4）、"教学或科研合作研究项目"（16-5）等选项。我们将合作渠道分为："面对面讨论"（17-1）、"QQ 或微信"（17-2）、"学习小组"（17-3）、"专题研讨"（17-4）等（编号 16-1、16-2……17-4 表示不同教师间的合作关系和合作渠道）。我们对七类教师的方式和渠道的人均选择率与整体教师的人均选择率进行比较，Z 值超过 1.96（$\alpha = 0.05$）标记为浅灰色，Z 值低于 -1.96 标记为深灰色，x^2 值大于 3.84 标记为中灰色。结果见表 3-19。

表 3-19　不同行为特征的教师对"同伴互助"合作方式和渠道的选择

行为特征倾向类型	统计值	共享网络平台	专业领域资深专家或教师的指导	专题讨论、教材推介会或学术会议	师徒结对，老教师带新教师	教学或科研合作研究项目	面对面讨论	QQ 或微信	学习小组	专题研讨
全面参与行为	T 值	5.99	6.13	6.54	7.88	3.65	1.29	3.27	5.39	3.69
	x^2 值	20.60	20.76	21.97	39.87	9.66	1.23	7.80	18.59	9.10
贡献、学习、合作行为	T 值	0.31	0.52	0.70	-2.23	1.76	0.19	1.08	0.90	2.17
	x^2 值	0.10	0.26	0.45	5.17	2.50	0.03	1.01	0.73	3.38

表3-19(续)

行为特征倾向类型	统计值	共享网络平台	专业领域资深专家或教师的指导	专题讨论、教材推介会或学术会议	师徒结对，老教师带新教师	教学或科研合作研究项目	面对面讨论	QQ或微信	学习小组	专题研讨
贡献、合作行为	T值	-0.91	-2.24	-1.22	-3.48	2.41	0.55	0.39	-1.78	-0.70
	χ^2值	0.94	6.48	1.80	11.51	7.49	0.40	0.14	3.78	0.56
学习、合作行为	T值	0.06	0.70	-1.26	-0.16	0.83	0.19	0.33	0.80	-0.67
	χ^2值	0.00	0.43	1.93	0.02	0.59	0.04	0.12	0.56	0.52
合作行为	T值	-3.08	-3.20	-3.35	-3.19	1.50	1.18	2.13	-3.12	-2.12
	χ^2值	12.27	13.64	15.42	9.71	2.75	2.56	6.13	11.89	6.40
贡献、学习行为	T值	-0.92	-0.63	-1.91	-4.49	2.07	0.16	0.82	-3.02	-2.58
	χ^2值	0.98	0.45	4.88	14.96	5.56	0.03	0.81	10.90	10.00
贡献行为	T值	-2.24	-2.34	-2.89	-3.47	1.84	0.52	1.27	-4.66	-1.91
	χ^2值	6.54	7.30	11.42	9.96	4.38	0.18	2.09	21.16	5.31

具有全面参与行为特征的教师，几乎所有项目的人均选择率显著高于全体教师的平均选择率，说明这类教师倾向于采取问卷中提出的合作方式和渠道开展"同伴互助"；但"面对面讨论"与其他老师一样，原因是"面对面讨论"在整体的人均选择率已达93.1%（见图3-9），几乎得到全部教师的认同。其他方式或途径的整体人均选择率为60.2%~79.1%，而具有全面参与行为特征的教师的人均选择率提高到81.0%~89.6%。与此相反的是具有合作行为特征的教师和具有贡献行为特征的老师，前者偏爱采用"教学或科研合作研究项目""面对面讨论"，其他方式较少使用；后者情况好些，在"教学或科研合作研究项目"和"专题研讨"两个选项的T检验上没有达到显著性差异的水平，但χ^2值存在显著性差异。

具有贡献、学习、合作行为和学习、合作行为特征的教师对于合作方式和渠道的认同与整体认同几乎相同（>80%），前者只是对"师徒结对，老教师带新教师"的认同率偏低，只有27.3%，但对"专题研讨"认同率较高。这两类教师行为特点为"中规中矩随大流"。

具有贡献、合作行为和贡献、学习行为特征的教师，只是对部分"同伴互助"的方式和渠道的认同率偏低，其他方面与平均水平相当。其中，具有贡献、合作行为特征的教师，对"专业领域资深专家或教师的指导""师徒结对，老教师带新教师"的认同率偏低，这群人以青年教师为主，职称也偏低；

具有贡献、学习行为特征的教师，对"学习小组""专题研讨"的认同率也不高，这群人在性别上以男性为主，职称多为中级和高级，可以认为这是一群比较独立的老师，专注于本职工作。

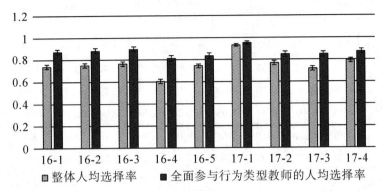

图 3-9 "同伴互助"合作方式、渠道的整体人均选择率与全面参与行为类型
教师的人均选择率

在分布上，全面参与行为类型教师主要为高职教师，在性别、专业、职称和年龄等方面的分布上正常，与利用网络资源的混合型教师相似，倾向于充分参与、较高期望，这类教师在高校教师人数中占比为23%，行为特征明显，值得关注。这类高职教师相对于本科教师，较少采用"师徒结对"的方式实现"同伴互助"（人均采用率49.7%），在行为方式上也较少采用"师徒结对，老教师带新教师"（60.2%）。我们分析调查这两项的选择情况，发现二者之间存在一致性，他们的人数分布见表3-20，优势比为4.91，说明同时认同和否定"师徒结对"和"师徒结对，老教师带新教师"的教师比只认同其中一项的教师的人数多近5倍。这可能是因为高校教师大部分为硕士、博士，在学习期间由导师指导，已经存在师徒关系，而且这种关系有一定的稳定性和排他性。

表 3-20 选择"师徒结对"和"师徒结对，老教师带新教师"的教师人数的分布

单位：人

项目		师徒结对		合计
		不选择	选择	
师徒结对，老教师带新教师	不选择	169	63	232
	选择	124	227	351
合计		293	290	583

（4）不同行为倾向的教师对"同伴互助"缺失的原因和需要努力的方面的选择。

教师对于"同伴互助"缺失的原因和需要努力的方面的选择与教师的行为特征有关。"同伴互助"缺失的原因有：学校的互助氛围不足，缺乏"同伴互助"的文化、传统或制度；教师任务重或课时较多，没有足够时间进行有效的"同伴互助"；教师之间彼此不了解或性格原因造成缺乏有效沟通；可供进行信息交流的平台有限（如网络平台、教师沙龙等）；教研组的活动流于形式，没有得到较深入的开展；参加专题研讨会、教材推介会或学术讲座的机会比较少；接受相关专业的资深教授或专家指导的机会较少。需要努力的方面有：校园团队互助文化氛围的营造；高校的行政领导由学术权威挂帅；建立团队考核的评价机制（如团队管理制度、团队培训制度、团队激励和评价等制度）；加强团队互助的制度建设，如动力机制、整合机制、激励机制和保障机制。高校教师对"同伴互助"存在的问题的认识反映了其对"同伴互助"的归因，这些原因中有能够通过主观努力改善的，如：教师任务重或课时较多，没有足够时间进行有效的"同伴互助"；教师之间彼此不了解或性格原因造成缺乏有效沟通。这些原因中也有不能通过个人努力改善的，如：学校的互助氛围不足，缺乏"同伴互助"的文化、传统或制度；可供进行信息交流的平台有限；等等。一般来说，从自身找原因的教师更有可能通过个人努力解决在教育、科研上与其他教师合作的问题。不同类型的教师对问题的归因和解决方式存在差异，我们选择七类教师认为的教师"同伴互助"缺失的原因和解决方式选项的人均选择率与整体教师的人均选择率进行比较，Z 值超过 1.96（α = 0.05）标记为浅灰色，Z 值低于 -1.96 标记为深灰色，χ^2 值大于 3.84 标记为中灰色，结果见表 3-21。

表 3-21　不同行为特征的教师对"同伴互助"缺失的原因和解决方法的选择分析

行为特征倾向类型	统计值	学校的互助氛围不足	教师任务重或课时多	教师之间缺乏有效沟通	可供进行信息交流的平台有限	教研组的活动流于形式	参加交流机会少	接受教授或专家指导机会较少	校园互助合作文化氛围的营造	高校的行政领导由学术权威挂帅	建立并完善团队制度	团队合作的制度建设
全面参与行为	T 值	1.91	2.93	2.74	4.00	2.81	4.19	3.51	4.24	4.99	3.37	2.85
	χ^2 值	3.26	6.36	7.88	16.61	7.67	18.48	12.50	13.12	23.21	7.38	6.10
贡献、学习、合作行为	T 值	-0.65	1.83	-0.86	-0.11	2.05	1.56	1.08	1.31	0.11	2.51	1.93
	χ^2 值	0.44	2.57	0.70	0.01	4.07	2.56	1.19	1.52	0.01	3.98	2.83

表3-21（续）

行为特征倾向类型	统计值	学校的互助氛围不足	教师任务重或课时多	教师之间缺乏有效沟通	可供进行信息交流的平台有限	教研组的活动流于形式	参加交流机会少	接受教授或专家指导机会较少	校园互助合作文化氛围的营造	高校的行政领导由学术权威挂帅	建立并完善团队制度	团队合作的制度建设
贡献、合作行为	T值	2.78	-0.54	-0.53	-2.59	-1.61	-2.35	-1.76	-0.65	-2.82	0.19	-0.15
	χ^2值	4.83	0.33	0.27	5.00	2.42	4.18	2.66	0.45	6.40	0.03	0.02
学习、合作行为	T值	-0.84	-0.53	-1.47	0.46	-0.36	-0.33	0.13	-1.06	-0.78	0.34	-0.48
	χ^2值	0.77	0.31	1.83	0.21	0.13	0.11	0.02	1.27	0.59	0.10	0.25
合作行为	T值	-2.37	-2.61	1.20	-0.62	-0.38	-3.66	-3.67	-2.91	-4.39	-1.65	-0.29
	χ^2值	6.44	9.79	1.52	0.36	0.14	7.71	8.44	10.00	11.85	3.98	0.09
贡献、学习行为	T值	0.13	-1.36	-1.36	-4.54	-3.86	-3.26	-3.02	-1.25	-1.81	-2.22	-3.65
	χ^2值	0.02	2.43	1.54	8.76	9.25	5.83	5.78	1.81	2.81	8.11	18.80
贡献行为	T值	-1.70	-1.40	-7.71	-2.65	-1.74	-2.46	-3.95	-3.26	-4.58	-3.07	-3.04
	χ^2值	3.32	2.67	10.85	4.35	2.62	3.81	7.52	11.68	9.93	16.40	13.20

　　全面参与行为类型教师同样在绝大部分原因和解决方式的选择率上显著性超过平均水平，只有"学校的互助氛围不足，缺乏'同伴互助'的文化、传统或制度"的选择率与平均水平相当，表明这类教师对所有存在合理性的问题都予以肯定，情感上能接受与他人合作，在团队表现上则是乐于承担责任和任务，行为上倾向于跟随集体。这类教师是"同伴互助"的强力的支持者和实施者。

　　具有贡献、学习、合作行为特征的教师认同"教研组的活动流于形式，没有得到较深入的开展"是较大的缺失原因和"建立团队考核的评价机制"是更急迫的改善措施，其他方面与平均水平持平。这类教师强调制度建设，看重团队行动带来的教师之间的合作行为，注重实效，对于"同伴互助"给予正面支持和行动配合。

　　具有贡献、合作行为特征的教师是唯一将"学校的互助氛围不足，缺乏'同伴互助'的文化、传统或制度"作为"同伴互助"缺失原因的选择率高于平均水平的群体，同时又不认同高校缺乏"可供进行信息交流的平台有限（如网络平台、教师沙龙等）""参加专题研讨会、教材推介会或学术讲座的机会比较少"是"同伴互助"缺失的主要原因。他们强调文化传统在其中的作用，不认同"高校的行政领导由学术权威挂帅"可以改善缺失的局面。这类教师对"同伴互助"持怀疑态度，认为缺失状况能够短时间改变。

具有合作行为特征的教师对所有问题的选择率都偏低，其中有 6 个问题显著性低于平均水平，只有"教师之间彼此不了解或性格原因造成缺乏有效沟通"稍高于平均水平（没有显著性差异）。这类教师不认同其他原因导致"同伴互助"的缺失，同样不认同问卷中的改进措施可以改善教师之间的"同伴互助"情况。这类教师具有明显的独立行动的特性，对合作伙伴有较高的要求。

具有贡献行为和贡献、学习行为特征的教师，同样不认同"同伴互助"缺失的原因，不认同改善"同伴互助"情况的各项措施。二者的区别是前者对"教师之间彼此不了解或性格原因造成缺乏有效沟通"极大不认同，但对"学校的互助氛围不足，缺乏'同伴互助'的文化、传统或制度""教师任务重或课时较多，没有足够时间进行有效的'同伴互助'""教研组的活动流于形式，没有得到较深入的开展"的认同与平均水平没有显著性差异，这类教师认为"同伴互助"的缺失应归因于所在单位或机构的制度、管理，但同时对这方面的改变没有信心；后者不认同"可供进行信息交流的平台有限（如网络平台、教师沙龙等）""教研组的活动流于形式，没有得到较深入的开展""参加专题研讨会、教材推介会或学术讲座的机会比较少""接受相关专业的资深教授或专家指导的机会较少"导致"同伴互助"的缺失，但认同"学校的互助氛围不足，缺乏'同伴互助'的文化、传统或制度""教师任务重或课时较多，没有足够时间进行有效的'同伴互助'""教师之间彼此不了解或性格原因造成缺乏有效沟通"（与贡献行为类型教师不同的地方），还认同"校园团队互助文化氛围的营造"和"高校的行政领导由学术权威挂帅"两条改进措施，这类教师能够发现自身的问题，相信能够通过改进校园文化氛围以及领导班子的重视来改善存在的问题。

具有学习、合作行为特征的教师，所有问题的评价都与整体水平一致。这类教师人数不多，只占 7.0% 左右，他们是一群中规中矩的人群，年龄、性别、学校类型等各种指标都是正常分布，没有较突出的个性。

（5）不同行为倾向的教师对"同伴互助"态度的分类。

教师对"同伴互助"的态度多样，例如支持、参与、拒绝、反对、怀疑、犹豫等，如何量化这些态度是一个挑战。我们从教师对"同伴互助"的认同方式的选择数量来看，一个教师认同的互助方式越多，他（她）开展"同伴互助"的途径就越多，相对来说更容易开展教师间的合作；类似地，教师选择培养优秀团队的努力方面数量（或"同伴互助"缺失的原因数量）越多，改进目前状况的难度就越大。我们从合作难度和改善难度两个维度来对教师群体分类，可以将其分为四个区域（见表 3-22）。

表 3-22　合作难度和改善难度两个维度组合下的分类

项目分类	教师合作难度高	教师合作难度低
"同伴互助"缺失问题难以改善	悲观区域	怀疑区域
"同伴互助"缺失问题容易改善	忧虑区域	乐观区域

　　如何判断某一类教师是否更乐意接受或认同某方式？我们采用的办法就是比较该类教师的人均选择率与整体人均选择率，如果显著（比较 Z 值和 χ^2 值）高于整体人均选择率，说明该群体倾向于认同此选项，加 1；如果只有 Z 值或 χ^2 值中的一项显著高于整体选择率，加 0.5；如果 Z 值和 χ^2 值显著低于整体选择率，减 1；如果只有 Z 值或 χ^2 值中的一项显著低于整体选择率，减 0.5。如果没有显著性差异，加 0 分。对"'同伴互助'方式""'同伴互助'的沟通渠道""教师之间'同伴互助'缺失的原因""培育优秀教学科研团队应努力的方面"计算出的改善难易值和合作难易值，见表 3-23。

表 3-23　对"同伴互助"方式、沟通渠道、缺失原因和努力方向计算出的
改善难易值和合作难易值

教师行为类型	"同伴互助"方式	"同伴互助"的沟通渠道	教师之间"同伴互助"缺失的原因	培育优秀教学科研团队应努力的方面
全面参与行为	5	5	6	4
贡献、学习、合作行为	-1	1	1	1
贡献、合作行为	-3	-1.5	-1	-1
学习、合作行为	0	-1	0	0
合作行为	-4	-3	-4	-2.5
贡献、学习行为	-2	-2.5	-4	-2
贡献行为	-4.5	-4	-4	-4

　　我们将"同伴互助"方式得分视为合作机会取值，"同伴互助"缺失的原因计算值视为缺失改善难度取值，我们以合作机会和缺失改善难度各为一个维度绘制了教师群体对"同伴互助"的态度分布图（见图 3-10）。

　　全面参与行为类教师位于乐观区，贡献、学习、合作行为类教师位于忧虑区，贡献、合作行为，贡献、学习行为，合作行为和贡献行为这几类教师群体位于悲观区，没有教师群体位于怀疑区。

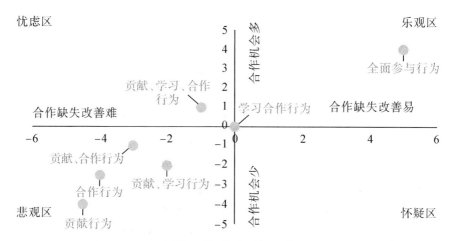

图 3-10 不同教师群体对"同伴互助"态度的分布

7. 高校教师"同伴互助"的内生动力和行为边界

教师间开展"同伴互助"的条件是存在"同伴互助"的内部需求和外部条件，而内部需求是最本质动力。我们调查发现，在教学和科研遇到困难时，54.2%的教师会寻求团队合作，高校教师平均会采用3~4种方式与其他老师开展合作。但具体是什么因素促使教师开展"同伴互助"，这些因素之间的关系如何，如何作用在教师身上，教师参与"同伴互助"会采取什么行动，哪些情况是被回避的，等等，值得我们深入研究。

（1）最大条件概率。

条件概率是指事件（A）在一定条件（C）下发生的概率，用 C 表示该条件发生，$\overline{C}$ 表示条件 C 未发生，$p（A）$ 表示 A 发生的概率，$p（A/C）$ 表示在条件 C 发生情况下的 A 发生的概率，$p（A/\overline{C}）$ 表示 C 未发生条件下 A 出现的概率。任何事物都发生于现存的宇宙世界（用Θ表示）中，宇宙世界本身就是一存在的条件，万事万物的发生概率可以被视为在该条件下的发生概率，A 出现的概率可以被视为条件概率 $p（A/Θ）$。只是宇宙这个条件无处不在且不以人的意志而改变，在实际使用中被忽略。

根据贝叶斯公式：事件 A、B、C、D、…，"$A \wedge B \wedge C \wedge D$"（或"$A/B/C/D$"）表示 A、B、C、D 同时发生（同时是指在测量的时间段内 A、B、C、D 随机出现，且先出现的事件不会干扰后出现的事件，即事件出现次序不影响结果），有如下性质：

$$P(C \wedge D) = P(C/D) P(D)$$

$$P(A/B) + P(\overline{A}/B) = 1$$

$$P(A \wedge B) + P(A \wedge \overline{B}) = P(A/B)P(B) + P(A/\overline{B})P(\overline{B}) = P(A)$$

$$P(B/A) = \frac{P(A/B)P(B)}{P(A/B)P(B) + P(A/\overline{B})P(\overline{B})}$$

$$P(A \wedge B/C \wedge D) = \frac{P(A \wedge B \wedge C \wedge D)}{P(C \wedge D)}$$

$$P[A/(B \wedge C \wedge D)] = P[A/(B \wedge C)/D] = P(A/B/C/D)$$

$P(A)$ 和 $P(A/B)$ 和 $P(A/\overline{B})$ 有如下关系：

①A 和 B 独立，有 $P(A) = P(A/B)$，$P(A \wedge B) = P(A)P(B)$。

②B 条件有利于 A，则有 $P(A \wedge B) < P(A) < P(A/B)$。

③B 条件不利于 A，则有 $P(A/B) < P(A) < P(A/\overline{B})$。

因此我们可以找到一个条件系列，B 或 $\overline{B}$，C 或 $\overline{C}$，D 或 $\overline{D}$，…，存在如下一个条件概率系列：

$P(A) \leqslant P(A/B_i) \leqslant P(A/B_i/C_i) \leqslant P(A/B_i/C_i/D_i)$，…

B_i，C_i，D_i，…，为 B 或 $\overline{B}$，C 或 $\overline{C}$，D 或 $\overline{D}$，…，被称为事件 A 的有利条件链。

首先，这样的序列是存在的，因为当出现 $P(A) > P(A/B)$，一定有 $P(A) < P(A/\overline{B})$，将 $\overline{B}$ 看成条件，$\overline{B}$，C，D，…，是事件 A 的有利条件链，即：

$P(A) < P(A/\overline{B}) \leqslant P(A/\overline{B}/C) \leqslant P(A/\overline{B}/C/D)$，…

其次，随着条件的不断叠加，事件 A 的条件概率不断增大，但存在一个条件集 ϑ，使得其他条件 F，有 $P(A/\vartheta) = P[A/(\vartheta \wedge F)]$，则 $P(A/\vartheta)$ 被称为最大条件概率，ϑ 被称为事件 A 发生的最佳条件；如果 ϑ 为最小集，则被称为最小最佳集。

最后，可能存在多个最小最佳集 ϑ_1，ϑ_2，…，ϑ_n，表达方式、设定条件等都会影响 ϑ 的定义，最小最佳条件集不是唯一的。同样，在 ϑ 条件下，$P(A/\vartheta)$ 概率最小。最小条件概率和最大条件概率是数据分析中的两个重要指标，在数据分析中要找出最小概率和最大概率，对于事件出现的收益进行评估和分析。它们有如下的性质：

①最大条件概率是稳定的、独立的。事件 A 在最小最佳集下形成的最大概率，不会随着其他条件的增加而改变。说明最大（小）概率是可以不需要考

虑其他条件的，间接说明事件 A 的出现只受到最小最佳集因素的影响。

②最小最佳条件集 ϑ_i 和 ϑ_j 之间有相同的条件，也有不同的条件，不同条件部分对某一事件有相同的作用功效，它们直接可以相互替代。

③如果 $\vartheta \neq \varphi$（空集），则有：$P(A/\vartheta) < P(A) < P(A/\vartheta)$，可以对 A 出现的概率进行评估。

④如果 A 出现的收益为 M，而 ϑ_1，ϑ_2，$\cdots$，ϑ_n 的成本为 C_1，C_2，$\cdots$，C_n，得到：

$$\delta_i = P(A/\vartheta) \times M/(\vartheta_i \times C)$$

最大 δ 值的条件 ϑ_j 可作为最优条件进行决策。

⑤对事件 A 的出现可以设置不同条件，得到不同的条件概率，从而得到目标概率值。当然，如果希望 A 出现，应该形成 A 出现的最小最佳条件集；而如果不希望 A 出现，应尽量形成最小最佳条件的补集。

（2）教师参与"同伴互助"的内生动力。

高校教师参与"同伴互助"的内生动力来自工作和自我发展的需求。科研和教学是教师工作的两个方面，随着科学技术的发展、新工具与方法的应用，教师合作解决教学和科研上的问题具有必要性，在教学和科研上存在的问题越多，对"同伴互助"的需求就越强烈。我们在问卷中列出了 6 项教学中遇到的问题和 5 项科研中遇到的问题（最后的选项均为"其他"），结果表明 97.6% 和 98.1% 的教师在教学和科研上存在各类问题。我们以教师在教学和科研上存在问题的数量为两个维度，计算出教师在教学和科研上问题数量的分布，见表 3-24。

表 3-24　高校教师在教学和科研上问题数量的分布

数量水平		教学上存在问题的数量/个						合计	教学上人均问题数/个·人 $^{-1}$
		1	2	3	4	5	6		
科研上存在问题的数量/个	1	64	42	12	5	4	1	128	1.64
	2	29	92	52	13	16	0	202	2.22
	3	18	50	47	16	19	0	150	2.36
	4	2	22	28	19	20	1	92	2.57
	5	0	0	1	0	1	1	3	4.67
合计		113	206	140	53	60	3	575	

表3-24(续)

数量水平	教学上存在问题的数量/个						合计	教学上人均问题数/个·人$^{-1}$
	1	2	3	4	5	6		
科研上人均存在问题的数量/个·人$^{-1}$	1.63	2.25	2.67	2.92	2.97	3.33		

教师在不同教学问题上的人数分布见图3-11。黑色柱表示有相同教学问题数量的教师人数，浅色柱表示采用泊松分布模拟的最优教师人数分布。结果 $\lambda = 1.7$，$\chi^2 = 45.9$，df = 5，查表得当 $\alpha = 0.95$、df = 5 时，$\chi^2 = 11.07$。这表明，绝大部分的人（35.3%）存在 3 种教学问题，如果是随机选择的，则大部分的教师（30.7%）只认为存在 2 种教学问题，说明教师在不同数学问题上的人数分布不是教师（平均值=1.7）随机选择所致。

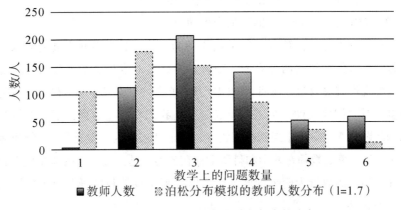

图 3-11　不同教学问题数量的教师人数分布

教师在不同科研问题上的人数分布见图3-12。黑色柱表示有相同科研问题数量的教师人数，浅色柱表示采用泊松分布模拟的最优教师人数分布。结果 $\lambda = 2.63$，$\chi^2 = 68.8$，df = 4，查表得当 $\alpha = 0.95$、df = 4 时，$\chi^2 = 9.487$。这表明，绝大部分的人（34.6%）存在两种科研上的问题，泊松分布模拟只有24.3%，二者之间存在显著性的差异，说明教师在不同科研问题上的人数分布不是教师随机选择产生。

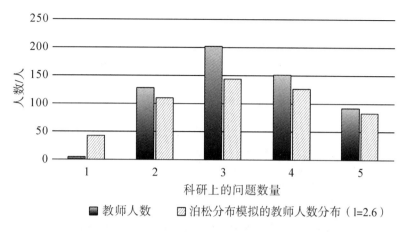

图 3-12　不同科研问题数量的教师人数分布

我们分析了不同教学问题水平下的教师科研人均存在问题数量（见图 3-13 浅色的曲线）和不同科研问题水平下的教师教学上人均存在问题数量（见图 3-13 中黑色曲线），发现二者之间的变化趋势相同，说明科研或教学问题越多，人均教学或科研问题也越多。

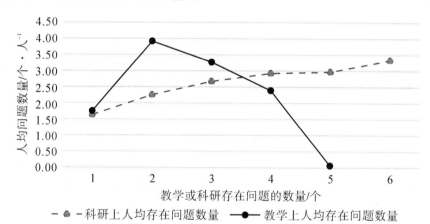

图 3-13　科研上人均存在问题数量与教学上人均存在问题数量的变化趋势

调查发现，认同"同伴互助"有助于教学的教师为 89.1%，有助于科研的教师为 95.0%，有助于个人发展的教师为 75.2%，它们的关系见图 3-14。但认为"同伴互助"单纯有助于科研的教师只占 8.7%，单纯有利于教学的教师为 2.9%，绝大部分教师（86.2%）认为"同伴互助"同时有利于教学和科研，而且其中 75.3% 的教师认为"同伴互助"有利于教师的发展。

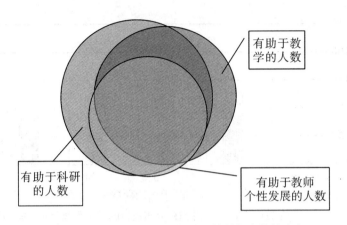

图 3-14 认同"同伴互助"作用的教师人数的分布

说明：教师总人数是认同开展"同伴互助"有助于科研、教学和个性发展的三类人群人数的总和。三类人群又是互相交叉的，认为"同伴互助"单纯有助于个性发展的人最少，选择同时有利于科研、教学和个性发展的人最多。

我们分析了教学、科研跟个人发展的关系，见表 3-25。通过"同伴互助"帮助教师教学工作，59% 的教师兼顾个人的发展，而 41% 的教师没有考虑个人发展；通过"同伴互助"帮助科研工作，也是 59% 的教师兼顾个人发展，41% 的教师没有考虑个人的发展；同时开展教学和科研的教师中，绝大部分（79%）考虑了个人的发展，只有 21% 不考虑，而且这部分人群占教师人群的86.2%。这说明对大部分教师而言，开展"同伴互助"的原因（动力）是个人的发展。

表 3-25 教师开展教学、科研工作与个人发展的关系

选择"同伴互助"开展的工作项目	考虑个人发展的人数/人	不考虑个人发展的人数/人	考虑个人发展的教师占比/%	没有考虑个人发展的教师占比/%
教学工作	10	7	59	41
科研工作	30	21	59	41
教学和科研工作	399	104	79	21
合计	439	132	77	23

教师间的"同伴互助"也可以应用于学生（个人）工作、班级（学生群体）工作，它们与教师个人的发展的关系见表 3-26。通过"同伴互助"开展学生工作的教师占 18.2%，其中 80% 的人关注到了个人发展，只有 20% 的人

不关注个人发展；通过"同伴互助"开展班级工作的教师占6.2%，其中56%关注个人发展，44%不关注个人发展，与通过"同伴互助"开展教学和科研的教师情况相似；通过"同伴互助"同时开展学生和班级工作的教师占27.4%，其中97.5%关注个人发展，2.5%不关注个人发展。显然通过"同伴互助"开展学生、班级工作的主要动力也是个人发展。

表 3-26　教师开展学生工作、班级工作与个人发展的关系

选择"同伴互助"开展的工作项目	考虑个人发展的人数/人	不考虑个人发展的人数/人	考虑个人发展的教师占比/%	没有考虑个人发展的教师占比/%
学生工作	85	21	80	20
班级工作	20	16	56	44
学生和班级工作	156	4	97.5	2.5
合计	261	41	86	14

（3）"同伴互助"的行为边界。

我们的调查问卷列出了7类教学活动，询问教师是否认同它们属于"同伴互助"，同时也询问教师参加了哪几类活动，调查结果见表3-27。

表 3-27　教师认同和已参与教学有关"同伴互助"活动的人数

教学经验交流	教学资源交换或共享	定期参加集体备课活动	观察课堂教学并提出意见和建议	观摩公开示范课	课例研究	定期进行的教研组活动	认同人数	参与人数
0	0	0	0	0	0	0	4	10
0	0	0	0	0	0	1	3	11
0	0	0	0	0	1	0	0	2
0	0	0	0	0	1	1	1	2
0	0	0	0	1	0	0	0	12
0	0	0	0	1	0	1	2	6
0	0	0	0	1	1	0	0	0
0	0	0	0	1	1	1	0	1
0	0	0	1	0	0	0	2	6
0	0	0	1	0	0	1	2	4
0	0	0	1	0	1	0	1	0

表3-27(续)

教学经验交流	教学资源交换或共享	定期参加集体备课活动	观察课堂教学并提出意见和建议	观摩公开示范课	课例研究	定期进行的教研组活动	认同人数	参与人数
0	0	0	1	0	1	1	1	1
0	0	0	1	1	0	0	1	6
0	0	0	1	1	0	1	0	5
0	0	0	1	1	1	0	0	2
0	0	0	1	1	1	1	0	1
0	0	1	0	0	0	0	0	2
0	0	1	0	0	0	1	0	2
0	0	1	0	0	1	0	0	0
0	0	1	0	0	1	1	0	0
0	0	1	0	1	0	0	0	2
0	0	1	0	1	0	1	0	0
0	0	1	0	1	1	0	0	0
0	0	1	0	1	1	1	0	0
0	0	1	1	0	0	0	0	1
0	0	1	1	0	0	1	2	0
0	0	1	1	0	1	0	0	0
0	0	1	1	0	1	1	0	0
0	0	1	1	1	0	0	0	3
0	0	1	1	1	0	1	0	1
0	0	1	1	1	1	0	1	1
0	0	1	1	1	1	1	1	1
0	1	0	0	0	0	0	7	17
0	1	0	0	0	0	1	4	4
0	1	0	0	0	1	0	6	2
0	1	0	0	0	1	1	5	2
0	1	0	0	1	0	0	4	5
0	1	0	0	1	0	1	1	1
0	1	0	0	1	1	0	0	3

表3-27(续)

教学经验交流	教学资源交换或共享	定期参加集体备课活动	观察课堂教学并提出意见和建议	观摩公开示范课	课例研究	定期进行的教研组活动	认同人数	参与人数
0	1	0	0	1	1	1	1	0
0	1	0	1	0	0	0	4	7
0	1	0	1	0	0	1	1	1
0	1	0	1	0	1	0	3	0
0	1	0	1	0	1	1	4	0
0	1	0	1	1	0	0	1	3
0	1	0	1	1	0	1	1	2
0	1	0	1	1	1	0	0	0
0	1	0	1	1	1	1	0	0
0	1	1	0	0	0	0	2	3
0	1	1	0	0	0	1	4	1
0	1	1	0	0	1	0	0	0
0	1	1	0	0	1	1	0	0
0	1	1	0	1	0	0	4	6
0	1	1	0	1	0	1	1	0
0	1	1	0	1	1	0	0	0
0	1	1	0	1	1	1	0	0
0	1	1	1	0	0	0	1	1
0	1	1	1	0	0	1	0	0
0	1	1	1	0	1	0	1	1
0	1	1	1	0	1	1	1	0
0	1	1	1	1	0	0	3	3
0	1	1	1	1	0	1	0	0
0	1	1	1	1	1	0	3	1
0	1	1	1	1	1	1	1	1
1	0	0	0	0	0	0	6	15
1	0	0	0	0	0	1	2	12
1	0	0	0	0	1	0	1	1

表3-27(续)

教学经验交流	教学资源交换或共享	定期参加集体备课活动	观察课堂教学并提出意见和建议	观摩公开示范课	课例研究	定期进行的教研组活动	认同人数	参与人数
1	0	0	0	0	1	1	5	1
1	0	0	0	1	0	0	0	21
1	0	0	0	1	0	1	1	10
1	0	0	0	1	1	0	1	1
1	0	0	0	1	1	1	0	0
1	0	0	1	0	0	0	2	5
1	0	0	1	0	0	1	2	10
1	0	0	1	0	1	0	1	2
1	0	0	1	0	1	1	1	1
1	0	0	1	1	0	0	2	18
1	0	0	1	1	0	1	2	7
1	0	0	1	1	1	0	2	3
1	0	0	1	1	1	1	1	0
1	0	1	0	0	0	0	3	4
1	0	1	0	0	0	1	3	2
1	0	1	0	0	1	0	1	1
1	0	1	0	0	1	1	1	0
1	0	1	0	1	0	0	0	2
1	0	1	0	1	0	1	1	3
1	0	1	0	1	1	0	1	0
1	0	1	0	1	1	1	2	0
1	0	1	1	0	0	0	0	0
1	0	1	1	0	0	1	0	2
1	0	1	1	0	1	0	1	0
1	0	1	1	0	1	1	0	0
1	0	1	1	1	0	0	1	2
1	0	1	1	1	0	1	1	3
1	0	1	1	1	1	0	2	1

表3-27(续)

教学经验交流	教学资源交换或共享	定期参加集体备课活动	观察课堂教学并提出意见和建议	观摩公开示范课	课例研究	定期进行的教研组活动	认同人数	参与人数
1	0	1	1	1	1	1	2	1
1	1	0	0	0	0	0	30	58
1	1	0	0	0	0	1	19	16
1	1	0	0	0	1	0	14	6
1	1	0	0	0	1	1	10	3
1	1	0	0	1	0	0	5	14
1	1	0	0	1	0	1	7	6
1	1	0	0	1	1	0	5	2
1	1	0	0	1	1	1	6	4
1	1	0	1	0	0	0	10	11
1	1	0	1	0	0	1	14	8
1	1	0	1	0	1	0	8	4
1	1	0	1	0	1	1	8	0
1	1	0	1	1	0	0	14	8
1	1	0	1	1	0	1	7	9
1	1	0	1	1	1	0	7	2
1	1	0	1	1	1	1	7	7
1	1	1	0	0	0	0	14	20
1	1	1	0	0	0	1	8	3
1	1	1	0	0	1	0	1	2
1	1	1	0	0	1	1	8	0
1	1	1	0	1	0	0	7	3
1	1	1	0	1	0	1	4	6
1	1	1	0	1	1	0	5	4
1	1	1	0	1	1	1	4	1
1	1	1	1	0	0	0	6	5
1	1	1	1	0	0	1	3	3
1	1	1	1	0	1	0	5	1

表3-27(续)

教学经验交流	教学资源交换或共享	定期参加集体备课活动	观察课堂教学并提出意见和建议	观摩公开示范课	课例研究	定期进行的教研组活动	认同人数	参与人数
1	1	1	1	0	1	1	6	0
1	1	1	1	1	0	0	11	11
1	1	1	1	1	0	1	10	6
1	1	1	1	1	1	0	9	5
1	1	1	1	1	1	1	179	81
合计							583	

注：0表示教师不认同或没有参与该项目，1表示教师认同或参与该项目。

从表3-27可以得出如下结论：

①7个选项，共有128种组合，其中选择全部认同和全部参与的教师人数最多，占30.7%和13.9%。选"教学资源交换或共享"和"教学经验交流"两个选项的教师第二多，分别为9.9%和5.1%。有10种组合没有人选择，其他118种组合都有人选，说明教师对"同伴互助"的方式的认知是多样化的，参与"同伴互助"的活动种类也是多样且分散的。

②教师认同和实际参与是两种不同的状况，实际参与的情况多于认同情况的组合为50项，实际参与的情况少于认同情况的组合为42项，二者相等的组合为36项。这说明教师认同的"同伴互助"方式较为集中，而参与的教学方面的"同伴互助"活动更为发散。

③如果教师是随机选择的，教师认同的教学互助形式的数量和教师实际参与的互助形式的数量应该呈泊松分布，而实际分布的情况见图3-15、图3-16。教师认同的互助形式的数量分布、教师实际参与的互助形式的数量分布与泊松分布（泊松分布的λ值分别为4.10和2.89）之间存在显著性的差异（χ^2值分别为53.49和34.48），两种数量分布上都存在一个峰（标记为黑色），即所有选项的全部选择人数明显高于泊松分布应有值，这显然不能用随机来解释。我们认为这表明某些教师存在风险规避行为，这类教师倾向于多选择答案，以期降低出错的风险，他们占全体教师的比例为13.9%~30.7%。

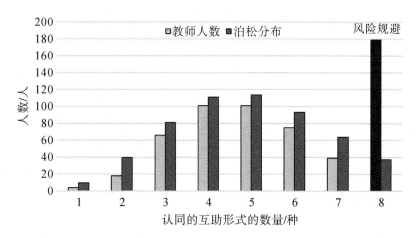

图 3-15　教师认同的互助形式的数量分布和泊松分布的模拟

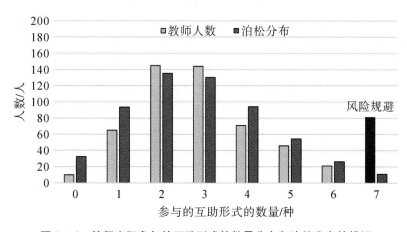

图 3-16　教师实际参与的互助形式的数量分布和泊松分布的模拟

④教师参加互助活动有四种情况：认同且参与、不认同且不参与、不认同但参与、认同但不参与。前两种价值判断和行动方向一致，后两种是矛盾的。对583份调查问卷的分析（见表3-28）表明，认同且参与平均占41.2%，不认同且不参与平均占25.8%，不认同但参与平均占7.6%，认同但不参与平均占25.4%；价值判断和行动方向一致的教师为67.0%，矛盾的为33.0%，说明大部分教师保持了一致性。对于"教学经验交流""教学资源交换或共享"，大多数教师选择认同且参与；"定期参加集体备课活动""课例研究"，35.8%和39.8%的教师不认同且不参与；其他选项，一些教师的认知和行为比较矛盾。

表 3-28　教师对 7 类教学活动认同和参与的人数

认同或参与的情况	教学经验交流	资源交换或共享	参加集体备课	观察课堂教学	观摩公开示范课	课例研究	教研组活动	平均人均比例
认同且参与	406	351	151	210	228	138	199	41.2%
不认同且不参与	54	47	209	167	172	232	170	25.8%
不认同但参与	31	22	51	58	79	17	53	7.6%
认同但不参与	92	163	172	148	104	196	161	25.4%
优势比	7.69	4.60	3.60	4.09	4.77	9.61	3.96	

⑤认同且参与为主动参与，其占总参与人数的百分比为主动参与率；不认同但参与为被动参与，其占总参与人数的百分比为被动参与率。我们分析了 7 类活动的教师主动参与率和被动参与率，发现两者之间似乎有一定关联（见图 3-17）：当主动参与率高时，被动参与率也高，二者相关系数为 0.824；进行相关系数检验[1]，$\alpha = 0.05$，$n = 7$，$r0.05（7）= 0.754 < 0.824$，这种相关系数是显著的。主动参与率和被动参与率之间的关联告诉我们：要注意那些教师认可的"同伴互助"的方式，提供机会让教师多参与，降低被动参与率。

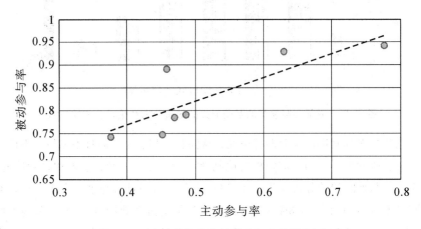

图 3-17　主动参与率和被动参与率的散点图

① 茆诗松，程依明，濮晓龙. 概率论与数理统计教程［M］. 3 版. 北京：高等教育出版社，2019.

⑥教师认可的互助形式数量有 1~7 七种水平，而在每种水平之上教师实际参与的互助形式有一数量分布，见表 3-29，可以此分析教师的行为边界。表 3-29 中用浅色标记的区域为实际没有出现的分布组合，相当于教师拒绝参与互助，其他区域为互助行为边界范围。教师认可的互助形式数量少时，教师实际参与的"同伴互助"活动的种类也少，教师对"同伴互助"的认知限制了教师的"同伴互助"行为。

表 3-29 教师认可的互助形式数量在不同水平上的教师实际参与数量分布

单位：人

教师认可的互助形式数量和参与它的数量		教师认可的互助形式数量水平						
		1	2	3	4	5	6	7
教师实际参与互助形式的数量	1	14	11	18	13	4	2	9
	2	6	40	30	30	13	6	22
	3	1	10	36	33	32	6	26
	4	0	3	8	16	13	8	23
	5	0	1	7	7	7	8	16
	6	0	0	1	0	3	5	12
	7	0	0	1	2	3	3	66
	8	0	0	0	1	0	0	0
合计		21	65	101	102	76	38	174

（4）教师进行教学或科研合作研究的影响因素。

"教学或科研合作研究项目"是高校教师间"同伴互助"的另一种形式，这种合作是否受到其他"同伴互助"合作方式的影响，值得我们研究。在调查中，我们将"教学或科研合作研究项目"选项（用 A 表示）与"共享网络平台"（用 B 表示）、"专业领域资深专家或教师的指导"（用 C 表示）、"专题讨论、教材推介会或学术会议"（用 D 表示）、"师徒结对，老教师带新教师"（用 E 表示）四个条件放在一起，组成"您认为教师'同伴互助'方式包括"的多选问题。如何评估其他四个因子对"教学或科研合作研究项目"的影响？我们通过条件概率来分析。

P（A）表示教师选择"教学或科研合作研究项目"的频率。

P（A/B）表示选择"共享网络平台"的教师中选择"教学或科研合作研

究项目"的频率。

P（A/B/C）表示选择"共享网络平台"和"专业领域资深专家或教师的指导"的教师中选择"教学或科研合作研究项目"的频率。

P（A/B/C/D）表示选择"共享网络平台""专业领域资深专家或教师的指导""专题讨论、教材推介会或学术会议"的教师中选择"教学或科研合作研究项目"的频率。

P（A/B/C/D/E）表示选择"共享网络平台""专业领域资深专家或教师的指导""专题讨论、教材推介会或学术会议""师徒结对，老教师带新教师"的教师中选择"教学或科研合作研究项目"的频率。

在不同的条件下选择"教学或科研合作研究项目"频率的人数变化见表3-30，B_1表示"共享网络平台"被选择，B_0表示其未被选择。随着条件的增加，符合该条件的教师人数减少。

表 3-30　不同条件下选择各个选项人数的变化

各选项	B	C	D	E	A	总数量
无条件	431	437	444	351	432	583
未选择共享网络平台	B_0	92	98	72	107	152
		$B_0 \wedge C$	61	48	64	92
			$B_0 \wedge C \wedge D$	35	35	61
				$B_0 \wedge C \wedge D \wedge E$	26	35
选择共享网络平台	B_1	345	346	279	325	431
		$B_1 \wedge C$	298	245	259	345
			$B_1 \wedge C \wedge D$	229	251	298
				$B_1 \wedge C \wedge D \wedge E$	212	229

A 的条件概率变化见图3-18。A 的条件概率变化在 A、$A \wedge B_i$、$A \wedge B_i \wedge C$ 三种条件下，维持在0.7附近，说明 B、C 与 A 是独立的，相互之间没有影响对方的选择；但引入条件 D、E 以后，A 的条件概率发生了显著变化，说明"共享网络平台"和"专业领域资深专家或教师的指导"不影响教师"教学或科研合作研究项目"的选择，但"专题讨论、教材推介会或学术会议"和"师徒结对，老教师带新教师"却对 A 的选择有影响。

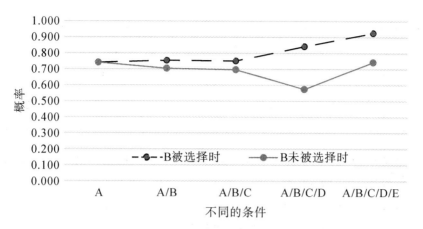

図 3-18 选择"教学或科研合作研究项目"条件概率的变化

分析同时表明，$B_1 \wedge C \wedge D \wedge E$ 也是教师选择"教学或科研合作研究项目"的最佳条件，在此条件下 A 的发生概率最高，为 92.6%。

（5）教师间面对面讨论是否受到其他因素影响？

"面对面讨论"（用 FF 表示）是教师"同伴互助"的一种沟通渠道，其他渠道还有"QQ 或微信"（用 OL 表示）、"学习小组"（用 TW 表示）、"专题研讨"（用 GD 表示）。这些渠道是否影响教师面对面的讨论，我们也可通过条件概率的变化来分析。

"QQ 或微信"影响"面对面讨论"分两种情况：采用了 QQ 或微信，以及不采用 QQ 或微信，分别用 OL（+）和 OL（-）表示。其他条件也用类似方法表示。不同条件下选择面对面讨论的条件概率见表 3-31。

表 3-31 不同条件下选择面对面讨论的条件概率

条件	选择开展面对面讨论的人数/人	选择不开展面对面讨论的人数/人	总数/人	选择面对面讨论的条件概率
无条件限制（NC）	543	40	583	0.931
OL（+）	424	23	447	0.949
OL（+）/TW（+）	325	12	337	0.964
OL（+）/TW（+）/GD（+）	284	7	291	0.976
OL（-）	119	17	136	0.875
OL（-）/TW（+）	71	9	80	0.888
OL（-）/TW（+）/GD（+）	59	8	67	0.881

表3-31（续）

条件	选择开展面对面讨论的人数/人	选择不开展面对面讨论的人数/人	总数/人	选择面对面讨论的条件概率
OL(−)/TW(−)	48	8	56	0.857
OL(−)/TW(−)/GD(+)	28	8	36	0.778
OL(−)/TW(−)/GD(−)	20	2	22	0.909

从条件之间的关系来看，存在四条条件链：NC→OL(+)→OL(+)/TW(+)→OL(+)/TW(+)/GD(+)（简称"第一条件链"），NC→OL(−)→OL(−)/TW(+)→OL(−)/TW(+)/GD(+)（简称"第二条件链"），NC→OL(−)→OL(−)/TW(−)→OL(−)/TW(−)/GD(+)（简称"第三条件链"），NC→OL(−)→OL(−)/TW(−)→OL(−)/TW(−)/GD(−)（简称"第四条件链"）。它们之间对教师选择面对面讨论的影响见图3-19。

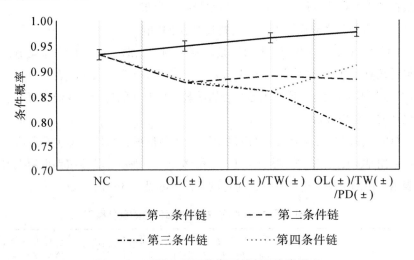

图3-19　不同条件下选择面对面讨论的频率

第一条件链，面对面讨论的条件概率不断增加，从 0.931 ± 0.01 增至 0.976 ± 0.01。条件概率之间不存在显著性的差异，可以认为这种改变在误差范围之内，说明教师选择面对面讨论的概率不会因其他条件选择而受到影响。同样的，在第二条件链、第三条件链和第四条件链中，面对面讨论的概率出现波动，这种波动误差为 $\pm 0.028 \sim \pm 0.061$，条件概率的变化也在误差范围之内，可以认为教师对其他条件的选择不影响对面对面讨论的选择。

分析第四条件链中的 OL(−)/TW(−)/GD(−)，其没有出现预期条件概率下降的情况，反而大幅度的上升，原因是什么有待进一步分析。

　　要研究教师选择另外三种"同伴互助"沟通渠道是否受到其他因素的影响，也可以通过这三种因素条件概率变化来分析。教师将"QQ或微信"作为"同伴互助"的沟通形式的概率，我们设定 NC→TW(+)→TW(+)/PD(+)→TW(+)/PD(+)/FF(+) 和 NC→TW(−)→TW(+)/PD(+)→TW(+)/PD(+)/FF(+) 两条条件链，以是否选择学习小组作为分类条件，将选用 QQ 或微信的教师分为两类，条件概率的变化见图 3-20。

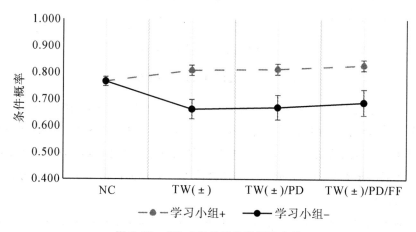

图 3-20　QQ 或微信的条件概率变化

　　教师选择学习小组和不选择学习小组，二者的行为存在明显的差异。但在这两类之间，其他条件的引入导致的条件概率的变化都在误差范围以内，说明这些条件与结果的关系是独立的。值得关注的是，今天中国社会智能手机高度普及，但教师认同 QQ 或微信作为"同伴互助"沟通渠道的概率只有 0.65 ~ 0.83，低于面对面的讨论，表明这种技术手段仍存在局限性，不能完全符合教师对沟通的期望。

　　对于选择"专题研讨"作为"同伴互助"沟通渠道的概率是否受到其他条件的影响，我们同样设定 NC→FF(+)→FF(+)/OL(+)→FF(+)/OL(+)/TW(+) 和 NC→FF(−)→FF(+)/OL(+)→FF(+)/OL(+)/TW(+) 两条条件链，以是否选择"面对面讨论"作为分类条件，教师选择专题研讨的概率在不同条件下的变化见图 3-21。

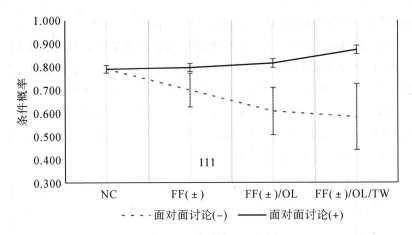

图 3-21　专题研讨的条件概率变化

认可专题研讨的教师分为两种类型：在认可面对面讨论的教师人群中，其他形式被认可作为条件，其条件概率不断增加，形成一条有利条件链；而在不认可面对面讨论的教师人群中，其他形式被认可作为条件，其条件概率不断减少，形成一条不利的条件链，说明是否认可"面对面讨论"是一个区分教师类型的指标。

对于选择"学习小组"作为"同伴互助"沟通渠道的概率是否受到其他条件的影响，我们同样设定 NC→PD(+)→PD(+)/FF(+)→PD(+)/FF(+)/OL(+)和 NC→PD(-)→PD(+)/FF(+)→PD(+)/FF(+)/OL(+)两条条件链，以是否选择"专题研讨"作为分类条件，教师选择学习小组的概率在不同条件的变化见图 3-22。

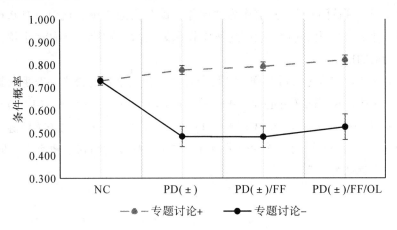

图 3-22　学习小组的条件概率变化

教师对"学习小组"的选择极大地受到了"专题研讨"的影响，认可专题研讨的教师选择学习小组的比例比不认可专题研讨而选择学习小组的比例要大60%。虽然两类教师之间再选择其他条件不会影响其选择概率（在误差范围以内），但两类教师之间的差异是显著的。

综合上述四种情况的条件概率的变化可知，存在一个相互影响的关系循环：面对面讨论→专题研讨→学习小组⇨QQ或微信⇨面对面讨论，（→表示强影响，⇨表示弱影响）。我们可以将面对面讨论、专题研讨、学习小组三种"同伴互助"沟通渠道归为一组，它们之间存在强一致性，而QQ或微信是另外一类的"同伴互助"沟通渠道。

8. 高校"同伴互助"存在的问题和解决途径

高校是教师"同伴互助"实施的场所。从教师的角度看，高校理应支持"同伴互助"并提供平台。但从高校管理的角度看，教师间的合作不属于正常的教学管理，且缺乏量化的考核标准，教师间是否开展合作和互助属于教师个人问题。为了了解高校开展"同伴互助"的现状，我们在问卷中设计了教师对高校的评价、高校存在的问题的调查。对调查结果的数据分析表明，高校得分与学校提供平台或服务的数量对数相关，获得相同评分的高校在"同伴互助"缺失的原因和存在的问题方面高度一致，而制度建设和营造互助文化氛围是推动教师间开展"同伴互助"的主要措施。

（1）研究方法。

①列联表和优势比。

两个选项A、B各为1、0，可以组合为2×2的列联表（见表3-32），表中的 n_{11}、n_{12}、n_{21}、n_{22} 为调查得到的值（各条件的频数），A、B组合条件联合概率 $\pi_{ij}=P$（A=i，B=j）$\approx n_{11}/n$，$n = n_{11}+n_{12}+n_{21}+n_{22}$，边缘分布为联合分布的行或列的和。行的边缘分布记为 π_{1+} 和 π_{0+}，列的边缘分布为 π_{+1} 和 π_{+0}，$\pi_{1+} = \pi_{11}+\pi_{10}$，$\pi_{0+}=\pi_{01}+\pi_{00}$，$\pi_{+1}=\pi_{01}+\pi_{11}$ 和 $\pi_{+0}=\pi_{00}+\pi_{10}$。

表3-32　选项A、B组合成的2×2的列联表

选项A、B组合的条件		选项A		边缘频数
		1	0	
选项B	1	n_{11}	n_{12}	$n_{11}+n_{12}$
	0	n_{21}	n_{22}	$n_{21}+n_{22}$
边缘频数		$n_{11}+n_{21}$	$n_{12}+n_{22}$	$n_{11}+n_{12}+n_{21}+n_{22}$

当 A、B 是独立的两组条件，则联合概率等于边缘概率的乘积，即：

$$\pi_{ij} = \pi_{i+} + \pi_{+j}(i = 1,\ 0;\ j = 1,\ 0)$$

优势比 θ 由联合概率定义：

$$\theta = \frac{\pi_{11} / \pi_{12}}{\pi_{21} / \pi_{22}} = \frac{\pi_{11}\,\pi_{22}}{\pi_{12}\,\pi_{21}}$$

$$\bar{\theta} = \frac{n_{11}\,n_{22}}{n_{12}\,n_{21}}$$

$\bar{\theta}$ 是 θ 的最大似然估计。优势比可以为大于 0 的任何数字。当 A、B 独立时，$\theta = 1$；$\theta > 1$，表明第一行成功的优势（π_{11} / π_{12}）比第二行成功的优势（π_{21} / π_{22}）大，θ 越大说明这种优势越大；$0 < \theta < 1$，说明第二行成功的优势比第一行成功的优势大；θ 在一个方向越远离 1，说明 A、B 关联程度越高。

我们通过分析一组条件之间的优势比，以某条件作为基点，分析其他条件与它的关系，可以分为正关联条件群（$\theta > 1$）、负关联条件群（$\theta < 1$）和独立的条件群三类。正关联的条件群与基点条件频数一起增加或减少，负关联条件群与基点条件的频数变化方向相反，独立的条件群的频数变化与基点条件频数无关。

样本优势比 $\bar{\theta}$ 的对数转换 $\log(\bar{\theta})$ 分布接近正态分布，大样本正态分布均值接近 $\log\theta$，其标准差被称为渐近标准差，记为 ASE，有如下公式：

$$\text{ASE}(\log\bar{\theta}) = \sqrt{\frac{1}{n_{11}} + \frac{1}{n_{12}} + \frac{1}{n_{21}} + \frac{1}{n_{22}}}$$

由此可以估算大样本的对数置信区间为

$$\log\bar{\theta} \pm Z_{0.5\alpha}\text{ASE}(\log\bar{\theta})$$

$\bar{\theta}$ 的置信区间为 $\bar{\theta}/\exp\left[Z_{0.5\alpha}\text{ASE}(\log\bar{\theta})\ln10\right] \sim \bar{\theta}\exp\left[Z_{0.5\alpha}\text{ASE}(\log\bar{\theta})\ln10\right]$，一般这个区域是比较大的。例如我们的问卷表被访者为 583 人，$\text{ASE}(\log\bar{\theta}) = 0.083$，$\alpha = 0.05$，$Z_{0.5\alpha} = 1.96$，$\bar{\theta}$ 的置信区间为 $\bar{\theta}/7.55 \sim \bar{\theta}\times5.55$。

②列联相关系数和 Gamma 系数[①]。

有序变量 x 和 y 组成变量对 $(x,\ y)$，$(x_i,\ y_i)$ 和 $(x_j,\ y_j)$。存在三种变量对的关系：$x_i > x_j$ 时有 $y_i > y_j$，称为同序对；$x_i > x_j$ 时有 $y_i < y_j$，称为异序对；如果有 $x_i = x_j$ 或 $y_i = y_j$，称为同分对。3×4 的列联表见表 3-33。

① 尹海洁，李树林. 社会统计学 [M]. 北京：中国人民大学出版社，2013.

表 3-33 3×4 的列联表

项目	x_1	x_2	x_3	x_4
y_1	n_{11}	n_{12}	n_{13}	n_{14}
y_2	n_{21}	n_{22}	n_{23}	n_{24}
y_3	n_{31}	n_{32}	n_{33}	n_{34}

n_s 为同序对的数目，n_d 为异序对的数目，3×4 的列联表的同序对有

$$n_s = n_{11}(n_{22}+n_{23}+n_{24}+n_{32}+n_{33}+n_{34})+n_{12}(n_{22}+n_{24}+n_{33}+n_{34})+n_{13}(n_{24}+n_{34})+n_{21}(n_{32}+n_{33}+n_{34})+n_{22}(n_{33}+n_{34})+n_{23}n_{34}$$

$$n_d = n_{14}(n_{21}+n_{22}+n_{23}+n_{31}+n_{32}+n_{33})+n_{13}(n_{21}+n_{22}+n_{31}+n_{32})+n_{12}(n_{21}+n_{31})+n_{24}(n_{31}+n_{32}+n_{33})+n_{23}(n_{31}+n_{31})+n_{22}n_{31}$$

如果列联表的同序对多于异序对，则表明两个变量之间为正相关；如果异序对多于同序对，表明两个变量之间为负相关。

$G = (n_s - n_d) / (n_s + n_d)$，$G$ 的取值范围为 $-1 \sim +1$。两个变量完全正相关，$G=1$；两个变量完全负相关，$G=-1$。

$n = \sum n_{ij}$，当 $n>10$ 时，$z = \dfrac{G}{\sqrt{1-G^2}}\sqrt{\dfrac{n_s+n_d}{n}} \sim N(0,1)$，通过计算 Z 可以验证 G 值与 0（x 和 y 不相关）是否存在显著性差异。例如 $Z>1.96$，在置信度 $\alpha=0.05$ 时存在显著性差异。

（2）高校在"同伴互助"上的表现及其分布的数学模型。

教师对高校开展"同伴互助"的评价分为 5 个层次：经常提供、偶尔提供、有需要时提供、从不提供和其他。这 5 个层次分别用 4、3、2、1、0 表示，结果见表 3-34。调查结果表明，有 25.3% 的高校经常提供"同伴互助"的平台，41.6% 的高校偶尔提供，22.8% 的高校在有需要时提供，7.5% 的高校从不提供，2.5% 为其他。这说明绝大部分高校对"同伴互助"提供了支持平台。

表 3-34 教师对高校开展"同伴互助"的评价和二项式分布模拟结果分析

高校得分等级	对高校开展"同伴互助"进行评价的教师/人	频率	二项式分布模拟	差值	χ^2值
4	148	0.25	148	0.15	0.00
3	243	0.42	242	0.95	0.00
2	133	0.22	148	15.30	1.76

表3-34(续)

高校得分等级	对高校开展"同伴互助"进行评价的教师/人	频率	二项式分布模拟	差值	χ^2值
1	44	0.08	40	3.62	0.30
0	15	0.03	4	10.88	7.89
合计	583	1.00	583	30.89	9.95

教师的评价分布用二项式分布模拟,方程如下:

$$P(X = k) = C_5^k 0.71^k (1 - 0.71)^{5-k}$$

$$N_k = N \times P(x = k)$$

$$(k = 0,1,2,3,4,N\text{ 为被访的总数})$$

模拟得到了很好的结果,见图3-23。其中 p 值是通过最少 χ^2 值得到:不同的 p 值得到不同 χ^2 值,当 $p = 0.71$ 时, $\chi^2 = 9.9$,最小。 $n = 5$, $\alpha = 0.05$, χ^2(5) = 11.07,说明调查数据和二项式模拟值之间没有显著性差异,二项式分布很好地模拟了教师对高校评价的分布。

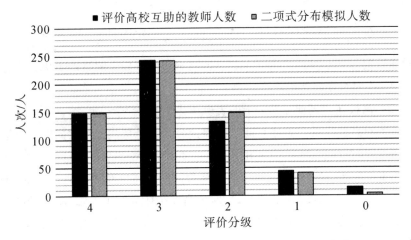

图3-23 教师对高校"同伴互助"的评价与二项式分布模拟

(3) 不同高校内"同伴互助"存在的问题和原因。

"同伴互助"的主要问题有:"为拿到课题和项目临时拼凑团队"(简称"拼凑团队")、"团队是为了完成摊派的任务"(简称"摊派任务")、"团队无实质互助合作"(简称"不合作")、"团队互助合作无持续性"(简称"无持续")、"团队成员分工合作意愿不强,'同伴互助'的动力机制、激励机制和评价机制缺乏"（简称"缺机制"）等。这些问题在教师中的认同率分别为69.5%±1.9%、56.3%±2.1%、58.1%±2.0%、52.1%±2.1%和56.6%±2.1%，教师对拼凑团队的认同显著高于其他问题，教师认为其他三类问题的严重程度相差不大。

导致高校"同伴互助"缺失的原因有："学校的互助氛围不足，缺乏'同伴互助'的文化、传统或制度"（简称"制度缺失"）、"教师任务重或课时较多，没有足够时间进行有效的'同伴互助'"（简称"任务重"）、"教师之间彼此不了解或性格原因造成缺乏有效沟通"（简称"难沟通"）、"可供进行信息交流的平台有限（如网络平台、教师沙龙等）"（简称"无平台"）、"教研组的活动流于形式，没有得到较深入的开展"（简称"无教研活动"）、"参加专题研讨会、教材推介会或学术讲座的机会比较少"（简称"无机会"）、"接受相关专业的资深教授或专家指导的机会较少"（简称"无指导"）。这些原因被教师认同的比率分别为：68.1%±1.9%、78.0%±1.7%、38.8%±2.0%、40.0%±2.0%、49.1%±2.1%、38.4%±2.0%、42.5%±2.0%。其中认同比率最高的为任务重，其次为制度缺失，其他五项的认同比率在误差范围之内，说明教师对任务重和制度缺失导致互助难以开展的认同度最高。

我们以教师对高校的评价等级对学校的行为、"同伴互助"存在的主要问题和原因进行分类，分析不同高校在"同伴互助"方面的表现。以"学校的互助氛围不足，缺乏'同伴互助'的文化、传统或制度"（简称"制度缺失"）和"团队是为了完成摊派的任务"（简称"任务摊派"）为缺失原因和主要问题来分析调查数据（见表3-35），其在不同评价等级的高校中人数分布不同。不同评价等级的高校数量并不同，其相对认同比率分布在表3-35中列出。

表3-35　认同制度缺失和任务摊派的教师在不同高校的分布

高校分类	高校数量	制度缺失		任务摊派	
		人数/人	认同比率	人数/人	认同比率
0	15	6	0.4	5	0.33
1	44	34	0.77	25	0.57
2	133	93	0.7	71	0.53
3	243	174	0.72	147	0.6
4	148	90	0.61	80	0.54

注：表中比率的计算是将认同的人数除以该评价等级的高校的数量。

理论上，当学校评价较高时，存在的问题较少，认同比率偏高。但在高校"同伴互助"缺失原因和主要问题方面，除评价等级为0的高校，其他评价等级的认同度接近，不会因为等级的提升而显著降低，说明教师对"同伴互助"的主要问题和缺失原因的认识不会因为对于学校的认可而改变。评价等级为0的高校是比较特殊的学校，教师认定的所有"同伴互助"的主要问题和缺失原因的比率都明显低于其他评价等级的学校，原因有待进一步分析。

（4）高校提供的制度保障与教师对其评价等级的关系。

为分析高校为教师开展"同伴互助"提供了哪些制度保障，我们在调查中提供5个多选选项：动力机制、整合机制、激励机制、保障机制和其他。它们被选择的概率分别为：43.4%±2.1%、42.7%±2.0%、42.2%±2.0%、35.0%±2.0%、18.0%±1.6%。前3项的差距在误差范围以内，后2项明显低于前3项。高校提供的制度保障数量与高校评价等级的关系见表3-36。

表3-36　不同评价等级学校提供的制度保障数量情况

学校提供 制度保障的数量	学校评价等级				
	0	1	2	3	4
1个/次	14	41	76	154	39
2个/次	0	1	35	47	41
3个/次	0	1	11	20	23
4个/次	1	1	11	22	45
次数合计/次	15	44	133	243	148
保障数量合计/个	18	50	223	396	370
学校平均保障数/个	1.20	1.14	1.68	1.63	2.50
Ln（保障平均数）	0.18	0.13	0.52	0.49	0.92

如果将高校评价等级看成变量，求高校制度保障平均对数与等级的相关系数 $r=0.919$，它们之间散点图见图3-24（图中虚线为线性模拟曲线）。我们采用F检验[①]，$\alpha=0.05$，$n-2=3$，$r_{0.05(3)}=0.878$，$r>r_{0.05(3)}$，说明相关系数是显著的。高校的评价等级与高校提供制度保障的平均数量对数相关，这说明高校

---

① 茆诗松，程依明，濮晓龙. 概率论与数理统计教程［M］. 3 版. 北京：高等教育出版社，2019.

提高评价等级需要付出指数数量的工作量。

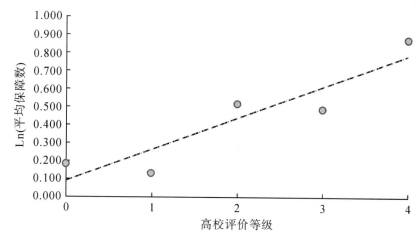

图 3-24　高校制度保障平均数量的对数分布

同样的方式可以用于分析高校教师"同伴互助"存在的问题和缺失原因的数量。高校教师"同伴互助"存在的问题在不同评价等级的变化见表 3-37，高校"同伴互助"缺失原因的数量在不同评价等级的变化见表 3-38。二者都不与学校评价等级存在相关关系，它们与学校的等级划分没有关系。

表 3-37　不同评价等级高校的教师"同伴互助"存在的问题的数量情况

高校教师互助存在的问题的数量	学校评价等级					合计
	0	1	2	3	4	
1 个/次	7	10	31	31	34	113
2 个/次	2	8	23	60	42	135
3 个/次	2	8	35	58	26	129
4 个/次	3	5	21	38	15	82
5 个/次	1	13	23	55	31	123
6 个/次	0	0	0	1	0	1
次数合计/次	15	44	133	243	148	583
选择数量合计/个	34	135	381	758	411	1 719
高校平均问题数/个	2.27	3.07	2.86	3.12	2.78	2.95

表 3-38　不同评价等级高校的"同伴互助"缺失的原因的数量统计

高校互助缺失的原因数量统计	学校评价等级					合计
	0	1	2	3	4	
1 个/次	5	7	19	16	29	76
2 个/次	3	10	27	53	29	122
3 个/次	3	7	36	52	39	137
4 个/次	1	3	19	40	18	81
5 个/次	2	5	10	24	7	48
6 个/次	0	5	7	29	5	46
7 个/次	1	7	15	29	20	72
8 个/次	0	0	0	0	1	0
次数合计/次	15	44	133	243	148	582
原因数量合计/个	41	164	454	935	489	2 075
学校平均原因数量/个	2.73	3.73	2.41	3.85	3.30	3.57

　　学校评价等级与教师平均问题数量和原因平均数量之间存在关联，我们将相同评价等级的教师平均问题数量和学校"同伴互助"缺失原因平均数量组成数据对，绘制散点图（见图 3-25）。二者之间为强烈的正相关，$r = 0.99$，说明教师认同的"同伴互助"的主要问题数量的变化与高校"同伴互助"缺失的原因的数量变化高度同步，表明在教师心中，"同伴互助"的主要问题与高校"同伴互助"缺失原因有着同一认识基础和标准。

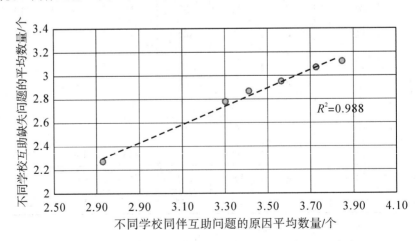

图 3-25　"同伴互助"存在的问题和缺失的原因之间的关系

（5）对"同伴互助"存在问题的分析和相关关系。

高校教师对"同伴互助"的主要问题和缺失原因的选择是多样的，我们可以通过每个选项与其他选项之间的优势比的值来分析它们之间的关系。

以缺乏机制和拼凑团队两个选项为例，1表示已选，0表示未选，它们的组合见表3-39。

表3-39　缺乏机制和拼凑团队的2×2的列联表　　　单位：人

选项组合		拼凑团队		边缘频数
		1	0	
缺乏机制	1	248	82	330
	0	157	96	253
边缘频数		405	178	583

优势比 θ=(248×96)/(82×157)=1.85，缺乏机制和拼凑团队的优势比>1，表明它们之间存在弱一致性变动，当选"缺乏机制"的人数增加时，选"拼凑团队"的人数也增加。

"同伴互助"存在的五个问题：拼凑团队、摊派任务、不合作、无持续、缺机制。计算其相互之间的优势比，见表3-40，有如下特点：（a）优势比越小颜色越浅，优势比越大颜色越深；（b）表格中值沿对角线对称；（c）所有的优势比的值都大于1。以上特点表明不合作、无持续和缺机制之间的优势比都大于2.5，表明存在较强的一致性变动，而拼凑团队、摊派任务与其他问题的关联性较弱。

表3-40　"同伴互助"存在问题之间的优势比

问题	拼凑团队	摊派任务	不合作	无持续	缺机制
拼凑团队		2.29	1.84	2.18	1.85
摊派任务	2.29		1.59	2.14	1.42
不合作	1.84	1.59		2.68	2.61
无持续	2.18	2.14	2.68		3.55
缺机制	1.85	1.42	2.61	3.55	

无氛围、任务重、难沟通、无平台、无（教研）活动、无机会、无指导这七项高校"同伴互助"缺失的原因之间的优势比见表3-41，值越小颜色越

浅，值越大颜色越深。

表 3-41 高校"同伴互助"缺失原因之间的优势比

原因	无氛围	任务重	难沟通	无平台	无活动	无机会	无指导
无氛围		1.38	2.43	2.01	1.38	1.77	1.76
任务重	1.38		1.92	1.48	2.08	2.43	1.94
难沟通	2.43	1.92		3.24	2.21	2.67	1.55
无平台	2.01	1.48	3.24		3.9	5.1	3.48
无活动	1.38	2.08	2.21	3.9		6.59	4.84
无机会	1.77	2.43	2.67	5.1	6.59		9.3
无指导	1.76	1.94	1.55	3.48	4.84	9.3	

从表 3-41 中可以看出无平台、无活动、无机会和无指导有强一致性，而无氛围、任务重、难沟通之间有弱一致性，后三项原因与前面四项原因之间也只有弱一致性。这样，高校可以先改善有强一致性的问题，使得整体评价能较大改善，有条件再逐步改善有弱一致性的问题。

选择高校"同伴互助"存在问题的数量与"同伴互助"缺失的原因的数量之间是否存在某种关联，我们可以通过 Gamma 系数来分析。"同伴互助"存在的问题有 6 个选项（一项为其他），缺失的原因有 8 个选项（其中一项为其他），存在的问题在不同数量的缺失原因之中的分布见表 3-42。我们计算出同序对的数目（n_s）为 94 680，异序对的数目（n_d）为 21 162，Gamma 系数为 0.635，计算出的 Z 值为 11.58，远大于 1.96，说明高校教师"同伴互助"存在的问题和缺失的原因之间存在强烈的正相关性，教师对问题和原因的认知是高度一致的。

表 3-42 "同伴互助"存在的问题在不同数量的缺失原因之中的分布

单位：人

存在的问题	高校"同伴互助"缺失的原因							求和
	1	2	3	4	5	6	7	
1	53	28	22	5	0	3	2	113
2	15	55	34	13	6	10	2	135
3	5	25	48	21	8	15	7	129

表3-42(续)

存在的问题	高校"同伴互助"缺失的原因							求和
	1	2	3	4	5	6	7	
4	3	6	21	23	6	13	10	82
5	0	8	12	19	8	25	51	123
6	0	0	0	0	0	0	1	1
求和	76	122	137	81	28	66	73	583

（6）高校"同伴互助"改进的措施和途径。

调查问卷提出培育优秀教学科研团队的努力方向有：校园团队互助文化氛围的营造（简称"营造氛围"）、高校的行政领导由学术权威挂帅（简称"权威挂帅"）、建立团队考核的评价机制（简称"完善管理"）、加强团队互助的制度建设，如动力机制、整合机制、激励机制和保障机制（简称"建设制度"）和其他。教师赞同的情况见图3-26，支持营造氛围、完善管理和建设制度的教师分别为69.8%±1.9%、82.7%±1.6%、77.7%±1.7%，而支持权威挂帅的教师为47.2%±2.1%，明显低于前三个选项。这显示出，通过权威挂帅组建团队并不受到教师的普遍认可。

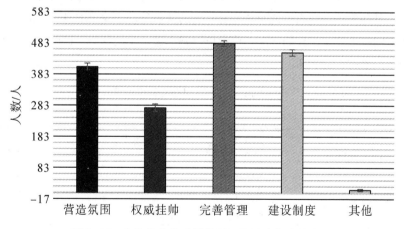

图3-26 高校培育优秀教学科研团队应努力的方面

对"同伴互助"的主要问题和缺失原因的认识和改进的措施是一致的，我们把高校建设优秀教学科研团队而采取措施的数量与教师认为高校存在问题的数量结合起来分析形成了表3-43，得到同序对的数目（n_s）为75 444，异序对的数目（n_d）为 111 792，Gamma 系数为−0.194，计算出的 Z 值为−3.55，小于−1.96，呈显著的负相关。这样便产生了一个奇怪的问题：看到"同伴互助"存在的问题越多的教师，反而认为高校在优秀教学科研团队建设上应采取的措施越少。

表 3-43 "同伴互助"存在问题的数量与优秀团队建设努力的方向的关系

单位：人

需要努力的方向	高校"同伴互助"存在的问题						合计
	1	2	3	4	5	6	
1	44	18	7	3	3	0	75
2	35	63	44	16	12	0	170
3	15	24	40	27	38	0	144
4	19	29	37	35	67	1	188
5	0	1	1	1	3	0	6
合计	113	135	129	82	123	1	583

我们结合教师对学校的评价等级进行分析，得到表 3-44。其同序对的数目（n_s）为 145 016，异序对的数目（n_d）为 48 361，Gamma 系数为 0.500，计算出的 Z 值为 10.51，远远大于 1.96，呈强烈的正相关。教师看到问题越多的学校，其评价等级越高，说明教师对问题的认识是基于现象本身。教师指出问题的目的在于改善学校的状况，使学校得到更进一步的发展，这也解释了上面问题多、措施少的矛盾。

表 3-44 "同伴互助"存在的问题与高校评价等级的关系

单位：人

高校的评价等级	高校"同伴互助"存在的问题						合计
	1	2	3	4	5	6	
0	7	2	2	3	1	0	15
1	10	8	8	5	13	0	44
2	31	23	35	21	23	0	133
3	31	60	58	38	55	1	243
4	34	42	26	15	31	0	148
合计	113	135	129	82	123	1	583

我们对高校"同伴互助"缺失的原因与建设优秀团队的应努力的方向的数量关系进行分析，得到表3-45。其同序对的数目（n_s）为191 516，异序对的数目（n_d）为20 530，Gamma系数为0.806，计算出的Z值为26.00，远远大于1.96，呈强烈的正相关。这表明高校"同伴互助"缺失的原因数量越多，优秀团队建设应努力的方向也越多，教师对缺失的原因的判断与需要改进的方面是高度一致的。

表3-45　高校"同伴互助"缺失的原因与优秀团队建设努力的方向的关系

单位：人

需要努力的方向	高校"同伴互助"缺失的原因								合计
	1	2	3	4	5	6	7	8	
1	44	16	13	1	0	0	1	0	75
2	17	69	53	17	8	3	3	0	170
3	11	16	34	35	19	17	12	0	144
4	4	20	36	28	21	25	54	0	188
5	0	1	1	0	0	1	2	1	6
合计	76	122	137	81	48	46	72	1	583

我们结合教师对学校的评价等级进行分析，得到表3-46。其同序对的数目（n_s）为47 903，异序对的数目（n_d）为49 729，Gamma系数为-0.019，计算出的Z值为-0.24，绝对值小于1.96，表明高校"同伴互助"缺失的原因与教师对学校的评价等级之间没有相关性。教师对"同伴互助"缺失的原因的分析是基于"同伴互助"本身，与学校的评价等级没有关系，但与学校需要采取的改进措施有较强的相关关系。

表3-46　高校"同伴互助"缺失的原因与高校评价等级的关系

单位：人

高校的评价等级	高校"同伴互助"缺失的原因								合计
	1	2	3	4	5	6	7	8	
1	5	3	3	1	2	0	1	0	15
2	7	10	7	3	5	5	7	0	44
3	19	27	36	19	10	7	15	0	133
4	16	53	52	40	24	29	29	0	243
5	29	29	39	18	7	5	20	1	148
合计	76	122	137	81	48	46	72	1	583

"同伴互助"的本质是通过合作取长补短，发挥教师个体优势，形成1+1>2的结果。理论上我们认定通过自由的选择和组合可以实现上述目标，但受制于教师工作的独立性和业绩考核的特点，教师间的"同伴互助"难以展开，学校可以从制度、机制等方面鼓励、引导教师开展"同伴互助"。高校针对"同伴互助"缺失的原因开展的各项工作和对互助中存在的问题的解决必将提高高校评价等级，推动"同伴互助"的开展。互助是高校工作中教师的相互关系，并不是高校工作的结果，一个良好的组织结构（制度）一定是注重过程的。

9. 实证分析方法创新和研究结论

综上所述，在问卷调查数据的实证分析中，我们通过问卷整理及创新数据分析方法，探究"同伴互助"教学科研团队建设的内在机制。方法创新和研究结论如下：

（1）数据分析方法创新。

"同伴互助"的调查问卷是以多项选择的形式来调查高校教师对"同伴互助"中教师行为、互助方式、存在的问题等方面的看法。为探究数据之间的关系，我们对数据的处理采用如下创新方法：

将一组贝努里变量（Bernoulli variable）视为单独的条件空间，将要研究的贝努里随机变量概率作为上述条件空间下的概率，由此计算出不同条件组合下的随机变量的条件概率。我们通过算法找出最大条件概率，证明了在不扩大条件范围的前提下，最大条件概率是稳定的，可迁移的。贝努里变量组成的条件空间虽然是对客观世界的一种简单化处理，但这种分析方法可以应用于大数据分析、人工智能中的行为类型的确定等方面。

对于小规模的一组贝努里变量［变量数应小于 $0.689 \times (\ln S - 1.09)$，$S$ 为有效的样本数］，我们通过统计所有贝努里变量组合的分布，按不同组合（全组合）的频次对变量组合分类，得到不同类型的子样本，再结合对数优势比或贝努里分布检验，找出这些特定类型的组合的特征，可以挖掘贝努里数据背后的规律性的表现。多项选择的每个选项都可以被看成贝努里变量，对多项选择的分析便转化为对一组贝努里变量的分析。这种研究方法能避免对不同变量之间逐次分析的烦琐的、复杂的过程，可以迅速发现规律并进行验证与检验。

（2）数据分析结论。

我们通过以上的数据变量分析方法，从如下几个方面展开分析：①"同伴互助"对教师发展的作用；②不同类型的高校教师对"同伴互助"的认识的异同；③高校教师对"同伴互助"的态度；④高校教师在"同伴互助"中的行为模式；⑤高校教师"同伴互助"的内生动力和行为边界，不同类型的教师在"同伴互助"中的行为特点；⑥高职院校如何促进教师间"同伴互助"行为的开展。分析结论如下：

①高校（尤其是高职院校）教师采取"同伴互助"是一种自主选择的行为，而且没有数据支持"同伴互助"下的教师比非"同伴互助"（独立开展工作）的教师获得了更多的发展机会。互联网技术的发展，让教师更加容易通过网络获得资料、信息和获得别人的帮助，通信技术的进步并不促进高校教师间的"同伴互助"。高校教师是否倾向于开展"同伴互助"，至少可以分为个人研究（38.3%）、团队合作（23.8%）、混合型（30.4%）三种类型。而是否利用网络资源与合作行动力的强弱相关，利用网络资源的教师表现为有较强的行动力（60.2%），而不利用网络资源的教师表现为有较弱的行动力（32.2%）。其中：开展团队合作的教师认同教学科研工作中教师合作的作用，对于是否利用网络资源仅在行动能力上表现出差异；混合型教师开展团队合作的愿望最强，是否利用网络资源也在行动能力上表现出差异；采用个人研究方式的教师比较分化，一部分人有强烈的愿望也有很强的行动力，另外一部分人倾向于回避团队合作，是否利用网络工具是一个重要的标志，利用网络资源的个人研究型教师属于愿意积极合作的类型，而不利用网络资源的属于合作回避的类型。

高校教师对待"同伴互助"的态度呈现明显的分化现象，对于信息资源获取途径的多少与是否主动开展同伴合作之间有较强的相关关系，值得深入研究。

②教师参与"同伴互助"有多种态度，具体可分为学习行为、帮扶行为、贡献行为和合作行为四种，四种行为主要组合为7种类型："全面参与行为"（37.9%）、"贡献、学习、合作行为"（18.7%）、"贡献、合作行为"（7.4%）、"学习、合作行为"（7.0%）、"合作行为"（6.3%）、"贡献、学习行为"（4.5%）、"贡献行为"（3.8%）。其他8种类型的高校教师占14.4%，占比不超过2%，数量太少，误差太大。全面参与行为的教师占比最大，他们倾向于通过选择所有的方式和渠道参与"同伴互助"；而合作行为与贡献行为的教师倾向于较少选择问卷列举的方式和渠道参与"同伴互助"，更注重合作的内容而不是形式；其他四种类型的教师倾向于有针对性地选择其中一些方式和渠道参与"同伴互助"。教师参与"同伴互助"显然是受到付出与受益两方面因素

的制约，教师可以选择少付出、多受益，例如"主动学习，虚心请教"的学习行为；也可以选择多付出、少受益或无受益，例如"主动承担工作，负责任"的奉献行为；也可选择有付出、有收益，例如"主动合作，'同伴互助'"的合作行为；师徒结对帮扶行为表现为师方只有付出、无收益，在调查中我们发现其普遍不被看好，只有全面参与行为的教师才会选择，当没有其他制度性的补偿时，师徒结对方式只有徒弟受益。有多种合作行为的教师对高校"同伴互助"持乐观态度，认同较少合作行为的教师则持怀疑态度，如全面参与行为类教师比较乐观（37.9%），贡献、学习、合作行为类教师持忧虑态度（18.7%），贡献、合作行为及贡献、学习行为类教师持悲观态度（11.9%），合作行为和贡献行为类教师持深度悲观态度（10.1%）。"同伴互助"在高校教师中并不被普遍认同，这与教师的性格、成长经历、专业领域等个性化因素有关，同时也受到组织文化、高校制度和合作机会等外在因素的影响。

③教师参与"同伴互助"的内生动力是什么？是教师在科研和教学上的进步，还是个人的发展？调查发现，认同"同伴互助"有助于教学的教师占89.1%，有助于科研的为95.0%，有助于个人发展的为75.2%。高校教师在教学和科研面临的挑战是不同的，在教学上问题较多的教师，科研上问题也同样较多，反之亦然；问题少和问题多的教师数量都偏少，中间数量的教师最多。个人发展是开展"同伴互助"的最主要的原因（内生动力），因教学工作开展"同伴互助"的教师的59%兼顾个人的发展，而41%的人没有考虑个人发展因素；因科研工作开展"同伴互助"的教师的59%兼顾个人发展，41%的人没有；因教学和科研开展"同伴互助"的教师（占到教师人群的86.2%），其中绝大部分（79%）都考虑了个人的发展，只有21%的人不考虑。没有利益驱动的社会实践活动是难以持续和被激励的，同样在"同伴互助"的行为选择中适当关注个人利益是合理的和可接受的，问题是其边界在哪儿？与个人利益存在何种关系？

本次调查中，我们对"同伴互助"的行为边界进行了分析。教师参加"同伴互助"的行为边界是指调查中没有被教师选择的行动组合，这些组合在理论上存在，但实际上因为种种原因没有被教师认同。问卷在教学方面列出了7类"同伴互助"活动，教师的反馈分为认同且参与（41.2%）、不认同且不参与（25.8%）、不认同但参与（7.6%）、认同但不参与（25.4%）四种情况，大部分教师（67.0%）是主动选择参加或不参加"同伴互助"活动。如果把认同且参与视为主动参加，不认同但参与视为被动参加，则 7 项教学活动的主动参与率和被动参与率存在显著性正相关。这说明有些活动具有较高的认可度，无论教师是否喜欢都会选择参加，而这类活动往往与促进教师个人发展有关。教师认可的"同伴互助"形式越少，参加"同伴互助"活动的数量越少，绝大部分老师只会参加认可数量以内的互助活动，选择超过认可数量的活动的数量迅速减少，几乎没有老师会选择参加 8 种以上的活动。

④教师对高校"同伴互助"的评价从"同伴互助"缺失的原因、存在的问题和提供保障等几个方面来分析，高校的评价等级则分为 5 个层次。调查发现，相同学校评价等级的人数分布符合二项式分布，说明这种评价完全由教师根据自己的印象随机做出，再次验证了数据的真实性。高校"同伴互助"平均存在问题数和平均原因数存在较强的正相关（相关系数 $r = 0.990$），我们采用 Gamma 系数分析存在的问题和缺失的原因的关系，得出 Gamma 系数为 0.635，Z 值为 11.58（>1.96），也说明它们之间存在较强的一致性。我们采用优势比分析发现，"同伴互助"存在的五个问题（拼凑团队、摊派任务、不合作、无持续、缺机制）中，不合作、无持续和缺机制的优势比都大于 2.5，表明它们存在较强的一致性变动，而拼凑团队、摊派任务与其他问题的关联性较弱。无氛围、任务重、难沟通、无平台、无活动、无机会、无指导被认为是高校"同伴互助"缺失的原因，无平台、无活动、无机会和无指导有强一致性，而无氛围、任务重、难沟通之间有弱一致性，它们与前面四项原因之间也只有弱一致性。这说明在实际操作中，组织措施的效率是不同的，一些措施可能迅速被成员认同（优势比高），一些项目可能认同度不高（优势比低），需要改进。

第二节　访谈设计、实施及启示

除了调查问卷之外，研究团队还对校内外教学和科研团队进行了实地调查和深度访谈。访谈对象包括浙江金华职业技术学院、浙江机电职业技术学院、江苏经贸职业技术学院、浙江金融学院、南京信息职业技术学院、广东轻工职业技术学院、广东科学技术职业学院以及广东农工商职业技术学院的各个二级学院。

每次访谈时，研究团队成员都围绕着调查目的编写了访谈提纲，逐一对访谈对象进行个案调查。针对调查问卷中未涉及的教学和科研"团队互助"问题进行补充，多方面收集资料，从而丰富相关研究成果。访谈提纲见附录 B。

对以上高职院校的实地调查和访谈给我们的启示如下：

（1）许多学校的教学科研团队建设与开放型的发展战略相一致，根据学校的建设要求进行团队建设，团队建设范畴不断扩大，包括课程教学团队，专业建设团队，科研团队和政府、行业、企业和院校四方共同打造的协同创新团队。

（2）科技创新团队实行团队负责人负责制，跨界团队实施双带头人管理制度。

许多学校对科技创新团队实行目标责任制管理，根据计划任务书对科技创新团队进行整体考核。团队成员的行政隶属关系不变。团队负责人教学工作量减免，并实施差额补贴和发放负责人津贴。

在开展团队建设时，要对负责人的学术能力、人品、学科把握能力进行科学考核，选好团队负责人。团队带头人应具有创新性学术思想，较高的技术造诣和较强的组织协调能力，在创新团队中有较强的凝聚作用，并具有充分的时间从事创新团队的科研和组织管理工作。原则上创新团队的带头人应在学校工作 1 年以上时间，具有高级职称或博士学历，或是省级以上技术能手，或是在某技术方向具有一定影响力的技术人才等。

同时要形成团队合作的组织架构，分工清晰，明确工作目标。

跨界团队采取双带头人管理，挑选企业核心人物加入，以人才培养为纽带，密切校企合作。比如，现代学徒制教学团队一定是跨界建设的，要明确产教融合团队建设的运行机制、制度建设、资金支持和平台保障，明确高水平人才建设的内涵有哪些，社会服务的高水平体现在哪些方面，考核团队的方法要与激励机制相结合。

（3）专业集群的建设要打破以前的专业局限，开展四链整合。

根据《国家职业教育改革实施方案》提出的专业建设规划，"双高"建设需要打破以前的专业局限，建设专业集群。例如营销类的专业集群，包括线上的电子商务、信息技术专业，以及线下的市场营销和工商管理专业。

打造特高专业集群，需要开展四链融合，即课程链、产业链、人才链和专业链的融合，才能形成专业集群式发展。

专业集群的整合并不是专业的简单整合，而是相对集中与分散，随着产业结构的变化、物联网和人工智能技术的发展，根据产业链的发展设置专业链，组建专业集群。

专业集群的课程建设要实现基础性课程共享和专业课程共享，中间层次课程开展科学分类，高阶专业课程侧重技能培训，即1+X技能培训，可以让学生获得相关职业技能证书，方便学生就业。专业集群整合工作通过有效整合资源，形成人才培养方案，最终实现共享。

高职院校的专业发展将由传统专业变为专业群的发展，再进化到专业集群的发展。例如税务咨询专业，必须整合财经和税务专业课程。因此专业集群的建设，尤其是专业集群教学团队的建设，面临的主要问题是如何建立信息化管理平台，运用信息化技术开展团队管理。

（4）教师发展中心成熟运作，对教师发展和专业建设支持到位。

①浙江金华职业技术学院教师发展中心由副校长兼任教师发展中心主任，人事处处长、教务处处长和科研处处长分别兼任副主任，人事处副处长兼任办公室主任，再招聘两名工作人员负责日常工作，从而能够动员全校资源支持教师专业发展和个人成长相关的所有培训和项目。

②一些高校实施目标责任制考核，强制要求每个二级学院每学期来教师发展中心开展5次以上教师发展活动。

③一些高校实行教师培训学分制（每年24学分，包括学校教师发展中心组织的培训和二级学院组织的培训），并将其作为职称评审条件之一。

④南京信息职业技术学院引育结合，教师发展中心积极配合学校强师工程建设，开展了教授工程、博士引进工程和新入职教师青年导师工程。

南京信息职业技术学院教师发展中心与产业合作处协同培育师资队伍，引进企业专家对专任教师开展技术指导，培育双师型教师队伍。

南京信息职业技术学院教师发展中心积极与江苏省教发中心联盟，与省师培中心开展合作，有效整合师资培训资源，实现主会场与分会场联合开设讲座，解决参与度低的问题。

（5）财务报销制度改革。

浙江机电职业技术学院2017年进行了项目财务报销制度改革。其行政经费管理采用行政领导审批制度，教学、科研项目经费管理采取项目团队负责人审批负责制。项目团队负责人可以自主审批决定项目经费的使用，无须行政领导审批，每年进行一次教学、科研项目经费管理审计。项目团队成员出差调研，只需要项目负责人签字；项目负责人对经费进行编码报账，责权对等。该校的项目财务报销制度改革大大激发了教师的科研积极性，科研成果增长较快。

（6）根据产业发展和学校建设目标，通过校企合作实现专业成功转型。

作为实施国家高技能型紧缺人才培养项目的院校，浙江机电职业技术学院根据办学方针、产业转型、市场需求对专业进行调整。该学院原有 32 个专业，保留了 23 个跟机电特色相关的专业，关掉 9 个非相关专业；加强新技术应用，每个专业至少采用一种新技术，办出专业优势，如设计艺术转型为工业设计；将专业发展与区域经济相结合，办出专业特色；所有专业融入机电技术，办出学院机电类专业的特色，办出社会服务的特色；依托机电开展产学研合作。例如材料系铸造专业，面临技术升级淘汰的困境，专业带头人带领全专业教师一起去企业调研，争取到行业协会为专业人才培养设立奖学金；邀请到理事长、行业专家来学校举办高层次论坛；到宁夏办工厂进行专业转型，将科研跟新专业建设紧密结合，为铸造专业寻找新方向，力争把传统专业改造为行业新技术应用的领先者。因为 3D 打印前景好，材料系专业带头人去企业调研拉赞助，争取到学院支持建立了先进的 3D 打印中心，支持企业中标，跟企业合作培养硕士生、博士生。该校传统的铸造专业成功转型为材料成型与控制技术专业，借助 3D 打印技术，满足社会新需求，成为浙江省"十三五"特色专业、教育部首批现代学徒制试点专业。该专业分为激光与 3D 打印技术、焊接机器人技术、智能铸造技术三个方向，分别培养激光智能制造与 3D 打印应用技术人员，焊接工艺设计、质量管理与焊接机器人应用技术人员，铸造工艺设计、质量管理与铸造新技术应用人员。

第三节　高职院校"同伴互助"教学科研团队建设的现状分析

一、教学科研团队中"同伴互助"的必要性分析

从参与调查的教师所属的专业来看，69% 的教师来自社会科学领域，31% 的教师来自自然科学领域；参与调查的 583 位教师，74% 的教师认为在校本教研中，开展教师"同伴互助"活动非常有必要。参与调查的教师不论年龄大小、专业差异和职称高低，均认为高校教师在教学科研中有互助需求并赞成"同伴互助"。调查问卷中，教学科研团队"同伴互助"的目的包括六点，调查结果见图 3-27。

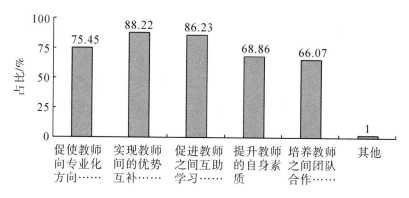

图 3-27 "同伴互助"目的的调查结果

1. 实现教师间的优势互补和资源共享

在对高职院校教师"同伴互助"的目的进行调查时，88.22%的被调查教师认为"同伴互助"可以实现教师间的优势互补和资源共享。高校教师的职业具有特殊性，很多老师承担同一门课程的教学任务。教学团队中教授同一学科的教师之间可以通过集体备课、听课评课、老教师带新教师等方式相互学习、相互借鉴，从而实现教师间的优势互补和资源共享。

2. 促进教师之间互助学习、合作与交流并改进教学和科研

86.23%的被调查教师认为"同伴互助"可以促进教师之间互助学习、合作与交流并改进教学和科研，所谓"三人行，必有我师焉"。教学科研团队中的"同伴互助"，即在教学过程中发现问题并协作提出解决方案，共同完成课题研究等活动，不仅可以促进教师之间的协同合作的能力，而且有助于提高教学质量，提升科研能力。

3. 促使教师向专业化方向发展

75.45%的被调查教师认为"同伴互助"可以促使教师向专业化方向发展。教学科研团队的"同伴互助"不仅有利于教师的个人专业成长，也有利于教学和科研团队的集体成长。教师的专业化发展是高职教育发展的必然要求，只有教师不断提升专业能力，才能站得更高，为社会培养高素质技能型人才。

4. 提升教师的自身素质

68.86%的被调查教师认为"同伴互助"可以提升教师的自身素质。教师承担着教书育人的重任，教师在向学生传播文化科学知识的同时，也应该教育学生如何做人，如何做一个有理想、有抱负的现代人。因此，高校教师要具有远大的理想、宏伟的志向，热爱教育事业，具有渊博的专业知识和良好的综合

素质，才能立德树人。教学科研团队的"同伴互助"，可以发挥榜样的力量，提升团队成员的整体素质。

5. 培养教师之间的团队合作意识

66.07%的被调查教师认为"同伴互助"可以培养教师之间的团队合作意识。一个团队的力量远大于一个人的力量，团队不仅强调其中的个体的工作成果，更强调团队的整体业绩。教学科研团队的"同伴互助"不仅有利于教师的个人专业成长，还有利于教师队伍的整体建设，有利于教师队伍的教学能力和科研能力的整体提升。

6. 其他——提升教师眼界和格局

除此之外，还有一些被调查的老师补充说"同伴互助"可以提升教师眼界和格局、拓宽教师的学术和产学研社交圈；多和一些行业内的大咖交流，有利于提升教师自身的格局。格局决定着事情发展的方向，教师掌握了大格局，更有利于教师团队在教学和科研方面取得良好的业绩。

调查结果显示，90%以上的教师都能感受到"同伴互助"对自己的教学、科研和专业发展有很大的帮助。"同伴互助"不仅实现了教师间的优势互补，资源共享，促进了教师之间同伴互学、教学合作与教学效果改善，而且提升了教学科研的质量、教师素质和校园互助合作文化建设①。

二、教学科研团队中"同伴互助"的合作对象

国家非常重视学校的师资队伍建设，根据国家中长期教育改革与发展规划纲要，高校要建设一支献身教育的高素质教师队伍。因此，高职院校要创造有利于提升教师的专业化发展的环境，让教师在教学和科研活动中不断成长。每个教师在成长过程中，都离不开团队，无论是教学工作还是科研工作都经常需要组建团队来完成。在各类教学科研团队中会有哪些人被选择作为合作对象呢？根据调查结果，教学科研团队中"同伴互助"的合作对象可以分为以下四类：

1. 选择本校同学科的教师作为合作对象

在对高职院校教师"同伴互助"的合作对象进行调查时，70.26%的被调查教师首先考虑的是以本校同学科教师为合作对象。因为本校同学科的教师，

---

① 张乖利，刘后伟. 高校教师教学科研中"同伴互助"实施情况的调查分析 [J]. 广东农工商职业技术学院学报，2019（11）：29-35.

大家彼此比较熟悉，尤其是同一教研组的同事，大家教育背景相当，教授的课程比较相近，教的经常是同一批学生，具有很多共同语言。无论是教学活动还是科研活动，选择本校同学科的教师，沟通交流方便，例如校级科研课题或者校级质量工程申报时，团队成员基本上都是本校同专业的同事。

2. 选择本校跨学科的教师作为合作对象

在对高职院校教师"同伴互助"的合作对象进行调查时，54.49%的被调查教师选择本校跨学科的教师作为合作对象。本校教师具有地缘优势，如果科研课题本身或者教学项目需要其他学科知识时，教学或科研团队会考虑本校其他院系的教师，即本校跨学科的同事一起合作。

本校跨学科合作可以做到优势互补，例如南京大学以"兴趣优先、上下结合、问题导向"为原则，先由学校研究院核心成员组织讨论，凝练出一些研究问题，形成问题导向的跨学科研究思路，再邀请兴趣相同、学术背景不同的学者加盟组建跨学科的研究团队，进行专题研究。

3. 选择跨校同学科的教师作为合作对象

在对高职院校教师"同伴互助"的合作对象进行调查时，67.07%的被调查教师选择跨校同学科的教师作为合作对象。不同学校文化氛围不同，跨校同学科教师之间的合作可以扩大影响力。例如，教学资源库项目就是以专业建设为口径，以国家战略和行业急需为目标，专业建设基础较好的学校作为牵头建设学校，在全国同类学校中选择联合建设单位。教学资源库要坚持服务型、公益性、开放性、共享性，其服务对象从职业院校教师、学生扩大到企业职工和社会学习者。因此牵头建设学校要负起牵头责任，准确把握职业教育的特点和规律，保证资源库建设的质量和应用性，联合建设单位也要实质性参与，建设成果才能得到全方位推广应用。

4. 选择跨校跨学科的教师作为合作对象

在对高职院校教师"同伴互助"的合作对象进行调查时，30.94%的被调查教师选择跨校跨学科的教师作为合作对象。当教学上遇到一些难度大的项目攻关时，教学团队有时需要跨校跨学科之间的合作。对于科研项目，应用研究或实验研究具有更强的跨学科性，对应用性问题的研究需要多个领域的知识技能，一个人或者一所学校很难单独完成。因此应用研究领域的科研项目，更需要跨校跨学科的合作。

综上所述，参与调查的教师中，90%以上的教师认为教学科研团队不仅需要同学科之间的教师"同伴互助"，而且有时也需要跨专业跨学科的教师"同伴互助"，见图3-28。

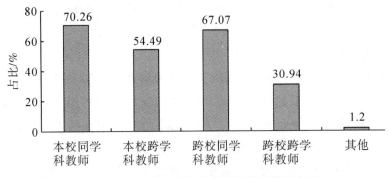

图3-28　"同伴互助"合作对象构成类型分析

三、教学科研团队中"同伴互助"的主要形式

"同伴互助（peer-coaching）"也称"同伴支持"或"同伴指导"。"同伴互助"理念的形成，最初是为了在有效提升中高层领导者能力的同时节省成本。"同伴互助"这一理论被美国教育界广泛采纳，用于帮助教师提高专业水平以及研究和尝试新的教学策略，检验教学效果，促进教师团队意识的形成。

教师"同伴互助"是教师群体围绕大家共同关心的问题，根据自身已有的知识与经验，在组织者的引导下，两个或多个教师之间彼此交流互动，开展个人反思、平等交流与后续实践的建构性学习过程。它建立在教师彼此信任的基础上，每位教师在知识、能力和经验等方面都会有一定的资源价值，通过互助活动，大家都能有所收获，从而共同努力提升教学技能。

"同伴互助"不是一个评价和批判教师表现的评估体系，而是为了给教育者提供一个可持续发展的学习平台。"同伴互助"是通过高度合作帮助教师专业发展的手段，它可以提高教师的一些重要技能，如团队交流、课堂设计、课题研究、社会服务等。

"同伴互助"的活动形式可分为正式指导与非正式指导。正式指导源于对新教师的辅导，有正式的机构；非正式指导则是指同伴之间的协作与帮扶，包括问题解决、学习小组、课程开发、讲述教学实践故事、录像分析等。

1. 高职院校教师之间自愿、自发的"同伴互助"

专业教师之间的互助是在时间或空间相同的基础上，自然而然产生的合作氛围和互助活动。教师间常常针对课堂教学进度、教学方法、教学任务以及教学工作计划或某一教学问题进行交流，同办公室的"同伴互助"主体、时间和方式都是随机的，教师间通过在自然、平等、开放、合作的氛围和环境下相互提出相应的意见或建议，从而积极吸取对方的有效教学经验。该方式的针对性和实效性都较强，因此成为教师间"同伴互助"活动中广泛使用的方式。

同学科教师"同伴互助"是教师在自然合作文化背景下的互助形式，是教师之间自发、自愿、非外力诱发的合作。这种自然合作文化背景下的互助是"基于教师之间的开放性、信赖性和相互支持、援助而形成的一种关系形式，是源自教师内心深处的个人所需，是一种自我的愿望"。

同年组教师"同伴互助"的主要目的在于解决教师教学过程中的具体问题，提高教师的教学质量和水平，促进教师的专业发展，因此形成了一种自然合作文化。相对于由专家引领的具有一定强制性和规范性的人为合作文化方式，这种方式在自然的合作文化氛围下产生了低防卫性、高自由度和宽容度。通过相互援助、共同面对和探讨问题所产生的教师间的"同伴互助"方式，提高了教师的自主能力，增强了教师的自信心并增进了情感互助。

在对高职院校教师教学科研中的团队"同伴互助"主要形式的调查中，我们了解到"同伴互助"的主要形式包括教学资源交换或共享、教学经验交流、定期进行的教研组活动、观察课堂教学并提出意见和建议、观摩公开示范课、课例研究、定期参加集体备课活动及其他方式。"同伴互助"的主要形式集中在教学活动中，详情如下：

（1）教学资源交换或共享。

在调查过程中，88.62%的被调查教师选择的"同伴互助"的主要形式是教学资源交换或共享。在知识经济社会中，信息技术和信息产业在经济和社会发展中的作用日益加强，但是真正有价值的信息也很容易被大量无用信息所淹没。教学活动是高职教师的主要任务，为了丰富教学内容，教师也需要与时俱进，需要在互联网上寻找有价值的信息。一个人的时间和精力是有限的，教师之间的教学资源交换或共享，可以节省老师寻找有价值的信息的时间，教学科研团队可以互通有无。

（2）教学经验交流。

在调查过程中，84.43%的被调查教师选择的"同伴互助"的主要形式是教学经验交流。每一位教师都是从新手教师一步一步走来的，新手教师刚刚从事教师岗位时，要备课、备教材，难免会遇到无所适从的情况，因此教学经验交流非常必要。教学团队中的新教师，可以从老教师身上学到很多"授业解感"之道，老教师可以从新教师身上学习使用新的工具、新的技术。每位教师都有自己的"教"法，经验分享可以让教学团队成员相互学习、取长补短。教学团队通过共同探讨教学过程中遇到的问题和困惑，互帮互助，可以共同成长。

（3）定期进行的教研组活动。

在调查过程中，61.68%的被调查教师选择的"同伴互助"的主要形式是定期进行的教研组活动。教研组是一个学校实施教学研究的最为基层的组织单位，教研组是教师增进专业能力的重要舞台。教研组可以组织同学科的老师针对教材、教法、学情定期地进行研讨，大家坦诚交流，各抒己见，不仅有利于教学质量的整体提升，也有利于教学团队中的成员形成专业归属感。

（4）观察课堂教学并提出意见和建议。

在调查过程中，59.68%的被调查教师选择的"同伴互助"的主要形式是观察课堂教学并提出意见和建议。观察课堂教学包括课前会议、课中观察与课后会议三个阶段：课前会议确定观察的目的，课中针对观察的主题和目的进行观察和记录，课后会议进行分析和反馈。这三个阶段构成了确定问题、收集信息、解决问题的工作流程。正所谓"旁观者清，当局者迷"，在观察的过程中，因为观察者带着明确的观察目的，可以从课堂情境中收集到比较全面的资料；通过观察课堂教学活动，"旁观者"可以去提点"当局者"，在数据分析的基础上进行教学反思。通过观察教学活动，教学团队的成员可以更清晰地认识和把握课堂教学实践，共同探讨并提升教学策略和教学方式。

（5）观摩公开示范课。

在调查过程中，56.09%的被调查教师选择的"同伴互助"的主要形式是观摩公开示范课。公开示范课一般是由学校或有关部门组织的，选取的都是优秀的课例。通过观摩公开示范课，听课者可以领略授课老师深厚的教学功底，可以见证授课老师科学有效的教学组织能力。授课老师也可以借此机会传播前沿教学理念，充分发挥榜样的力量。组织公开示范课，有利于提高广大教师的专业素养。

（6）课例研究。

在调查过程中，55.49%的被调查教师选择的"同伴互助"的主要形式是课例研究。课例是关于一堂课的教与学的案例，即以一节课的全程或片段作为案例进行解剖分析，找到成功之处或是不足之处，它是对课堂教学实践活动中特定教学问题的深刻反思及寻找解决这些问题的方法和技巧的过程。课例研究的形式可以是教师集体观课，课后相互评论。因此，课例研究是深化教学研究的有效途径，也是教学团队改善教学活动的有效途径，有利于提高整个团队的教学水平。

（7）定期参加集体备课活动。

在调查过程中，52.89%的被调查教师选择的"同伴互助"的主要形式是定期参加集体备课活动。集体备课是以备课组为单位，老师们集体研读人才培养方案、研读教材、分析学情，在此基础上制定本课程的教学计划、分解备课任务、进行教学设计、课后进行教学反馈等。

集体备课有利于发挥集体智慧。首先，集体备课要坚持一致性原则。在教学过程中，教师们的教学目标、能力目标、教学进度要保持一致，辅助教学的资料、作业训练以及最后的评估考核要统一。因为集体备课的实质是同步教学，所以要坚持一致性原则，才能保证教学质量。其次，集体备课要坚持完整性原则。在教学目标一致的前提下，备课组划定备课任务时，要考虑到教学内容的完整性，考虑到教材内容的内在联系。

学校可以构建集体备课平台，由平台提供丰富的教学案例以及教案积累、教案检查、备课模板等功能，可以为备课组开展网络环境下的集体备课提供便利条件。众人拾柴火焰高，利用集体备课平台开展集体备课，可以将个人智慧转化为集体优势，即保证教学进度的统一，也能保障教学质量的整体提高。

在调查过程中，我们发现，除了以上七种"同伴互助"的形式之外，选择其他的教师占2.79%，见图3-29。

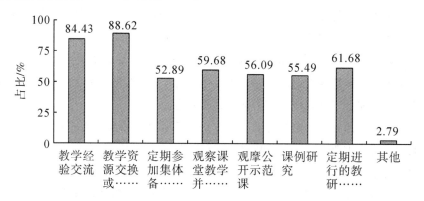

图3-29　教师之间自愿、自发的"同伴互助"形式

对教学科研中"同伴互助"的主要形式的分析表明，教学资源交换或共享、教学经验交流之所以位列前两名，主要原因是这两种"同伴互助"的形式不受时间和地点的限制，随时都可以进行，实施起来相对来说比较方便。而排名第三至第七的教研组活动、观察课堂教学、观摩公开示范课、课例研究以及集体备课，都需要学校或者院系调集资源来组织相应的活动，对时间和地点有一定的要求。由此可见，不同高校的教师因地制宜地根据自己的需求，在"同伴互助"方面做到了形式多样，互助内容比较丰富。

2. 高职院校教师之间正式指导的"同伴互助"

哈格里夫斯提倡的教师间的自然合作文化虽然给予了我们有益的启示，但由于目前我国教师合作意识和合作能力的问题，我们提倡一种在具有一定控制力之下却不乏自主性的教师"同伴互助"方式。

在高职院校的教学科研实践中，正式指导的"同伴互助"主要采取师徒结对和教学团队两种模式。

（1）师徒结对式。这种正式指导源于对新教师的辅导，比如结对子、老带新。

近年来，随着高职院校招生多元化，高职院校学生急剧增加，随之而来的就是青年教师队伍的迅速扩大。而且在一批新建的本科高校及专科学校中，青年教师一参加工作就被推上了讲台，独立承担一门乃至多门课程的授课任务，普遍感到教学压力较大。为此许多高校推出了青年教师助教制度，有的高校称为"师徒结对制"。师徒结对式"同伴互助"是资深教师与青年教师之间的互助，是旨在提高青年教师教学能力的一种互助方式，相对于同年组教师的互助而言更具有规划性和制度性。

深圳市 S 校师徒结对被喻为"激活工程"，即通过引入年轻血液激活学校人力资源；同时又被喻为"青蓝工程"，寓意为青出于蓝而胜于蓝。其师徒结对形式以"协议书"形式来进行规范，使得这种互助形式更具有制度上的保障。协议书上详细地规定了作为师徒结对的双方应履行的义务，该协议书的主要内容简述如下（协议中甲方为师傅，乙方为徒弟）：

①关于教师听课评课的要求：甲方每学期听课不得少于 10 节，乙方听甲方的课不得少于 20 节，乙方随时提出听课要求。甲方每月要为乙方上一节示范课，每学期要指导乙方上好 1 至 2 节区级汇报课，由区教师培训中心组织有关人员进行评比。乙方一年要在校内上 4 次汇报课，并邀请指导教师听课，课后要做好教学反思等。

②关于教师教研活动的要求：乙方每学年要发表学术论文两篇，每月安排一个下午，进行教学研讨、案例分析，乙方要参与甲方的课题研究活动。

③关于教师评价方式的要求：甲方为乙方建立成长档案袋，做到一课一

评，一日一议，一学期一小结，一学年一总结，并写出书面报告。乙方每年要完成"五个一"目标要求：申报一个省级研究课题，上一堂充满新意的教改实验课，写一份富有创造性的教案，读一本教改理论新著，发一篇省级以上的教改论文。

根据师徒结对的要求，S校每年安排一名教学经验丰富、能力强的教师和一名入职三年以内的青年教师进行师徒结对，并签订为期一年的协议书。师徒双方通过签署协议的方式，督促青年教师的专业发展和保障师徒结对工作的顺利开展和落实。学校同时为青年教师设立成长档案袋，通过相互听课评课等"同伴互助"的活动方式，完成协议中规定的"五个一"的目标，以及在年末对教师进行年度考核，包括自评、考核小组评，并规定相应的考核指标和内容的方式，促进教师的专业发展。总体而言，目前师徒结对主要围绕课下的沟通分享、交流和根据教学任务安排的互听及互评两种方式进行。

师徒结对形式的"同伴互助"是人为合作文化的体现。人为合作文化是指通过一系列正规的、特定的、官方的合作程序来制订教师计划，增加教师间相互讨教的机会①。

在结对活动中，老教师从理论到实践对青年教师进行指导，青年教师在试教、反思中得到提高，而青年教师的快速成长又成为老教师前进的推动力。师徒结对，有助于新老教师的共同提高，而且对于专业的传承、年轻教师的培养非常有价值。

（2）教学团队式。加强专兼结合的专业教学团队建设，是推进师资队伍建设、加强校企合作、改进教学方法、全面提高人才培养质量的有效措施和手段。

在《国家中长期教育改革和发展规划纲要（2010—2020年）》中，建设高素质教师队伍被作为重大战略安排②。2018年，《中共中央 国务院关于全面深化新时代教师队伍建设改革的意见》指出要建设高素质专业化创新型教师队伍③。2019年，国务院颁布《国家职业教育改革实施方案》，教育部、财政部相继公布中国特色高水平高职学校和专业计划建设单位名录。"双高计划"

---

① HARGREAVES A, FULLAN M G. Understanding teacher development [M]. New York：New York Teachers College Press，1992：226.

② 国家中长期教育改革和发展规划纲要（2010—2020年）[EB/OL].（2010-07-29）[2022-06-11]. http://www.moe.gov.cn/srcsite/A01/s7048/201007/t20100729_171904.html.

③ 中共中央 国务院关于全面深化新时代教师队伍建设改革的意见 [EB/OL].（2018-01-31）[2022-06-11]. http://www.gov.cn/zhengce/2018-01/31/content_5262659.html.

旨在打造具有国际竞争力的高职院校及专业，通过不断提升其办学水平、服务能力、国际影响力，为职业教育改革发展和高素质技术技能人才培养发挥示范引领作用，使职业教育成为支撑国家发展战略及地方经济社会发展的重要力量。随着"双高计划"退出机制的引入，各院校间围绕"双高计划"名录的竞争日益激烈，高水平"双师型"教学创新团队成为"双高计划"建设重点任务和依托。高职教育高质量快速发展新时期，打造高水平创新型教学团队成为各高职院校提升综合竞争实力的关键①。

①教学团队的含义及建设中的重点工作。

Robbins 认为：团队就是由两个或者两个以上相互作用、相互依赖的个体，为了特定目标而按照一定规则结合在一起的群体。

教育部《关于全面提高高等职业教育教学质量的若干意见》（教高〔2006〕16 号）提出，要加强专兼结合的专业教学团队建设，包括国家级教学团队、省级教学团队和校级教学团队。

教育部在 2007 年启动了国家级教学团队的评审工作，并在团队的结构与组成、专兼结合的制度保障、带头人、人才培养、社会服务等方面提出了基本要求。

关于教学团队的定义，教育部教高〔2007〕136 号文《关于组织 2007 年国家级教学团队评审工作的通知》中做了相应的规定："根据各学科（专业）的具体情况，以教研室、研究所、实验室、教学基地、实训基地和工程中心等为建设单位，以系列课程或专业为建设平台，在多年的教学改革与实践中形成团队，具有明确的发展目标、良好的合作精神和梯队结构，老中青搭配、职称和知识结构合理，在指导和激励中、青年教师提高专业素质和业务水平方面成效显著。"很明显，教学团队应是以教学工作为主线，以专业建设、课程建设、教学基地建设、教学研究项目等为重点，以教研室、研究所、实验室、教学基地、实训基地和工程中心等为建设单位，由在学历、年龄、学缘结构等方面优势互补的教师建构的核心队伍。由此可以概括出教学团队具备四个基本特征，即有明确的教学建设目标，有鲜明的团队精神，有合理的教学梯队，有优良的教学建设成果。是否具备这四个基本特征是衡量一个教学团队是否真正形成的标准。

---

① 国务院关于印发国家职业教育改革实施方案的通知：国发〔2019〕4 号〔EB/OL〕. (2019-02-13)〔2022-06-11〕. http://www.gov.cn/zhengce/content/2019/02/13/content_5365341.html.

高职教育与学术型大学的教育存在着区别，主要表现在高职教育培养的是面向基层的复合型技术技能型人才。对于高职院校的教学团队建设来说，应该从技术知识体系的构建和技术能力的获得两方面着手，使理论与实际融合在一起，相辅相成，以便为社会培养出符合企业要求的实用型复合型技术技能人才。可见，高职院校教学团队应该是以推进教学改革、提高教学效果、提升教学质量、培养高素质技能型人才为目标，以教研室、实验室、实训基地等为建设单位，以课程（群）或专业（群）为建设平台，由一定数量的专业知识与教学能力互补、年龄结构和职称结构搭配合理的专兼职教师组成的教育工作群体。

教学团队的教学主体是由教授同一门课程或一组有高度相关性的课程的教师所组成的，也可以是为实施某一教学基本建设项目而组成的教师团队。教学小组通常由 2 个以上的教师组成，他们共同进行课程及教学建设，各方既分工又合作，从而实现教学内容互补、教学能力与特长互补、教学资料共享。

②职业院校教师教学创新团队建设情况及举措。

2019 年 6 月教育部印发的《全国职业院校教师教学创新团队建设方案》提出了建设目标：打造一批高水平职业院校教师教学创新团队，示范引领高素质"双师型"教师队伍建设，深化职业院校教师、教材、教法"三教"改革，经过 3 年左右的培育和建设，打造 360 个满足职业教育教学和培训实际需要的高水平、结构化的国家级团队，通过高水平学校领衔、高层次团队示范，教师按照国家职业标准和教学标准开展教学、培训和评价的能力全面提升，教师分工协作进行模块化教学的模式全面实施，辐射带动全国职业院校加强高素质"双师型"教师队伍建设，为全面提高复合型技术技能人才培养质量提供强有力的师资支撑。

建设方案在建设任务方面提出要建立团队建设协作共同体。按照专业领域，由若干所立项院校建立协作共同体，完善校企、校际协同工作机制，促进团队建设的整体水平不断提升，推进专业设置与产业需求对接、课程内容与职业标准对接、教学过程与生产过程对接。增强立项院校之间的人员交流、研究合作、资源共享，在团队建设、人才培养、教学改革、职业技能等级证书培训考核等方面协同创新。推动院校与企业形成命运共同体，共建高水平教师发展中心或实习实训基地，在人员互聘、教师培训、技术创新、资源开发等方面开展全面深度合作、促进"双元"育人，切实提高复合型技术技能人才培养质量。

建设方案在保障措施方面提出要完善工作机制。教育部组建专家工作组，由团队优秀教师、企业高级技术人员、全国重点建设职教师资培养培训基地专家共同组成，加强团队建设工作的咨询指导、业务培训、绩效评价和监督检查。采取"结对子"方式，由相关基地联系对接团队建设协作共同体，完善工作机制，系统开展培训，加强资源共享，协同研究创新，推动共同体发挥作用、取得实效①。

2019 年 7 月教育部发布了首批国家级职业教育教师教学创新团队立项建设单位 120 个，国家级职业教育教师教学创新团队培育建设单位 2 个。通过打造高水平国家级创新团队，示范引领省级校级团队整体规划和建设布局。加强职业院校教师企业实践。其中最多的是江苏，入选 13 所，其次浙江有 11 所，山东 9 所居第 3，广东、湖南各有 8 所②。

2019 年 10 月 17 日，《深化新时代职业教育"双师型"教师队伍建设改革实施方案》（简称"职教师资 12 条"）提道，到 2022 年，职业院校"双师型"教师占专业课教师的比例超过一半，建成 360 个国家级职业教育教师教学创新团队③。

2021 年 7 月教育部对接《职业教育专业目录（2021 年）》，确定申报专业达到 495 个，从 1 200 余个申报团队中遴选确定第二批国家级职业教育教师教学创新团队立项建设单位 240 个，国家级职业教育教师教学创新团队培育建设单位 2 个，覆盖了 31 个省（区、市）、134 所"双高计划"院校，以及卫生健康、公共管理、信息技术等 13 个重点紧缺领域和 27 个专业方向。其中第二

---

① 教育部关于印发《全国职业院校教师教学创新团队建设方案》的通知：教师函〔2019〕4号［EB/OL］.（2019-06-14）［2022-06-23］. http://www.moe.gov.cn/srcsite/A10/s7034/201906/t20190614_385804.html.

② 2019 年广东省首批国家级职业教育教师教学创新团队包括广东科学技术职业学院的人工智能技术与应用教学团队、深圳信息职业技术学院的人工智能技术与应用教学团队、广州番禺职业技术学院的云计算与大数据应用教学团队、广东交通职业技术学院的汽车运用与维修（新能源汽车）教学团队、广东机电职业技术学院物联网技术专业教学团队（应用电子技术）、深圳职业技术学院物联网技术专业教学团队（电子信息工程技术）、广东轻工职业技术学院的化工与制药技术教学团队（精细化工技术）、广东食品药品职业学院化工与制药技术教学团队（中药制剂技术）共 8 个。

③ 教育部等四部门关于印发《深化新时代职业教育"双师型"教师队伍建设改革实施方案》的通知：教师函〔2019〕6 号［EB/OL］.（2019-10-17）［2022-06-23］. http://www.moe.cn/srcsite/A10/s7034/201910/t20191016_403867.html.

批国家级职业教育教师教学创新团队，广东新增 14 个①。

教学团队的建设在高职院校专业建设中起着不可忽视的作用，对学校教育教学质量的提高、办学水平的提升，都有着深远的影响。综观示范校专业教学团队建设实践，不难发现，高职院校专业教学团队建设应依托课程建设、实践教学条件建设和社会服务三大平台，抓好以下几个方面的工作②：

A. 合理的教学团队组成。高职院校的教学团队组成应是"双师"结构，团队成员应具备"双师"素质。团队带头人是团队的核心和灵魂，应品德高尚，治学严谨，具有团结协作精神和较好的组织、管理和领导能力；善于整合与利用社会资源，通过有效的团队管理，形成强大的团队凝聚力和战斗力。团队成员应具有合理的年龄、学历、职称结构。应聘请行业企业的专业人才和能工巧匠担任兼职教师，逐步形成实践技能课程主要由具有相应高技能水平的兼职教师讲授的机制。邓小妮认为高职院校的重点工作是人才培养，其中的教学过程、课程体系、教学方法、就业方式、教学团队构成等，都应该融入具体的人才培养体系之中。其专业教学团队需要"双师"结构，双师结构要求有"双带头人"，既包括专业理论建设的教学带头人，又包括专业实践建设的教学带头人。对于高职院校专业教学团队来说，其带头人应该以理论与实践的整合为基础，既具备"大师级"专业理论建设带头人的特征，又具备"名工巧匠"式专业实践建设带头人的特征。以"名师"和"名匠（'名工巧匠'）"作为专业的"双带头人"，对专业教师资源进行合理的组合，从而构成高职院校专业"双带头型"教学团队。其中的"双带头型"是指以校内的专业建设带头人和校外引进的"名工巧匠"为"双带头人"，共同主持并全方位、全过程参与到专业建设以及人才培养方案的设计、制定、组织实施、评价、反馈及

---

① 2021 年广东第二批国家级职业教育教师教学创新团队包括广东轻工职业技术学院的跨境电子商务专业团队、广东机电职业技术学院的机电一体化技术专业团队、佛山职业技术学院的电气自动化技术专业团队、广东工贸职业技术学院的电气自动化技术团队、广州民航职业技术学院的飞机机电设备维修专业团队、广州铁路职业技术学院的城市轨道交通运营管理团队、深圳信息职业技术学院的集成电路技术团队、东莞职业技术学院的物联网应用技术团队、广东技术师范大学的软件技术团队、顺德职业技术学院的食品质量与安全技术团队、广东水利电力职业技术学院的水生态修复技术团队、广州番禺职业技术学院的智能建造技术团队、佛山市华材职业技术学校的工业机器人技术应用团队和广州市交通运输职业学校的新能源汽车运用与维修团队等 14 个。

② 王中标. 几所示范性高职院校教学团队建设的经验与启示 [J]. 科技信息，2011（25）：13-14.

修订完善等各个环节之中。专业"双带头型"教学团队是专业教学团队的一种①。

B. 清晰的教学改革思路。高职院校专业教学团队应体现创新性，要有明确的教学改革理念，树立科学的人才观、教学观和质量观；要以推进教学改革、提高人才培养质量为主要任务，倡导教学内容、课程体系、教学方法的改革，融"教、学、做"为一体；须具有明确的改革措施，并能产生良好的教学效果。

C. 良好的教学实践平台。高职院校专业教学团队应根据具体情况，以教研室、研究所、实验室、教学基地、实训基地等为建设单位，以系列课程或专业为建设平台，以重点专业建设、实训基地建设、精品课程建设、教学改革项目为依托，在具备较强的教学改革意识、必要的经费保障的基础上，才能有效地开展高水平的教学改革实践。

D. 完善的团队建设制度。团队建设制度包括两个方面：一是确定与专业教学团队建设相配套的教学科研管理办法、职称晋升和人事管理制度，为团队建设创造良好的外部政策制度环境；二是建立团队的自身建设制度，如制定优秀教学团队建设遴选办法、团队建设管理办法等，由此实现对团队的引导、激励与考核，以提高教师的教学科研水平。

2015 年广东省教育厅立项建设 89 个省级优秀教学团队，要求有关高职院校通过团队建设来加快课程建设，优化梯队帮带模式，培养骨干教师，促进相关课程体系建设研究和课程团队教学研究，加快教学模式改革创新，不断提高教师队伍的教学水平与人才培养质量，在专业建设、课程建设、实训室建设、教学改革等方面发挥模范作用，为培养教学名师打下基础。项目建设期为两年。

2019 年起，广东省教育厅在全省范围内开展省级教师教学创新团队的认定和审核工作。

---

① 邓小妮. 高职院校专业"双带头型"教学团队基本范畴辨析［J］. 职业技术教育，2014（10）：55-58.

第四节 高职院校教学科研团队建设中"同伴互助" 存在的主要问题

虽然高职院校教师教学能力和科研能力的培养和提升都需要"同伴互助"、团队合作,但我们对目前高职院校教学科研团队"同伴互助"情况进行调查时发现:大多数团队是为拿到课题和项目临时拼凑的,团队无实质互助合作,团队成员分工合作意愿不强,团队互助合作无持续性等(见图3-30)。

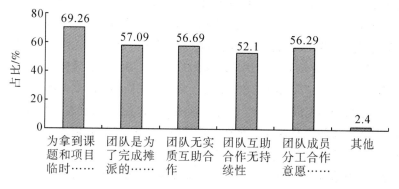

图 3-30 高职院校教学科研团队存在的问题的占比

一、"同伴互助"多为任务式互助,缺乏自主性互助

目前大多数高职院校有相应的文件安排,要求现有的高职称老师以师徒结对的形式对年轻教师进行培养。教师"同伴互助"的方式通常是以正式的条款和合同的形式建立起来的,比如"青蓝工程",条款内容事先由相关部门拟定,作为师傅和徒弟的教师只是被动接受、履行。这种方式虽然相对于过去不成形的师徒结对的方式而言更具有条理性,但合同的内容所拟定的评价指标大多数都是数量上的要求。这种以显性结果为评价标准的做法,缺少对青年教师在成长过程中的创造性以及心理成长等方面的评价,评价结果一刀切,给一些青年教师带来了压力,甚至不利于青年教师的成长。

许多高职院校的教师"同伴互助"形式以任务式互助为主,使得教师间只注重互助形式和结果,不注重互助过程的实效。教师"同伴互助"需要发展一种自主性互助。自主性是行为主体按照自己意愿行事的动机、能力或特性，包括自由表达意愿、独立做出决定和自行推进行动的进程等。自主性互助即教师在自主性态度和自主性行为中，发展出来的一种自主性的互助习惯，进而形成一种自主性的学校文化。

目前高职院校教师"同伴互助"存在的主要问题有：

1. 为拿到课题和项目临时拼凑团队

调查结果显示，参与调查的教师中，69.26%的人认为团队是为拿到课题或项目临时拼凑的。在高职院校申报科研课题或者申报质量工程项目时，为了填写申报书而临时拼凑团队成员，这种情况比较普遍。正因为如此，团队成员之间没有共同的目标。因为缺乏共同的目标，团队就没有凝聚力，也没有明确的责任分工，基本上都是课题负责人或项目负责人完成大部分或者全部工作，其他团队成员只是挂名而已，团队成员之间合作互助的行为并不多。

临时拼凑团队的现象也被称为教师"马赛克"现象。根据《辞海》中的解释，马赛克（mosaic）是指用不同颜色的小块玻璃、石子等材料拼凑、镶嵌成的图画或图案。其最大特点是远看似一幅完整的图画，浑然一体；近看则是由不同的小块个体组成，每一个个体又是独立的，各具特色的，相互之间互不干涉。对于个体的"马赛克"现象多是对他人采取不干涉主义；而群体"马赛克"现象多表现为学校内的小团体主义。

教师"马赛克"现象不仅不利于高职院校教师的专业发展和个人成长，也不利于高职院校教师队伍的均衡发展和持续进步。师资队伍的素质和实力决定了人才培养质量，而人才培养质量是高职院校的根本任务，教师"马赛克"现象，最终会影响高职院校整体实力的提升。

2. 团队是为了完成摊派的任务而成立

调查结果显示，参与调查的教师的57.09%认为团队是为了完成摊派的任务而成立的。在高职院校，有些专业建设项目或者质量工程项目是为了完成摊派的任务而临时成立团队，这种团队人员结构不一定合理，团队整合相对来说比较困难。

"木桶定律"的核心内容是一只木桶盛水的容量，并不取决于桶壁上最高的那块木板，而恰恰取决于桶壁上最短的那块木板。根据"木桶定律"，决定一个团队战斗力的，不是那个能力最强、表现最好的人，而恰恰是那个能力最弱、表现最差的人。为了完成摊派任务而成立的团队，团队成员能力不一，会影响教学科研团队的整体绩效。

3. 团队无实质互助合作

调查结果显示，参与调查的教师的56.69%认为团队无实质互助合作。高职院校临时拼凑的教学科研团队有许多都是为了完成摊派的任务而成立的，团队互助合作文化缺失，团队缺乏相互交流和相互学习的平台，团队并未形成自由民主的学术讨论氛围。

在高职院校的各级组织中，临时拼凑的团队在貌似合作互助的现象背后，团队成员之间缺少有效的沟通，有些团队成员对要申报的项目根本不了解，或者只有一知半解，团队成员实际上并未因为身处这个团队而加强合作互助，只是貌合神离。临时拼凑的教学科研团队稳定性比较差，产出比较少，主要依靠团队负责人或者团队核心人员的教学科研产出，基本上没有任何实质性的互助合作行为，不利于教学科研团队整体水平的提高。

4. 团队成员分工合作意愿不强

调查结果显示，参与调查的教师的56.29%认为团队成员分工合作意愿不强。高职院校很多教学科研任务，需要在限定时间内以团队的形式申报完成。为拿课题和项目临时拼凑或者为完成摊派的任务而组成的教学科研团队，团队成员并未真正参与到教学或科研团队的工作中，或者参与的程度不深。这样的团队，除了课题组负责人或项目负责人外，其他成员的成长空间不大，团队成员之间缺少合作意愿。

除了问卷调查之外，面对面访谈的结果也表明，很多高职教师从事教学科研工作的主要目的不是提升教学和科研能力，而是完成年度绩效考核、评优评先、晋升职称，因此教师从事教学和科研工作的功利性比较强。在教学科研工作中，对自己评职称没有帮助的工作，部分教师就不愿意参与，不愿意为教学科研团队做贡献。长期工作在这样的氛围里，有些老师集体主义观念比较淡薄，教学科研团队成员之间的团队意识比较弱，缺乏团队互助协作的精神。

5. 团队互助合作无持续性

参与调查的教师的52.10%认为团队互助合作无持续性，"同伴互助"的动力机制、激励机制和评价机制缺乏，团队成员之间互助时间不够，很多时候团队成员之间难以碰面。高职院校的教学和科研团队本身就是松散型组织，很多教学和科研工作都是靠教师"单打独斗"完成的。为了完成教学科研考核任务和职称晋升，教师更愿意担任团队负责人，团队成员的合作互助意愿不强。除此之外，教师职业具有相对的自由性，专业教师不需要坐班，教师之间见面交流的机会少，也给合作互助带来了一定的困难，大部分工作还是靠团队负责人"单兵作战"，团队合作无持续性。

高职院校对教师有教学和科研工作量的考核，在年底进行绩效评价，但是绩效评价更重视数量，较少关注质量。也有一些高职院校虽然成立了教师发展中心，但是学校对教师队伍建设缺少整体规划和持续支持，导致有评职称需求的教师愿意申报项目或申报课题，为评职称积累材料；而无评职称需求的教师，缺乏加入教学科研团队的动力机制。

虽然一些教师加入了某些教学科研团队，但是高职院校只对教学和科研团队的负责人有奖励，对团队成员缺少激励机制，团队成员没有动力积极做出贡献。许多高职院校仍然存在只要完成教学科研工作的最低工作量，干多干少一个样的现象，绩效奖金与工作量脱钩，依然是"大锅饭"式的平均主义，学校层面还是缺乏相应的激励机制，缺乏公平公正的评价机制。

二、"同伴互助"多为指导性互助，缺乏互惠性互助

互助的基本意义是互相帮助，而目前高职院校教学和科研团队教师之间的互助，更多侧重于优秀教师对普通教师的指导或者是年长教师对青年教师的指导，这样的指导对优秀教师或者年长教师而言变成了应该履行的义务。笔者在对 AIB 职院教师的访谈中发现了这个问题。例如，教师 1（青年语文教师）："在与师傅交流的过程中，由于师傅和自己对一些问题的看法不一致，所以总是存在一些理念上的冲突，没有办法，师傅还要来听课，所以只能按照师傅说的做。"教师 2（年长数学教师）："学校规定每学期要听满 20 节课并做好听课记录上交，所以只能多去听课。学校除了在师徒结对上采取协议监督的方式外，还要求我们定期在教师沙龙或教师博客上发表教育教学心得和体会、培训感想，并定期收集教师的备课本、听课本以及规定在教研活动上发言并上交教研活动记录表等。"这样的互助势必变成一种任务，给教师带来更多的负担。如何激励师傅和徒弟，使之相互促进，既减轻骨干教师的师徒结对以外的繁忙工作的压力，又增强青年教师向资深教师学习的主动性和积极性，是目前"同伴互助"存在的一个问题。教师"同伴互助"应该是一种互惠型的互助，互惠的主要精神体现为创造一个有利的环境，让彼此都能在负担很少的情形下，有机会向对方学习，并通过互相了解和学习进而建立一种长久的支持关系。

三、"同伴互助"多为经验型互助，缺乏专业引领型互助

高校教师"同伴互助"是建立在集体备课、教学、评课基础上的互助，这是教师"同伴互助"的重要方式。但我们通过访谈发现，教师觉得这种互助确实是他们需要的，但仅限于教师间的交流和互相补充，他们还希望有一些

更深层次的探讨和互助。笔者访谈的教师3（青年语文教师）表示："最喜欢专题讲座的形式，主要原因是讲座会邀请有经验的、知名度比较高的教师来传授经验，虽然会占用我们很多休息的时间，但是收获挺大的，如'课改教材分析''信息化教学'等培训专题讲座。"教师4（年长语文教师）表示："由于年长教师间的水平都差不多，所以想参与更多较有理论性的教研活动，听取专家的意见和建议，所以以专家为主的专题讲座也是一种较好的方式。"从教师专业发展的角度看，教育教学更需要有专门的训练和专业的引领，要具体与某一学科相结合，还要让教师深刻领悟该学科的思想和特点。目前，教学理论的缺乏已经成为一线教师发展的"短板"，正是这样的原因，使得教师认为"同伴互助"是一件可有可无的事情，往往是应学校要求才进行"同伴互助"活动。高校在教师"同伴互助"上必须要发展专业引领型互助，这样才能真正促进教师的专业发展和提高教育教学的水平。

第五节　高职院校"同伴互助"教学科研团队存在问题的原因分析

调查结果显示，造成高校教师之间"同伴互助"缺失的主要原因包括八项。这些原因按照选择人数从高到低依次排序，分别是：教师任务重或课时较多，学校的互助氛围不足，教研组的活动流于形式，接受相关专业的资深教授或专家指导的机会较少，可供进行信息交流的平台有限，教师之间彼此不了解或性格原因造成缺乏有效沟通，参加专题研讨会、教材推介会或学术讲座的机会比较少。除此之外，其他原因还有资金来源不足，经费报销难（见图3-31）。

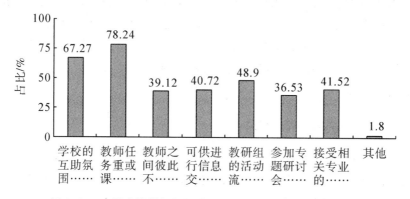

图3-31　高职院校教师之间"同伴互助"缺失的原因的占比

一、教师任务重或课时较多

关于高职院校教师之间"同伴互助"缺失的主要原因，78.24%的被调查者认为是教师任务重或课时较多，没有足够时间进行有效的"同伴互助"。高职院校对教师都有最低教学工作量和最低科研工作量的要求，有的学校年最低教学工作量为360学时，有的学校年最低教学工作量为400学时。除此之外教师还有其他的教学工作任务，例如批改作业、监考、质量工程项目、课程建设以及教材建设等专项工作。

高职院校专业教师教学任务繁重，科研精力难以保证，普遍重教学、轻科研。教师只能利用自己的课余时间甚至晚上或者节假日期间进行科研活动。教师想加入教学科研团队，都需要利用自己教学之外的时间来完成团队工作。高职院校由于师生比比较高，教师的实际教学工作量都超过了学校要求的最低教学工作量，导致一部分教师对教学科研团队的互助活动，心有余而力不足。

二、学校的互助氛围不足

关于高职院校教师之间"同伴互助"缺失的主要原因，67.27%的被调查者认为是学校的互助氛围不足，缺乏"同伴互助"的文化、传统或制度。"三人行，必有我师。"例如集体备课，教授同一门课程的老师在一起交流探讨，就可以针对教学过程中出现的问题进行讨论，集思广益，共同设计教案，这样可以避免很多重复性的劳动，新老教师都可以在交流互助中共同进步。有些高职院校缺少互助氛围，例如同一门课程，不同的老师教学方法不同，教学进度不同。仅仅依靠个人摸索和经验的积累，教师的成长就会比较慢。

以个人评价为考核价值取向的高校，教师之间"同伴互助"氛围一般较弱。尤其是以职称评价为导向的学校，教师之间"同伴互助"更少，很多教师只致力于跟个人职称评价有关的工作，而很少花心思在教学内容优化和教学效果提升方面，更不愿意承担指导青年教师、参与学院的专业建设和团队建设等方面的工作。

三、教研组的活动流于形式

关于高职院校教师之间"同伴互助"缺失的主要原因，48.90%的被调查者认为是教研组的活动流于形式，没有得到较深入的开展。有些高职院校缺少"同伴互助"的氛围，无论是院系组织的教研组活动，还是学校组织的讲座培训，都没有考虑一线教师的需求，一些讲座或者交流活动流于形式，受益面比较窄。

四、接受相关专业的资深教授或专家指导的机会较少

关于高职院校教师之间"同伴互助"缺失的主要原因，41.52%的被调查者认为是接受相关专业的资深教授或专家指导的机会较少。资深教授或专家对本专业或本行业有真知灼见，了解专业发展动态。高职院校的普通教师平时忙于教学任务，除非本校或本专业有资深教授或专家，否则很难和这些资深教授或专家有近距离的接触，得到其指点的机会更少。

五、可供进行信息交流的平台有限

关于高职院校教师之间"同伴互助"缺失的主要原因，40.72%的被调查者认为是可供进行信息交流的平台有限（如网络平台、教师沙龙等）。虽然学校有微信群、QQ群或者钉钉工作群，但这些群都是以发布学校的通知为主。每位教师都忙于各自的教学任务，可供信息交流的平台有限，学校缺少"同伴互助"的文化和氛围。

六、教师之间彼此不了解或性格原因造成缺乏有效沟通

关于高职院校教师之间"同伴互助"缺失的主要原因，39.12%的被调查者认为是教师之间彼此不了解或性格原因造成缺乏有效沟通。人与人之间少不了沟通，人人都会沟通，但是有时会缺乏有效的沟通。有效沟通需要具备两个必要条件：首先，信息发送者清晰地表达信息的内涵，以便信息接收者能确切理解；其次，信息发送者重视信息接收者的反应并根据其反应及时修正信息传递中的问题，避免双方不必要的误会。

高职教师也经常用微信、QQ等与他人交流，虽然这的确可以实现信息、思想和情感的沟通分享，甚至有时候教师还可以借助这些方式来提高工作效率，但是面对面的沟通依然必不可少。面对面的沟通可以让参与者感受到对方的语气、语调、眼神、动作、神情等，有利于培养感情，提高沟通的有效性。

七、参加专题研讨会、教材推介会或学术讲座的机会比较少

关于高职院校教师之间"同伴互助"缺失的主要原因，36.53%的被调查者认为是参加专题研讨会、教材推介会或学术讲座的机会比较少。除此之外，高职院校教师教学任务繁重，很多老师为了能够按时完成教学任务，也不愿意出去参加专题研讨会、教材推介会或学术讲座，因为参完会回来，依然需要补课。

八、科研经费报销难

关于高职院校教师之间"同伴互助"缺失的主要原因，1.8%的被调查者认为是资金来源不足，科研经费报销困难。高职院校教学科研资金管理严格，财务报销流程烦琐，耗时耗力，让很多老师望而却步，无暇顾及科研工作上的"同伴互助"。

本科院校大多已采取线上集中报账制度，有效解决了老师们报账难的问题，方便教师们全力投入教学和科研。我们期待高职院校能学习和效仿，后勤部门能以方便一线教师为主要考虑；尤其对于跨校教学的老师，后勤部门能接近教学区域服务一线教师尤为重要。

九、缺少互助合作制度

在访谈过程中，一些受访对象认为良好的团队互助必然要有相应的动力机制、激励机制和评价机制作为保障，但是目前大部门高职院校在"同伴互助"的制度保障方面比较欠缺。高职院校虽然形成了不同层级的专业和人才培育项目，但缺乏制度化管理，导致二级学院教师和专业团队缺乏激励，有些优势专业甚至一些一流院校高水平建设专业，难以优先参与省级项目评审，没有形成有效的师资队伍和专业建设分层次发展的策略。

动力机制简单来说就是动力的来源，学校要关注教师的生命价值和职业价值的内在统一，结合教师的职业特点，构建学习型组织，通过激励机制，从制度上鼓励教师形成相互信赖、团结互助的教学和科研团队。学校要构建起全员学习网络，打造学习型组织，方便团队成员针对教学工作和科研工作中遇到的问题及时进行交流和经验分享。

团队能够合作互助的重要原因就是大家都能从中获益，所以优秀、高效的教学科研团队，不仅需要物质激励，也需要精神激励。激励机制可以激发团队成员的工作热情，将教师潜在的内驱力释放出来。良好的激励机制可以更好地促进团队成员合作互助，提高团队成员的士气，使团队成员在合作互助中找到自身的价值。良好的激励机制要体现"多劳多得"的分配原则，真正激发那些热爱教学、科研工作的教师加入教学和科研团队，取得更好的成绩。

评价机制是一种旨在提高教师素质和促进教师高质量完成教育教学工作的有效手段。有效的教师评价机制，不仅可以判断教学质量，更有利于教师素质的提高。评价机制不仅应关注教师的工作量，还要关注教师的工作态度、工作能力和工作效果。高职院校应建立多维度的评价体系，在评价过程中注重定量和定性方法相结合，结果评价与过程评价相结合，团队评价与个人评价相结合，通过发展性指标的评价让教师感受到自己的成长。建立科学而又全面的评价体系，对教师队伍建设至关重要。

第四章 "同伴互助"教学科研团队的建设思路及举措

如今是资源共享、跨界整合的时代，人类社会急剧变化，尤其是教育变革扑面而来，高职院校教师不能再单枪匹马孤军奋战，而是应该积极行动起来发展"同伴互助"，合作共赢，才能走得更快、更远。

一个有效运作的教师团队必定能促进教师之间形成良性沟通，启发教师的思维，起到科研和育才两方面的作用。教学团队成员既要开展教学研究，同时也要开展科学研究，科学研究是提高教学水平的深层次动因。教师团队可以将科研成果融入课程教学，大力改革实践教学环节，最终将取得一批优秀教学成果（精品课程、优秀教材、教研项目等标志性成果），教学团队自身和团队的这些成果又将成为教学改革的示范①。

第一节 "同伴互助"对高职院校教师专业发展的意义和价值

新手教师无论在教学工作中还是在科研工作中，都会遇到各种各样的问题，例如：上课时学生不注意听讲，只看手机，怎么办？如何申报各级各类科研课题？各级各类课题如何进行研究，如何结题？

面对教学科研中遇到的困境，调查问卷统计结果显示：67.66%的教师会选择个人研究探索；66.47%的教师会在线寻求帮助，54.09%的教师会选择团队

---

① 章兢，傅晓军. 谈基于课程或课程群的教学团队建设 [J]. 中国大学教学，2007（12）：15-17.

合作、"同伴互助"，3.19%的教师会选择其他方式解决问题（见图4-1）。

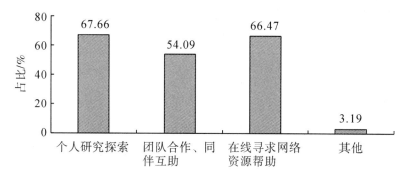

图4-1　教师解决教学科研中面临问题的方式

从教师参与合作的意愿、动机和合作能力等方面看，教师主要分两类：第一类是合作型教师，第二类是不积极合作型教师。合作型教师在教学科研中遇到问题不仅会主动学习，独立探索，而且会积极跟同专业同学科及跨专业跨学科的老师沟通合作并进行"同伴互助"。实践证明合作能力强的教师，其教学科研效果显著高于非合作型教师，而且能较快地取得高一级职称。不积极合作型教师在教学科研中遇到问题更倾向于单打独斗，即使选择同伴合作，也是在较狭窄的范围内选择合作者，比如选择同专业教师、同学科教师、自己的同门师兄师弟、自己的导师或者学生合作。

教学科研中的团队互助不仅对教师个人，而且对教师队伍建设和高职院校的教学科研质量提升，都具有积极的意义和深远的影响。

一、"同伴互助"是教师坚持教学改革，保持教学勇气的力量源泉①

学科的广泛与复杂、学生的广泛与复杂、教师的为人与教学的关系，成为当代教师面临的三大困境。

在教学中与自我和解，接纳不完美的自己，才能以平和的心态对待学生。"教学——如同任何真实的人类活动——无论好坏都来自内心深处。只要我在教学，就会不知不觉地把我的内心投射到学生、学科以及我们三者之间相处的方式上。课堂上我体验到的难缠的纠葛常常可追溯到我心中未解的疙瘩，就此

---

① 以下内容参考四元读书会《教学勇气》答疑，对话嘉宾：河北大学崔佳老师、文华在线教育的刘欣老师和湖南师范大学的刘艳秋老师。

而言，教学亦是反映教师心灵的镜子。"①

　　帕尔默的表述太过于真实。日常的教学设计通常也会要求老师分析教材、分析学情，但大多数情形下教师往往敷衍了事，很少去思考"真正的我"对这些问题的思考，更不要说心甘情愿地从教学这面镜子中"认识自我"了。优质教学依赖于教师的自我认识，这是显而易见的。

　　"认识你自己"，这句德尔菲神谕似乎人人皆知，人们却又很难做到；或者，作为教师，我们习惯了用这样的话教导学生，却又极少自省；又或者，如《十三邀》第5季罗翔谈到的，"人最大的痛苦，就是无法跨越知道和做到的鸿沟"。很多时候，我们的课堂更像是一种表演，许多教师有意无意地把自己与教学内容剥离开来（尤其是人文学科），只是当名搬运工，教给学生的是一套，而做的是另一套，自己都无法做到或不能深信不疑的事情，学生怎么可能会傻傻地接受？这样的课堂怎能不纠结？怎能不痛苦？正如得到App创始人罗振宇2023年"时间的朋友"跨年演讲中提到的"甘地与糖"的故事：只说自己相信和能做到的事，不容易。

　　"教师很容易成为众矢之的，因为他们是芸芸众生中无权无势也无力反击的群体。常常有人无端地指责教师不能治愈那些谁也不知如何处置的社会弊病，并且武断地喝令教师立刻采用由国家掌管的'百病消制药机'最近炮制的任何'灵丹妙药'。那些本可以为大家找到出路的教师，既代人受过还遭人逼近，免不了日益心灰意冷，最终麻木不仁。"②

　　这是残酷的现实。但终究还是有人不甘于麻木不仁，不愿意沉沦在虚伪的自我控诉或自我剥离中。

　　"教师拥有的力量是足以创造学生尽量多学或根本不学的条件的。教学即教师有意地创造这些条件的行为。而优质教学还要求我们务必透彻地了解教师的意图和行为的内在根源。"③

　　毕竟，教师这一职业承担了"传承人类文明"的光荣使命，教师对学生尤其是年幼学生的影响是极其深远的。但也正因如此，教师才更要寻找教学中

---

① 帕尔默. 教学勇气：漫步教师心灵 [M]. 方彤，译. 上海：华东师范大学出版社，2020：31.

② 帕尔默. 教学勇气：漫步教师心灵 [M]. 方彤，译. 上海：华东师范大学出版社，2020：32.

③ 帕尔默. 教学勇气：漫步教师心灵 [M]. 方彤，译. 上海：华东师范大学出版社，2020：37.

的自我，才能令自己在理想与现实之中至少找到平衡或者出路。

帕克·帕尔默在《教学勇气——漫步教师心灵》一书中指出："世界上没有优质教学的公式，而专家的指导也只能是杯水车薪。如果想要在实践中成长，我们有两个去处：一个是达到优质教学的内心世界，一个是由同行所组成的共同体，从同事那里我们可以更多地理解我们自己和我们的教学。"①这句话指出了在教师专业成长过程中"同伴互助"的重要作用。

没有理论的指导，实践就是漂浮的，能否落地看的是概率而非专业。就像如果参不透"何为以学生为中心"，就会无法正确使用教学方法和策略。

参透理论才能将理论用于指导实践，才能理解那些方法、策略为何有效又如何改进，也才能反过来推动理论的更新，再继而迭代方法和策略。

别人提供的操作层面的再好的建议，一旦涉及自身应用的时候我们往往就会发现难以实行。再好的方法、策略和步骤都有其适用的场景，而我们的课堂和学生千变万变，并非都适用；再好的方法、策略和步骤都需要与使用者自身相联系，适合他的方法未必适合我，大家的性格特征、语言的功底、思维的灵活性都不同……

这也是为什么《教学勇气——漫步教师心灵》说：优质教学并非源自技术，而是教师的自我认同和自我完善。当然，技术与教师的自我认同和自我完善并非"非黑即白"的关系，二者对立统一，相互融合推进，都有用。

这段话告诉我们：我们过于关注技术，就会忽略教学中关于人的问题，包括学生，也包括教师。

当教学问题全被简化为技术问题时，贬低了教学这个行业，也贬低了教师这个角色。

试想一下：哪一种冷冰冰的、制式的方法或流程能够解决千变万化的课堂教学难题？哪一位大师能够穷尽所有的学生问题并一一给你提供详细的对策清单？哪一位教学大咖是受益于别人技术策略方面的传授，而不是源自对底层理论和逻辑的深思和教学实践？

教师应掌握方法，用底层逻辑帮助自己跨越这道鸿沟。同时，自己也生成一些可以分享给别人的、能够鼓励别人独自产生灵感的策略和方法。

这世界上最好的问题解决策略、最有用的干货，都隐藏在自己的探究和实

①　帕尔默.教学勇气：漫步教师心灵［M］.方彤，译.上海：华东师范大学出版社，2020：37.

践里，比如你去读书，你去尝试新的方法，你去提炼一下理论，你去指导一下自己或他人的教学……①

如何通过教学实现自我认同和自我完善？首先要思考"教学对于我意味着什么"。如果把教学仅仅当作一个职业，那么这些问题都没有意义。如果你热爱教学，那么爱让这一切都不再是问题。

帕尔默用整本书在回答这个问题。如果仅仅因为教师有漫长的假期、稳定的收入而从事这个职业，并不是源自心灵地热爱教学，自我认同和自我完善就无法开启。

一个老师所能教给学生的就是让他学会自己学习。老师怎么去教？老师只不过将自己学的样子展示给学生，学生便自然而然地学会学习。

老师作为一个更好、更有经验的学生，邀请其他没有经验的学生一起追寻伟大事物，求知于共同体。教师通过把自我和学生、学科、教学方法结合在一起，实现自我认同和自我完善。

要让学生如其所是，不是都变成标准品。不要着急改造任何人，做好自己就好，让对方慢慢卷入进来。

教育是很难的，自鸣得意的麻木的教师所呈现的一定是没有源自心灵的教学。

教学改革的勇气从哪里来？崔佳老师在她的文章中用很接近工作实际的语言做了回答：教学勇气是教师在遭遇挫折之后仍然想进行教学，尤其是想把教学做好，让学生有力量地生长。教学勇气是在被误解、被曲解、被无视、被蔑视、被不尊重时，仍然心向教学的坚定和力量。教学勇气是教师勇敢突破现实的困境，主动建设学习共同体。很多老师是孤独的，觉得没有同行者，做教学、做科研都是单打独斗。有勇气的教师能够以开放的心态主动参与到学习共同体建设中。

崔老师所说的种种现象，在工作中我们都会遇到。当面对挫折和困难、问题和打击，我们能够重新面对学生站上讲台，这就是教学勇气。不过我们从来也没有想到，这是教师对教学工作的坚守，坚守是难能可贵的。

勇气来自对问题的担当，而不是抱怨，自我才是勇气的根源。

崔老师对缩影式教学的解答就更加精当了，她说缩影式教学其实是让你以

---

① 崔小佳佳. 崔佳 | 干货：《教学勇气》再颠覆 [EB/OL]. (2021-01-16) [2022-04-11]. https://mp.weixin.qq.com/s/qpWAJQNMd768hCrsWlSI9g.

小见大、见微知著；是让你不要填满整个课堂，而是教给学生分析、探讨、反思、实践等方面的方法。缩影式教学背后隐含的是对整个教学目的的重新审视。一句话总结，缩影式教学更重要的是指向教学方法、学习方法。

有人问，那到底如何产生心中的深层愉悦与外部的深层渴求一拍即合的职业观？

教师要做的第一件事就是判断。判断外界的要求是否要回应，且需要保持一致的观点。

举个例子：职业院校制定的学生掌握技能的标准特别高，但是如果一个教师只培养学生的技能就失去了教育的本质。教师需要回答以下问题：

（1）如果现在我所教的技能被更迭了，我的学生还剩下什么竞争力？

（2）如果我的学生未来不从事我所教的技能相匹配的工作，那我还能帮他形成何种可迁移的能力？

应用型课程改革里随处可见的是对学生职业能力的标准化考量，而失去了对以上问题的考虑。

正如《教学勇气——漫步教师心灵》这本书里所讲的，我们要去测量那些在教育中真正值得测量的东西，而不是容易测量的东西。我们要热爱教育事业，并保持辨别力，刻意练习辨别力。另外，不要总在意外界的标准和期待。我们工作不是为了让别人认同我们，而是为了问心无愧①。

二、"同伴互助"有助于教师个人的专业化发展

教师专业化发展是指教师通过终身专业训练，习得教育技能，实施专业自主，体现专业道德，逐步提高从教素质，成为教育专业工作者的专业成长过程。教师的专业化表现在教师专业化内涵包括专业精神、专业道德、专业智能、专业自主和专业组织等方面。教师专业化能力包括教师通用能力、专门学科能力、专业行动能力、教育研究能力、自我发展能力。

高职院校的教师从来源来看，主要分为高校直接毕业的硕士或博士，来源于企业的专业人士（既有学历又有工作经历），还有来源于其他院校的老师。可以说高职院校的教师大部分并没有经过专业的教学训练，教师的专业化发展主要通过培训、实践与研究以及教学反思来实现。

---

① 崔小佳佳. 崔佳 | 教学勇气从哪儿来：《教学勇气》[EB/OL]. (2021-01-26) [2022-04-11]. https://mp.weixin.qq.com/s/07N_HwCpyPStu-9ps6OROw.

教学资源交换、教学经验交流、观摩示范公开课、集体备课等"同伴互助"的方式，有助于教师更新教育理念、取长补短、熟悉教学方法，解决教师在教学及科研中遇到的问题，实现教学资源的共享，让教师在教学和科研两方面迅速成长。只有通过不断学习，掌握先进的教育理念，教师才能与时俱进，才能在学习中成长，才能在与同伴的互助互动中提升，才能在实践中不断提高自己的从教素质，从一名新手逐渐成长为具备专业知识、专业技能和专业态度的成熟教师，从而走上教师的专业化发展之路。

三、"同伴互助"有助于打造优秀教学科研团队

相传佛教创始人释迦牟尼曾问他的弟子："一滴水怎样才能不干涸?"弟子们面面相觑，无法回答。释迦牟尼说："把它放到大海里去。"个人再完美，也只是一滴水，而一个团队尤其是一个优秀的团队则是大海。

优秀的教学和科研团队是高职院校的无形资产，是提升高职院校创新能力和竞争力的重要保障。学校的可持续发展要靠全体教师的努力，尤其需要打造优秀的教学科研团队，为学校赢得口碑和荣誉。教师强则学校兴，教师是学校的教学主体。优秀的教学团队，必然会重构教学内容，提升教学能力，进而提升学生的培养质量，提升学科的影响力。优秀的科研团队，会产出高水平的科研成果，教研相长，促进教学，促进学科发展。

"同伴互助"通过创建发现问题和解决问题的教学讨论平台，通过观察发现课堂上学生学习的实际需求、动机和技巧，讨论和反思教学安排、策略、方法、手段、形式等，以改进教学实践。

高职教师之间互相学习，可以更新教师的教育教学观念，提升教师的教育技能，有利于提高教师的教学研究能力。

教师之间"同伴互助"有助于形成强调合作的学校文化，消除教师在教学工作中的孤立性，增进教师的团队合作意识;可以促进教师集体的专业发展，支持和帮助新教师更快、更好地提高专业技能;可以将教师专业培训融入工作场所，有针对性地提高教师的专业水平。

四、"同伴互助"有助于提升高职院校办学质量

优秀的教学和科研团队能满足学校长期发展的需要，有助于提升职业教育教学质量。"双高计划"高职院校建设，需要一流的管理和一流的师资队伍。教学工作是一所学校的核心，教学质量的高低决定了学校能否更好地生存与发

展。提高教育教学质量是高职院校推动内涵建设的驱动器，只有师资队伍及时更新教育教学理念，才能推进教学内容改革。只有教师德才兼备，才能赢得学生的爱戴，才能在学生中树立威信；学生们才会以老师为榜样，接受老师的教育。

办学质量是高职院校发展的生命线，高职院校培养的是一线技术应用型人才。加强双师型教师队伍建设，是高职院校培养出高素质一线技术应用型人才的基本保障。而教学科研团队的"同伴互助"，有利于提升教师的教学科研能力，有利于打造优秀的教学和科研团队。优秀的教师队伍必然带来教学质量的改善与提升。

第二节　高职院校"同伴互助"卓越教学科研团队因素分析

关于如何加强高校"同伴互助"教学科研团队建设，83.43%的教师认为要建立并完善团队管理制度、团队培训制度、团队激励和评价等制度；78.04%的教师认为要加强团队互助的制度建设，如动力机制、整合机制、激励机制和保障机制；69.26%的教师认为必须加强校园团队互助文化氛围的营造；46.51%的老师建议高校的行政领导由学术权威挂帅、建立团队考核的评价机制等（见图4-2）。还有老师补充：评价制度要宽松，评价过程中不要只强调牵头教师、第一署名教师的贡献；提倡创业思维，即教师团队主动去创造产学研项目。并且学校鼓励教师团队长期坚持一些项目，最好长达10年以上。

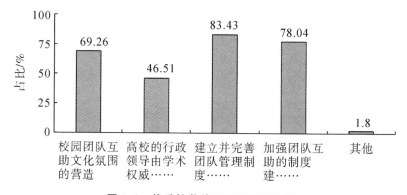

图4-2　优秀教学科研团队建设的意见

结合问卷调查和实地访谈，我们认为卓越的教学科研团队建设主要受团队目标、团队分工、人才培养、合作意识、制度保障、互助氛围、信息共享七大因素影响。

一、团队目标

教学科研团队的团队目标为团队成员指明了奋斗的方向。只有团队的目标和个人的目标相一致，才能激发团队成员的工作热情，才能为团队成员提供持续的工作动力。没有目标的团队，就是一盘散沙，没有凝聚力，也没有战斗力。

高职院校师资队伍建设需要学校进行整体规划，要分层次打造不同团队，教学科研团队各有侧重，通过制度建设，明确这些团队的建设目标和建设任务。以江苏经贸职业技术学院为例，该学院共有 39 个招生专业，10 个二级学院，目前有国家级教学团队 1 个，省级教学团队 3 个。江苏经贸职业技术学院的团队建设与学校开放型的发展战略相一致，根据学校内涵建设要求开展团队建设项目，包括课程教学团队、专业建设团队和科研团队建设。团队建设范畴不断扩大后，还包括政府、行业、企业和院校四方共同打造的协同创新团队。

2017 年江苏经贸职业技术学院开展省级科研创新团队和省级社科培育团队建设，建设周期为三年；同期开展校级创新团队和校级培育团队建设，目前已立项 10 个创新团队和 8 个培育团队。该校计划打造省内外知名的 10 个过硬团队，给予 6 万~10 万资助。学校目前拥有两个省级工程技术研发中心：江苏省食品安全工程技术研发中心、江苏省流通现代化传感网工程技术研究中心。

二、团队分工

高职院校教学科研团队主要由团队带头人以及团队成员构成。我们对高职院校教学科研团队成员的互助能力的调查，内容分为两部分，一是团队带头人应具备的素质，二是团队成员应具备的互助能力。

1. 教学科研团队带头人应具备的素质

我们调查分析发现，被调查教师认为教学科研中团队带头人应具备的素质包括以下四方面（见图4-3）：

（1）能建立良好的激励机制。

82.63%的被调查教师认为，团队带头人要建立良好的激励机制，做好经费分配，以及日后成果分配方案。教学科研团队的成员之所以愿意加入团队，肯定希望自己在教学之外有所收获。团队带头人要建立良好的激励机制，才能充分调动团队成员的积极性，才能改善团队带头人单打独斗的情况。

（2）能建立互助合作的氛围和机制。

参与调查的教师的77.64%认为，团队带头人要建立互助合作的氛围和机制，包括校内互助、校外互助以及聘请专家，给予团队成员必要的指导。团队带头人是火车头，指引整个教学科研团队的前进方向。良好的互助合作氛围和互助机制，有助于提升团队成员的责任感，团队带头人要了解团队成员的需求，尽可能地为团队成员创造学习和培训的机会，让团队成员得以成长。

（3）团队带头人要品德高尚、专业权威、协调能力强、具有无私奉献精神。

参与调查的教师的69.86%认为，团队带头人要有凝聚力，要品德高尚、专业权威和具备无私奉献的精神。一个富有魅力和威望的教学科研团队带头人，是整个团队的核心与灵魂，团队成员愿意与之共同奋斗、共同进步。一个团队要高效开展工作和形成凝聚力，团队带头人在其中的作用不可忽视。

（4）能建立良好的评价机制。

参与调查的教师的68.26%认为，团队要有良好的评价机制，要体现多劳多得，并做好后续成果分配的规划。教学科研团队如果没有良好的评价机制，团队成员就没有积极性，大家觉得干多干少都一样。这样的团队不仅没有活力，没有执行力，也无法取得良好的成绩。

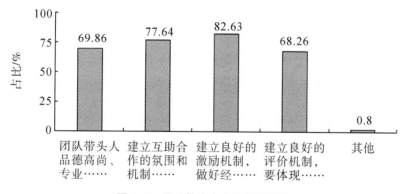

图4-3　团队带头人应具备的素质

2. 教学科研团队成员应具备的素质

被调查教师认为教学科研团队成员应具备的互助能力也包括四项(见图4-4)：

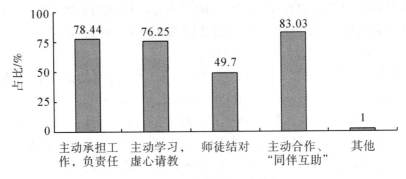

图4-4　团队成员的互助能力

（1）主动合同、"同伴互助"。

83.03%的被调查者认为，团队成员要有互助合作意识，主动合作、"同伴互助"。社会竞争无处不在，但是社会又要求人们进行广泛合作，"鸡犬之声相闻，老死不相往来"已经跟不上时代的步伐，很多工作都需要通过合作才能更好地完成。自我封闭、孤芳自赏、不与人交往的教师在教学科研团队中无法融入集体，互助合作意识强的教学科研团队成员将更受欢迎，善于合作才能在工作中找到乐趣，收获满满。当教学科研团队成员遇到困难时伸出友谊之手，当自己遇到困境时，别人也会回馈帮助。良好的互助行为有助于团队成员共同进步。

（2）主动承担工作，负责任。

78.44%的被调查者认为，团队成员要主动承担工作，负责任。责任心是一个人的基本素养，教师不仅要对自己的事情负责，作为团队成员也要为团队的工作负责。具有责任心的团队成员才能按时、按质完成任务，才会主动承担工作而不推卸责任，才能赢得其他团队成员的信任与尊重。一个没有责任心的团队成员只能拖团队的后腿。缺乏责任心的团队成员，工作质量肯定好不到哪里去，如果出现问题还需要其他团队成员来善后处理。

（3）主动学习，虚心请教。

76.25%的被调查者认为，团队成员要主动学习，虚心请教。教师要实现专业成长，首先要明确自己的目标，利用教学科研团队中的资源，努力去寻找自己感兴趣或者需要突破的领域，才能不断进步。虚心请教，精益求精，都是主动学习的表现，而被动学习，成效甚微，进步空间有限。

（4）师徒结对。

49.7%的被调查者认为，团队成员师徒结对，师傅要有指导徒弟的能力，徒弟要有带着问题向师傅学习的能力，师傅带徒弟是比较好的互助形式。要想师傅带徒弟的方式发挥作用，师傅和徒弟都要具有合作互助意识、要有责任心和主动学习的能力。经验丰富的教师在教学科研团队中可以充分发挥教学优势及示范引领作用，通过传、帮、带来帮助青年教师专业成长，在互帮互助中实现"双赢"，进而提高团队整体的专业素质。

调查结果显示，从"同伴互助"型教学科研团队建设来看，团队带头人最好由学术权威或教学名师挂帅，具备高尚的品格，具有无私奉献精神，要有较强的协调能力，乐于分享和指导团队成员，能够对项目经费、后续成果和荣誉进行公平公正的分配；也需要团队成员是合作型教师，积极主动学习，乐于沟通并主动承担责任，团队成员之间互相尊重，可以包容不同意见。除此之外，优秀的教学科研团队更需要确保团队持续互助的动力机制、评价机制、激励机制和保障机制。

三、人才培养

在高职院校教师队伍建设目标的指引下，学校要采取相应的举措进行分层次的人才培养计划。

南京信息职业技术学院（以下简称"南信"）属公办院校，是国家示范性（骨干）高职院校、江苏省高水平高等职业院校建设单位。学院现有正高教授47人，其中二级教授3人，三级教授4人，国家级教学名师1人，江苏省教学名师2人。为了有效开展人才强校战略，该校积极参与江苏省333工程和江苏省青蓝工程，目前有第二层次工程1个，第三层次工程3个；有省级优秀青年骨干教师22个，中青年学术带头人6个，科技创新团队和优秀教学团队2个；入选江苏省六大人才高峰4人，获江苏省优秀奖的教学团队2个。学校采取引育结合策略，教师发展中心积极配合学校强师工程建设，开展了教授工程、博士引进工程和新入职教师青年导师指导工程等。

1. 教授工程

为提高教师素质，增强教师队伍实力，该校教师发展中心积极引入校外资源，整合周边高校资源，柔性引进周边著名大学的博士生导师、知名教师协同培养南信师资队伍。各二级学院职称为副教授的教师自愿报名，缴纳教授培育基金1万元。二级学院根据教师职称提升需求，从周边重点大学找导师，特别是没有担任行政职务的博士生导师或知名教师，来到南信指导2~3名副教授，指导期为2~3年，帮助南信教师提升教学、科研和社会服务能力。该校每年支付重点大学教授 2 万元，培养期 3 年，共 6 万元，由重点大学教授指导南信教师开展科研项目申报、论文撰写、教学能力提升、课题研究和社会服务等，帮助教师成长。南信职称为副教授的教师经过三年的培养期，获得教授职称，学校奖励 3 万元。截至目前共有 25 个副教授参加了教授工程项目，有一半以上已经获评教授职称。

2. 博士引进工程

南信积极开展博士引进工程，凡引进的博士，三年内给予副教授待遇，6 万元科研启动费，要求 3~4 年必须发表 3~4 篇 CSSCI 中文核心期刊论文，同时申报并立项省级课题。三年后没有获评副教授职称的博士，将自动取消副教授待遇，降为讲师待遇。

3. 新入职教师青年导师指导工程

南信针对新入职教师开展青年导师指导工程，给每位新教师安排一名青年导师进行教学、科研和社会服务指导，并进行项目考核，获得优秀考核等级的青年指导教师奖励 80 课时，获得良好等级的青年指导教师奖励 60 课时，获得一般等级的青年指导教师奖励 40 课时，考核未通过的青年指导教师不计算课时。

4. 教师发展中心建设工程

南信教师发展中心的建设目标为：建设具有中国特色的高职院校教师发展中心，具有国际视野和国际标准的教师发展中心，具有行业特色的教师发展中心，具有校本特色的教师发展中心。教师发展中心与产业合作处协同培育师资队伍，引进企业专家对专任教师开展技术指导，培育双师型教师队伍。该校教师发展中心积极与浙江省教发中心联盟、省师培中心开展合作，联合开展教师发展中心工作，有效整合师资培训资源，实现主会场与分会场联合开设讲座，解决教师参与度低的问题。

四、合作意识

高职院校教学科研团队的"同伴互助"本质上就是团队合作，特别是在当今社会，只有团结合作，才能实现共赢。萧伯纳说，倘若你手中有一个苹果，我手中有一个苹果，彼此交换一下，你我手中还是一个苹果。倘若你有一种思想，我有一种思想，彼此交换一下，那么，你我就各有两种思想了。

每个教师都应该树立团队意识和合作意识，通过教师之间"同伴互助"与合作，不断提升自己的教学和科研水平。一个相互扶持的教学科研团队，一个相互信任的教学科研团队，不仅是高职院校的无形财富，也是教师个人专业快速成长的决定因素。尤其是优秀的教学科研团队，成员之间通过合作互助，共同成长，可以实现1+1>2的效果。

五、制度保障

学校教师"同伴互助"的程度跟学校的领导偏好、评价体系和考核制度紧密相关。合作型领导会积极在高校倡导教师之间的"同伴互助"，并会给教师创造条件搭建各种"同伴互助"的平台或制度。

以浙江金华职业技术学院为例，该校是国家级示范高职院校、浙江省高职重点建设学校。近年来学校共立项国家级科研项目18项，省部级项目276项，省哲学社会科学规划项目82项；拥有省级教学团队4个，省级教学名师4位，省高校学术带头人2位，省级专业带头人29位。该校共有29个二级学院，招生专业65个，国家重点支持示范专业3个，省级优势专业6个，省级重点学科1个，全日制在校生24 000余人。

浙江金华职业技术学院取得这么亮眼的成绩，第一是组织机构完善，教师发展中心成熟，对教师发展和专业建设支持到位。第二是教学团队建设制度健全，支持经费到位。2011年该校发布《校级优秀团队实施意见及管理办法》，依据申报项目书严格进行中期检查和期末验收；目前金华职业技术学院共有校级卓越教学团队28个，其中专业带头人积极发挥传帮带作用，目前的19个教学团队已完成验收。第三是科研团队分为省级、市级和校级三级梯队建设，科研成果丰硕。该校的奖励力度非常大，其中校级科研团队包括重点学科，资助金额10万元；科研创新团队，资助金额15万元；科研实验室、研发中心和社会服务团队（校企联合申报），资助金额5万元。

以团队或项目考核为导向的高校，弱化职称考核，引导教师积极面向社会需要提升个人能力和团队合作，教师之间"同伴互助"氛围浓厚，教学效果和科研成果显著。目前部分高职院校已经积极面向团队或项目进行专项考核，积极鼓励有想法、愿担当的教师组建教学和科研团队，并通过学校相关项目考核制度和团队负责人责权利对等等相关制度建设，显著改善教师之间"同伴互助"的绩效。

以浙江机电职业技术学院为例，作为浙江省重点建设高职院校，该校以专业教研室为平台建立教学和科研团队，制定了教学和科研创新激励机制。2014年该校启动了十多个重点科研团队建设项目和3个一般科研团队建设项目。理科重点团队建设申请条件为近三年获得科研经费必须达 50 万元以上，一般团队建设申请条件为近三年获得科研经费必须达 30 万元以上。

浙江机电职业技术学院制定的相关支持政策包括：

（1）对于重点培养科技创新团队，每年给予 8 万~10 万元的建设经费，资助期限为三年。对于以一般项目为载体的科技创新团队，一次性给予 2 万元的资助经费。经费主要用于改善研究条件，探索性研究与试验等。

（2）学校为每个科技创新团队提供办公及学术活动用房及相应办公条件。

（3）根据实际研究项目的需要，重点培养科技创新团队中 1~2 位主要成员（含团队负责人），可享受以下待遇：①周学时 4~6 学时视作完成教学工作量，完成团队工作计划后，且年到款 80 万元及以上，学校每年给予其所在部门平均教学工作量的差额补贴和 1.2 万元的负责人津贴。（团队负责人教学工作量减免，并实施差额补贴和发放负责人津贴）；②该成员可以申报科研为主型或社会服务与推广型等教师类型，进行独立考核；③一般情况下，享受减免政策的教师完成团队年工作计划，则当年教学业绩考核为 B 或以上；如未能完成科技团队年工作计划，则其当年教学业绩考核为 C。

浙江机电职业技术学院 2017 年起，教学、科研项目经费管理采取项目团队负责人审批负责制。项目团队负责人可以自主审批决定项目经费的使用，无须行政领导审批，学校每年进行一次教学、科研项目经费管理审计。该校项目财务报销制度改革大大激发了教师的科研积极性，科研成果增长较快。

六、互助氛围

团队的氛围是一个人感知到的团队环境和成员间的相互关系。理解、评价和决定团队氛围的是团队中的每个成员而不是管理层。"同伴互助"的团队氛围应建立在真诚、平等的基础上，团队成员对自身工作满意，成员与成员之间关系融洽，团队成员有集体认同感，有共同的目标，可以充分发挥团队合作精神。在这种氛围里，每个团队成员职责明确，团队成员间合作互助，人人都能积极地贡献自己的力量，从而促使团队取得好的绩效。

在高职院校，优秀的教学科研团队应该努力构建学习型组织，营造宽松的工作氛围。团队成员之间要针对共同的目标，进行有针对性的沟通和交流，共同分享经验，不断总结提升。积极互助的团队氛围不仅需要制度保障，也需要团队成员基于"公平"的认同。如果团队成员认为他们没有被公平对待，那么他们"同伴互助"的积极性就会受到影响；消极的团队氛围，很可能会导致团队成员的单打独斗，团队最终也难以取得更好的成绩。

七、信息共享

团队成员要信息共享、相互学习、相互交流，才能共同进步。信息和知识在共享过程中，才能发挥最大价值。成功的合作互助，不仅仅在于成员间分享信息、分享看法，还在于团队成员之间理解彼此的差异。团队成员应在平等信任的基础上，开诚布公，互通有无。

团队的优势就在于互补，"三人行，必有我师"，每个人都有自己的本领。高职院校教学科研团队的负责人要做好表率，发挥"领头羊"的作用，把自身在教学和科研领域的心得体会以及经验主动分享给团队成员；团队成员也要积极参与互动，把自己的信息和知识，分享给他人。优秀的团队在一起工作能够集思广益，在充分讨论的过程中，碰撞出思想的火花，让大家受益。

"传帮带"是一种简便有效的信息共享方式，年轻的教师可以向资历深的教师请教教学方法和科研思路，年长教师可以向新教师学习新思维和新技能，感受新教师的工作激情。通过信息共享和经验交流，不同的教师可以从他人身上学习，发现自己的不足，大家共同学习，打造学习型团队。

第三节　组织行为学视角下"同伴互助"教学科研团队凝聚力模型

如前所述，高职院校提升综合竞争力的关键在于建设高效能教学团队，团队建设成效直接影响高职院校的可持续发展动能。"同伴互助"教学科研团队建设凝聚力提升的关键是提升团队带头人的领导力和团队成员的追随力。

我们以组织行为学理论为指引，从主体间性视角探讨团队成员追随力建构的动因及进程，认为领导力的有效实施基于团队成员追随力的建构，团队负责人的专业素养及人格魅力是领导力的根源，负责人通过以身垂范、道德引领和有效沟通形成成员认同与追随力。创新团队建设绩效来源于团队带头人的领导力与团队成员的向心力相互建构而形成的正向合力。团队成员间通过民主协商、互助学习及相互激励形成团队合作动能，通过主体间性的沟通与认同，形成团队集体行动的追随力。追随力直接影响团队工作效能，成为团队可持续创新的关键推力。

一、团队负责人的领导力建设

高职院校教学科研团队带头人的作用非常关键，团队带头人要对整个团队的工作质量和建设发展负责。

一个高水平教学团队应该以中青年骨干教师为主，由教学水平高、学术造诣高的教授领衔，由教授、副教授、讲师、助教及教辅人员组成。教学团队带头人应具有宽广的学术视野、较深的学术造诣，能够把握学科发展前沿，具有丰富的教学经验和娴熟的教学技巧，教学效果显著，品德高尚、治学严谨，具有团结协作精神和较强的组织、管理和领导能力，能够紧密联系团队成员，营造和谐愉快的工作氛围①。教学团队带头人对课程或课程群的理论教学和实践教学的运行管理和教学质量全面负责。在教学团队中，价值高的教学经验和新的教学知识及技能容易得到传递。

团队负责人要有人品、有威望、有资源、有能力。团队负责人本身会给团队凝聚成生命共同体带来巨大的影响。人品好，就是他乐意为大家的发展服务，"想着大家田，耕着大家地"；有威望就是其具有长期积淀下来的群众基础和教学科研影响力，这样大家对将来才有信心；有资源就是负责人本身具有工作积淀，可以为团队获得某些发展资源带来契机；有能力主要是指负责人具有带领团队发展的管理方面的能力，例如沟通能力。

团队负责人必须首先是学科领域或专业领域的学术权威，能够对团队成员起到示范和引领作用；是能够制定团队发展目标，明确团队成员分工及其责权利，清晰团队合作成果的分配方案和经费使用办法的人；是专业精熟、懂教学设计或者可以提供各种教学资源的资深教师。

其次，团队负责人必须勇于担当、有奉献精神，熟悉赞美团队成员、激励团队成员、辅导团队成员和给团队成员提意见的方法和沟通技巧，目标坚定、严格自律，能够运用各种有效的领导力提升团队的凝聚力，带领团队达成目标，持续发展。关于如何有效沟通，得到CEO（首席执行官）脱不花老师帮我们总结了有效的工具和口诀，比如有效沟通三原则＝开放性（我们）＋目标感（方案力）＋建设力；结构化倾听＝响应情绪＋确认事实＋明确行动；赞美＝打追光＋轻轻地＋深深地＋长长地；激励＝及时赞美＋行为建模＋反馈闭环；辅导

---

① 李昌新，刘国瑜. 基于教师教育专业发展的高校教学团队建设探讨 [J]. 中国高教研究，2008（6）：49-51.

=共创目标+发现盲区+实战演习；提意见=事前征求意见+定义双方关系+提供具体建议，等等①。

再次，团队负责人还要了解团队成员的个性以及优缺点，在此基础上明确分工，各司其职。团队负责人根据各位团队成员的优缺点，用人所长，让团队成员充分发挥各自的优势，成员之间取长补短。安排任务时，让每个团队成员去做他擅长的事情，让每个团队成员去做他最愿意做的事情，充分调动大家的积极性。

最后，团队负责人要不断提升学习力，才能造就可持续的领导力。唯有领导者的思想持续领先于时代，学习速度远快于社会平均水平，才有资格持续领导团队。团队负责人提升学习力的途径：学习态度与终身成长、领导人的立体精进、迭代算法、重构数据、陪伴成长、协同进化、反省觉察、持续超越、刻意练习、升级习惯、输出倒逼转化、在工作中修行、新三省吾身（田俊国《学习力造就可持续的领导力》音频课）。

江苏经贸职业技术学院在开展团队建设时，重点抓团队负责人工作，对负责人学术能力、人品、学科把握能力要进行科学考核，选好团队负责人。同时要形成团队合作的组织架构，分工清晰，明确工作目标。跨界团队要挑选企业核心人物加入，"双带头人"团队要有与企业相匹配的人员加入。该校建设得较好的老年服务管理专业教学团队，分工清晰，采取双带头人管理制，以人才培养为纽带，密切校企合作，取得了很好的成绩。现代学徒制教学团队建设一定是跨界建设的，要明确团队建设的运行机制、制度建设、资金支持和平台保障，明确高水平人才建设的内涵是什么，社会服务的高水平体现在哪些方面，考核团队的方法要与激励机制相结合。

浙江金华职业技术学院对教学团队成员与带头人的要求非常明确，在制度里规定学校所有专任或兼任教师均应编入相应的教学团队，一名专任或兼任教师只能在一个教学团队中。专业调整、专业级机构调整或教师工作调动时，如有必要可对教学团队进行调整。

二、团队成员的追随力建设

对于高职院校如何打造高水平创新团队，学界的注意力一直集中在领导者和领导力建设上，忽略了团队成员追随力的打造，"我们生活在一个崇尚领导

---

① 脱不花. 沟通的方法［M］. 北京：新星出版社，2021.

力而不喜欢追随力的社会，虽然追随力和领导力密不可分，但我们不以作为追随者为荣，我们蔑视地称呼追随者为弱者"①。

1. 已有研究述评

随着科技革命的兴起和信息时代的到来，组织表现出动态和不确定性的特点，W. 理查德·斯科特（2007）认为，组织具有三种不同的系统视角，即理性系统、自然系统和开放系统。随着外部环境呈现开放和流动的特点，组织需要不断联络感情及创造共同的解释体系，以应对组织内部成员不断更新的问题，团队成员成为影响内部稳定及绩效的重要因素。学者们开始由过去重视封闭式管理体系中领导力的作用，转向重视开放系统中成员的追随力。

追随力研究起源于领导力理论的研究，格雷恩（1975）提出了领导-部属交换理论，认为领导所掌握的资源和时间有限，会将组织内的成员区分为"圈内成员"与"圈外成员"，圈内成员受到领导的更多信任和支持，从而获得更多与工作相关的资源与利益；而圈外成员则很少获得领导的眷顾，其活动仅维持在组织的正常规则之内。伯恩斯（1978）进一步将领导力定义为"引导追随者为了某些体现领导者、追随者双方价值观和动机的目标而采取的行动"。领导者和追随者之间形成了交易和转换的关系，两者关系的质量直接影响工作业绩，带来正向或负向的产出。有效的领导力意味着领导者与追随者之间存在强有力的合作伙伴关系，领导者为追随者提供具有包容性、信任感和支持性的环境，追随者则扮演积极的合作伙伴角色。

道格拉斯·J. 布朗（2019）提出，"卓越的领导力有赖于优秀的追随者，他们态度积极、有胜任力、能够自我管理、为人诚实正直，并且愿意为所在群体和组织的成功贡献力量，追随者是积极的意义的构建者，他们的意义构建行为对推动领导力知识的进步至关重要"。

南开大学吕峰（2020）认为，组织领导效能面临的巨大挑战来自追随者不够，领导的效能由领导者的领导力和追随者的追随力共同实现。企业应从四个方面提升组织成员的追随力，即打造企业愿景、甄选优秀员工、提高领导吸引力、营造追随氛围。同济大学罗瑾琏等（2018）认为，基于社会交换理论，员工对回报和付出的衡量，能够促使员工更有效地感知领导的支持，激活员工勤勉的特质，进而转化为追随行为。国家行政学院袁书杰、胡月星（2016）

---

① CHALLEF I. The courageous follower: standing up to and for our leaders [M]. San Francisco: Berrett-Koehler Publishers, 2004: 6-14.

认为，企业需要关注下属追随力的发展，通过管理愿景、提升追随者素质、培养领导者激励艺术和营造追随情境等手段提升企业员工的追随力。

国内外学者对追随力进行了不同程度的研究，但从目前的研究成果来看，相较于领导力，追随力的研究成果仍不够丰富，理论体系不够健全，缺乏追随力的实证研究。尤其是国内学者借鉴国外研究成果较多，实证性研究成果较少，对团队领导力与追随力之间形成主体间性的相互影响与共生发展过程的研究较少。

2. 不同视角下创新团队的结构特点

团队是组织结构的重要构成。人们对创新团队的集体行动具有不同的研究视角，形成了不同的团队合作理念。团队建设从最初的理性系统演变为开放系统，团队建设重心及团队集体行动的特点呈现出研究的不同阶段性。

（1）创新团队结构的理性系统视角。

人们观察团队建设，最初从理性系统视角看待组织运行的规律性。美国学者马奇、西蒙（1958）认为，组织是互动的人群的组合，是一种具有集中协作功能的系统，组织人员与非组织人员之间和组织之间的松散关系不同，组织内部具有高度专门化和高度协作的结构，使得组织成为一种社会学单元，就像生物学中有机体中的个体一样。

从理性系统视角看创新团队的结构特点，其表现为：

①创新团队具有相对具体而明确的建设目标。高职院校为提升各专业及专业群建设水平，相应建设了专业教学团队及专业群教学团队；以提升专业及专业群建设水平为目标，通过团队合作开展专业教学、校企合作、项目建设；以建设国家级高水平教师教学创新团队为目标，致力于提升人才培养质量。

②创新团队具有高度的凝聚力和集体行动意愿。在团队负责人引领下，团队成员具有极强的追随意愿和行动能力，整个创新团队集体行动，高质量完成团队工作任务，保证专业及专业群建设目标的达成。

③创新团队负责人具有超强的领导能力，能使团队成员将团队行动愿景内化为个人行动目标。团队负责人在团队建设中具有不可替代的作用，作为专业领军人才或教学名师能够有效统领团队力量，高质量完成团队建设任务。"火车跑得快，全靠车头带"，团队建设的质量取决于负责人的领导艺术和专业素养，负责人是团队的灵魂。

④团队成员是坚定的追随者，专业及专业群负责人作为创新团队不可替代的带头人，引领整个团队前行；团队成员可以替换或新增，成员对团队建设的成效影响甚微。

从理性系统视角看创新团队的构建与运作，负责人的领导力极为关键，权威成为引领团队前行的动力和指引。领导力作为目的驱动的行为动力，引领专业建设目标设定、项目创新、工作成效及成果评估、团队建设等的全面实施。詹姆斯·G.马奇指出，领导力表现为胜任力、主动性和认同感。

黄红兵（2014）认为，专业带头人是高职师资的主体以及教师团队的核心与骨干，需要具备专业研究能力、战略规划能力、社会活动能力、组织管理能力和创新变革能力，对专业发展有着至关重要的影响。近年来各高职院校重金引进专业领军人才、国家级教学名师，以此带动专业及专业群创新团队建设，体现了学校理性系统的组织观念，即认为专业带头人是专业及专业群的核心力量，领导力至关重要。

（2）创新团队运行的自然系统视角。

团队结构的理性系统视角不能解释有些具有卓越带头人的专业团队难以有效形成团队凝聚力，专业带头人难以引领团队开展项目建设的现象。这种情况下，少数几个核心成员成为团队建设者，且经常处于游离状态之中，这也是导致创新团队难以开展集体行动的缘由，其根源在于自然状况下个人的利己取向。

理查德·斯科特（2012）认为，尽管组织具有特定的目标，但组织的参与者并不总是考虑这些目标，组织的愿景也并不总是能够引导组织的集体行为。组织内的规则或规定难以约束团队负责人或成员，这是因为组织内的成员追求的目标更加复杂、发散和易变。组织内的成员并不受组织发展的愿景或规则左右，其行为更多受到其个人利益的激励。很多人都试图将个人利益置于组织利益之上，因为很多组织成员发现，组织本身是一种值得获取的重要资产和宝贵资源。

从自然系统视角分析创新团队运作，其表现为以下特点：

①团队成员的行动并不必然指向共同目标或愿景。

自然系统视角下的团队具有一定的行动愿景，但团队建设的目标与由各成员组成的团队的行动目标并不完全一致，这也是团队成员各自不同的利益诉求所致。团队成员在加入该团队时，具有不同的利益取向，包括专业发展、职称晋升、收入提升、荣誉奖励等，团队成员在共同愿景指引下并不必然形成集体行动，这也是团队成员不同的利益追求使然。

②团队作为平台的重要价值成为成员依附于团队的重要动力。

不同利益追求的团队成员依附于共同的团队，源于团队作为资源平台的重要价值，成员通过该平台能够较为迅速地获得更为有利的竞争地位以及获得更多的资源和机会。尤其是当前高职院校内部"强者愈强"的竞争态势，使具有高水平、高认可度的团队成为成员争相依附的对象。一些国家级或省级教学团队具有更多的资源和机会，能够较快获得学校资源支持，更有利于教师获得职称晋升机会，这也使得团队内部成员间的竞争更加激烈。

（3）创新团队结构的开放系统视角。

理性系统视角和自然系统视角将组织和团队看作一个与环境隔离的封闭系统，由一系列稳定的组织或团队成员共同组成。团队成员虽然具有不同的利益诉求，但依附于团队建设的整体目标。随着高职院校间项目竞争及人才流动的加剧，团队逐渐成为开放式系统，校企人员流动增多，校企资源共享逐步形成，外部环境对组织或团队建设的影响逐步增强。开放系统赋予团队成员多元化身份与归属，他们根据讨价还价的结果决定加入或者离开。

理查德·斯科特（2012）认为，组织是相互依赖的活动与人员、资源和信息流的汇聚，这种汇聚将不断变迁的若干参与者同盟联系在一起，而这些同盟则根植于更为广泛的物质资源与制度环境。

从开放系统视角看创新团队集体行动，其具有以下特点：

①创新团队成员日益开放，政企行校各方共同组建团队。

随着国家职业教育改革的持续推进，高职院校逐步构建起由政府统筹管理，行业、企业和院校深度融合的教师队伍建设机制，校企人员双向流动渠道日益完善，过去仅限于院校间相互交流的团队结构逐步转变为由行业、企业及院校共同组成的团队结构，各成员根据各自的利益诉求决定加入或退出。尤其是高层次人才或企业专家在选择加入或者退出团队时，其关键取决于他们对团队价值的认可和对利益目标的选择。各院校间围绕高层次人才、专家级技术人才的争夺日渐激烈，成员加入或退出取决于双方讨价还价的结果。

②创新团队通过感情联络及创造共同愿景体系，以获得优秀人才加盟。

高水平创新团队并非封闭型的结构体系，随着各院校对高层次人才的争夺日益激烈，领导者加强与创新团队成员的情感联络，形成团队凝聚力，成为开放系统视角下团队建设的重要内容。近年来各高职院校间的人才争夺日益频繁，尤其是国家级教学名师、省级教学名师、博士等高层次人才争夺呈常态化，各院校出台人才引进优惠政策吸引高层次人才加盟，加强团队竞争力，形成优势人才资源，这已成为高水平创新团队建设"外引内培"的重要手段。

3. 高职院校高水平创新团队建设的困境

各高职院校积极落实《国家职业教育改革实施方案》，创新以教师、教材、教法为核心的"三教改革"，深化内涵建设。"三教改革"的核心为教师，组建高水平、结构化教师教学创新团队成为师资队伍建设的核心任务。目前各高职院校在打造高水平教师教学创新团队建设中面临的困境包括：

（1）缺乏高水平创新团队国家级领军人才。

根据国家级教学创新团队负责人评审要求，团队负责人需要具有相关专业背景及企业经验，且具有较高学术成就、较强组织协调能力和合作精神，牵头建有省级以上"双师型"名师工作室、教师技艺技能传承创新平台或技能大师工作室。立项国家级教学创新团队，负责人至少需要主持三个以上国家级项目，包括：中国特色高水平高职学校和专业建设计划建设单位高水平专业（群）、中央财政支持建设的国家重点建设专业、国家级特色专业；职业教育国家规划教材；教学成果入选国家职业教育专业教学资源库、国家在线开放课程（含资源共享课程、精品视频公开课程）；获全国劳动模范、全国模范教师、全国先进工作者等奖励。

目前高职院校牵头国家级项目的团队带头人，同时也是学校重点培养对象及领军人才。学校为项目带头人提供充分的资源支持，通过讨价还价及情感联络，形成学校与项目带头人共进退的紧密合作关系，以应对未来项目带头人可能会被其他学校抢走的风险。高职院校在培育国家级项目带头人过程中，面临培育时间长、培育对象稀缺、平台及资源缺乏等困境，最快的路径包括采取情感联络或讨价还价手段，从他校挖走高层次人才等手段。

（2）缺乏高层次团队成员的追随力。

国家级教学创新团队对团队成员提出了较高要求，要求团队成员至少获得两项以上国家级项目立项或奖项，包括：团队成员为全国劳动模范、全国模范教师、全国先进工作者；团队成员教学质量高，教学成果丰硕，在全国职业院校教学能力比赛中获奖；团队成员牵头建设省级以上（含省级）"双师型"名师工作室、教师技艺技能传承创新平台、技能大师工作室；团队成员牵头建设职业教育国家规划教材或国家职业教育专业教学资源库、国家在线开放课程（含资源共享课程、精品视频公开课程）。高层次创新团队成员有国家级项目立项，一般为专业负责人或带头人，由于客观原因不能担任团队负责人，可能会对团队建设任务产生抵触情绪。尤其是当团队负责人居功自傲，或者行政领导担任创新团队负责人，以行政权力代替专业团队领导力，团队成员很难对团队产生认同，将难以提升团队成员的追随力，最终影响团队绩效。

4. 创新团队成员追随力的本质

美国知名学者彼得·圣吉（2018）提出，"真正能在未来获得成功的组织，将是那些发现有效途径去激励人们真心投入，并开发各级人员学习能力的组织"。他提出，创新型学习团队需要具备五项技能：系统思考、自我超越、心智模式、共同愿景和团队学习。作为高效运作的创新团队，团队成员对负责人的信任和认同将形成追随力。

何谓"追随者"？根据 MBA 智库百科（2021），追随者是指依靠共同的利益诉求或信仰取向，执行特定的任务，或遵循特定的标准，追求共同的组织目标的人。追随者是领导活动中执行具体决策方案和实现组织目标的行动者。领导者在和追随者的共处中，不能把自己视为领导职位的占有者，或依靠行政权力在团队内部实施控制的指挥者；领导者必须在与追随者相互影响和相互作用的过程中，依靠相互沟通和感情联络形成良好的平等合作关系。

许晟博士（2013）认为，追随是基于双向互动产生的，是追随者与领导者共享同一目标的行为，是以领导者工作为中心的行为，是追随者的一种能动选择行为，同时也是人际导向的互动行为。道格拉斯·J. 布朗（2012）对追随者个人素质进行了归纳，认为追随者具有态度积极、有胜任力、能够自我管理、为人诚实正直等品格，愿意为所在群体和组织的成功贡献力量。追随力并不是伴随着领导力自然生成的，而是相互建构的结果。

相较于对领导力的研究，学者们对追随力的研究仍处于探索阶段。凯勒曼（2008）认为，追随力是上下级之间的关系以及下属对上级的行为反应。杰恩及贝兹鲁克瓦（2003）则提出，追随力是一种人员导向的行为，这种行为建立了领导者与追随者之间的关系，从而为领导者和追随者锁定一个共同目标提供了环境。简·P. 卡里（2014）认为，目前组织行为学领域充斥了太多关于领导力的研究，忽略了对追随力的探讨。追随力是指追随者将个人目标与组织目标相结合以取得成功的能力，是能够将个人工作与整个组织使命相联系的能力，是个人胜任力与发展力的结合。

综上可看出，许多研究者强调领导者与追随者的相互关系，但仍将追随者置于服从和被动的地位，将领导者和追随者双方的关系理解为封闭的组织关系。追随者在组织内部寻求个人利益，从而决定是否服从和追随组织的规划和愿景。随着团队和组织外部环境的变化，追随者与领导者处于开放系统的组织和团队结构中，追随者对组织和领导力的认可度将变得越来越重要，领导者也不再是通过发号施令就可以引领团队成员采取集体行动。追随者在创新团队集体行动中的作用及影响力将逐步增强。形成创新团队成员的追随力，提升创新团队工作绩效，将变得越来越关键。

追随力是与领导力相互作用的影响力，是领导者与团队成员通过主体间性过程相互建构所形成的影响力。团队成员追随力的本质包括：

（1）团队成员的追随力来自成员对团队愿景的认同程度。

团队成员的追随力源于追随者对团队愿景的认同。如果团队中缺乏全体成员深度共享的行动愿景或目标、价值观或使命，该团队将很难形成强烈的凝聚力并采取集体行动。共同的发展愿景与命运归属感将团队成员紧紧凝聚在一起，共享发展愿景的话语体系。

不同于领导者通过行政命令硬性指派任务，对共同发展愿景的认同体现为领导者与团队成员主体间性的"言语行动"所形成的团队行动目标与规划。创新团队负责人以遵循文法规则的言语表述就创新团队建设目标和发展规划与团队成员进行平等协商，以确定团队成员是否认同该规划，能否积极参与创新团队专业建设及创新活动，并将团队愿景与个人行为相结合，形成个人自觉的行动。追随力形成的关键在于该"言语行为"过程能否内化为团队成员的个人行动，这要求团队愿景不仅能够描述团队发展目标，还能够为团队成员提供个人发展与团队成长的双重满足。只有团队成员为自己所做的事情感到骄傲，为自己身为团队中的一员感到自豪，团队才能高效运转。团队成员与负责人共命运，相互信任并认同团队行动愿景，将个人目标和组织愿景相结合。整个团队在负责人领导力和团队成员追随力相互影响下建立合作文化，才能培养团队凝聚力和行动力。各院校间激烈竞争的态势以及团队成员个人职业发展的需求会增强成员对团队的认同感，良好的校园文化和鼓励公平竞争的绩效制度也有助于形成团队凝聚力。

（2）团队成员的追随力来自领导者个人品德及专业技能的胜任力。

创新团队领导力是领导与追随者相互影响产生的结果，其中发挥作用的有领导者的个人品德、性格特征与行为，追随者对领导者个人品德及专业技能的认知，以及领导者和团队成员之间相互沟通和信任的过程。因此，团队成员的追随力来自领导者的性格特征、领导者的个人行为、专业技能、亲和力以及领导者与团队成员之间相互协商与沟通的能力。

团队成员重视领导者的个人品德和公德心，领导者如果只关注所主持的项目进展和业绩成果，不顾及团队成员的个人发展需求，忽略追随者的个人发展及利益诉求，团队成员就会选择漠视负责人指派的任务，采取消极怠工的方式，影响项目的进展和质量。领导力就是体现负责人及团队成员为基于共同价值观和动机（包括利益诉求、愿景和期望）的共同目标而采取行动的能力。领导者与团队成员之间表现为讨价还价和利益交换的关系，团队成员通过参与创新项目，获得相应的标志性成果或奖励，对未来可能获得的利益的预期成为团队成员参与创新项目的驱动力。

（3）团队成员的追随力来自成员积极主动提升个人能力的学习力。

创新团队在项目建设中面临的困难，需要领导者与成员及时解决，进而保证项目按期高质量完成。这不仅需要团队成员具有主动参与的意识，更需要团队成员具有一定的专业技能。国家为配合高职院校高素质"双师型"教师队伍建设，出台《职业院校教师素质提高计划（2021—2025 年）》，高职院校通过开展"三教改革"、校企交流及团队建设等项目，着力提升团队的思想政治素质和师德素养，提高团队的教育教学能力，努力打造师德高尚、技艺精湛、专兼结合、充满活力的高素质"双师型"教师队伍。团队成员可通过参加继续教育、学历提升、专题讲座、社会实践等多种项目提升个人专业技能。

团队成员只有通过不断学习，才能实现自我超越。如果团队成员没有足够的动力去实现个人成长的愿景，则不会有个人业绩的增长和个人能力的成长。团队成员只有不断突破自身能力局限，不断为实现自己真心追求的目标而提升自己的能力，才能实现自我超越。团队作为一种开放系统，依赖于成员个体对自我超越精神的坚持。团队成员的个人成长体现为对个人未来发展目标及愿景的不断追求，为此形成个人行动方案。只有将团队愿景和个人行动方案相结合，才能形成个人学习和进步的动力。

团队成员的追随力不仅体现为成员个人素质的提升，还体现为团队学习能力的提升。彼得·圣吉认为，一个工作很投入的团队，如果仅仅提升团队成员的学习能力，而忽略团队整体的学习能力，将降低团队整体的工作效能。"只有真正开展团队学习，才能做出非同寻常的成绩，每个团队成员也才能比在其他情况下更迅速地成长。"彼得·圣吉认为，作为整体的团队学习，需要从深度会谈开始，也就是团队成员暂时忘记个人的成见和假设而进入真正的"共同思考"过程，通过成员间的自由沟通和头脑风暴，实现个人无法获得的洞悉和领悟。这种深度会谈与专业教研室之间的讨论不同，它是各成员间进行平等对话和深入交流，通过对项目或者专题进行深入研讨，成员贡献个人的见解，进而找到解决问题的方法和路径。团队学习将具有不同学缘结构和不同专业特长的成员集中在一起，就相同的问题及任务进行深入研讨，提出新的解决方法，这有助于团队成员形成统一的工作思路，提升团队成员整体技能水平，保证项目进度和质量。

因此，在创新团队中负责人的领导力固然重要，但团队工作绩效更多来自团队成员的追随力，来自成员为实现团队与个人目标不断超越自我、主动积极的集体行动。追随力作为领导者与团队成员之间相互影响的作用力，体现了团队成员对领导魅力的认可，以及有效执行领导指令、支持领导者工作的行为能力，极大地促进了创新团队的凝聚力及绩效的提升，表现了团队成员作为追随者所具有的勇于承担责任、乐于献言献策、勇于挑战困难、有效执行指令的特点及工作能力。

5. 团队成员追随力形成的动因

大卫·W. 约翰逊、弗兰克·P. 约翰逊（2006）认为，由群体构成的团队根据其工作效率的差异，分为虚假团队、传统团队、效率团队和高效团队（见表4-1）。

表4-1　四种不同类型团队的差异

序号	类别	特征
1	虚假团队	成员对团队合作毫无兴趣，成员间相互竞争，隐瞒信息等行为引起团队混乱和不信任，团队整体成绩远不如个人潜力之和
2	传统团队	成员能接受团队工作，通过评估个人业绩表现进行奖励，很少开展团队合作，成员间相互独立，不同成员的积极程度差异明显
3	效率团队	成员之间合作紧密，成员间尽最大努力使他人获得成功，团队成功需要成员共同努力，允许争论，团队能够高效工作
4	高效团队	成员之间彼此关心、信任并尊重，乐于互相帮助，成员对彼此及团队成功拥有较高承诺，具有远超预期的突出表现

资料来源：JOHNSON D W, JOHNSON F P. 集合起来：群体理论与团队技巧［M］. 9版. 谢晓非，译. 北京：中国轻工业出版社，2008：18-20.

团队工作效率差异化的根本原因在于成员追随力程度各异。组织行为学理论认为，团队工作效率是领导者与追随者之间相互影响所产生的结果，包含领导者的个性、行为、影响及其与追随者之间的相互沟通等要素。领导者通过设立团队愿景与目标，有效整合成员的个体风格与个性，最大限度发挥团队中个体的能力，以解决团队面临的问题与冲突。团队成员作为追随者，通过理解与认同领导者所建构的团队价值与目标，形成与领导者之间相互信任与平等协商的合作模式，通过自我超越与心智转变，成为团队中坚力量，提升团队工作效率和项目建设质量。道格拉斯·J. 布朗（2006）认为，追随者使领导者的治理合理化，给予了领导者权力，为领导者实现愿景和目标提供了路径。卓越的领导力有赖于坚定的追随力，这些追随者态度积极、有胜任力、能够自我管理、为人诚实正直，并且愿意为所在团队的成功贡献力量。优秀的追随者有助于形成出色的群体产出。

（1）领导者构建的团队发展规划通过言语行为内化为团队成员的追随力。

自 20 世纪 60 年代出现语言学转向以来，言语行为的研究成为社会学乃至管理学的重要研究内容，"语言本身就是社会行动，话语不仅表达意义，而且其本身就是社会互动的一部分，语言赋予事情以意义，并建立起具有共同体意义的语言符号，使人与人之间形成持续的互动"①。哈贝马斯认为，语言是一种交往媒介，没有语言及其运用，就没有人们交往行为的发生，语言和行为是相互解释的，语言的符号意义是在人们通常的交往行为中通过相互作用得到明确的。"借助于表达的以言行事力量，言语者可以促使听众接受他所提供的言语行为……沟通是具有言语和行为能力的主体相互之间取得一致的过程。"②团队负责人用言语形成团队行动愿景和规划，通过与成员之间的平等协商与沟通，使其内化为成员追随力。

因此，追随者是积极的意义构建者，领导者产生的影响力并不完全存在于其行为或技能中，而是部分存在于追随者的言语理解和解读中。追随者对领导者的言语和沟通赋予了意义，他们通过理解、了解、推断和预测，进而了解领导者的意图和思维，预测和推断领导者的言语意图，从而决定追随或者放弃。领导者不是通过行政权力的施压来对团队成员施加影响，而是通过平等的言语协商与沟通来说服团队成员在设定和追求目标的过程中相互合作，推进项目并高质量完成。

因此，从主体间性的言语行为视角看团队建设的愿景和目标，领导者并不能通过硬性指派的方法或者强力施压的方法发布团队建设愿景，而是需要高超的沟通艺术，能够通过平等的协商和清晰的表述，阐释团队共同的行动目标。团队负责人不仅要能为团队成员展示未来的合作愿景，还能知悉成员的发展需求，能够将团队目标和成员的发展需求相融合，从系统层次规划团队的发展愿景。

---

① 文军. 西方社会学理论：经典传统与当代转向 [M]. 上海：上海人民出版社，2007：385.
② 哈贝马斯. 交往行为理论：第一卷：行为合理性与社会合理化 [M]. 曹卫东，译. 上海：上海人民出版社，2018：352-362.

组织行为学理论认为，魅力型领导应具有清晰的使命感和团队愿景，他愿意承担个人风险，对团队成员的需求十分敏感，并能对成员的需求与情感做出积极回应，对团队愿景的实现充满信心。魅力型领导通过言语行为向团队成员传达新的价值观，并且经过民主协商和平等深入的讨论，将团队的整体规划与成员的发展需求相结合，形成团队共享的价值观与愿景。

团队共享的发展愿景有助于形成凝聚力和开展集体行动，有利于凝聚人心，让团队成员将团队目标内化为个人的发展目标，从而将团队项目作为个人行动的目标。高水平创新团队负责人与成员之间紧密的合作关系，是负责人与成员之间就项目进展进行密切交流与协调的结果。团队成员作为个体积极参与项目建设，依托于高水平创新团队，通过参与项目提升个人业务能力，并将参与高水平创新团队项目作为个人生涯发展的重要推动力，团队成员以参与的项目为基础申报校级、省级教改项目。团队成员将个人参与重大项目视为负责人对成员的信任，并将团队能够立项省级、国家级项目作为个人未来发展的重要推动力。团队的发展和愿景与个人的发展诉求密切相关，成员间应密切合作，高质量完成项目任务。

团队形成共享价值观的主要障碍在于团队负责人缺乏清晰的团队建设目标，缺乏与团队成员间的沟通与协调，没有将团队建设目标与成员个人发展目标相结合。这导致团队内部缺乏共享的价值观与发展愿景，缺乏团队凝聚力与追随力，进而影响团队工作成效。

（2）团队成员之间通过深度会谈与协商等言语行为形成团队行动追随力。

团队成员在共同发展愿景的引领下实施项目建设与创新实践，在实践过程中面临诸多困惑和疑虑。尤其是我国职业教育发展理念不断创新，新的发展理念不断取代旧的理念。2019 年国务院出台的《职业教育改革实施方案》，作为职业教育改革的纲领性文件，提出了未来职业教育改革的 20 条行动指引。学者们对职教 20 条进行了多视角解读，创新团队在开展职业教育改革实践时，面临如何将职业教育改革实施方案与具体的项目建设相结合的问题。因此，在开展项目建设时，团队成员开展积极的深度会谈，成员们就个人在建设中面临的困难进行坦诚交流，团队负责人平等参与深度会谈的协商与沟通过程，通过民主协商方式统一思想，明确建设思路，形成团队行动追随力。

团队学习是开发团队能力的过程，也是在团队成员不同学缘结构和对职业教育创新的不同理解等基础上开展的民主协商过程。团队开展深度会谈需要具备两个条件：

①对创新项目实施的复杂性和系统性能够进行深入思考，需要成员根据自身学缘结构和专业结构进行深入思考、平等交流，汇聚项目实施共识。负责人及团队成员之间应进行公开而平等的辩论，负责人一言堂或团队讨论仅仅停留于布置任务或者检查成员工作进度等表象，难以深入项目细节，难以形成团队行动共识，各成员之间依照个人思路开展工作，必将带来项目工作的低水平重复。

②对创新项目的实施进程要形成创新性的协调行动，尤其是一些项目牵涉的人员和任务较多，如专业教学资源库建设，需要将十几门课程的建设任务整合为统一的行动规划，需要每门课程项目组之间、项目成员之间形成工作协调，需要各项目小组之间进行协商和民主决策，各小组成员形成明确的建设思路，最终规范建设标准，保证项目建设的整体成效。项目负责人应与课程小组团队、课程建设团队成员之间形成相互信赖、相互帮助，共同完成项目任务。

团队学习作为团队言语沟通行为，要求团队成员在讨论创新性项目的实施路径时，采取系统的思维方法，对项目创新的细节问题，进行创造性商谈。每个成员应放下个人成见和固有观念，聆听其他成员的观点，探索适合项目创新性建设的路径。在进行深度会谈时，要防止团队领导者将个人见解凌驾于团队成员之上，采用一家之言来统一团队思想和见解，很可能会导致团队项目低水平建设，缺乏集体创新。

（3）团队负责人的个人魅力形成团队道德追随力。

在团队建设中，由于项目完成时间紧，团队负责人通常将团队成员分为圈内人和圈外人。那些被负责人认定为圈内人的成员，会得到负责人更多的信任和关照，拥有更多特权，而其他成员则成为圈外人。团队负责人选择态度、性格和专业能力突出的成员作为圈内人士，对圈内成员给予更多信任，将更多的项目任务安排给圈内成员完成；圈内成员获得更多的业绩回报，同时也获得领导者更高的满意度，成为负责人器重的圈内人士。这种领导和成员的交换关系，有时会形成小圈子，导致圈外成员难以获得圈内资源。这会形成团队建设的两种极端：圈内成员形成对领导的紧密型的追随力；圈外成员则缺乏对领导的追随力，甚至选择离开团队。值得一提的是，领导和成员的交换关系并不能形成广泛而持久的追随力，特别当领导权力旁落，原来所形成的圈内紧密追随力则变得松散甚至消失，基于利益交换的团队合作虽然暂时能够形成强大的追随力，但难以形成道德性的追随力。领导者利用权力和利益交换笼络少数成员参与项目任务，并没有形成个人魅力性的追随力。在团队建设初期，为了有效开展工作，领导者与追随者的利益交换关系可能发挥重要作用，但随着团队规模逐步扩大，成员人数不断增多，交换关系所发挥的作用将受到一些成员的抵制，团队的凝聚力遭到破坏。当领导者有所偏爱，用完全不同的方式来对待圈内和圈外的团队成员时，圈内人和圈外人都会同时受到来自领导-成员交换关系的负面影响，团队成员的工作态度普遍将变得更加消极，出现退缩现象。区别对待团队成员，也会损害团队内部的信任关系和项目推进的质量，尤其在完成一些难度较大、项目涉及面较广的项目而需要团队成员紧密合作时，团队将变得极不协调，整体工作成效也将下降。

构建紧密合作型团队，领导者不能依托于小圈子，而要建立包含绝大多数团队成员的追随体系。负责人作为团队建设的领导者，应对团队建设的愿景充满信心，且对团队成员的需求非常敏感，能够照顾到绝大多数成员的利益。领导者应具有较强的责任感和使命感，具有大公无私的美德，能够帮助团队成员获得更好的发展，关心团队成员的成长和发展需求，在团队中能够建立起充分的信任，能够使成员的个人利益上升为团队利益。

团队负责人作为团队建设的灵魂和核心，需要具备一定的领导者魅力，即能够为团队提供愿景和使命感，能够赢得团队成员的信任和尊重；能够关爱团队成员，为成员成长提供个性化成长的建议和路径，为成员搭建更高的促进成长的平台；具有扎实的专业技能和校企合作经验，能够为团队成员提供合理的项目建设理念，能够培养团队成员解决问题的能力。团队负责人应以其个性魅力和专业技能获得团队成员的尊重和信任，同时也获得成员的追随。成员们能够感知到负责人对他们利益的关注，感知到负责人对他们的信任和关心，便愿意留在团队中发挥积极作用，成为团队建设的核心成员。负责人高尚的道德情操，包括为团队成员争取更多荣誉和奖励，在面临困难时敢于承担责任，在项目建设中身先士卒，其大公无私、全心全意为团队发展做贡献的精神将赢得成员们的尊重，也将获得更多成员的追随。

6. 高职院校团队追随力状况调研

为了解高职院校高层次创新团队成员追随力的状况，我们先后调研了 20 所院校的团队追随力现状（其中包括"双高"院校 10 所，非"双高"院校 10 所），针对团队建设进程中的团队成员追随力开展调研。结果表明，"双高"院校在团队追随力方面比非"双高"院校表现更好，团队成员责任心更强，完成项目的质量更高；非"双高"院校在团队追随力方面表现一般，团队负责人个人魅力和专业素养难以有效形成团队追随力，影响团队绩效发挥。

调研发现，相比较于普通高职院校，"双高"院校的团队追随力水平更高，团队成员对负责人的认可度较高。近年来"双高"院校建设水平不断提升，其关键在于创新团队凝聚力强，成员具有很强的责任感和追随力。根据对两类高职院校团队建设情况的调研，我们发现：93%的"双高"院校团队成员认为加入创新团队能够为他们带来更多的发展机会，能够有机会获得重大教改成果；非"双高"院校团队成员对个人发展机会的认可度仅为58%。86%的"双高"院校团队成员对创新团队负责人的认可度高，认为负责人能够有效指导项目建设，在项目实施中发挥了核心作用；非"双高"院校团队成员对负责人的认可度为53%。89%的"双高"院校团队成员认为参加项目团队能够有更多机会获得高水平培训和出国培训的机会，能够获得更多社会资源；非"双高"院校团队成员对此的认可度为49%。92%的"双高"院校团队成员认为参加团队项目能够获得更多奖励和奖金，有利于改善家庭经济状况，他们对团队建设项目能够获得省级或国家级立项充满信心；非"双高"院校团队成员对此的认可度为67%。85%的"双高"院校团队成员认为负责人能够平等待人，在团队中根据成员取得的绩效论功行赏，不搞小圈子；非"双高"院校团队成员对负责人的管理能力的认可度为45%。82%的"双高"院校团队成员认为团队负责人能够为团队成员争取奖励及发展机会，负责人并不揽功；非"双高"院校团队成员对负责人的品德的认可度为42%。92%的"双高"院校团队成员认为负责人具有扎实的专业知识和校企合作经历，能够全程指导项目进程，并能提出创新性建议；非"双高"院校团队成员对此的认可度为59%。

我们针对两种类型的院校进行了深入调研，"双高"院校团队和非"双高"院校团队在追随力水平上存在明显差异，其原因在于：

（1）团队成员结构差异明显。

"双高"院校团队成员素质高，具有较强的责任心和较高的专业水平，能够与负责人形成紧密型的合作关系，实现学缘、专业、年龄结构的最佳搭配；成员对自身能力和业绩成果的认可度高，具有较强的自我超越精神，能够高水平完成团队建设项目。非"双高"院校团队成员合作紧密度较低，年龄偏小，且多数为新入编教师，团队结构不够合理，且成员不够稳定，成绩不够突出，团队合作成效不显著。

（2）团队成员对负责人的认可程度不同。

"双高"院校团队负责人作为国家级项目负责人，一般由具备较高行政职务的领导或专业领军人才担任。他们能够有效组建高水平团队，管理水平、业务及专业技能较强，对项目建设目标和实施路径有清晰的思路；这些负责人均已获评教授，能够充分考虑到团队成员的职业成长和职称提升的需要，团队成员对负责人的信任度较高。非"双高"院校团队负责人作为省级或以上项目负责人，一般由学院领导或专业带头人担任。在项目立项和结项中，他们更强调以行政职务作为项目排名，导致一些对项目投入较多的成员的业绩成果排名靠后。尤其是一些新入职教师，他们更需要通过业绩成果来晋升职称，但负责人更重视个人业绩成果和所获荣誉，团队成员很难有机会获得校级以上荣誉或奖励。这也导致成员对负责人的信任感降低，团队内部的合作文化制约了工作成效。

（3）校园文化及组织绩效考核方式各异。

校园文化和组织绩效考核方式的差异对团队追随力的影响十分明显。"双高"院校经过多年发展，形成了极具竞争意识的校园文化，更强调通过个人努力取得业绩成果，其团队成员也认识到"双高"建设团队对个人发展的重要价值。团队成员以参加团队项目为荣，认为是领导对其个人业务能力的肯定，也认识到参与项目对个人发展的重要意义。"双高"院校的绩效考核体系重视团队成员的贡献度，满足了团队成员做有所获、劳有所得的成就感。

相较于"双高"院校，许多非"双高"院校还没有完全形成适合于教师成长的校园文化，官本位文化气息较为浓厚，精致利己主义价值观较为流行，导致这些学校部分教师的团队合作意识较差，成员各有其利己目标，对领导安排的团队建设项目没有真正投入，其项目实施的质量达不到要求；部分团队负责人功利心较重，关注项目中个人的排名，且依赖圈内成员作为项目主要成员，形成圈内成员和圈外成员区别对待的现象。许多非"双高"院校的组织绩效考核方案突出项目主持人的业绩成果，对参与项目的成员仅统计业绩前三或前五，导致一些真正参与项目的成员排名靠后，一些行政领导依靠权力排名靠前。尤其是一些新入职教师为项目投入了大量时间和精力，但项目建设的业绩成果却由行政领导占有，这会导致团队凝聚力下降，追随力下降。

（4）团队成员参与的项目层次及平台有异。

"双高"院校由于已有优秀建设成果，因此其团队在项目申报、立项和建设中具有高层次、高标准、高质量、重创新的特点，要求团队成员具有高度的责任感和专业水平，具有自我超越和勇于创新的精神，团队成员参加国家级重大项目建设，责任更重，更需要负责人能够提供精准指导；要求负责人具有扎实的专业技能和良好的沟通能力，能够有效管理和指导团队成员，具有良好的道德品质和强烈的责任感和使命感。负责人个人的魅力和专业领军能力将深深影响团队成员，优秀的负责人能使成员们产生较强的追随力，通过不断提升专业技能和超越自己，转变心智模式。

非"双高"院校，由于其已有的建设成果难以达到高层次要求，导致创新团队很难获得国家级项目立项，其项目平台和层次比"双高"院校低。不同院校的团队参与的项目具有累积效应，会形成"强者愈强，弱者愈弱"的态势，非"双高"院校团队在项目上难以有进一步提升的空间，会导致团队成员产生挫败感，难以正确看待团队优势。尤其一些团队负责人本身并不具备专业领军能力，是依托行政职位掌握团队负责权力的，对项目所涉及的专业性或创新性了解不多，难以担当负责人角色，也导致团队成员失去追随力。

7. 高职院校创新团队追随力的提升策略

随着时代的快速发展，高职院校的组织结构日益扁平化，层阶之间的权力差异正不断变小，追随者和领导者之间的正式权威差距正不断缩小。这正在改变当前高职院校中领导力的本质，也给创新团队的领导方式带来了新的挑战，过去以行政命令为主要实施路径的团队运作模式正日益受到追随力减弱的挑战。当今在团队建设中，团队负责人并不比那些处于从属地位的团队成员拥有更多的专业技能和知识，相反，由于知识的更新换代，团队负责人可能知识和技能更加陈旧，更加不适应当代职业教育改革的要求。

因此，团队负责人更需要成为变革型领导者，通过建立清晰而具有感染力的团队发展愿景，容纳团队所有成员的成长需求和利益诉求；制定实现团队愿景的实施战略，尤其是非"双高"院校团队建设更需要稳扎稳打，一步步累积团队成果，才能逐步实现高层次目标和愿景，弄虚作假最终会导致团队根基不稳，甚至会颠覆整个团队；具备诚实自信的个人魅力，能够平等对待每一位团队成员，不搞小圈子，为每一位成员提供同等的发展机会，不独揽团队的项目成果；加强团队沟通，将团队发展愿景融入团队成员的个人行动规划中，平等协商，根据团队成员对项目的付出确定其项目排名，实现团队内部的公平竞争；建立共建共享、平等互助的团队文化，形成"同伴互助"的团队氛围。追随者和领导者之间应该是一种民主的、平等的关系。追随者之所以追随领导者，是因为双方有着共同的发展愿景和利益诉求，是因为追随者内心有着强烈的自我超越的发展需求，产生了积极主动的意愿，被团队共同的愿景和目标所吸引，愿意共同建设团队项目，因而产生了对负责人的追随。

8. 总结

随着团队建设研究的不断深入，学者们逐步认识到领导力是与追随力相互影响的。领导力来自领导者的个性、行为、影响和其与团队成员互动的进程，离开团队成员的追随力，领导力就成了领导者一厢情愿地施加影响，这样很难形成团队凝聚力。追随力成为继领导力研究后的一个新的研究领域，追随力研究也成为了解追随者如何与领导者互动，形成追随者敬业精神、思维力、执行力、影响力、人际技能等，团队行为如何内化为追随者的内在价值与效能的过程。从团队成员视角研究团队工作效能的形成，从主体间性进程分析团队成员如何逐步内化团队发展愿景，能让我们更真实地了解团队运作中的互动进程，了解团队工作绩效的影响因素。一个运行良好的团队不仅需要一个优秀的领导者，还需要一群卓越的追随者。

2019 年国家出台《全国职业院校教师教学创新团队建设方案》，提出在三年内打造 360 个满足职业教育教学和培训实践需要的高水平、结构化国家级团队。这需要做到：选拔卓越的团队负责人，使之成为团队灵魂，通过自身人格魅力和扎实的专业技能引领团队建设；筛选优秀的团队成员，使之成为团队负责人的左膀右臂，清晰把握负责人的建设思路和标准，具有扎实的专业素养和良好的敬业精神，具有突出的工作能力、态度、品德和人际交往技能，成为有力的追随者；在团队内形成和谐互助的团队文化，形成互帮互助、相互信任的团队精神，整个团队共同搭建高水平建设平台，使之成为团队成员共同成长的支撑，团队成员依托于高层次创新平台，促进自身专业成长和职业发展。

追随力与领导力相互影响，对高层次教师团队的形成具有决定性作用，过去以领导者为核心的团队将逐步转向以成员的追随力为核心。领导力来自追随力，追随者能够将领导的安排落实到位，能够高效履行领导安排的项目任务，能够将领导没有考虑到的细节清晰罗列出来，就能够高质量完成团队的任务，也必将得到领导的信任，获得更多的资源和平台。加强对领导者和追随者的共生环境的研究，了解追随力和领导力之间的内在联系，有利于各高职院校打造高效能团队，提升院校竞争实力，实现学校"双高"建设目标。

第四节　高职院校创建"同伴互助"教学科研团队的思路及对策

大学中不应该有的一个奇怪现象，就是教师成了教学的"个体户"。如果说科研存在"个体户"尚可理解，教学存在"个体户"就有很大问题了，毕竟人才培养是众多教师和众多课程共同努力的成果。

管理学中有一个著名的结论：失败的组织中没有成功者，成功的组织中没有失败者。组织好，大家才能真正好；个体很好，但没有拧成一股绳，没有相互铺垫和支撑，没有共同发展愿景，那最后教师个人发展再好，实际也好不到哪里去；个人好，而人才培养工作也未必可以做好。更何况这样的环境，有可能使大批本来可以成长得很好的个体，逐渐"颓废"。

所以，基层教学组织建设应该被高度重视。2020年教育部高教司的工作计划非常明确地指出：推动高校以院系为单位，恢复设立或完善教研室等基层教学组织，实现基层教学组织全覆盖，教师全员纳入基层教学组织。本书所说的"同伴互助"教学科研团队就具备了高职院校基层教学组织的功能。

基层教学组织不仅要"恢复设立或完善"，还要成为具有生命共同体特征的组织，真正成为人才培养工作的战斗堡垒，成为能"打胜仗"的战斗集体，成为一荣俱荣共担责任的工作团队①。

高职院校教师教学创新团队建设需要借助团体的力量，表现为教师的教学科研合作。推广"同伴互助"模式，打造好具有生命共同体特征的教学科研团队，需要以下几方面的保障②：

一、明确团队共同的发展愿景、建设目标和行动计划

团队的共同发展愿景，需要包含所有人的共同追求和目标。

团队中的所有成员要有共同的愿景，这是凝聚大家的基础。张三要向东，李四要向西，或者大家根本不知道奋斗的目标是什么，那么为什么要为这个团队努力呢？所以，构建团队前和构建团队后，都要及时确定团队发展愿景，且

---

① 陈庆章. 大学教学常见问题解答600 [M]. 北京：首都师范大学出版社，2020.
② 张乖利，刘后伟. 高校教师教学科研中"同伴互助"实施情况的调查分析 [J]. 广东农工商职业技术学院学报，2019（11）：29-35.

该愿景要得到基本一致的认可。愿景可以是短期的，例如一年达成的目标；也可以是中期的，例如三年目标；还可以是长期的，例如五年或十年的目标。

领导力就在于持续的激励和启迪，在于不断为下属分享未来共同的愿景和目标。团队中如果缺乏全体成员共同分享的目标和愿景、价值观和使命，这个团队就很难可持续发展。高职院校团队建设的使命和目标就在于为学生发展提供高质量的学习平台，为学校发展提供坚实的质量工程基石。团队建设如果成为为个人谋取利益和名誉的手段，则团队成员缺乏共同的身份认同，这样很难将团队成员凝聚在一起。

成为国家级教师教学创新团队是高职院校"同伴互助"教学科研团队的建设目标，必须在团队中达成共识。高职院校的团队建设应以推进学校职业教育高质量发展、完善高层次应用型人才培养体系为目标，并通过开展1+X证书试点、促进产教融合、建设高水平学生校内外培养培训基地、打造"双师型"教师队伍、推进双元教材改革、优化课堂教学方法等多种手段实现团队建设目标。创新团队通过扎实推进项目建设，不断推陈出新，形成惠及学生成长和教师能力提升的双赢局面。

实现团队共同的发展愿景，需要扎实推进团队建设项目，形成创新成果和经验总结。近年来高职院校建设成果倍出，每年的省级质量工程申报成为各院校的关注点，一些学校出现重申报、轻建设的问题。尤其是一些校企合作项目需要长时间的付出和沟通，且没有任何绩效考核要点，一些专业甚至终止了与企业合作。但申报质量工程项目时，却突然冒出很多校企合作项目，一些校企合作材料属于造假和临时敷衍编撰，导致团队成员对负责人缺乏信任。

实现团队共同的发展愿景和行动计划，需要照顾到团队成员共同的利益。团队共同的发展愿景，应该以搭建共同的发展平台和提供共同的发展机会为目标，应该满足每一位教师的成长需求，尤其要照顾到新入职教师的发展目标，才能形成集体行动，也才能形成团队成员的追随力。

实现团队共同的发展愿景和行动目标，需要负责人卓越的管理技能和沟通手段。团队负责人要将团队共同的愿景和行动规划内化成团队成员个人的行动目标。这需要负责人具备卓越的沟通技巧，能够针对成员个体的需要和利益诉求进行沟通，从而使团队目标内化为成员自觉的行动指南。这不仅需要负责人对团队发展的愿景有清晰的认识，同时还要准确了解团队成员的个人发展需求，能够通过深度会谈将团队目标与团队成员个人成长需求相融合，形成团队集体行动的思想动力。

二、建设"同伴互助"的团队合作文化，让教师之间互助合作成为常态

团队文化是团队或组织建设的精神目标和支柱，可以激励全体成员自信自强，团结进取。成功的团队文化实质就是在团队内部建立一个动力机制，使团队成员了解团队的目标，并乐于为实现团队目标而贡献力量。团队文化还可以把不同专业、性格各异的教师团结起来，使每个人与团队紧密相连。教学团队建设成功的关键在于团队文化的生成，良好的团队文化会创造出一种民主、和谐、鼓励变革和超越自我的环境，为团队成员的创造性工作提供支持。显而易见，文化对人的影响是潜移默化的。在健康向上的文化氛围中，教学团队才能更优质、更高效地完成教学和科研任务，从而提高教学质量。教学团队需要在内部形成一种团结协作的风气，要有不断学习、吃苦耐劳的文化，这样教学团队才能健康稳步地发展。

团队文化及合作氛围对提升团队成员的追随力具有较大影响，一个以精致利己主义为价值观的团队最后很可能会分裂。目前高职院校团队难以形成紧密型合作的根源在于受精致利己主义的影响。如何调和团队成员的利益诉求，照顾到不同成员的发展需求，是考验团队负责人领导和协调能力的关键。提高团队负责人的师德师风水平，培养团队成员不忘初心、牢记使命的情怀尤为重要。目前一些团队从负责人到成员都以个人利益为重，在项目建设中互相推诿，在项目立项排名中你争我夺，在项目结项后争功争赏。尤其是一些行政领导独揽大权，不断挤压成员利益，揽功独赏，侵蚀了团队的凝聚力。加强团队负责人理想信念教育，让其以学校发展为重，不计个人得失，是建立"同伴互助"团队合作文化的重中之重。

教师"同伴互助"模式的实践和推广需要高校提供一个开明、民主、自由、宽松的学术环境。"同伴互助"并不是纠正教师错误、改良教师队伍的改革措施。实施教师"同伴互助"项目的学校将其视为一种增加教学反馈的途径。一些教师将其视为学校对教师正式考核前的"排练"，有一些教师把"同伴互助"看作一次"机会"——一次你可以冒险尝试新想法、新教法或新策略，事后跟你信任的同事讨论结果的机会。

教师团队内要形成力争上游的文化。大家一团和气，并不是最有利于教师发展的文化，还是应通过建立一定的机制，形成鼓足干劲、力争上游的团队文化。和谐是为了奋进，失去奋进，和谐就没有了意义。对成员的发展，该鼓励的鼓励、该鞭策的鞭策、该重奖的重奖，当然，该淘汰的也应淘汰。

为此，要积极改造校园文化中的"闭门造车"和"文人相轻"现象，鼓励和倡导学术争论，打造开明、民主、自由、宽松的学术环境，强调师师互动、师生互动，通过教师之间的专业争论和"百家争鸣"，取长补短，优势互补，共同进步。

学校要积极营造团结、协作、互助的教学科研气氛。日常教学中，教师要以学生为中心开展课前预习、课堂讨论和课后拓展；提倡集体备课，"同伴互助"观课，互相借鉴，共同总结教学典型案例，提炼不同老师的创新性教学的信息反馈和实施效果，然后共同研讨，综合分析，形成从"问题"到"课题"的理想研究状态，最大限度地调动起参与教改研究的积极性。同伴观课是基于提升教学效果的客观评价，给予对方成长，不带有任何主观偏见①。

建立"同伴互助"的团队合作文化，首先需要团队负责人以身作则，平等待人，关怀教师成长，良好的沟通是其重要途径②。团队负责人作为团队核心，不仅要具备扎实的专业知识，还要具有崇高的道德情怀，要具有为提高团队建设水平不计得失、一心为公的奉献精神。团队负责人主动担当、乐于奉献的道德品质将影响团队成员，形成团队成员的追随力。

其次，需要破除小圈子和"抱团取暖"现象。其是指团队领导者利用行政权力和资源分配权，网罗几个核心成员作为团队"圈内人士"，采取利益交换的方式，承诺在年度评优、出国培训等项目上优先照顾圈内人士，对圈内人和圈外人区别对待，形成每年的评奖评优都集中在圈内人士身上，每年的出国培训同样集中于圈内人士的现象。这种小圈子式的抱团取暖，恶化了团队合作文化，也影响了团队合作的氛围，圈外成员采取不合作策略，致使团队项目难以推进，也难以保证项目质量。

最后，需要合理搭配教师，组建"同伴互助"团队。"同伴互助"教学科研团队既有由学校根据教学科研工作的需要通过行政方式指定的，也有教师之间根据兴趣爱好自主形成的，其中后者更为长久和更有生产力。团队成员3~5人最佳。在"同伴互助"实施过程中，"同伴互助"小组可以通过多途径、多形式取得外部各层次资源的支持，通过内化学习、交流沟通不断提高成员素质，从而提高校本教研的效果。学校领导应精心考虑，合理安排同专业不同学

---

① 何婷. 高职教师互助式观课对其职业发展的影响 [J]. 哈尔滨职业技术学院学报，2015（5）：29-30.

② NOBILE J D. Organisational communication and its relationships with occupational stress of primary school staff in Western Australia [J]. Australian educational researcher，2016（2）：1-17.

科、跨专业跨学科及校际和区域的"同伴互助",使之形成教学风格、知识结构、成员性格等各方面优势互补的优秀团队。

以广东邮电职业技术学院为例,该校面向市场,实施企业化管理和市场化运作。比如引进社会上优秀培训师团队,让在编教师自由选择,鼓励其积极向社会培训师转型;举全院之力做大社会培训,学院分社会培训、学历教育和服务支撑三大部门,每个部门的工作都会得到其他部门全力支持,实现了学历教育和社会培训互为支撑的良好局面。做专做精社会培训,做强做优学历教育,价值引领、创新驱动,该校为其他职业院校举办社会培训树立了学习的典范。

三、成员的年龄、学缘、专长等互补,确保团队成员间关系和谐

首先团队成员的年龄、学缘、专长等应该是互补的。一个团队如果都是相近年龄段的人,这并非最佳组合;一个团队如果都是同一学校毕业的人甚至是同一导师的学生,这肯定不是很好的组合;一个团队,都是科研很强的或都是教学很强的,也不是好事情。团队还是要结构合理,使得大家可以互补,可以错位发展。

尽管教师间的利益冲突较其他企事业单位要少很多,但由于个性、研究方向、学术观点、人生观和价值观等方面的差异,依然有成员间是否和谐的问题。团队组织之初,就应该把"合得来"的成员,本着自愿的原则组合在一起,不应强迫他人加入。

四、通过团队学习提升团队整体工作能力与绩效

"同伴互助"不是一个评价和批判教师表现的评估体系,而是给教育者提供的可持续发展的学习平台。

从各个方面来看,实现教师"同伴互助"对于教师本身和高校都是一种挑战:教师需要在多个方面接受培训,他们不仅需要学习和实践各种辅助技能,同时还要有较强的会议讨论和沟通能力。除此之外,教师之间还需要更多的机会彼此交流,这样他们才能最终形成有效的团队。

每一位参与其中的教师,都要有坚定的意志,定期付出时间和精力帮助其他成员,这同时也意味着学校需要将"同伴互助"项目提上日程。

组织行为学理论认为,工作群体和工作团队是两个不同性质的概念。工作群体是为实现特定目标而组合到一起并形成互动和相互依赖关系的个体组合。工作群体就是一群人各自做他们自己的事情,其群体工作的绩效是每个成员的

个人贡献之和。工作团队则是通过努力能够产生积极的协同作用的个体的组合，团队成员内部积极的协同作用带来总体工作绩效的极大增长，远大于群体的工作效能。

有效的工作团队需要具备外界条件、团队构成和团队合作过程等因素。虽然充足的资源、信任的氛围、绩效评估与考核体系、有效的领导等要素非常关键，但团队成员的个体能力和团队综合效能同样重要。团队成员通过个人学习获得专业技能的提升，能够有效把握项目的创新点和创新路径，从而高质量完成项目任务。团队成员的个体能力固然重要，但团队的综合效能尤为关键。就算团队成员的个人能力特别强，同时也非常努力工作，但其个人效能并不总是能有效转化为团队的整体工作成效。根据水桶定律，一只水桶装水的容量，取决于其最短的那块木板。团队成员的能力优劣不等，但能力最低的成员往往决定了整个团队的水平。因此，提升团队整体工作能力，不让每一个成员掉队，成为团队建设的重点。

团队学习是提升团队综合能力、协同创新的过程，是开发团队整体能力的过程。尤其在开展团队项目进程中，面对项目的建设目标、创新要求、创新路径和完成质量，不同的成员有不同的理解和行动，完成的项目工作质量差异明显，直接影响项目的评审和结项。开展团队学习，通过对项目的复杂问题和创新性问题的深入讨论，进而理出清晰的创新思路尤其关键，这需要每一位成员贡献自己的思想，以不同的学缘和专业视角理解项目的创新要求，进而统一项目实施标准，形成项目创新思路，进而形成团队集体行动。

团队学习是协同创新、集体行动的过程，是形成团队凝聚力和相互信任的过程。在共同的愿景和实施标准的指引下，团队成员通过深度会谈和协商，相互学习和把握项目创新要点，按照项目实施标准完成工作任务；在负责人的指导下不断校正项目任务，提升项目实施能力，形成相互间共同协作、彼此信任的合作关系。

团队学习是形成辐射和标杆作用的过程，是团队与团队之间相互学习和借鉴的过程。不同团队通过相互观摩和交流学习，了解其他团队相互协作的方式、工作方式，从而借鉴和学习其他团队的工作思路，优化团队的工作效率。团队之间的相互交流与学习是提升团队综合能力的重要路径。

追随力来自团队成员对领导者的个人魅力和专业能力的高度认可，也来自对团队合作及团队工作氛围的认可。追随力作为一个主体间性的认知形成过程，来自团队成员对领导者的观察和认同。负责人在与成员互动过程中，团队成员从个人的视角理解和欣赏领导者的能力及魅力，同时也在团队合作的过程中提升个人能力，形成对领导者的追随力。

五、完善高职院校传帮带机制，增强教师"同伴互助"活动的实效性

（1）学校应保证"同伴互助"的时间，使教师之间的"同伴互助"制度化、固定化、习惯化。学校应减少集体会议，搭建更多的教师交流合作平台，如教师沙龙、专题研讨会、午餐会或兴趣小组联谊会，通过非正式交流活动密切教师之间的沟通，从而为"同伴互助"创造条件，使得教师之间可根据需要随时随地开展互助活动。

（2）互助形式多样化。除了教师面对面的对话、协作和帮助，学校应借助信息技术和网络资源，拓宽互助的时空。架设校园网络研究平台，借助信息技术，积极创建网络环境下的教师学习共同体，是实施"同伴互助"的有效举措。教师学习共同体可凭借其资源共享、社会性交互等特点有力地推动教师的专业成长，教师可以在教师学习共同体中主动、积极地进行交流、合作，满足自身学习需求，实现专业发展。

此外，教师还可以基于远程视频会议等开展跨区域的业务交流、经验共享、集体备课评课、沙龙式的深度会谈和思辨式的专题讨论。

（3）学校应引导教师进行教学反思。首先，鼓励教师单元授课后撰写教学后记（教学随笔），内容应包括：新理念的亮点，教学内容重构、教学流程重构、课堂教学活动组织及信息化教学方法使用的有效性及得失，教材修订意见、建议，典型片段剖析，教师抒怀，等等。教学反思可为教改积累大量的鲜活素材。其次，互助前的自我反思也很重要，确定互助的主题和范围，有准备的"同伴互助"活动才会产生实际效果。最后，互助后的反思尤其重要，结束同伴观课后，主讲教师和观课教师可一起研讨，观课教师如实反馈课堂上发生的相关事实并提供数据，引导授课教师总结课堂效果：好的方面有哪些，需要改善的方面有哪些，问题出现的原因，如何解决问题，教与学如何反哺提升，等等。

六、进行专家引领下的教师"同伴互助"，提升"同伴互助"的绩效

理论指导、专业引领是校本研究得以深化的关键和保障。目前，AIB职院已经形成的老带新、师徒结对、导师制、学徒制等专家引领的教师"同伴互助"方式值得继续深化推广；同时还可以鼓励年轻教师积极参与学术报告、

理论讲座、教学现场指导、教学专业咨询等。

高职院校应邀请校内外专家、名师和专任教师组成学习共同体，围绕教学能力提升和科研能力培养积极开展"同伴互助"，包括以下形式：①课例诊断，提升专业化水平；②示范交流，提供互助范例，同时，骨干教师有随时解答其他教师疑难的任务；③主题研讨，架起互助的桥梁。

随着高职院校一流院校、骨干院校、高水平院校和高水平专业建设的推进，高职院校引进了大量的博士、教授等高层次人才。这些学校应通过适当的激励政策让新进博士和教授担当团队带头人，由其组建"同伴互助"型团队，带领高职院校教学水平和科研能力上台阶。

例如，南京信息职业技术学院作为国家示范性（骨干）高职院校、江苏省高水平高等职业院校建设单位，其教师发展中心积极配合学校强师工程建设，开展了教授工程、博士引进工程和新入职教师青年导师工程，发挥高端人才在教学和科研团队建设中的带头作用和示范作用。

高职院校可以聘请专家辅导博士申请高层次科研项目、进行教学改革和教学技能大赛，积极辅导博士尽快聘任副教授或教授；对于中青年教师，建立教授老带新、师徒结对制等培养机制，带领年轻教师提升教学水平和科研能力；教学团队参加职业院校教学能力大赛是专业传承、培养年轻教师的有效形式。

七、完善"同伴互助"教学科研团队的内部制度，实施团队考核和项目管理评价

高职院校目前的行政化管理难以有效打破科研岗和教学岗的分离现象。如何有效实现科研与教学的有机融合，形成科研与教学岗位的有机贯通，是学校在岗位设置和岗位绩效改革中面临的问题。

建立"同伴互助"的团队合作机制，需要建立科学合理的绩效考核体系。在推进岗位设置制度改革时，学校要考虑将岗位与绩效相联系。

绩效考核体系作为学校激励机制的重要组成，也影响团队合作文化的形成。近年来一些高职院校在绩效考核中重点奖励标志性成果，尤其省级和国家级标志性成果，导致行政领导和专业负责人争抢省级质量工程项目，普通教师没有机会主持省级质量工程项目，只能成为团队成员，这影响了其职称评审和职业发展，也影响团队成员的追随力。

2020年年底，教育部等六部门印发的《关于加强新时代高校教师队伍建设改革的指导意见》在完善现代高校教师管理制度、激发教师队伍创新活力方面，提出强化高校教师教育教学管理、推进高校教师职称制度改革、深化高校教师考核评价制度改革等，这为高职院校建立"同伴互助"教学科研团队提供了强有力的保证。

（1）团队内部有完善的制度，使大家能承担相应责任。这是构建共同体的最重要的因素。团队内部要通过充分沟通协商，制定相关的制度，例如任务承担制度、任务调整制度、分工合作制度、相互支持制度、阶段性"红花、绿叶"制度等。如果一个组织可以做到人人都承担相应的责任，该组织会很强大，组织中的每个人都会发展得又好又快。

（2）要改革现有教学管理和科研考核的相关制度。既然教师更适合根据专长和兴趣结成"同伴互助"的教学科研共同体，那共同体内就应该根据教师的专长重新分工，擅长教学的老师可以多承担教学任务并在共同体内承担教学咨询和教学经验分享的责任，带动大家提升教学能力；擅长科研的教师可以给大家多提供科研能力方面的培训，多承担科研立项工作，带领大家提升科研水平；擅长创业创新和技能比赛的教师就应多带领学生研究创新创业项目和参与各种比赛。这样一来，学校教学工作量、科研工作量的考核就应因人而异，或者设立教学型教师考核、科研型教师考核和技能型创新创业教师考核三种系列的考核制度，从而发挥每一类教师的专长，实现优势互补，提升教师发展共同体的整体实力和水平。

（3）教学科研团队考核应注重个体评价与团队评价相结合，积极倡导团队或项目考核为导向的评价机制，引导教师积极面向社会需要提升个人专业能力和团队合作能力。这对提高教师素质，推进教学改革、课程建设、课题研究和人才培养，至关重要。

高职教师专业发展包含学术性与职业性两方面的内涵，高职教师发展具有理论知识、实践技能、应用研究、社会服务等多重属性，因此对高职教师的评价不能再以职称考核为主，应该提倡团队考核和项目管理。团队考核的核心是科学制定教学科研团队的总体工作量和考核激励机制，教学工作量、科研工作量可以相互折算，发挥教师的个人优势，擅长科研的教师以科研为主，其教学工作量可由其他老师多承担；相应地，多承担了教学工作量的教师可以从科研教师那里分享科研工作量。学校只考核教学科研团队总体科研教学工作量的完成情况。教学科研团队的人员构成由教学科研团队带头人自主决定，团队内部的教学科研工作量分配由团队内部民主决定，也可以根据教学科研协作情况由团队带头人公平调换。就像英国学者欧文所言，团结就有力量和智慧，没有诚意实行平等或平等不充分，就不可能有持久而真诚的团结。

（4）团队上级的鼎力支持很重要。

"同伴互助"教学科研团队能否成为具有生命共同体特征的组织，关键因素是上级组织是否支持。

学校领导重视和积极参与教师之间的"同伴互助"活动，是教师"同伴互助"行为能长久保持、取得良好效果的关键，有利于教师之间合作、沟通、团结互助的校园文化和宽松、开放的科研氛围的形成。

上级组织是关注组织目标还是关注个体目标，是强调团队力量还是强调个人英雄等，也是重要问题。例如：上级是否愿意把大部分资源配置权赋予基层教学组织？上级是否愿意把奖励性绩效工资的绝大部分或全部赋予基层教学组织来分配？上级制定的政策是否支持团队认定教师个人工作业绩以方便教师晋升？被"请出团队"的成员，如何接纳和再培训？等等。

基层教学科研组织建设，已得到国家高度重视。基层教学组织在人才培养中的作用很重要，也是常识。教师个人其实都想感受集体的温暖。

八、加快教师发展中心建设，助力教师专业水平和教学科研能力提升

自高校扩招以来，我国高等教育实现了从精英化教育向大众化教育的转变，我国高等教育规模不断扩张，累积的矛盾日益凸现，教育质量下降成为社会关注的焦点。在大众化教育阶段，探索如何有效提升高等教育质量，是教师发展中心成立的缘起。《国家中长期教育改革和发展规划纲要（2010—2020年）》明确提出，"要把提高质量作为教育改革的核心任务。树立以提高质量为核心的教育发展观，注重教育内涵发展，制定教育质量国家标准，建立健全教育质量保障体系，加强教师队伍建设，提高教师整体素质。"2012年，教育部发布《关于全面提高高等教育质量的若干意见》，要求在高校普遍建立教师教学发展中心，有计划地开展教师培训、教学咨询等工作，提升中青年教师专业水平和教学能力。自2012年教育部启动国家级教师教学发展示范中心工作以来，本科及高职院校陆续成立教师教学发展中心或教师发展中心，以提升教师教学能力和"双师型"教师能力为使命。经过近十年发展，高职院校教师发展中心从无到有，从弱到强，成为学校打造竞争优势的重要依托。

为促进高职院校教师"同伴互助"的氛围营造和机制形成，建立高职院校教学科研共同体，各高职院校应借鉴国内外大学教师发展中心的经验，加强自身教师发展中心建设。

1. 已有研究成果述评

随着国内高职院校陆续成立教师发展中心，学者们对其开展了深入研究。在中国知网数据库检索"高职院校教师发展中心"，共发现73篇论文，其发表时间集中于2013—2018年，关键词为中心功能、运行机制、建设现状、存在问题、应对策略等。魏建平、闫晓天、胡鸿毅等（2011）提出高职院校教师发展中心主要是从服务高职教师的理论教学、实训指导、企业应用研究等使命出发，通过一系列创新性的路径实现教师三大能力的深度融合。黄红英、李佳圣（2019）从功能视角分析教师发展中心的作用，认为中心应致力于对教师发展的研究、指导和实施，提升师资队伍质量。刘雪妮（2019）从教师发展中心建设历程探讨其功能与缺陷，认为高职院校教师发展中心成立时间短，存在权责、功能定位及发展路径不明晰等问题。段琼辉、李永等（2018）认为，教师发展中心仍存在组织机构不健全、人员配备不齐全、经费保障不周全等问题。陈亚军、刘予东（2018）调研发现，当前高职院校很少建立专业化教师发展中心，大多数院校对教师发展中心不重视，不能准确把握教师发展中心的职能。教师发展中心应以行业和学校特色为出发点，以培养高素质、专业化、创新型教师队伍为目的开展工作。

从以上研究成果来看，国内学者仍缺乏系统理论指导，缺乏对教师发展中心功能与实施路径的长期观察与研究；其提出的解决措施较为宏观，缺乏可操作性。

国外学者主要从教师发展中心的使命、类型、理念、组织资源与战略等主题开展研究。艾瑞克森（1986）调研了650多个教师发展中心，发现其使命主要是满足大学教师的教学技能提升需求，尤其是大学教师在新教学技术方面的需求。布隆纳（2002）发现，以工程学科为特色的大学，教师发展中心组织的使命在于提升教师在信息化条件下的课堂教学效率、设计整合教学方法与新技术方法等。索西莱尼、奥斯丁等（2005）对美国300多个大学教师发展组织进行调研，发现其使命陈述主要为"创造与推广卓越教学文化""回应大学教师发展个体诉求""引领院校教与学的改革"。库克等（2010）调研了哈佛大学等研究型大学的教师发展组织，发现这些组织非常注重合作、创新和引领，强调服务于教师的个体成长需求。

从国外已有研究成果来看，学者们强调对本科院校教师发展组织的研究，较少针对社区学院教师发展组织开展研究。其研究采集的样本多，主要关注教师发展组织的使命、组织架构、功能等，对教师发展组织与学校发展愿景的关系及教师发展组织对提升教师队伍竞争实力的作用的研究较为缺乏。

2. 高职院校教师发展中心制度性功能分析

自 20 世纪 90 年代以来，高等教育规模不断扩张，高校在发展过程中累积的矛盾日益显现，尤其是大学生人数日益增多与优质教学资源供给不足之间的矛盾成为影响学校治理的关键因素。《关于全面提高高等教育质量的若干意见》要求高校牢固树立人才培养中心地位，走以质量提升为核心的内涵式发展道路，推动高校普遍成立教师教学发展中心。经过多年发展，全国几乎所有本科院校及部分高职院校先后成立了教师发展中心。教师发展中心发挥了教师培训、教学改革、研究交流、质量评估和咨询服务等服务性功能，成为中青年教师教学能力提高、教师个性化专业发展的重要平台。

2014 年，国务院发布《关于加快发展现代职业教育的决定》，要求在职业院校建立现代职业教育体系，深化产教融合、校企合作，加强"双师型"教师队伍培养①。2016 年，教育部、财政部联合出台《关于实施职业院校教师素质提高计划（2017—2020 年）的意见》，要求各省份组织开展"专业带头人领军能力研修、'双师型'教师专业技能培训、优秀青年教师跟岗访学、紧缺领域教师技术技能传承创新、骨干培训专家团队建设"等项目，切实提升职业院校教师队伍整体素质和建设水平，建成一支师德高尚、素质优良、技艺精湛、结构合理、专兼结合的高素质专业化"双师型"教师队伍②。2019 年国务院出台《国家职业教育改革实施方案》，要求"多措并举打造'双师型'教师队伍""实施职业院校教师素质提高计划，建立 100 个'双师型'教师培养培训基地"③。

为配合国家职业教育改革的要求，广东省政府出台《广东省职业教育"扩容、提质、强服务"三年行动计划（2019—2021 年）》，提出实施"职业院校教师能力提升计划"，落实职业院校教师到企业实践和轮训制度，加强骨干教师培训，建设"双师型"教师培养培训基地。《广东省教师队伍建设"十三五"规划》要求，"以专业领军人才和'双师型'教师为重点，大力提升职业院校教师专业能力和水平，加强教师发展中心建设，加强对青年教师的培养培训"。

---

① 国务院.关于加快发展现代职业教育的决定［EB/OL］.（2014-06-22）［2020-06-01］. http://www.gov.cn/zhengce/content/2014-06/22/content_8901.htm.

② 教育部，财政部.关于实施职业院校教师素质提高计划（2017—2020 年）的意见［EB/OL］.（2016-11-15）［2020-06-01］. http://www.gov.cn/xinwen/2016-11/15/content_5132788.htm.

③ 国务院.关于印发国家职业教育改革实施方案的通知［EB/OL］.（2019-01-24）［2020-06-01］. http://www.gov.cn/zhengce/content/2019-02/13/content_5365341.htm.

根据中央政府和地方政府出台的各项政策要求，高职院校教师发展中心的制度性功能应包括：

（1）以"双师型"教师培养培训为目的，开展校内教师培训工作。

教师发展中心应结合国家对职业院校"双师型"教师培养培训的要求，组织开展面向专任教师的"双师型"教师职业能力培训，包括师德师风、教学能力、科研能力、创新创业能力、社会服务能力等项目培训，提升教师教育教学能力和企业实践能力。

（2）以各省份职业院校教师素质提升项目为依托，开展省培、国培项目。

教师发展中心应按照国家对职业院校教师素质提高计划的要求，深化校企合作，促使二者联合建立"双师型"教师培养培训基地，科学设置培训项目，采取校企合作、工学交替、线上线下培训等形式，组织开展"专业带头人领军能力研修""双师型教师专业技能培训""优秀青年教师跟岗访学"等系列省培、国培项目，引领带动周边院校"双师型"教师成长。

（3）以"双师型"教师企业实践为内容，组织开展教师企业实践项目。

为帮助教师提升"双师型"教师的职业能力，教师发展中心应组织教师开展企业实践，落实教师5年一周期全员轮训制度，进行企业实践考核与管理，帮助教师掌握企业实践技能，提升课堂教学质量。

3. 钻石竞争优势理论下的职业院校竞争要素分析

百年大计，教育为本；教育大计，教师为本。教师队伍作为职业院校的核心竞争要素，对职业院校提升自己的品牌具有重大作用。

（1）职业院校竞争优势的关键要素。

20世纪90年代，哈佛大学教授迈克尔·波特发现，国家的贸易优势并不像传统的国际贸易理论所提出的那样，取决于一国的自然资源、劳动力、汇率、利率等，而是在很大程度上取决于国家的产业创新和升级能力。当代国际竞争更多依赖于知识的创造和吸收，竞争优势的形成和发展成为一个经济体内部各种要素综合作用的结果，包括价值观、文化、经济结构和历史都成为竞争优势产生的来源。波特认为，国家或企业的竞争优势来源于四个方面：一是生产要素，包括天然资源、教育、基础设施建设、人才等；二是需求情况，即本国市场对该产业所提供的服务的需求数量和成熟度；三是相关产业与支持性产业，相关产业的制造商和供应商会形成促进创新的产业集聚中心，发挥功能溢出效应；四是企业战略、企业结构和同业竞争，即企业的组织方式、管理方式和竞争方式影响企业的创新能力（见图4-5）。

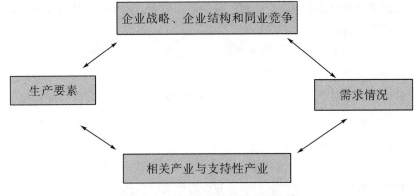

图 4-5 国家竞争优势的关键要素

近年来，高职院校竞争态势日益激烈，能否成为"双高"院校成为衡量一个学校办学实力强弱的关键，深刻地影响学校的未来发展。职业院校间为争夺"高水平职业院校"称号和高水平骨干专业群，竞争日趋激烈。根据波特的钻石理论，高职院校的竞争优势来自：

①生产要素。

这包括影响高职院校办学实力的师资队伍质量、基础设施建设及学校文化建设水平，其中核心要素在于人力资本积累，即高素质"双师型"教师团队建设。拥有一支师德高尚、素质优良、技艺精湛、结构合理的高素质专业化"双师型"教师队伍，成为高职院校竞争力的集中体现。

②需求情况。

高职院校要能够培养企业所需的高素质技术技能人才，能否满足教师成长和学生发展需求，成为衡量高职院校办学质量高低的核心考量。

③相关产业与支持性产业。

高职院校竞争实力的提升，离不开校内各机构之间的同频共振，以及政企行校支持性机构间的协同合作。

④学校发展战略、体制机制建设和院校间竞争。

高职院校的组织方式、管理方式、竞争方式取决于学校顶层设计和体制机制建设情况。高职院校应提倡和鼓励创新，鼓励发挥教师干事的热情，其发展战略和学校体制机制建设将成为学校发展的核心凝聚力。"在 21 世纪，组织必须通过创造内在的条件，释放员工的力量来获得最高的绩效，不是领导或管理他们，而是共同启发或激励他们。"①

---

① 夏莫. U 型理论 [M]. 邱昭良，译. 杭州：浙江人民出版社，2013：69.

职业院校竞争优势的关键要素见图4-6。

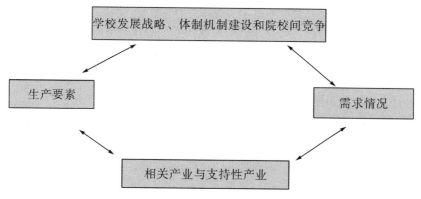

图4-6　职业院校竞争优势的关键要素

（2）钻石竞争理论下高职教师发展中心核心竞争力提升要素调研。

近年来一些高职院校先后成立教师发展中心，但对于如何办好教师发展中心，仍处于摸索阶段。有些院校成立了教师发展中心，但没有配备相应的人员和办公场所；有些院校配备了人员和办公场所，但学校缺乏对教师发展中心的顶层设计，教师发展中心的业务与其他部门或处室的发展规划难以协同，没有发挥整体提升效应。

我们走访了金华职业技术学院、浙江金融职业学院、浙江机电职业技术学院、江苏建筑职业学院、江苏经贸职业技术学院、武汉职业技术学院、广东轻工职业技术学院、广东机电职业技术学院、广东工贸职业技术学院、东莞职业技术学院10所"双高计划"院校的教师发展中心，并通过问卷调查或电话访谈等形式调研了其他20所"双高计划"院校的教师发展中心，发放问卷200份，有效回收问卷178份。

我们选取30所"双高计划"院校的教师发展中心作为分析对象，主要是因为"双高计划"院校师资队伍力量雄厚。"双高计划"遴选主要考核学校的国家级标志性成果，包括国家级教学成果奖、专业教学资源库、教改试点、重点专业、创新创业、学生竞赛、教师获奖等。这些成果与领军人才的培养与高素质"双师型"教师教学创新团队的培养密不可分，其教师发展中心提升师资队伍素质的经验值得借鉴和推广。

①教师发展中心机构建设。

上述30所高职院校均设有教师发展中心，其机构设置有不同类型：第一种为副校长直接领导（兼任中心主任）下的运行机制，科研处、教务处、人事处处长兼任副主任，常设性机构为教发中心办公室，内设主任和工作人员；第二种为独立建制，设教师发展中心主任、副主任各1名，工作人员数名；第三种为业务挂靠教务处，教务处副主任兼任中心主任；第四种为挂靠人事处，人事处副处长兼任中心主任，或师资科科长兼任教师发展中心主任。根据调研结果，第一种类型占10%（3个），第二种类型占16%（5个），第三种类型占30%（9个），第四种类型占44%（13个）。

以上四种机构设置，哪种类型最能够促进教师发展中心的工作？调研发现，认同第一种机构设置类型的调研对象占29%（52份），他们认为这种类型最能够有效整合学校资源，实现各部门师资培训目标；认同第二种设置类型的调研对象占27%（49份），他们认为这种类型最能够有效开展教师培训，保证培训持续性；认同第三种设置类型的调研对象占24%（42份），他们认为这种类型最能够开展教学能力培训，提高教学质量；认同第四种设置类型的调研对象占20%（35份），他们认为这种类型最能够全面开展师资队伍建设工作，包括培训、国内外访学、名师工程等。

机构设置的差异来源于学校体制机制建设及制度文化上的差异，很难界定以上四种机构设置类型哪种最有利。"从长期角度看，战略性竞争优势随着组织的核心能力的增长而加强，组织的核心能力使得企业能够敏捷地创造新的服务，从而适应快速变化的环境，而这些核心能力通过组织共同学习得以展现。"① 通过形成有效的组织架构，进而形成有利于教师成长和共同学习的学习型组织，是教师发展中心机构设置的最终目的。

②教师发展中心服务功能。

30所院校教师发展中心的宗旨和服务功能，主要包括四种类型：一是以开展校内教师培训、专题研讨、教学及学术沙龙、教学咨询与指导为主；二是以开展校内外教师培训、教师国内外访学、新入职教师培养、教师教学竞赛指导、继续教育管理为主；三是以开展校内外培训、"双师型"教师培养培训基地建设、教师实践教学管理、名师遴选及人才选拔、教师个人业务电子档案建设等为主；四是以开展教师培训、省培国培项目建设、领军人才遴选、教学评价与考核、创新强效项目管理、一流高职院校师资项目管理、人事制度改革项目等为主。

---

① 马奎特.学习型组织的顶层设计［M］.顾增旺，周蓓华，译.北京：机械工业出版社，2016：80.

根据调研结果，以第一种服务功能为主的教师发展中心占31%（56份），以第二种服务功能为主的占34%（61份），以第三种服务功能为主的占20%（35份），以第四种服务功能为主的占15%（26份）。

机构服务功能的范围取决于机构所依托的部门或组织。依托于教务处的教师发展中心更强调与教师教学能力相关的培训和业务；依托于人事处的教师发展中心强调教师综合能力培训及与人事业务相关的拓展；独立建制的教师发展中心根据学校整体统筹安排及业务职能开展工作。调研发现，独立建制的教师发展中心业务范围最广，如广东轻工职业技术学院教师发展中心，业务包括教师培训、教师业务档案、创新团队建设、名师遴选、人才选拔、创新强校工程等。

③教师发展中心对需求的满足程度。

近年来，高等职业教育改革如火如荼，教师发展中心能否适应高等职业教育改革的要求，有效开展教师队伍培养，成为学校把握发展契机的关键。"为了从容应对日新月异的环境变化，全球范围内的组织都需要以更快的速度、更低的成本和更有效的方式让员工边工作、边学习。"[①]

30所院校的教师发展中心满足学校和教师发展需求的程度，主要包括四种类型：一是满足教师教学能力、科研能力提升的需求，组织开展信息化教学能力培训、课堂教学技能培训、科研项目申报及论文撰写培训等；二是满足教师诊断与咨询的需求，组织建立专家团队，一对一面向教师开展项目申报、教学竞赛、教学评估、心理咨询等诊断与咨询服务；三是满足教师在校企合作、产学融合方面的需求，为教师提供企业实践、"双师型"教师培养培训指导；四是满足教师申报人才项目、攻读博士学位及国内外访学等方面的需求，为教师提升提供制度保障。

根据调研，以满足第一种需求为主的教师发展中心占41%（73份），以满足第二种需求为主的占26%（47份），以满足第三种需求为主的占22%（39份），以满足第四种需求为主的占11%（19份）。

以上调研结果表明，满足教师教学与科研能力提升的需求为教师发展中心的工作重点；其次为满足教师项目申报需求，提供诊断与咨询服务（26.4%）；再次为满足教师开展社会实践和社会服务的需求，这也与近年来高职教育改革方向紧密相关，《国家职业教育改革实施方案》明确要求，职业院校教师每年

---

① 波特. 国家竞争优势：上册［M］. 李明轩，译. 北京：中信出版社，2012：91.

至少1个月在企业或实训基地实训，落实教师5年一周期的全员轮训制度。近年来部分教师发展中心依托于人事处，或直接受校领导管理。这些教师发展中心通过制定绩效引领的制度文件，激发教师干事热情，提升教师工作业绩，对提升教师发展中心效能具有重要推动作用。

④与教师发展中心业务相关的机构及支持性机构的协同度。

高职院校教师发展中心要有效发挥培训功能，需要与校内各部门同频共振。教务处、科研处、人事处、规划处、招生就业处等校内机构，以及政府部门、知名企业、行业组织、周边院校等支持性机构，共同组成支持教师发展中心的创新集聚中心。"一个组织有潜在优势是因为它的相关合作机构具有竞争优势，因为相关合作机构的表现与能力，自然会带动上下游组织的创新。"

30所院校教师发展中心与相关机构及支持性机构之间的协同合作程度，主要包括四种类型：一是紧密合作关系，教务处、科研处、人事处等校内部门在校领导直接协调下，共同提供教师培训服务，并与校外支持性机构形成紧密型合作关系；二是半紧密型合作关系，教务处、科研处、人事处等校内机构根据省级项目申报或业务需求，与教师发展中心开展合作，支持性机构根据业务拓展需要与其合作，如项目申报、企业培训、行业年会及院校交流等项目；三是松散型合作关系，教务处、科研处、人事处等校内部门很少与教师发展中心开展业务合作，且教师发展中心与支持性机构之间的合作松散，缺乏沟通；四是以邻为壑型关系，教务处、科研处、人事处等校内部门各自为政，互不相关，教师发展中心独自开展工作，难以获得相关部门支持，同时与支持性机构间也缺乏合作。

根据调研结果，保持紧密合作关系的占36.5%（65份），保持半紧密型合作关系的占45.5%（81份），处于松散型合作关系的占12.9%（23份），保持以邻为壑型关系的仅占5%（9份）。

组织生态学理论认为，就组织战略而言，如果一个组织只能在有限的资源范围内生存，则被称为"专才"；而那些能够广泛使用资源进而生存下来的组织则被称为"通才"。实际上具备通才性质的组织能够比具备专才性质的组织生存更长时间，通才型组织通常拥有超出正常运作的更多资源①。与相关业务部门开展更多合作，与支持性机构更加紧密地融合，能够使教师发展中心变为

---

① 迈尔斯. 管理与组织研究必读的40个理论 [M]. 徐世勇，李超平，译. 北京：北京大学出版社，2017：159.

通才型组织，为教师提供更为精准的服务。

4. 对高职院校教师发展中心建设的建议

高职院校教师发展中心服务功能的有效发挥，取决于组织要素的优化和改善。

（1）组织架构的优化。

教师发展中心组织架构的设置，取决于学校管理制度及组织文化类型。"管理关注点转变的一个方面是注重跨职能的整合，为了协调跨职能和跨组织边界的工作，人们需要学习如何在日益依存于组织和运作环境的条件下更有效地去应对社会的复杂性。"[①] 对于强调服从和管理文化的院校，由副校长担任教师发展中心主任，人事处、科研处、教务处处长兼任副主任的机构设置更能体现组织效能，获取更多资源；对于强调创新和学习型文化建设的院校，独立设置教师发展中心，更有利于保持中心运行的稳定性和创新性；对于强调组织效能文化的院校，通过行政手段开展教师发展中心工作，依托于教务处或人事处，更有利于实现人人参与。

（2）服务功能的完善。

作为学习型组织建设的开拓者，彼得·圣吉认为，"真正能够在未来获得成功的组织，将是那些发现有效途径去激励人们真心投入，并开发各级人员学习能力的组织"[②]。教师发展中心服务功能的完善，不仅是为了满足学校入选"双高计划"、提升办学实力的需要，还是建设学习型组织的长期需要。

浙江省在评选高职院校教师发展示范中心时，确定了其五项服务功能，即教师全员培训、教学咨询服务、教学改革研究、教学质量评估和优质教学资源供应，强调这类中心为提升中青年教师教学能力与业务水平，要推进教师培训、教学改革、质量评价、咨询服务等常态化、制度化服务。目前高职院校教师发展中心服务功能不断延伸和扩展，部分人事或教务等管理功能被纳入其中。组织机构功能的扩展，必然会带来权力和利益的重新分配，也会给组织功能和核心业务带来冲击。如何有效界定教师发展中心的服务功能，更好推进教师发展中心为教师服务，需要学校做全盘考量，实现各机构间业务的相互促进。

---

① 夏莫. U型理论 ［M］. 邱昭良，译. 杭州：浙江人民出版社，2013：60.
② 圣吉. 第五项修炼：学习型组织的艺术与实践 ［M］. 张成林，译. 北京：中信出版社，2018：4.

（3）有效回应学校及教师发展需求。

"真正有用的组织战略必须围绕明确形成组织核心竞争力而展开。"① 教师发展中心缘起于回应高校扩招所带来的教学质量下降等问题。随着高职院校间竞争态势日趋激烈，各高职院校间围绕办学条件、人才培养、治理水平、产教融合等的竞争成为常态，围绕国家级标志性成果等项目的竞争呈白热化状态。教师发展中心能及时响应学校竞争力提升的需求，满足高素质"双师型"教师教学创新团队培养的要求，及时提供诊断与咨询服务，就能够发挥强大的服务功能，使高职院校逃离被边缘化的处境。

"当今世界真正的战争并不是各种文化的战争，而是对于我们整个人类来说，各种未来进化的可能性之间的战争。重点抉择是关于我们是谁，我们想成为谁，以及我们想把这个朝夕相伴的世界带向何方，所以真正的问题是：我们在这里是为了什么？"② 教师发展中心只有敏锐地感知学校竞争力不断变化带来的需求，有效开展培训、诊断与咨询项目，提升学校教育教学改革创新能力，才能成为学校发展的重要依托。

（4）密切与相关机构及支持性机构的合作。

作为服务教师职业能力成长的重要平台、学校组织生态中的新生机构，教师发展中心面临如何与相关处室和谐共生，如何与外部支持性机构相互协作的问题。教师发展中心应立足区域，有效整合校内外"双师型"教师培养培训资源，促进不同机构间的相互合作与集体行动，进而形成合力。有效整合相关机构和支持性机构的"双师型"教师培养培训资源，是教师发展中心提升服务功能的关键。作为学校核心部门，教务处、科研处、人事处具有相同的发展愿景。受学校管理制度及文化氛围影响，校内相关部门各自完成自身业绩和履行岗位职责，学校各机构间难以形成良好的沟通机制。唯有打破部门间的隔阂，有效整合各处室的教师队伍培训资源，以共同的愿景引领学校各机构间的合作，才能形成学校发展的合力。"如果组织中没有全体成员深度分享的共同目标、价值观和使命感，很难想象这个组织能够保持其在某种程度上的伟大称谓。"③

教师发展中心加强与支持性机构合作，密切形成政府、行业、企业、院校

---

① 夏莫. U型理论 [M]. 邱昭良，译. 杭州：浙江人民出版社，2013：62.

② 夏莫. U型理论 [M]. 邱昭良，译. 杭州：浙江人民出版社，2013：20.

③ 圣吉. 第五项修炼：学习型组织的艺术与实践 [M]. 张成林，译. 北京：中信出版社，2018：9.

四方协同培养"双师型"教师队伍的合作态势，有利于各方整合区域"双师型"教师培养培训资源，联合打造"双师型"教师培养培训基地，联合开展政府指导、教师企业实践、行业"1+X"技能培训、周边院校共建培训联盟等，形成紧密合作型共同体。政企行校四方合作"是行动者本着良善的意愿而开展的联合，这种合作基于运用集体的力量来解决大家所共同面对的发展难题"①。

"在知识经济的时代，组织所处的环境瞬息万变，组织只有不断学习才能适应环境的变化，才能在日益激烈的竞争中获胜。"② 高职院校教师发展中心作为服务于教师成长的重要平台，打造适合教师成长的学习型组织成为中心的使命。

（5）教师发展中心建设的配套支撑。

要保证教师专业发展共同体的可持续发展，学校需要从以下方面给予支持：成立教师发展中心指导委员会；给予固定的活动场所和配套设施；提供独立的经费支持；赋予教师发展中心专业自主权，使其能够按其成立的旨归和使命运作；作为一个服务性的专业组织，学术信任是基础。

为促进高职院校教师"同伴互助"机制形成，学校应以教师发展中心为依托，从高职教师教学需求和教师成长出发，构建"平台+资源+服务"三位一体的运行体系，主要包含以下三个方面：①搭建平台。以教师发展中心为载体搭建平台，使之成为教学交流、培训、咨询、教师发展评估、校企合作交流的平台。每月定期组织专业研讨会，或者请专家为教师做讲座，解答教师在专业发展、教学成长等方面的问题，教师在讲座中充分沟通交流。②建立教师教学发展资源中心。专门开辟一个场所，作为教师发展资源中心，为教师提供资源方面的服务。③提供多样化的服务项目。主要有一对一帮扶、工作坊、午间沙龙、讲座、竞赛、观摩等。同时，建立校外专家资源库，并让校外专家与本校专家共同组成学校"专家咨询委员会"，为学校的教师发展工作献计献策③。

借鉴国外各高校教学促进中心对教学资源的支持形式，国内高职院校的教师发展中心可以考虑主要提供以下服务：①整合学校教学、人事、科研等部门

---

① 克罗齐耶，费埃德伯格.行动者与系统：集体行动的政治学［M］.张月，等译.上海：上海人民出版社，2007：3.

② 阿吉里斯.组织学习［M］.张莉，等译.北京：中国人民大学出版社，2012：序言.

③ 顾苗丰.高职教师教学发展中心建设路径及运行模式研究：以湖州职业技术学院为例［J］.现代教育科学·高教研究，2015（5）：33-38，116-119.

关于高职教育理念、专业课程建设、教学技能、科学研究和社会服务等方面的资源；②提供有关教师成长的文献资料，如学校优秀教师成长案例、成功的教学录像、微课比赛视频等；③以网络教学平台为载体，分享多媒体课件资源、网络教学视频、教案等；④建立教师教学发展中心专门网站，分享有关活动和项目资源。

（6）从 AIB 职院教师发展中心的建设现状出发，借鉴金华职业技术学院教师发展中心的成功经验，应加快以下方面的建设：

首先，优化教师发展中心组织架构与软硬件建设。根据学校资源整合原则，应由学校主管人事的副校长担任教师发展中心主任，人事处处长担任教师发展中心常务副主任，由教务处、科研处、招生就业处处长担任教师发展中心副主任，成立教师发展中心办公室，安排办公室主任 1 人，办公室工作人员 2 名，协调教师发展中心工作。积极引入二级学院参与教师发展中心的工作，每学年由二级学院组织开展教师发展项目，并作为二级学院领导考核的依据；将教师参与教师发展的学时作为职称考核依据，引入教师发展继续教育学时制。学校根据教师发展中心需要，在资源共享的基础上，建设教师之家，包括教师活动室、微课慕课录制室、小型研讨室和教师咨询室。

例如：浙江金华职业技术学院有效整合学校教师发展资源，组织教务处、人事处和科研处共同参与教师发展中心工作，并采取绩效考核制度有效动员二级学院参与教师发展中心的工作，由人事处处长作为教师发展中心常务副主任，由科研处处长和教务处处长担任教师发展中心副主任，要求二级学院必须每学年组织 5 次以上教师发展相关的讲座或学术沙龙，并以此作为领导绩效考核依据；要求各教师必须完成教师发展继续教育 25 学时，并以此作为职称评审的必要条件。

金华职业技术学院教师发展中心通过有效整合学校教师发展资源，形成教学部门、科研部门、人事部门、二级学院和教师共同参与的教师发展项目，通过制度建设形成教师主动参与教师发展的文化，由此提升教师素养。

反观 AIB 职院教师发展中心，资源整合力度偏弱，由人事处处长担任教师发展中心主任，教务处和科研处事不关己，不愿也不能参与教师发展中心工作；由于缺乏制度约束，教师对参与教师发展中心的活动颇有怨言，二级学院也并不配合教师发展中心的工作。

同时教师发展中心缺乏可持续服务能力，仅有的 1 名工作人员疲于奔命，无权也无力完成教师发展中心资源整合任务，导致目前教师发展中心工作难以有效推进。

其次，引育结合，依规而治，通过标准和制度建设，形成分层人才梯队和专业建设梯队。

学校应依据"一流高职院校"建设要求和质量工程建设要求，建设教师队伍培育梯级制度，形成人才梯队评定标准，优先开展项目培训和项目申报，建立优秀骨干教师师资库。面向粤港澳大湾区建设和区域经济发展，围绕学院特色，加快专业转型建设。

再次，完善制度，实施团队考核，加强项目管理，持续培育优秀教学、科研创新团队，切实实施强师工程，加快师资队伍建设。

最后，积极探索"教师领导—校长主导"的教师专业发展新模式，发挥高端人才在教学和科研团队建设中的带头作用和示范作用[1]。

广州番禺职业技术学院教学名师阚雅玲教授使用平衡轮工具总结了她的课程思政教学团队的制胜因素（见图4-7），包括以下方面（参考自阚雅玲名师工作室的国培线下课程"教师培训课程开发——成为一名优秀的高职教师"）：

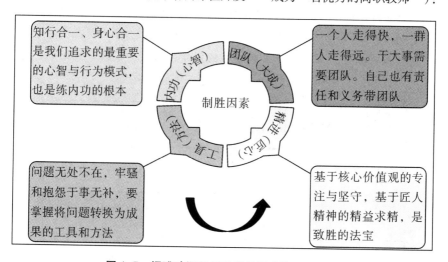

图4-7　阚雅玲课程思政教学团队的制胜因素

首先，知行合一与身心合一是人生的重要修行。在知识快速迭代与更新的时代，面对拥有海量信息的网络世界，其实我们不需要学习过多知识。毕竟人的精力是有限的，学习知识花的时间多了，运用的时间往往会变少。而知道做

① 赖翔晖，张翔. 教师专业发展新模式："教师领导—校长主导"[J]. 遵义师范学院学报，2017（2）：101-106.

不到其实就等于不知道,所以我们学一点就去做一点,往往事半功倍。

如果我们学完了不去做、不去用,即使把所有资料都装在自己的大脑中,那也不是自己的,它还是老师的,是别人的。

按王阳明所说,知行是合一的,不去用、不去做的主要原因是没学懂、没学会。就像我们这几天的学习,如果有一个工具学明白了,一定会有动力去运用,去努力实践,即使就一个工具,也会带给人生很大的不同。

除了知行合一,还要身心合一。这样身在心在,心想身行,活得不纠结、不拧巴,人能自在。身和心劲往一处使,提升能量,心能安宁。静能生慧,守住自己内心的一份安宁格外重要,身心合一是归途。

我们的第二个制胜因素是:问题无处不在,牢骚与抱怨于事无补,要掌握将问题变为成果的工具与方法。有老师问如何在遇到问题时,能快速对应上相应的理念与工具呢?我的感悟就是反复地学、思、践、悟,当我们熟练地掌握它后,用到时就能信手拈来。

这个过程我的确收获很多。作为实践派的培训师,我要求自己讲的东西,都是亲身实践过的东西。如我用"AMBR焦点管理工具"完善和先生的关系,用"共情工具"处理和女儿的关系,用"逻辑层次图"提升我工作的理想信念,用"成果框架"解决学生思政学习的问题,都取得了很好的效果。而与大家的交流更是让我廓清了思路、激发了灵感(见图4-8)。

WHY/HOW/WHAT	AMBR	转换视角	悦己修圆	4D谋事	语言负转正
情绪管理ABC	4D请求	HAPPS	4维行动法	时间矩阵图	逻辑层次图
刻度尺	共情工具	建立诚信4步法	三大思考方式	MECE分析法	改变方程式
成果框架	SMART	平衡轮	强有力问题	假如框架	GROW模型

图4-8 阚雅玲教学团队的课程思政工具

我们的第三个制胜因素是:干大事需要团队,更需要团队负责人的担当和付出。随着教学改革的深化,教师工作越发复杂,专业建设发展、成果培育等都难以凭个人能力取得多目标的最优化结果,必须依靠团队合作提升工作绩效和竞争力。这时候团队负责教师理应发挥出指导、帮助他人的作用,以课程或专业建设、科研课题或成果培育等任务为牵引，外在建立具有共同目标、良好合作精神、明确责任分工的群体，内在建立自然合作文化中的学习共同体，促进对话交流，使教师因任务而合作、学习分享，取长补短、共同提高，增强归属感和安全感，避免职业倦怠；使教师在同伴支持和资深教师传帮带中实现专业发展。教师作为团队带头人，应以提升团队领导力为专业发展重点。一要把握前沿发展趋势、教学科研基本规律及团队成员的能力优势，引领创新、把握方向，前瞻性确定发展目标和策略，通过"做正确的事"提升自身团队的影响力。二要在建设目标指引下正确果断地决策，脚踏实地、稳步推进，制定规划、分解任务、控制执行，通过"正确地做事"来提升自身团队的管理力。三要体察团队成员的需求和动机，平衡利益，有效沟通，通过擘画远景，号召、吸引、影响不同性格、不同能力、不同诉求的团队成员来提升自身团队的凝聚力。

我们的第四个制胜因素是：不忘初心，方得始终。为什么做课程思政？你做课程思政的动力是什么？你到底想解决什么问题、达到什么目的、获得什么成果？否则我担心，走出去很远，忘记了为什么出发。因为方向不明、动力不足，最终会流于形式、忙于应付、无功而返。

管理学院要解决的是学生不乐于服务他人、不擅长服务他人、不积极服务他人等问题，为此我们确定了学院的课程思政方向、价值主张和思政元素。管理学院各专业服务的行业是现代零售业。学生的职业成功更加依赖人与人之间的互动，他们服务的方式也将对社会产生影响。"服务创造美好生活！"是我们赋予学生的行动理念，而其蕴含的关键思政元素是"人民对美好生活的向往是我们的奋斗目标""全心全意为人民服务"。也许大家会觉得这对学生要求太高。学生自己交的学费不到培养成本的1/4，像我们"双高"学校，占得更少，他们是用纳税人的钱读完大学的，需要有感恩之心为人民服务。更不要说商业社会，先要利他才能利己。所以我们要"用进取、诚敬之心悦纳服务""用匠心、专技之能钻研服务""用家国、兼济之念奉献服务"，他们的工作一定会给老百姓的日常生活带来更多的幸福感，一定会在为中国人民谋幸福、为中华民族谋复兴上做出更大的贡献。这是我们团队做课程思政的"WHY"，这对于我们是初心、是根本，是支撑我们无论遇到什么困难都能坚定前行的动力，是我们得以不折腾、高效前行的方向，我们一直相信"方向比努力更重要"。

如何找到你的课程思政的"WHY"呢？坚持问题导向是法宝。当工作繁重的时候，如何让自己不疲于奔命？我们在听命于外界力量之余，可否对话自己？哪怕有一项工作、一件事情，我对它有真感情、找真问题、创真思想、用好方法、下真功夫，我想最后就能出真成果。课程思政需要成果导向，解决了小问题就是小成果，解决了大问题就是大成果。一年解决一件，到最后你会感觉自己没有疲于奔命，这就是成果的力量（参考自阚雅玲的全国职业院校物流类专业教师课程思政教学能力提升线上系列培训之"基于 WHY·HOW·WHAT 的课程思政探索与建设"）。

阚雅玲教学团队课程思政的初心见图 4-9，阚雅玲"心智与行为模式提升"课程思政元素见图 4-10。

分享：我们为什么做课程思政？

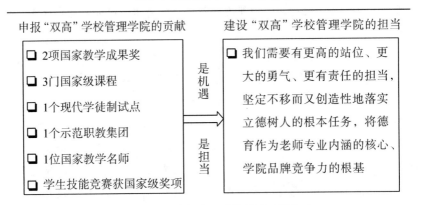

图 4-9　阚雅玲教学团队课程思政的初心

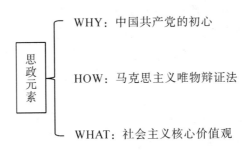

图 4-10　阚雅玲"心智与行为模式提升"课程思政元素

第五章 "同伴互助"教学与科研团队建设的四大机制

通过前面的分析，我们已经认识到"同伴互助"在高职院校中推行的紧迫性和必要性，也已经了解到"同伴互助"在高职院校教师专业能力的培养和提升上的有效性和落地性。在本书编写前期，我们也可喜地发现一部分高职院校已经在教师队伍中实施了该方法。基于对已实施"同伴互助"院校的走访了解和对成功要素的总结探讨，我们发现该方法在高职院校中的推行绝不是点的分布，也不是将教师简单分组就能产生效果的，而是需要进行系统的设计与梳理、设立专项机制以持续推行的。

"同伴互助"的实施不仅是高职院校教师能力提升的一次机会，更是高职院校内各项资源得到更为有效的整合与调配的机会，是高职院校管理系统的重新梳理与调整的契机，甚至是高职院校间、院校与企业间合作模式、资源整合的一次重新调整。

为保证"同伴互助"教学科研团队持续有效开展活动，保障"同伴互助"真正落地并有效推行，与"同伴互助"相匹配的各项机制的制定是必不可少的，各种机制的优化与设置尤为重要。只有各项机制合理制定，才能保障参与"同伴互助"的各方人员有效合作，保障各项资源的合理使用，保障各项成果的顺利获得，从而真正发挥"同伴互助"对教师专业能力的培养效能，促进高职院校与企业间的资源整合，甚至更多社会资源的整合利用。为此，本章将重点分析和阐述"同伴互助"在高职院校教学与科研团队建设实施中的四大机制：动力机制、整合机制、激励机制和保障机制。

第一节　动力机制——解决教师的自动自发、自主参与问题

一、教师在"同伴互助"中参与度不高的原因分析

"同伴互助"的主体是教师，其直接受益人也是教师，所以如何让教师积极主动地、自动自发地参与其中是重中之重。但通过走访和调研我们发现，在实际推行过程中，许多教师并没有因"直接受益"而特别主动积极地参与或是深度投入其中。究其原因主要有以下六点：

（1）教学工作的时效压力。该因素是影响教师积极参与"同伴互助"最直观的原因。在高职院校中推行"同伴互助"，同为互助伙伴的教师一定是要有交流和碰撞的互助时间的。但教师每学年的教学时数是有硬性要求的，且教师每学年要完成的教学任务也是强制的，大多数教师在当期教学时间中都有他们无法拖延和变更的教学任务，而这些教学任务已经占满了每天的工作时间，所以可灵活调用的自由时间是相当有限的。教学任务严格的时效要求给教师带来的时间节奏上的压力，导致很大一部分教师都是心有余而力不足，无法积极主动地参与"同伴互助"。这时有的院校就搬出了行政要求促使教师参与，但这种方式下，即使教师按要求参与其中，也是难以深度参与的，最终也就无法实现"同伴互助"应有的效果。

（2）对教研成果安全性的考量。在"同伴互助"的过程中，教师之间研讨交流教研内容是极为常见的。一方面，每个人的知识结构不同，所以在针对个人的研究课题进行讨论时，可以起到增加内容丰富度的作用；另一方面，每个人思维方式不同，在讨论时其他教师可以为所研究的课题开拓更多视角或提供更多思路。但同时令教师产生顾虑的就是教研成果的安全性，在课题正在研究的过程中或未经正式发表前，对教研内容进行公开研讨会不会存在被滥用或盗用的风险，进而使研究成果不能产生相对应的科研价值，导致教师的研究心血付诸东流？许多教师对此都很是担忧，也因此对在互助小组中讨论教研成果有所顾虑。所以对教研成果安全性的顾虑也是阻碍教师主动、积极参与"同伴互助"的一个因素。

（3）过大的教学水平差异。推行"同伴互助"，是为了通过教师间的相互

帮助，取长补短，共同提高教师的专业水平。但实际组建团队过程中，难免会遇到同组人员教学水平差异过大的问题。面对这种情况，教学水平较为突出的教师在互助中长期处于知识的给予地位，自身的教学水平无法得到有效的提高和增长，那么这部分教师参与互助的积极性和主动性也会大打折扣。

针对这个因素，笔者也了解到，有研究人员认为：年轻的教师可以提供新工具的使用方法和新模式的相关理念，对于年长的教师同样可以有帮助，所以教学水平差异不该成为教师主动参与"同伴互助"的阻力。对于这个问题，我们需要回归到教学工作的特质上来探讨，评估一位教师的教学水平，教学内容的全面、系统肯定是占主导地位的，新工具或新模式若脱离了核心的教学内容，其价值也会受到极大影响。所以教学水平突出的教师在互助中长期处于能力输出的状态，无法与获取的成长成正比，这会对其参与互助的积极性产生较为明显的负面影响。

（4）参与能力和意识的匮乏。前三点都是基于教师专业本身的特点而产生的参与"同伴互助"动力不足的原因，而第四点则是教师欠缺对"同伴互助"相关知识的掌握和相关理念的了解。例如：许多教师不了解"同伴互助"的内涵与宗旨，认为其形式大于意义；只知道单一的"互助"方法，不知如何全面或深度参与；不确定"同伴互助"的具体效果，在没看到实际效果前不想投入太多精力……这些都导致了许多教师没有动力参与"同伴互助"。

（5）目的与目标的不明确。教师都知道参与"同伴互助"的目的是提升专业能力，但这种过于泛化的目的对激发教师积极参与"同伴互助"是不够的。就像大家都知道运动对减肥是有用的，但大部分人却仍然无法坚持依靠运动来减肥是一样的，所以不够明确的目的也很难让教师积极地参与其中。最主要的是当目的不明确时，还会导致目标的缺失。目标是对目的的细化，想要达到一个目的就需要依靠一个个阶段性的目标来实现，目的都不够明确，也就无法构建明确的目标。这些不够明确的信息，导致教师没有主观意愿积极地参与其中。

（6）还有一种情况是有相对明确的目的，例如完善专业知识的全面性、促进教学方法的优化等，但没能设定与之相匹配的阶段性目标，导致"同伴互助"的过程对教师的行为失去了牵引力，也无法吸引教师积极参与"同伴互助"。

其中一个问题是个人成长内驱力的缺失。当我们的教师走进校园，履行教书育人的使命，帮助学生持续成长时，就很少有人关注到教师的成长问题了。

众多高职院校在年轻教师进入校园后，都相对缺乏对这些教师职业发展的指导，虽然可以依托职称评定来牵引教师成长，但单一的维度和职业跑道是无法激发众多年轻教师的成长欲望的。长期处在无人关注和职业发展的迷茫中，很多教师会失去自我成长的内驱力，对于教师专业提升也缺少投入的动力。

除年轻教师外，已经取得高级职称的教师也会存在成长内驱力缺失的问题。这些教师一直以取得职称为目标，最终取得了想要的职称后，却不知下一步的成长目标在何方，没有了努力方向，导致自我成长内驱力的缺失。

无论是年轻教师，还是已经取得一定成就的教师，在个人成长内驱力缺失的情况下，都会缺少动力参与各项工作，也就很难积极、主动地参与"同伴互助"。

针对以上导致教师缺乏参与"同伴互助"动力的因素，高职院校需从不同层面，多维度地设置相关机制进行解决。解决了主体自主积极参与的动力问题后，其他各项工作和各种机制才能更有效地发挥作用。

二、动力机制的内涵

动力机制是用来解决"同伴互助"的主体——高职院校教师，自动自发参与"同伴互助"的主观意愿问题。高职院校需要通过一系列有效的制度内容、保障措施和激发机制来促动教师，充分发挥高职院校教师投身"同伴互助"的主观能动性，进而使得"同伴互助"之势能得到有效释放，"同伴互助"之成效得到稳步落地，最大化发挥"同伴互助"对高职院校教师成长的助力效果。

（1）动力机制的呈现形式。动力机制的呈现形式需结合各高职院校的实际情况决定，可以是院校管理制度并以官方文件形式下发，也可以作为科研项目中的独立管理制度存在……各高职院校应因地制宜，选择最有利于动力机制发挥效用的方式予以呈现。

（2）动力机制的与时更新。无论采取哪种呈现形式，高职院校都应做好动力机制的更新、优化。随着"同伴互助"在高职院校中的推行和发展，教师在实施过程中持续总结的经验方法、机制对实际开展情况的指导作用等，这些因素都会在"同伴互助"推行过程中持续发生动态变化。这些变化的信息均需要及时更新优化到动力机制之中，用来确保动力机制与时俱进，持久发挥对"同伴互助"参与主体的作用力。

三、动力机制的形成

那么动力机制的设置应该包括哪些内容呢？

解决教师参与"同伴互助"的动力问题，需要以校园人际互信关系的建立为前提，以教师职业发展为核心，以教学任务协调和教研成果保护为基础，以宣导"同伴互助"知识为辅助，以绩效考核为保障来进行相关动力机制的设置。

1. 以校园人际互信关系的建立为前提

互信是教师"同伴互助"的前提，人际关系的互信建立在人的内心活动和品格上，诸如同理心、忠诚、悲悯、耐心、宽恕等。

2. 以教师职业发展为核心

高职院校开展"同伴互助"主要是用以提升教师专业能力的，而教师专业能力的提升是依托于教师个人职业发展的。没有明确的职业发展跑道和目标，只是一味地奔跑，职业的发展很容易变得盲目。为此，"同伴互助"开展时校方要先梳理教师职业发展的相关机制，让教师清晰知道个人的职业发展方向与所处阶段，进而触发教师自身成长的内驱力。

3. 以教学任务协调和教研成果保护为基础

"同伴互助"的开展不仅能提升教师的专业能力，同时也为校方的基础工作管理提供了一次梳理机会。

高职院校的教学与基础教育阶段的教学不同，学生掌握理论知识只是一方面，更重要的是掌握丰富的实践技能并与社会接轨。所以校方完成教学任务只是基本要求，如何充分利用各项资源，丰富教学活动，激发学生自动自发去进行探索更为关键。由以教师教学为主到学生自主探索学习，教师在过程中予以引导，进而使教学任务得到协调，这才是我们协调教学任务的大方向。教师的任务由传统的教授知识转变为指导学生综合运用知识与技能，而这种转变中涉及怎样引导学生、有哪些教学方式、知识与技能如何综合运用等，这些将会成为"同伴互助"中教师共同探索和提升的内容。

除了教学任务协调这项基础工作外，教研成果的保护也是动力机制中需要解决的问题。对教研成果的登记使用，规定教研成果的公开范围和人员等，这些内容都需要校方结合自身实际情况，清楚地设置在动力机制中，从而让教研成果在"同伴互助"过程中安全使用。

4. 以宣导"同伴互助"知识为辅助

一项新事务的引入，围绕事务本身做好相关内容的宣导工作是很有必要的。只有大家充分理解了该事务的意义、宗旨、方法和效果后，才能更积极地参与其中。为此，以怎样的节奏和步调对"同伴互助"的理论知识进行宣导，是校方需要结合自身"同伴互助"开展进度和预期目标进行设置的，例如：是在开展前就将"同伴互助"知识进行全面宣导，还是结合实施和开展步骤一步步宣导；是对"同伴互助"全部知识进行深入宣导，还是有针对性地选择某项知识进行深入宣导，其余均宽泛了解；是对全体教师进行宣导，还是针对参与的教师进行宣导……这些内容校方都需结合自身的实际情况和预期进行相应设置，进而让"同伴互助"相关知识辅助到院校"同伴互助"工作的推行。

5. 以绩效考核为保障

绩效考核通常也称为业绩考核或"考绩"，是针对教学科研团队中每位教师所承担的工作，应用各种科学的定性和定量的方法，对教师工作的实际效果及其对专业建设的贡献或价值进行考核和评价。

绩效考核机制的设置是为了通过考核指标的设置牵引参与者思维与行动的方向。绩效考核应尽可能包含"同伴互助"启动时的教师准入资格考核、互助任务的规划考核、实施过程的监控管理、结果实现程度的达标考核。通过系列量化指标的设计，保障"同伴互助"小组能围绕目标展开行动，通过行动确保结果，以终为始地激发教师动力。

业绩考核的目的是提高每位教师的效率，最终实现团队建设的目标。目前，绝大部分高职院校的绩效考核都是针对教师个体的，这样不利于教学团队的建设。学校应该制定一套切实可行的政策，对团队进行绩效评价和奖励；团队的绩效评价再结合教师个体的教学业绩考核，最终得出教师的薪酬。教师的教学业绩可以从学生评教、日常教学工作考核、同行（专家）听课评价和教研教改成果等方面进行综合评价。其中，日常教学工作考核可以在学期期初、期中、期末进行 3 次定期教学检查，填写相应表格，在期末汇总定期检查结果，每学期量化评价 1 次。教学团队层面的考核，学校可以根据教学团队的专业特点，建立以业绩为核心的考核评价体系，采用定性考核和定量考核相结合的方式，形成一套有效的、科学的绩效考核评价体系，对教学团队实施有效的激励。

学校通过建立良好的绩效考核体系，对教学团队进行正面引导。对优秀的教学团队和团队带头人，学校除了给予一定的物质奖励外，还可以在职称评审等方面进行鼓励，为教学团队营造一个健康的、良好的竞争环境，充分发挥教学团队的作用。

教学团队绩效考核体系可以从 3 个方面建立：①按考核时间分为日常考核与定期考核；②按考核主体分为领导考核、自我考核、同行考核和学生考核；③按考核结果分为定性考核与定量考核①。

（1）按考核时间建立考核体系。

按考核时间，考核可分为日常考核与定期考核。日常考核是指对教学团队教师的出勤情况、教学质量、平时的工作行为所做的经常性考核；定期考核是指按照固定的周期所进行的考核，如年度考核、季度考核等。

（2）按考核主体建立考核体系。

按考核主体，考核可分为领导考核、自我考核、同行考核和学生考核。领导考核是指上级领导对下属员工的考核。这种由上而下的考核，由于考核的主体是主管领导，所以能较准确地反映被考核者的实际状况，也能消除被考核者心理上不必要的压力；但有时主管领导也会受疏忽、偏见、感情倾向等主观因素的影响而产生考核偏差。自我考核是指被考核者本人对自己的工作实绩和行为表现所做的评价。这种方式透明度较高，有利于被考核者在平时自觉地按考核标准约束自己；但最大的问题是有"倾高"现象存在。同行考核是指同事间互相考核，这种方式体现了考核的民主性，但考核结果往往受被考核者的人际关系的影响。学生考核是指学生做出的对教师的满意率测评，把学生也纳入教学团队绩效考核体系中。在一定情况下，学生常常是唯一能够在工作现场观察员工绩效的人，此时，他们就成了最好的绩效信息来源。

（3）按考核结果的表现形式建立考核体系。

按考核结果的表现形式，考核可分为定性考核与定量考核，定性考核的结果表现为对某教师工作评价的文字描述，或对教师之间评价的相对次序以优、良、中、差等形式表示；定量考核的结果则以分值或系数等数量形式表示。

以上是"同伴互助"动力机制所需涵盖的关键内容，但需要补充说明的是，最根本的动力还在于满足人的内在需求。通过机制可以解决部分参与主体的诉求，还有一些诉求问题或许需要一定的激励方法才能解决。为此，本书在激励机制部分还会继续对这些问题进行阐述，希望各高职院校尽可能全面地激发参与主体的热情与内在动机，促进"同伴互助"的顺利推行与获得预期结果。

---

① 肖志芳. 基于激励机制的高职院校教学团队建设研究［J］. 当代教育理论与实践，2011（12）：113-115.

四、动力机制的培育

机制的培育是指营造一种有利于一项机制全生命周期中各个阶段均发挥效果的氛围，这种氛围的营造旨在为机制的全生命周期做好保驾护航工作，确保实现机制所预期的效果都能真正实现。机制本身是对推行的工作直接负责的，而机制的培育是对各项相关机制负责。为此，机制培育中所涉及的全生命周期是指从启动设计、内容诞生、落地实施直至应用于实践后，产生设计机制时所构想的效果的闭环系统。而基于各项机制要解决的问题不同，各项机制的特性也有所不同，各机制的培育也就存在一定差异。在本节中我们先来了解动力机制培育的相关内容。

动力机制的设定是基于解决"同伴互助"参与主体的内在动机问题的，为此在做动力机制的培育时就需要多从激发"内在动机"的角度出发，具体来说就是需要从外到内围绕动力机制所设计的内容实施对应的培育行动：

对于外部环境，我们建议高职院校从文化氛围入手，宣传"同伴互助"的相关内容（包括"同伴互助"项目宣传和核心内容的宣导），用文化的方式逐渐浸润人心，同步举办让教师有收获感的活动或培训，例如基于场景的体验式培训、专题座谈会等。通过参与活动，教师会意识到"同伴互助"的重要性且体会到项目带来的收获感。

对于内在认知，主要在于激发教师的自我驱动力。虽然不同的人心中有不同的动力源，但仍然有共同点。高职院校应总结共性、挖掘个性，并实施与之相匹配的引导方式，激发教师内心对"同伴互助"的认可与热情，为动力机制的推行做好内在认知铺垫，这是动力机制培育的重要方面。

第二节　整合机制——解决校内、校间和校企资源的组合使用问题

资源的均衡与综合应用是取得项目成果的关键，"同伴互助"的实施也同样如此。本节主要探讨的就是资源的使用问题。从广义而言，人也是一种资源，尤其是项目的核心参与人员。为此，在动力机制相关内容中，我们已单独讨论了项目核心参与人员的问题。"同伴互助"中除了有核心的参与人员外，还有其他的辅助性人员，在整合机制中我们会针对这部分辅助人员进行进一步

讨论。除了人力资源的使用之外，还有其他资源的使用问题，也就是从狭义角度理解的物质资源的使用问题。如何合理使用物质资源助力"同伴互助"的开展，这也是本节要讨论的重点内容。

一、各项资源使用情况的分析

均衡、综合地使用各项资源，更有助于"同伴互助"的顺利开展，减少资源不足或不匹配带来的阻力问题，使参与主体能轻装上阵，将精力都投入项目之中，而不是因外部资源的不足或不匹配，消耗大量的精力。但目前"同伴互助"开展过程中资源的使用情况还未达到充分、合理的状态，主要体现在：

除参与其中的教师，校内其他人力资源仍有待开发，包括管理层、教务人员和学生群体。目前阶段，这些资源还处在原有的模式中，未能就"同伴互助"的推进节奏同步做出相应的调整。这相当于两条腿走路，一条腿改变了行走的步调，由小步调整成迈大步，但另一条腿依旧小步行走，这样只会步调不协调而导致前进的速度达不到预期目标。

校内资源除了人力资源还有物质资源。有些项目对于专用场所等资源的需求是不具有必要性的，但"同伴互助"涉及多种形式的互动学习，例如互助会议、互助研讨等活动。这些是需要高职院校在物质资源层面予以协调支持的，容易获得所需的环境会更有助于各类互动学习的开展。

高职院校间资源的使用状况，也是值得我们借"同伴互助"实施之际进行探究的话题。高校间的交流一直存在，也有少许互动事项，但面对未来的教育发展趋势，结合"同伴互助"的开展，高校间现有的交流深度、交流形式等大多都只是表面操作，还远远达不到教师互助成长、加速提升的效果。为此，我们需要借"同伴互助"的推行之机，重新定义校与校之间的互动形式，重新定义校与校之间的资源使用方式。

高职院校与企业等社会资源的合作模式的丰富度与深入度同样有待提升。目前本科类高校与企业等社会资源的合作已经在逐步强化，形式也呈现出多样化特点：教师走进企业生产现场实际体验；企业人员走进校园分享职场、行业资讯；学生不仅走进企业参与生产劳动，也走进企业各类项目，全方位体验职场……但高职院校与企业的合作并未达到此种程度，大多数高职院校与企业的合作多停留在学生劳动实习阶段，定制化的人才培养、研究项目的合作等形式少之又少。让"同伴互助"的实施成为提升高职院校教学内容与社会接轨的精准度的有效工具，成为丰富高职院校与企业等社会资源合作模式的契机，优化探索多维度的校企合作模式，是当下高职院校势在必行之事。

二、整合机制的内涵

整合机制是指资源所有者或使用者在对现有各项资源的梳理、盘点之后，基于各项资源自身的特点（数量、类别、频次等）和资源与资源间的组合特点，创新设计各资源的搭配形式和使用方式，做到在尊重各项资源的客观事实的基础上进行全面统一的调配使用，最终达到资源的更优化使用的效果。

整合机制的设计原则在于"不浪费、不过度、不滥用"：不浪费每项能发挥作用的资源；也不过度使用或依赖某项资源，避免最终将其消耗殆尽；当然也不滥用资源，不会因为某项资源的存在而非要制造使用机会。正因如此，整合机制的设计需要从全局的视角和统筹协调的思维模式出发，挖掘和使用好各项资源，达到从资源层面有效支持"同伴互助"推行的目的。

整合机制的呈现方式需区分对待：校内各项资源的使用规则，应采取便于内部操作的方式进行呈现；涉及学校间资源的使用、校企资源的使用，为便于得到使用校外资源的支持，需采取有利于外部沟通的方式进行呈现。不可为了追求统一化，而忽略了具有不同条件的客观环境。

三、整合机制的形成

基于整合机制需要解决的资源问题，结合各项资源的自身特点，整合机制在设置上主要应涵盖校内资源、校间资源和校企资源。针对这三方面资源各自不同的使用现状，我们也需要设计有各自侧重点的管理方法，具体如下：

（1）盘活校内资源。高职院校中的"同伴互助"，其主要开展阵地就是校园内，我们需要高度盘活校内的人力资源和物质资源。

除去参与"同伴互助"的教师之外，其余的校内人力资源，需要得到合理的激活使用，从而助力"同伴互助"的推行。这些人力资源包括院校管理人员，教务、行政人员和院校学生。

在高职院校中推行"同伴互助"，管理人员的支持与认同是非常关键的，有了管理人员的高度认可和主导，项目各方在配合力度上会有很大不同。所以院校管理人员不仅需在项目中有一定的职务，还需在不同的场景、不同维度中对项目的推行进行宣导，潜移默化地吸引更多注意力投入"同伴互助"的推行之中。

要充分激活院校中的教务、行政人员。这部分人员是项目实施过程中强有力的后盾，一切物资的使用，都需要依托行政人员的助力来完成。而"同伴互助"的开展也为高职院校管理和教育水平的提升提供了一次契机，这就需要我们通过制度的优化调整促使这些"同伴互助"的周边人员，工作模式得到充分的创新，工作质量得到充分的提升。

要大力激活学生群体的自主探索与学习成长意愿。自主学习是评价教育氛围的一项重要指标，高校需要通过活动设置、资源倾斜、文化建设等方式，营造起有利于学生间自主探讨、研究知识的氛围；而教师在这种氛围中重在引导、启发学生，且在需要或恰当的时间点给予学生指导和知识的系统化讲解。高职院校要通过对学生自主意愿的激活，让知识探索由之前的教师主导向学生自动自发主导学习的方向转化。

以上是人力资源的探讨，在物质资源层面，有些项目在实施中不一定对固定场所有强制性需求，但"同伴互助"则不同。"同伴互助"在实施过程中教师间会有互动交流、互助学习、学术探讨等行为，有固定的地点对教师的活动会有更大的加持作用。所以高职院校可以在现有资源的基础上，协调并提供有利于"同伴互助"开展的固定空间，便利各项活动的举办，这是减少"同伴互助"额外消耗的必要途径。

（2）活用院校间资源，最大化利用资源的可流动性。国家对高职院校教学要求的指导，为高职院校间更充分地合作与交流提供了有利契机，这也是符合当下发展趋势的必然选择。梳理现有高职院校间的合作情况，结合院校发展目标，我们可以从三个维度入手实施院校间资源的重新配置工作。第一是在现有合作模式的基础上，将有效的合作进行强化、深化；第二是开发新的合作模式，丰富合作内容，借"同伴互助"项目推行之机最大化盘活资源，高效使用；第三是高职院校间借此打破壁垒，重新划定边界，打造各自院校特色的教学内容，同时针对有效的各种教学方法互通有无。

（3）进一步探索校企资源的使用。校企合作对于学生而言是非常有效的与社会接轨的方式，但学生单纯的手工或体力参与远远未能发挥校企合作真正的作用。挖掘校企合作的效能，从企业到高校，从教师到学生，都需要借助"同伴互助"的开展，认真梳理校企合作所蕴含的效能，让企业、院校、教师和学生共同受益。

从企业方来讲，企业通过这种梳理，可以在人才、技术和文化三方面得到更多收获。人才方面，企业可以深入思考：通过校企合作，如何挖掘到适合企业发展的人才，如何向高职院校定制人才；技术方面，企业与校方可以在哪些技术领域创造价值，实施研究合作；文化方面，企业如何通过校企合作扩大企业文化的宣传力度，传导企业的文化理念，树立更好的企业形象，等等。综合这些方面，学校与企业需要重新设计合作方案，内容可包括技术层面的专业知识、职场领域的相关信息、企业文化活动的参与体验、企业所在地的环境等多维度可落地实施的内容。全新的校企合作方案，能有效提升企业在校企合作过程中的收获，解决其各项需求，也能有效提升校企合作的价值，为企业解决现实问题。

从校方来讲，校方需要认清校企合作对学生就业的意义，对知识与实践相互支持的意义，对教材优化和教育方法优化的意义，等等。校方也需要思考如何优化校企合作模式并与合作企业达成共识，实现为企业的用人提供挖掘有潜力的学生的机会，为学生的未来匹配合适的发展方向，为校方的教育体系提供探索机会等目标。那么校方如何更客观地优化合作模式呢？由九个国务院职业教育工作部际联席会议成员单位联合印发的《职业教育提质培优行动计划（2020—2023年）》（以下简称《行动计划》）提供了很好的思路。《行动计划》中提到"允许专业教师按国家规定在校企合作企业兼职取酬"，这项内容对于高校教师掌握企业信息，学校基于客观情况优化校企合作模式，起到了强有力的推动作用。

教师与学生在校企合作中需要更全面地投入与参与，在校企合作启动前做好相关情况的了解工作，包括企业信息、企业所处的行业信息、所涉及的专业领域知识、职场动态和职场与校园的差异等；在校企合作过程中需要通过多维度的视角对所经历的实践活动进行分析、观察——与理论知识进行关联解读，与前期收集到的各项信息做对比分析，与他人思考问题、处理工作的方法进行比较并总结；在校企合作结束后深入做好考核评价与复盘，考核评价工作可以根据需要，针对不同对象、不同维度进行，除了评价还需要有效做好每次合作后的知识积累与传承，为后续的校企合作提供良好的信息基础。这些转变也是对《行动计划》中提出的"完善以学习者为中心的专业和课程教学评价体系，强化实习实训考核评价"的有效落实。

四、整合机制的培育

整合机制所要解决的三类资源的合理使用问题中，校间资源和校企资源的相关机制相对需要学校投入更多的培育精力。校内各方面资源的使用，学校做好全校认知层面的统一工作与管理制度的设计，基本可以做到对整合机制的推行提供支持。但校间资源和校企资源的使用情况相对较为复杂，因为这两项资源的参与者是不属于同一集体管理范围的。基于这种客观条件，若想让参与各方协同一致做好资源的重新梳理、整合使用，需要参与各方彼此间有一定信任基础，需要参与各方能形成统一的认知，进而形成互惠互利、互帮互助的合作共同体。只有参与整合机制的各方在思想认知层面达成统一，形成良好的合作共识，整合机制才有可能顺利推行。

要提高教学科研团队建设水平，必须构建新型、多元的组织模式，丰富团队的建设平台，注重校际合作，注重理论与实践的结合，注重校企合作、校产结合等。

"同伴互助"教学科研团队的建设，除了立足本校的现有资源外，还要利用其他兄弟院校的资源，借鉴兄弟院校好的经验和做法，大家资源共享，共同发展，共同进步，例如让本校的学生到兄弟院校的校外实习基地实习。同时还要注重科研成果的转化，促进教学发展。积极把最新的科研理论和成果融入教学中，激发学生的学习积极性和创新性，促进教学内容的不断更新，促进教学改革的深入推进。

在教学团队建设的过程中，学校要努力构建校企合作平台。一方面，要引进和吸收企业较新的成果、有实效的管理理念；另一方面，应自主培养一批授课能力强、理论丰富、企业工作能力强的"双师型"教师。同时教学团队应主动关注企业对人才的需求，使学生学有所用，学能所用，这样可以调动学生学习的积极性。在教学团队建设过程中，实现学工互动，加快促进专业建设、专业发展的建设步伐[1]。

为此，在制定整合机制前，首先需要甄别真正有意向参与其中的高职院校和企业，参与意向是后续一切工作的前提条件。甄别后需要与各方进行充分的了解，加强彼此间的相互认知，这既是建立信任的基础，也是未来各方相互支持的必要条件。上述两项基础工作结束后，就可以在高职院校间和企业间多开展具有沟通交流、培养共同认知的功能的工作了，例如教学活动的互动、专项研讨会议、团队拓展培训等。在充分做好彼此间的了解的基础上，继续培养认知语言的共通性，各方需要找到彼此相互支持的合作要点。当这些机制培育工作能前置完成，为整合机制的实施做好了共同语言、共同认知的铺垫后，整合机制在实施过程中才会更易向机制所设计的目标前进。

---

① 花美莲. 高职院校教学团队建设的探讨［J］. 科技信息，2012（1）：79-80.

第三节　激励机制——解决各方在"同伴互助"过程中保持参与热情和积极性的问题

动力机制解决的是教师自动自发、自主参与"同伴互助"的问题，整合机制重在解决多方资源的合理使用问题，其中包括对非项目核心参与人员的使用。那么如何让教师在"同伴互助"的整体实施过程中保持持续的参与热情和积极性？让"同伴互助"周边相关人员保持支持的热情与力度？让"同伴互助"推行的全过程中，各方参与人员都能保持较高的参与程度？这就需要我们采取有针对性的方法来持续激发各方参与人员的行动力和内心状态，保障全体人员一直向期待的方向行进。而这正是"激励"所具备的功能，也是本节阐述的激励机制要重点解决的问题。

一、需要保持参与热情和积极性的原因分析

2020 年 9 月，由九个国务院职业教育工作部际联席会议成员单位联合印发的《行动计划》提出系统推进职业教育"三教"改革的具体措施，表示"提升教师'双师'素质，实施新一周期'全国职业院校教师素质提高计划'，落实 5 年一轮的教师全员培训制度；加强职业教育教材建设，促进教材质量整体提升；提升职业教育专业和课程教学质量；完善以学习者为中心的专业和课程教学评价体系。"

"同伴互助"的推行是对《行动计划》中提出的系列要求的有效落实与推进。教师素质的提高、教材质量的提升、教学质量的提升等工作，这些都是需要长期坚持推动且持续提升推动质量才能真正获得相应效果的事情。一旦涉及需要长期推进的工作，让参与各方在全过程中保持参与热情和积极性是尤为重要的。良好的参与状态一方面可以确保项目的推行进度——在时间轴上的向前推移，另一方面可以保障项目推行过程中的成长状态——在质量轴上的向上推移。两方面综合发挥作用，参与者才能在项目推行结束后获得成长。

那么该如何让参与各方全程保持热情与积极性？根据参与者的需求对症下药是较为明智的选择。在各类管理方法中"激励"刚好是解决这类情况的有效手段之一，采取有效的"激励"方式解决参与者的内在需求问题，这是保障参与人员持久热情的关键。但当下"同伴互助"的推行在激励机制这个层

面存在着激励形式不够多元化、效果不够显著化、作用发挥不够彻底化的现象。改善现有激励机制存在的这些问题，就是接下来我们阐释的重点内容。

二、激励机制的内涵

"激励"的存在具有普遍性，无论是企业还是学校，甚至是日常生活中，都需要"激励"的加持。因此从不同的角度解释"激励"，其定义也稍有不同。本书重在针对"同伴互助"推行的特点来阐述激励的概念，其主要是指通过对参与项目的各方人员的需求的掌握情况，采用与其相匹配的方式、方法来激发参与各方尤其是参与主体的行动动机，并鼓励大家产生指向"同伴互助"目标的行为，发挥、挖掘项目各方人员的潜力与持续的行动热情，最终达到项目设计所期待的目标。

通过对"激励"概念的整理，我们不难发现"激励"要发挥有效性，其源头在于对激励对象需求的掌握情况，然后是"对症下药"采取相应的激励方式。

激励的分类很丰富，从不同的维度划分，激励的分类也大不相同。了解不同类型的激励方法及相应的作用，有利于更合理地设置激励机制的内容。激励的分类维度与相应类型如下：

从激励所包含的内容分类，激励可分为物质激励和精神激励。物质激励从狭义的角度可以理解为奖金的直接分配，精神激励则是指荣誉、愿景、获得尊重等非金钱内容的激励；从激励发挥的作用分类，激励可分为正激励和负激励，正激励是指为鼓励某种行为的发生实施的激励举措，负激励是指为抑制某种行为的发生实施的激励措施；从激励所作用的对象，激励可分为他人激励和自我激励，他人激励是指对他人实施的激励行为，自我激励是指对自己实施的激励行为，自我激励特别适用于高层级的管理者和创业者们；从激励产生的原因，激励可分为外付激励和内驱激励，外付激励是指做某事的动力源于外界的鼓励刺激，内驱激励是指做某事的动力源于内在自发产生的动力。

与其他机制的呈现的不同点在于，激励机制需要更多的渠道进行宣导，例如宣传栏、公告栏等更为外显的呈现方式。其他机制的呈现大多不需要如此，但这些方式对于激励机制却较为适用。这种呈现方式可以让"同伴互助"的参与者更多地了解激励机制的内容，一方面可以引导一部分需求完成转化，另一方面可以让有对应需求的参与者更受鼓舞，有助于激发大家的内在动力，进而促进激励机制设置时所期待的效果达成。

三、激励机制的形成

通过对"同伴互助"在高职院校推行情况的了解，我们不难发现激励机制所要解决的问题是持续性的。"同伴互助"要持续推进，就需要参与各方保持热情与积极性；要保持这种良好的状态，就需要配以相应的管理方法。而作为管理方法之一的激励，其所具备的特质刚好符合这种场景下的需求。为此，作为"同伴互助"实施中的四大机制之一，激励机制的设置需以项目目标为导向，以参与者的需求为入口，以多种激励模式组合使用为策略，注重项目考核和团队考核，并把考核结果跟团队负责人和团队成员的职称考核挂钩，促使参与各方保持参与热情与积极性。

（1）以项目目标为导向。激励机制所设计的各项内容必须是能引导参与者做出指向目标的行为。为此，在设置每项激励内容时，我们都需要分析确认，其是否会诱发参与者做出不利于目标达成的行为。若设计的内容确实能产生正向效应——产生指向目标的行为，那就可积极推进；若可能产生负向效应——产生与达成目标无关甚至背离的行为，就要及时优化更新或是替换该项激励措施。

除引导参与者做出指向目标的行为，还需对阻碍目标达成的行为予以规避，最好的规避方法是将这类行为向有利于目标达成的方向转化或是设置其他有利于达成目标的行为将其覆盖。要确保激励机制的内容均能引导参与各方始终在走向目标的道路上，只有具备了这个前提条件，后续一切激励内容的设置才能确保有效。

（2）以参与者的需求为入口。以目标为导向是激励机制设置的前提，而参与者的需求是否得到满足则是激励机制能否落地的关键所在。同一集体范围内的成员一定有众多的共性需求，著名的马斯洛需求层次理论就是因需求的普遍存在而提出的。该理论将人的需求分为5个层级，从低到高依次是生理需求（吃、穿、住、行等生存基础需求）、安全需求、社交需求、尊重需求和自我实现需求。在设计激励机制各项内容时既要引导参与者产生指向目标的行为，又要结合参与群体的共同需求，两者融合才能使机制有效且落地。

除了纳入激励机制中的共性需求之外，在"同伴互助"推行过程中，项目管理人员也要及时发现参与者的个性需求，积极关注并予以分析。有些个性需求是激励机制就可以解决的，但有些是需要管理者在管理工作中进行解决的。因为个性需求存在多样性和变化性，在不同时期、不同阶段都会出现不同的需求点，想要将其统一纳入激励机制中是没办法完全实现的，所以就需要在日常管理中予以解决。而这部分需求问题解决好，尤其是关键参与人员的个性需求问题解决好，会非常有效地提升关键人员的行动力，"同伴互助"的推行工作也会有事半功倍的效果。

（3）以多种激励模式组合使用为策略。人的行为是多样性的，人的需求也是多样性的，因此，想要凭借单一的激励模式解决所有激励问题是无法实现的。我们在设计激励机制的内容时一定要组合多种激励模式共同发挥激励作用：既采用正向激励方式鼓励需要的行为产生，也要采取负向激励的方式，抑制不需要的行为发生；既要有物质激励以认可参与者的真实价值，也要有精神激励以满足参与者的成就感与自我实现的需求；既要从外部环境中打造出激励的氛围，又要注重培育参与者的自我驱动力；等等。综合各种激励方法才能有效解决多样化的需求问题。

（4）注重项目考核和团队考核，并把团队考核结果跟团队负责人和团队成员的职称考核挂钩，促使参与各方保持参与热情与积极性。

多种激励方式组合使用能较好地解决需求多样性的问题，而需求多变性的问题则需要管理行为来解决。因为需求是多变的，当一个需求被满足后，新的需求又会产生，同一时期也会产生不同的需求。所以激励对于大多数人而言，没办法一劳永逸。如果管理者有指望实施一次激励之后，就对参与"同伴互助"的人员不再实施激励的想法，一定要及时纠正。激励机制在更新优化的频次上是需要有相对固定的周期或时间节点的，但参与者的需求变化是没有明确周期的。为此就需要"同伴互助"的管理者在日常管理中做好激励的补充工作，结合激励方法的使用要点，对参与者做好日常的激励管理。

这里针对激励没办法一劳永逸的特点做一点补充说明。虽然我们的激励机制和各类激励方法没办法一劳永逸，但我们可以依托管理者和激励机制的共同作用打造出"自我激励"的良好组织氛围——在"同伴互助"推行过程中，形成参与者自身能够持续进行自我激励，参与者能够自发进行相互激励的氛围。打造带有激励属性的组织氛围，对于激励机制的落实和"同伴互助"管理者的管理工作都是较为有效的助力。当然，一种组织氛围的打造不是一朝一夕之事，但我们要知道可以向这种方向发展，并以此作为激励工作的奋斗方向。

四、激励机制的培育

因激励机制重点解决的是人员的需求问题，所以激励机制的执行相比其他机制而言具有更多的变化。该机制的培育重点主要在于对"激励"这项管理方法的掌握程度，对"激励"的相关特点和使用要点能清晰掌握，设计出的激励内容便能有效解决需求问题，激发参与者的行动动力，那么执行起来就会顺畅有力。为便于理解，在此针对"激励"的相关特点和对应的使用要点简单举例。例如，"激励"的一个使用要点是需要具有对等性——小成绩小激励，大成绩大激励。在激励时若不了解这样的属性，未能遵守这个使用要点，在"同伴互助"的成员取得小成绩时使用大激励，那么在这类成员后续再取得大成绩时，就很难进行激励了。因为若是给予其小激励，在之前的激励体验的对比下，这次的激励就将失效，对于其他成员也会造成一定打击。这种错误操作积累下来就会削弱激励的效能，最终甚至无效能可言。

因此，对于激励机制的培育而言，主要体现在培育对象和培育内容两个维度。培育对象主要为机制制定者和需要依据机制实施激励工作的管理者这两类人群——机制制定者掌握了"激励"的相关特性能设置出合理的激励方法和内容，管理者掌握了"激励"的相关使用要点才能很好地执行机制和在日常管理中准确地使用各种激励方法；培育的内容集中于激励这个方法的相关属性与专业知识。

激励机制的具体培育，可在设计激励机制和正式启动激励机制前，对机制制定者和管理者进行激励知识的相关培训、集中学习，保障这两类人员掌握激励的核心要点和关键属性，让机制制定者在设计激励内容时以科学理论做支撑，确保可落地性；让使用机制的管理者在运用激励方法时知道侧重点和发力点，清楚在何时何地对于何种人该用何种方式，一方面执行激励机制的内容，另一方面做好机制外的补充工作。这在助力激励机制本身的顺畅执行外，更为"同伴互助"的开展做好了全面的激励保障。

对于"同伴互助"的实施，重要的目标就是提升高职院校教师的综合能力，而以上的培育过程就是对教师综合能力提升的一次践行。

各种资源的使用要有统一的规划。具有"生命共同体"特征的组织，其重要资源一定是有统一的配置机制的，形成"集体经济"。例如，各教师个人获得的科研经费，应该由组织统一调配使用或在很大一个比例上统一调配使用；再如申请项目、发表论文等，都要集体讨论谁负责、谁作为团队成员、如何署名等。对于空间、设备等资源的使用，也是一样由团队统一调配。

例如，金华职业技术学院地处金华地区，并没有紧靠省会城市。但该校通过建立有效的团队分层次激励机制，有效地调动了教师参与学校建设的积极性，在浙江全省重点高职院校排名中名列第一。其教学科研团队建设的经验如下：

（1）资源整合策略。

2012年5月金华职业技术学院（下文简称"金华职院"）和浙江省教育科学研究院联合成立浙江省现代职业教育研究中心。该中心在短短的7年时间里，成长为浙江省哲学社会科学重点研究基地，承担了国家社科基金、全国教科规划课题、省哲学社科规划项目等省部级以上项目20多项，发表论文110多篇，20多项成果获得全国教育科学研究优秀成果奖、国家级教学成果奖和省哲学社会科学优秀成果奖。AIB职院目前虽然也成立了一些研究所，但缺乏有效的资源整合，有些研究所无专人负责，甚至没有形成足够的科研力量，AIB职院与金华职院的科研实力较悬殊。金华职院在资源整合上的力度非常惊人，曾邀请了厦门大学教育研究院前院长潘懋元，华东师范大学职成教研究所前所长石伟平，浙江省教育科学研究院前院长方展画，教育部职业技术教育中心姜大源等名家参与该中心的研究工作，并邀请其培养的博士直接参与中心研究工作，吸引了优秀博士落户金华职院。

（2）教师分层激励机制。

金华职院启动多个教师发展项目，包括中青年骨干教师项目、专业带头人项目、领航专业、创新领域试点专业、卓越教学团队等一系列教师能力培育和专业发展项目，并依据专业发展现状形成A、B、C不同层级的激励机制：A层次主要面向国家级人才与专业培育；B层次主要面向省级人才与专业培育；C层次主要面向校级人才与专业培育。该校对不同层级给予不同的经费支持，根据不同层级优先安排不同的培训项目，形成学校人才梯队和专业建设梯队，针对不同层次人才，进行针对性的培养和提升，从而留住人，激励人。

AIB职院近年来虽然形成了不同层级的专业和人才培育项目，但缺乏制度化管理，导致二级学院教师和专业团队缺乏激励要素。有些优势专业，甚至一些高水平建设专业也难以优先参与省级项目评审，没有形成高效的师资队伍和专业建设分层次发展的机制，以及你追我赶的发展势头。

（3）教师参与团队建设项目的动力机制。

金华职院通过多年的发展，形成了以制度管理团队的机制，通过明确标杆、标志和标准开展团队遴选和建设活动，教师积极参与团队建设的热情高。该校出台一系列校级、市级和省级教学团队及科研团队建设制度，并给予经费支持，优先安排团队成员参与各类培训和会议，促进了教师参与团队建设的积极性。

目前 AIB 职院的团队建设，教师参与度低，没有形成团队建设制度，教师参与团队建设并没有得到一定的激励，完全依靠行政命令或人治的方法，难以形成团队建设的可持续动力机制。

（4）教师引进制度差异。

由于金华市远离省会城市，金华职院加大了对高层次人才的引进力度，为高层次博士研究生安排住房（120 平方米，每平方米 3.5 万元，工作满八年即可算作个人房产），提供不同层次的科研启动费（三年内获得国家社科项目可申请 30 万元科研启动费，获得省部级课题可申请 20 万元，获得市级课题可申请 10 万元），并进行三年期人才引进考核验收。

第四节　保障机制——保障"同伴互助"的持续性和有效性的问题

一、保障具有持续性和有效性的原因分析

作为提升教师专业能力的有效方法，"同伴互助"的推行与其他方法或项目的引入存在同样的问题，即作为新事物在启动之初和推行过程中都或多或少会受到一些阻力，这是新事物诞生过程中普遍存在的现象。如何预见并解决这些存在于新事物推行过程中的普遍问题，从而让"同伴互助"的推行工作可持续地进行，是我们需要解决的问题之一。

说到持续性问题，还有一个情况也需要我们思考。"同伴互助"在高职院校中大多以项目工作的形式出现或存在，如果作为项目工作就会有项目工作的一些共同特点，如临时性、周期性等特点。这些特点往往会导致在项目工作结束时出现一种现象，那就是在项目推进过程中的很多事物也随之停止。例如，在项目过程中使用的方法、探索形成的模式和推行的制度等，若项目结束，这些内容也会逐渐降低使用频次、减少使用次数甚至是直接消失，这是对我们曾经投入项目中的时间、精力、人力和物力的极大消耗与浪费。所以，为减少及杜绝这种情况的发生，针对"同伴互助"推行过程中临时使用的一些方法或

模式、临时建立的流程制度以及项目取得的成果，需要建立一套保障机制，用来保障"同伴互助"过程中产生的积极有效的方法能持续推行，产生的积极成果能持续发挥作用，保障"同伴互助"各维度成果的可持续性。

我们都清楚高职院校的教师，专业能力的成长与提升是需要一个过程的，大家能用长期主义的思维和心态面对这件事是非常好的。但同时我们需要警惕长期推行过程中出现的一些问题，反映在"同伴互助"的推行工作上，就是要避免一些流于形式的操作或者长期无成果的现象的产生。我们要力求在项目的每一步推行中都能取得相应的向前的成果，而不能因为工作需要长期持续推行，就导致有效成果的获得放缓甚至长期无阶段性成果。所以，如何保障项目推行过程的有效性和项目成果获得的有效性，同样是我们必须要探讨的话题。

二、保障机制的内涵

通常情况下，一提到保障机制，大家首先会联想到的就是物质的保障：有没有足够的物品保障各项工作的实施，有没有足够的资源保障一件事的顺利推行，有没有足够的资金保障各项工作的全面布局，等等。实际上保障机制不仅仅包括物质的保障，还包括精神的保障，而保障机制也是管理活动的重要内容。本节我们讨论的保障机制的主要作用在于保障"同伴互助"推行过程的持续性，保障成果功能的延续性，以及保障推行过程和各项成果的有效性。所采取的主要方法是从文化和行为两个维度入手，通过文化氛围的打造、各项考核标准的设置、监控考核计划与改进计划的实施，以此来保障"同伴互助"的推进和结果的获得。为此，保障机制的内容在文化层面上主要包括"同伴互助"的理念宣导、推行进度的呈现等，在行为层面包括考核标准、审查标准等。

（1）保障机制与其他机制的关联性。本章讨论的四大机制有一个共同目标，就是服务于"同伴互助"的推行，各机制独立运行但又相互支持。而在相互支持这个层面，保障机制的作用尤为突出。因为保障机制是对"同伴互助"推行的保障，那么对于与"同伴互助"推行相关的机制，保障机制会自动对这些机制起到保障作用，使各项机制产生推动"同伴互助"的合力。但在实际操作中保障机制的独立性很容易被忽视，因为各机制都有一定的保障作用，往往会让"同伴互助"的管理者们忽视单独设置保障机制的必要性，他们有可能满足其他三个机制的保障需求并体现在相关文件中，而省略掉保障机制的制定。这种操作会极大地削弱保障机制对"同伴互助"的全面保障功能，也无法对其他三个机制形成推动作用。这种情况下，以项目形式推行"同伴互助"的高职院校，还会出现项目结束后成果无法有效延续的状况。

（2）保障机制的呈现形式。结合保障机制的作用来看，前面提到的三项机制可以有本身相应的保障内容，而"同伴互助"的总纲领性的保障内容，需在独立的保障机制中进行呈现，便于"同伴互助"管理者、推行者们进行审核，改善这些机制的落实和统筹管理。

三、保障机制的形成

保障机制是以解决"同伴互助"推行的持续性和有效性问题为核心任务的。前文提到保障机制的构成相比其他机制而言更需要全面性，主要体现在保障机制一方面服务于"同伴互助"整体，另一方面支持其他机制；一方面需要从文化层面切入，另一方面需要从行为层面着手；既要综合各机制的保障需要，同时也要涵盖"同伴互助"的整体保障需求。

针对保障机制的构成而言：文化层面需要建立文宣规则，保障院校对"同伴互助"理念和进度的持续认知与动态了解；行为层面需要建立集考核、审核与改善于一体的规则，形成系统性的保障环境，具体如下：

1. 凭借文宣规则做好认知保障。如果一个人能发自内心地肯定一件事物，那么在行动上就更容易呈现出积极的状态。为此，保障机制首先要做好各项文化宣传工作，提升院校人员对"同伴互助"的认知水平。文宣规则的制定主要从宣传内容、宣传频次与宣传形式展开。

宣传内容主要针对三方面进行：第一是做好"同伴互助"理念与知识内容的宣传，该内容在动力机制中已有所提及，而在保障机制中就需要进一步明确宣传的具体形式、频次和落实计划，保障"同伴互助"的相关内容宣传到位，落到实处；第二是做好"同伴互助"推行过程的展示和公布工作，按照相关工作计划定期对工作的进程进行展现，让各方人员了解进展情况，通过更多人对"同伴互助"的关注，促使参与"同伴互助"的各方人员更加投入；第三是做好优秀事件和榜样人物的公示与表扬工作。这里的优秀事件可以包括有效方法的推行、阶段成果的获得、项目推行工作中展现出的积极行为等。及时展现优秀事件有利于营造积极向上的氛围，塑造积极的文化气息；同时也要对优秀人员及时表扬，及时树立优秀标杆，让参与人员的行为有更为清晰的参照目标。高职院校通过对优秀事件和榜样人物的宣传，塑造良好的文化屏障，加强机制的保障作用。

在明确宣传内容后，就需要明确宣传频次与方式，尤其是文宣方式。现在媒体渠道众多，各渠道有怎样的特点，适合做哪些文宣内容，如何利用好各种宣传方式，这些需要机制设计者进行综合思考后，结合院校情况予以确定。

（2）用考核规则做好牵引保障。提到考核人们一般就会想到什么？是每学期的期末考，还是每年年终的业绩总结？是在一定推行阶段会实施的工作，还是在推行结束时会开展的事项？其实考核的类型非常丰富，使用的范围也很广泛。例如，在动力机制中我们提到设置教师加入"同伴互助"的标准，不符合准入门槛无法加入，这其实就是一种考核类型；再比如整合机制中的校企合作，我们提到在实习结束时设置对教师、学生和企业三方的考核；等等。这些都是考核的范畴，结合不同的目的可以设置不同的考核方式。那么，"同伴互助"的实施进度与取得有效成果的考核规则该如何设计呢？

首先要明确各项目标。我们需要对"同伴互助"的整体情况有相对清晰的认知，清楚在不同阶段、不同事项中需要达成的各项目标。因为我们设置考核规则的一个很重要的目的就是通过考核指标的设置牵引参与者们的注意力，从而让他们的行为一直指向需要达成的目标。这些目标可以是过程中一定要实施的行动，如定期组织互助学习会议，也可以是要取得的阶段性成果。

其次是为这些目标设置可衡量的标准。针对一项需要达成的目标，可以从时间、程度、进度等维度设计其考核的标准，例如明确目标是要取得某项成果，那么在设置衡量标准时可以进一步明确，在半年时间中需推动该项目达到怎样的程度；也可以将详细的工作计划设置为衡量标准，因为详细的工作计划会有明确的时间和相应应完成的工作事项。在该步骤需要注意的是，可衡量的标准是便于收集的数据或是可以直接进行判断的，若一个目标的标准虽然可以衡量，但数据收集非常困难，会额外增加许多工作量，这种情况是我们不推荐的。面对这样的情况就需要我们继续进行拆解或转化，直到转化成方便我们收集考核数据的状态。

最后是设计考核的频次与形式。该项内容可结合高职院校自身的情况进行安排。如果院校中已有一些业绩考核工作，可参照现有的频次实施；若之前没有设置考核工作，可以借本次机会进行新的尝试。一个前提条件是频次的设计要符合牵引性，若间隔时间太久，牵引性很易被削弱；间隔时间太短，容易增加工作量，增加工作负担。

（3）用审核规则做好纠偏保障。该规则是对考核规则的配合与补充。结合各院校的实际情况，不同院校考核周期的设置与频次会有所不同。有些院校能及时开展"同伴互助"的考核工作，有些院校可能需要很长时间才能开展一次。那么对能及时进行考核的目标，高职院校在考核中如果发现推行进度不佳的目标，针对这部分目标就需要用到审核规则进行梳理纠偏。通过针对性的审核，高职院校应梳理出进度不佳的原因，并明确调整的方向，使工作的开展重新回到目标所需的实践活动中。对于不能及时进行考核的目标，审核的必要性更为突出，定期对这部分目标的实施情况进行审核，有助于高职院校及时发现推行过程中是否偏离目标，并及时做出调整，保障一切实践活动都奔向"同伴互助"的各项目标。

（4）用改善规则做好提升保障。保障机制中的改善工作主要分两种情况：一种是针对在审核中发现的需要调整的行为进行改善，另一种是将在"同伴互助"推行过程中实践出的有效方法优化到高职院校的管理制度中，起到强化与固化的改善效果。两种情况的执行要点在于跟踪到底，确定各项改善都落到实处，以此真正发挥保障机制对"同伴互助"有效性的保障作用。

四、保障机制的培育

保障机制相对于其他三项机制而言，本身就会起到一定程度的培育作用。例如，文宣规划的内容、各项机制的培育都会涉及宣传工作，保障机制则会将这部分内容进行明确化、规范化，更有助于发挥宣传力量，从而促进各项机制的培育与推行。那么针对保障机制来说，其培育的重点就在于机制设计与使用人员掌握文宣、考核、审核和改善工作的特点与操作要点，尤其是文宣和考核工作。

文宣工作的实施效果取决于宣传渠道与宣传方式。因此在落地各项文宣工作前，执行人员需要对各宣传渠道的特点和匹配方式进行学习，做到心中有数。例如，哪些内容适合视频宣传，哪些内容适合文稿宣传等。执行人员掌握这些内容后，在落实各项宣传工作时就能为所要宣传的内容选择合适的渠道与方式，达到预期的宣传效果，发挥文宣工作的效能。

考核工作的实施重点在于前端的设计，包括目标的拆解、目标的衡量标准等。合理设计目标的相关内容，会更有利于发挥考核的牵引作用。匹配合理的考核周期与考核方式，将进一步发挥考核的牵引作用。这些都来源于考核规则设计者对考核这件工作的认知与掌握程度。

基于以上说明，相信大家很容易理解保障机制的培育重点在于机制设计人员和使用人员对文宣与考核等工作的认知与掌握。所以，我们要真正落实机制的培育工作，就要开展必要的文宣与考核工作的专业知识的培训与学习。但文宣工作与考核工作本身是作为独立学科存在的，与各学科一样，其专业知识也是非常丰富与广泛的。可我们的培育时间是有限的，这就需要我们在有限的时间里掌握关键的、有利于实践的知识，而非全面的学科知识。那么我们选择学习某些内容的判断依据是什么呢？其实就是"同伴互助"自身的内容与特点，基于我们对"同伴互助"的了解来判断需要掌握哪些文宣工作、考核工作的专业知识与实操要点。

以上就是保障机制的培育要点的说明。至此四大机制的培育工作已全部阐述完毕。大家不难发现四个机制培育工作的要点虽有所不同，但是很多培育方法是比较接近甚至相同的。因此，四大机制的培育工作很多是可以同时落实与推进的，这样将有利于加速高职院校"同伴互助"的机制培育进度，提升"同伴互助"的整体推行度，也有利于降低参与者的精力投入，保持良好的参与状态。

高职院校"同伴互助"教学与科研团队建设实施中的四大机制相互独立，同时也相互支持。它们共同作用于"同伴互助"的推行，是确保"同伴互助"各层面效能得以释放的关键。动力机制的设置是解决"同伴互助"的参与主体——教师自动自发、自主参与的问题，也就是"人"这个层面的问题；整合机制的设置是解决"同伴互助"过程中各项资源的合理运用问题，也就是资源层面的问题；激励机制的设置是解决"同伴互助"过程中各方人员的参与热情持续度的问题，唯有参与各方能持久保持良好的状态，"同伴互助"方能顺利推行，可以说"激励机制"的作用是在推行过程中体现出来的，其发力点是解决过程推进中遇到的问题；保障机制的设置是解决"同伴互助"过程持续性和有效性的问题，整体而言是为了确保成果的获取，也就是解决"同伴互助"结果层面的问题（见图5-1）。

这四项机制覆盖"同伴互助"实施过程中的人、资源、过程和结果四个关键维度，能有效确保实施的效能，全面助力高职院校教师专业知识、教学能力等综合素养的提升，同时也能有效帮助高职院校管理者对管理系统进行梳理与再造。高职院校教师的成长、院校管理水平的提升，能促进职业教育良性发展。这种良性发展状态为当下社会快速发展提供了必要的人才储备，为国家教育水平的提升提供了有效支持。

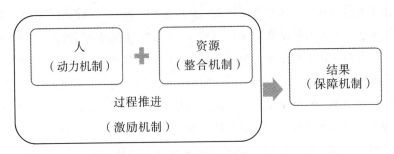

图 5-1 "同伴互助"教学科研团队四大机制的关系

满足国家对高职院校教学水平持续提升的要求，满足社会发展对职业院校高质量生源的需求，提升高职教师教学知识的专业性和教学能力的有效性，十分关键，也十分紧迫。在被验证过的众多提升教师综合能力的方法中，"同伴互助"的有效性是较为突出的。因此，在高职院校发展的当下阶段，在教师队伍中实施"同伴互助"也是尤为重要和紧迫的。该模式的推行不仅能有效解决高职院校教师综合实力的提升问题，还能为高职院校管理系统的梳理提供一次契机，为各项资源提供一次重新组合的机会。

第六章 "同伴互助" 学习共同体的形成

帕克·帕尔默（2005）在《教学勇气——漫步教师心灵》一书中指出："世界上没有优质教学的公式，而专家的指导也只能是杯水车薪。如果想要在实践中成长，我们有两个去处：一个是达到优质教学的内心世界，一个是由同行所组成的共同体，从同事那里我们可以更多地理解我们自己和我们的教学。"这句话指出了教师学习共同体在教师专业成长过程中的重要作用。

第一节 教师学习共同体的来源和发展

一、学习共同体的提出和本质特征

学习共同体的理念发源于美国，最早是由美国著名的教育家杜威提出的。东南亚国家或东亚国家中，真正把它引入，并用它引发一场亚洲教育革命的，是日本的佐藤学老师。现在，全世界许多学校的课堂都在进行着"宁静革命"。全世界的许多课堂都在由"教授的场所"转换为"学习的场所"；课程从以"目标—达成—评价"为主的程序型课程转变为以"主题—探究—表现"为主的项目型课程；课堂教学模式从班级授课的模式转向合作学习的模式；学校不仅仅是儿童们合作学习、共同成长的所在，也是教师们作为教学实践专家共同学习和成长所在①。

① 佐藤学. 教师的挑战：宁静的课堂革命 [M]. 钟启泉，陈静静，译. 上海：华东师范大学出版社，2012.

共同体和"社会"以及"世界"这些概念是不同的，共同体当中的每一个人都是平等的，他们互相信任、互相支持，每个人跟其他人的关系都是一种非常良性的关系。社会中的人会被划分成不同的阶层，被划分为穷人和富人，学生也被划分成优等生和困难生，但是共同体里所有的孩子都是平等的。至于"学习"，佐藤学老师把它定义为三种对话：学习是自己与他人的对话，自己与自己的对话，以及自己和客观世界的对话。要基于这种对话形成学习共同体，我们的课堂就需要转型，从一个老师独白的课堂，变成所有的学生平等的思考及共同对话，相互协同的交响式的课堂。所谓"交响"，就是每个人都发出自己的声音，每个人发出的声音不一样。就像交响乐一样，发出的声音不一样，但是构成了一个美好的乐章。

学习共同体与当前的小组合作学习的区别主要在于：学生之间是否完全平等、彼此倾听；有没有组长；学生之间是否分工、分层；同学之间是互相教的关系还是互相学的关系；对学习设计的关注度如何；是追求一致的答案还是尊重学生的多元发现；是强化外在评价，还是培养内在兴趣。

每一位第一次走进学习共同体现场的人，想践行好学习共同体的课堂，就要从讲好学情故事开始。学生是熟悉的陌生人，所以我们要读懂学生；学生是需要学习的，所以我们需要读懂学习。最终，每一位老师要成为一位专业的学习者，只有真正成为一个会学习的人，才能够让孩子学会学习。

二、学习共同体是教师"同伴互助"的基本依托

滕尼斯认为共同体是基于情感、习惯、记忆以及地缘和精神而形成的一种社会有机体，每个共同体成员具有共同的传统和价值观，彼此相互依存，亲密互动，形成共同成长的整体。

阿德勒认为人类自身脆弱，所以才会组成共同体并在协作关系中生存。自狩猎采集时代开始，人类就生活在集体中，与同伴协作捕获猎物，养育孩子。人类非常喜欢协作，更确切一些说，这是因为人类很脆弱，不可以单独生存。所有人的内心都有"共同体感觉"，它与人的认同需求紧密联系。人类的身体脆弱，但其心理比任何动物都要强大。"共同体感觉"深深根植于我们内心①。

教师学习共同体是基于一致的教育信仰，为了共同的教育目标，在培养人的社会实践活动中，教师或组织基于一定的行业规范，在充分合作的基础上形

---

① 岸见一郎，古贺史健. 幸福的勇气［M］. 渠海霞，译. 北京：机械工业出版社，2017.

成的稳定的、志同道合的团体。

从机制上看，一是要通过认知沟通形成合作共同体。教师本人的成长和教育活动的有效开展都需要高校教师在教育活动中相互配合、共同参与、充分合作。二是要通过协作构筑实践共同体。实践作为教育的归宿，是每个教师的教育效果的检验标尺。实践的复杂性和开放性要求高校教师积极关注社会发展中的问题，形成研究课题，充实教学活动，使教学活动更有温度和力度。三是要形成精神共同体。高校教师虽然有不同的学科背景、专业特长和智慧特质，但是在育人的终极目标上是一致的，具有相同的教育对象和共同的志趣和价值追求。在这三个维度上，高校所有教师都有可能实现目标的一致和实践的统一，最终实现共同发展，共同成长。

列宁在《论国民教育部的政策问题》一文中充分肯定了教师在社会主义建设中的伟大作用，认为课程的思想政治方向都是由教学人员决定的。因此一定要提高教师的政治水平和业务水平。高校思想政治教育的复杂性和育人目标要求，需要高校所有课程的教师形成一个共同体以推动专业教师和思政课程教师的合作交流。

在环境互动中学习，在经验反思中学习，在关系建构中学习。离开所谓的"他者"，人无法实现成长与发展。就广泛意义上的教师专业成长来说，共同体为教师发展提供了重要平台。共同体渗透着"合作""关系""倾听""反思""尊重""包容"等诸多先进教育理念，这些理念不仅是21世纪最重要的育人目标，也是教师自身发展的重要纬度。不会合作的教师断然不会引导学生学会合作，不会倾听的教师也不会引导学生学会倾听。因此，教师学习共同体与学生合作探究学习具有共同的理论基础、哲学依据与价值诉求①。

第二节　学习共同体的含义、扩展和成功案例②

一、学习共同体的含义——以学习主题为中心的学习共同体

提起学习共同体，我们脑海中出现的画面就是一群人围成一个圈在讨论着

---

① 格里芬，麦克高，凯尔. 21世纪技能的教学与评价［M］. 张紫屏，译. 上海：华东师范大学出版社，2020.

② 四元读书会. 第6期课改读书会《教学勇气：漫步教师心灵》：对话［EB/OL］.（2021-01-26）［2022-04-11］. https://mp.weixin.qq.com/s/06kbCquSM30mjNIBznxXsA.

某些东西。我们往往认为只有采取人与人之间面对面对话形式的学习群体才能被称为学习共同体。实际上，超越实体，一起在腾讯会议或微信群讨论的群体，也是学习共同体。

学习共同体是指一个由学习者及其助学者（包括教师、专家、辅导者等）共同构成的团体，他们彼此之间经常在学习过程中进行沟通、交流，分享各种学习资源，共同完成一定的学习任务，因而在成员之间形成了相互影响、相互促进的人际联系。（该定义源自百度）

简单地说，学习共同体就是一群人聚在一起，交流、合作、学习某个知识，完成某个学习任务。

帕尔默教授在《教学勇气——漫步教师心灵》中提出，求真共同体是学习共同体的终极形式，我们应求知于共同体，教学于共同体，学习于共同体。

求真共同体应该具有这么一种求知现象：共同体中的人既认可有一张万物赖以生存的巨大网络，又认可我们深陷网络之中。这对认识外物是有益而无害的。只有这种共同体模式才能游刃有余地担负起求知、教学和学习的使命。

求真共同体是一个动态的、不断探索的主体。其本质是：所有的人都平等地讨论主体，为主体所感动，想探究主体。在课堂上，如果教师能够调动起学生讨论的欲望，学生内心会无声地参与和不停歇地思考，也会在课后主动去查阅资料，甚至会与老师互动，给老师反馈……

当共同体以学习主题为中心，那就无所谓谁比谁更懂，谁比谁更聪明，谁来主导。学习主题自带生命力，推动着师生共同投入和探讨。当以学习主题为中心，在探求它的过程中：老师可能在学生的发言中发现自己的观点需要更正，而他不会觉得难堪；学生可能发现自己给出的想法没有直接回应主题，却引发了其他同学的另一种思考；等等。师生平等前所未有地得到了实现，最起码所有的学生都可以站起来质疑、讨论，为学习共同体做贡献，且因为这种贡献促使自己对学习主题有更深层次的理解。

《教学勇气——漫步教师心灵》还提出另一种学习共同体中的学习形态，叫作内心参与。它是无须公开互动甚或无须面面相对，也足以产生震撼人心的强有力的学习形式。这表明，求真共同体既可以是动态的探索过程，也可以是老师在讲、学生在听。

一堂好课能以独特的方式完整地体现共同体的形式。教师可以他自身的激情演绎进行讲授，调动学生在内心融入并参与到与教师、学科知识的互动中。这是一种没有语言、没有表达的共同体融入方式。

坦白说，这种状态很难让人理解，也极少有教师能做到。但是，这也是教师需要协助自我去发展的一种设计学习共同体的能力。

二、学习共同体的扩展——以课堂为载体的师生学习共同体

教室是学习共同体运转的空间，课堂就是学习共同体的载体，学生的知识转化就是学习共同体的效果。

很多教师认为学习共同体下对学生的激发和对与学生对话的珍视，太浪费课堂的时间。很多教师喜欢拿教学进度来证明，学习共同体不能保证学习进度。也因此，大部分教师习惯用知识填满课堂时间。

可是，教师不能仅仅尊重必学的知识，也必须尊重学生学习必需的空间。如果教师的目标是传递知识，那最差的方法就是连续讲授。教师所能讲的大部分内容，书本和网络资源都能提供。教师真正需要考虑的是：比起学生自学书本或其他资源，我的作用是什么？

同时，教师要学会以"见微知著"的理念进行教学。教师无须给学生一片沙滩，而只需要给他一捧沙子，帮助学生通过沙子看到一片沙滩，继而看到一片海。这就是《教学勇气——漫步教师心灵》中所说的"缩影式"教学。

在以学习主题为中心的学习共同体中，师生是平等的。但是，师生地位的平等不代表教师与学生扮演同等角色，毕竟教师还是引导的角色。若想推动以学习主题为中心的师生学习共同体高效运转，就不能完全靠学习主题自身的吸引力，还需要发挥教师的引导作用：

第一，教师要提出恰当的问题。恰当的问题是那种既开放又有边界的问题、能启发学生思考、培养学生创新思维能力的问题，而不是判断正误或者在课本上能找到标准答案的问题。

第二，教师要表现出不卑不亢的提问态度。很多教师一旦抛出问题就期待学生给出标准答案。共同体讨厌标准答案，期待的是多元探索及探索过程。在这个过程中，不管学生有怎样的回答，教师都要欢迎且鼓励。如果学生的发言偏离学习主题又没有建设性，怎么办？那就需要教师积极引导。

第三，教师要有因势利导的能力。教师要能够把一个学生的观点激发成共同体内全体学生各抒己见的群体对话。教师有时就是转向另一个同学说：你怎么看呢？再转向其他同学：还有谁有不一样的看法？有时教师面对学生似乎"牛头不对马嘴"的发言，要学会等待，等待其他同学站出来质疑。

第四，教师要有提炼和释义的能力。当然，这个能力建立在教师知识储备

充足又有足够开放、灵活的思维的基础上。共同体内师生思维的碰撞不是线性的，而是网状的。教师要倾听所有人的对话，并把前后对话联系起来，把握住脉络。这非常耗费心力，也非常考验教师的能力，但是在一次次的提炼和释义的基础上，教师自身成长的速度也是难以想象的。

第五，教师要学会见机行事。因为教师何时提问、何时干预、何时等待、何时释义都是没有定论的。世界上不存在一个全面的指导手册。如何具体操作，要看教师自身如何参透，如何实践，如何在实践中修正自己的做法，持续改进①。

要对学习共同体的运作效率做贡献，学生需要思考：

第一，我对共同体做出了怎样的贡献？有没有拖共同体的后腿？

第二，我是否借助他人的观点和视野审视了学习主题？还是我仅仅执拗于我自己观点和视野？

第三，我是否能够核查或纠正来自不同立场的观点，并主动地表达？

三、教师学习共同体的成功案例——公益课改四元读书会

以学习主题为中心的教师学习共同体既可以是线下面对面交流、沟通的群体，也可以是线上跨专业跨地域的虚拟共同体。

应用型课程建设联盟组织的线上公益读书沙龙——四元读书会，面向全社会的教育者，采用对分课堂的四元读书的方式，让参与者深度阅读有益于自身发展的书籍，构建学习共同体。该读书会每月邀请专家推荐一本书组织大家共读，分为听书、阅读、讨论、对话四个环节。月初由推荐专家领读，然后大家在四元读书会微信群里坚持阅读打卡，月末答疑。各项工作由志愿者来组织，领读和答疑的嘉宾扮演了教师角色，读者化身为学生，读书会由松散的文化交流社团进化成为学习共同体。

四元读书会的前身课改读书会始于2020年7月，源于应用型课程建设联盟在"师说课改"QQ群进行的推荐阅读活动。当时，联盟秘书处向群里老师推荐了50本教育领域著作，广州商学院艾冬生老师发出共读倡议，提议找人领读，秘书长就提议由艾老师来负责，艾老师就成为这个读书会的热心组织者。张振笋秘书长建议采用"课改读书会"这一名称，读书会由此发起。艾

---

① 崔小佳佳. 崔佳 | 学生不是中心：学习共同体新解：《教学勇气》再震撼［EB/OL］. (2021-01-15)［2022-06-17］. https://mp.weixin.qq.com/s/DX5FAdBZF7HTRShJJzmSHA.

老师说他开始加入这个读书会就是自己想多读些书，好好读一些书，后来感觉志同道合的人不少，读书的形式也挺好，大家相互激励，读书会就这样继续下去了。读书会越来越有影响，华东师范大学出版社觉得课改读书会不错，就来给读书会提供支持，每次推荐好书并免费奖励图书给上一期认真阅读打卡的老师，成为读书会的合作者。

为了实现真正的阅读，第一期读书会只读了一篇论文，从第二期才开始读完整的图书。刚开始，负责组织、领读的几位老师互相都没有见过面，仅仅依靠一个微信群相互协商和沟通各种事宜。大家都利用自己正常工作之外的时间公益性地做课改读书会，很多时候连同步在线也很难做到，因为期末老师们都很忙。就是在这种背景之下，2021 年 1 月，老师们一起完成了课改读书会开年第一本书《教学勇气——漫步教师心灵》的共读活动。

在这个松散的自愿结成的共同体中，教师之间互相协商的效率极高，出版社老师负责保障，艾老师负责联络，领读嘉宾负责在共读群日常答疑，崔佳老师甚至为读书会贡献了 14 篇内容解读的公众号文章，从各个角度给出了自己对《教学勇气——漫步教师心灵》的深度理解。

整个活动期间，一共有将近 300 名教师加入微信共读群。为了提高老师的参与程度，读书会实验了微信小打卡，结果有 154 位老师参与了打卡活动，十几天内完成了 414 条打卡记录。在线共享文档阅读亮考帮也得到了老师们的积极响应，收到了 15 198 多字的内容。读书会汇总了全部问题，通过腾讯投票选出大家最关心的三个问题在 2021 年 1 月 24 号答疑。每一项工作都有条不紊，井然有序。

2021 年 8 月课改读书会共读的图书是《对分课堂：中国教育的新智慧》（前三章），采用的共读模式参考了对分课堂的四元教学。读书会在一个月时间做了两次直播，对分课堂创始人张学新教授来到线上，和几位对分先锋教师共同参与领读和对话，自此确立了"四元读书"的共读流程。读书会组委会也随之产生，主要成员为（按姓氏拼音排列）：艾冬生，高瑜，梁新元，温婷婷，叶玲丽，张楠。从此，课改读书会更名为"四元读书会"。

"四元读书"其实就是"领读、阅读、讨论、对话"四个流程。领读就是由领读嘉宾对全书进行提纲挈领的精讲，领读嘉宾一般会准备 PPT，参加读书会的老师们只听不读，目的在于对将要读的图书有个大致了解，并提前发现精彩之处和自己感兴趣的地方，以做好个人阅读的准备。阅读发生在听完领读之后，因为听过领读，老师们对全书或要读的局部内容有了先行了解，所以可以很快进入书中，不必再花过多的时间自行归纳主要线索，也就是更容易"读进去"了。阅读阶段还有一些要求，核心就是输出，有阅读打卡，也有阅读亮考帮。亮考帮是对分课堂四元教学的特色作业，"亮闪闪、考考你、帮帮我"，可以很方便地对重点内容进行结构化学习。阅读阶段的作业，也成为讨论阶段的凭据。讨论是根据大家提交的作业来进行分组的，一般只有打卡过和提交过亮考帮的读者老师才会被分到不同组里。每组会指定一名组长，讨论就由组长召集大家进行。讨论也是有输出的，这就是小组的阅读亮考帮，这里可能会有未解决的旧问题，也可能有小组成员共同发现的新亮点。对话主要是嘉宾与读者之间的对话，特别是嘉宾与参加过上阶段讨论的读者之间的对话，因为嘉宾会首先回答亮考帮中的问题，这些回答是有准备和有针对性的。之后还会留出时间给大家互动，即时产生的交流，往往新鲜而亲切。

从以上"四元读书"流程不难看出，四元读书会最大的特点就是"四元"流程。四元读书会还有英文名：Read in PADD。

读书会建立了阅读共同体，老师们通过阅读、分享、讨论及打卡激励、创设体验、行走游历等方式，吸收新知、激发思考、建立文化社交。四元读书会的愿景是利用革新的组织方式，重构民间阅读，重塑教师群体的学习行为，构建老师们的学习共同体，使读书会回归"读书"这一字面意思，以此推动教师发展和教学革新。

读书会发起后，得到了姜大源教育名家工作室、全国对分课堂教育创新联盟、北京新界教育科技有限公司、华东师范大学出版社北京分社大夏书系、中国青年出版社等组织和单位，以及多位一线老师的支持。最终因四元读书理论和组委会多数老师均来自全国对分课堂教育创新联盟，该联盟也就成为读书会活动的实际承办方。四元读书会的发起，有其偶然性，也有多种现实背景和前期条件促使其必然产生。首先，是终身学习的时代背景；其次，读书会是教师群体应对深度阅读困难的最具收益成本比的方案；再次，利用了应用型课程建设联盟、全国对分课堂教育创新联盟这样的教师发展组织前期积累的人气；最后，热心公益的老师积极思考和行动，为有效的集体阅读寻找出口，触发了前述种种条件。任何活动的开展，都离不开核心组织者和具体实施者，四元读书会的发起也不例外。来自全国各地不同院校的老师参与了组织协调工作，大家无私奉献、积极协助、不断反思，促成了这个纯公益读书活动的持续成功开展。四元读书移植于对分课堂的四元教学，包括领读人领读、会员个人阅读并完成亮考帮作业、会员分组讨论并提交小组的亮考帮作业、领读人答疑四个过程，试图回归读书本身，更好地实现深度阅读。用对分四元读书方式组织的四元读书会，在对抗碎片化阅读和浅表阅读方面，已经初步实现了成功探索①。

第三节 "同伴互助"学习共同体的建立和实施②

一、围绕教学或科研中的伟大事物主动担当建立学习共同体

教师首先要内心坚信，无论是什么共同体，这个共同体都可以帮助大家成长，然后积极融入或者自己主办一个共同体。

要勇敢突破现实的困境，主动建设学习共同体。很多教师是孤独的，觉得没有同行者，做教学、做科研都是单打独斗。有勇气的教师能够以开放的心态主动参与学习共同体建设。

任何共同体，只有你信任它，你就能持续投身其中，在信任之上才能面对所有的质疑。当你面对质疑时，你的内心应该是坚定的，这时，哪怕只有一个和你想法一致的人，你们就能形成一个共同体。

形成一个形式上的共同体很容易，难的是让共同体真正运行起来。

教师们都有职业惯性，那就是特别希望得到标准答案再去实践。对确定性的过度依赖会阻碍教师创新，从而切断创新的可能性。有跨界经历（从高校到企业）的教师能深刻感受到这种思维方式的不同，企业培训师更喜欢行动学习和研究，把自己作为方法，深度参与。保持开放，看见另外一种可能。

其次，找到共同体的学习主题（伟大事物）。

伟大事物是什么？伟大事物，是求知者永远聚集其周围的主体③。

所有未知的、有待了解的事物，甚至包括我们自身都有可能是伟大事物。伟大事物能呼唤我们去寻求它的秘密，最初引发我们兴趣的东西就是主体作用于我们身上的结果。

伟大事物不是纯然客观的，它与我们自身生命密切相连。有的"伟大"是我们听来的，有的"伟大"是我们写在试卷上应对考试的，但是自己可能

---

① 艾冬生. 缘起 [EB/OL]. (2020-10-18) [2022-06-19]. https://mp.weixin.qq.com/s/DiP_d_FugU-kMUGEJi3Ng.

② 四元读书会. 第6期课改读书会《教学勇气：漫步教师心灵》：对话 [EB/OL]. (2021-01-26) [2022-06-19]. https://mp.weixin.qq.com/s/06kbCquSM30mjNIBznxXsA.

③ 帕尔默. 教学勇气：漫步教师心灵 [M]. 上海：华东师范大学出版社，2020：153-166.

未必真心认同。书中的"伟大"则是很可能让我们愿意投身其中的。

"伟大事物"是非常宽泛的，简化版的理解就是"学习主题"。凡是能引起我们的敬畏之心、值得探讨的主题，都是伟大事物。

事物"伟大"与否，是动态变化的。随着我们的不断成长，认知层级的不断提升，我们所追寻的伟大事物也在变迁。

论文、教材、课程，包括人都是载体。通过这些载体，只要去探究，就会发现问题、提出问题，我们也一点点迫近伟大事物，获得提升。

最后，确定共同体建立的规则。

少一些判断，多一些提问。优秀的教师没有那么多判断（你这不行，你那不对），他们更愿意问询、倾听，把问题抛给师生共同体里的其他成员，每个共同体中的人都愿意积极参与，这样共同体就慢慢建立。

做出任何质疑和批判之前，都应该先去看一看内容再来判断。当你给别人或者一本书一个机会，你也在多给自己一个拓宽视野、完善价值观的机会。

二、先做好自己，再吸引更多的人加入

共同体要慢慢建立，用互动方式去除自我中心感，接纳别人的表达，不要着急改变任何人。

教师通过自己的努力，主动建立与同事、学生的链接，朝着"同伴互助"教学科研团队这个伟大事物努力，应从以下方面切入：

（1）先做好自己，通过自己的努力，吸引更多人加入。一个人走得慢，一群人走得快。要形成共同体，有一件事马上就可以做，就是先把自己活成一束光。有句话这样说：你若盛开，清风自来。先自我担当，再慢慢影响身边的人，只要走在自我认同和自我完善的路上，就可以越来越好。

四元读书会的答疑嘉宾崔佳老师给我们树立了榜样：《教学勇气——漫步教师心灵》共读20多天里输出了14篇解读文章（大约3万字），对《教学勇气——漫步教师心灵》深度思考。这体现了一种共同体思维模式，投入越多，收益越大。

（2）先拉一个愿意的人加入，自己先担当，勇敢发声；带动团队其他人也积极担当，保持平衡心态，不再抱怨。

课程是专业建设的核心，高水平专业群建设的关键在于课程建设。作为专业负责人，笔者在探索专业建设理论的同时，亲自带领团队教师开展跨专业"同伴互助"的实践探索，主动组建教学团队参加教学能力大赛，教学团队的

教学能力和科研能力都得到了显著提高。两年来笔者主动邀请年轻老师组建"金融产品数字营销"教学团队并建设精品在线课程，参加教师教学能力大赛。笔者先通过自学教学设计把自己培养成微课设计和制作的专家，精心设计教学内容，再主动指导年轻老师学习教学设计、课堂授课和组织教学。笔者两年来每周坚持线上带领年轻教师磨课，磨课中围绕教学重点、难点和信息化手段与数字营销的结合开展研究，申报教改课题，发表教改论文。这个过程中不仅年轻教师教学能力提高了，课程也越磨越精彩，大家积累了丰富的课程资源和教学经验，具备了建设省级金课的条件和基础。我们连续两年赢得省赛一等奖2次，国赛遴选二等奖1次，成功立项校级教改课题4项，校级精品在线课程2门，建成一门省级精品在线课程"创新能力开发与应用"MOOC（慕课）。

以赛促教，我们在比赛中建立课程负责人（教授或副教授）老带新、师徒结对制培养机制，有效提升年轻教师教学水平和科研能力，实现了专业传承。由此可见，组建教学团队参加职业院校教学能力大赛是专业传承、培养年轻教师的有效形式。

笔者作为"金融产品数字营销"课程负责人，具有14年银行实际营销的丰富经验和指导学生创新创业大赛获奖的实战经验。笔者带领"金融产品数字营销"教学团队萃取银行一线营销和培训的实战经验，录制了55个精美微课和8个营销案例动画视频，编写了《金融产品营销实务》教材和营销案例、话术、方案汇编活页式手册8本，按照金融营销实战流程重组课程内容，提炼出外拓营销触达客户、活动营销触发客户和厅堂营销触成客户的金字塔模型，提升学生与客户沟通的能力、市场调查能力、营销方案撰写能力、营销项目宣传推广能力、营销实战创业绩能力等金融营销方面的能力。笔者在教学中积极融入金融理财师认证、"1+X"人身保险理赔证书和金融产品数字化营销证书相关考试的知识点，实现课岗证赛创结合，拓宽了学生的职业技能和就业选择。

这是笔者主动发起学习共同体，开展"同伴互助"，实现共赢发展的成功实践。这给了笔者继续组建"同伴互助"教学科研团队的信心和勇气。笔者也鼓励身边每一位想有所作为的同事主动发起组建"同伴互助"学习共同体，在共同体中互相磨合，互相支持，围绕共同感兴趣的主题进行研究探索，逐步建成"同伴互助"教学科研团队。

感谢在孤独的研究中幸运碰到四元读书会，感谢领读老师的专业和对教学的热爱，教会笔者沉下心来继续研究。教师共同体建立的基础是每个参与的人开始觉醒，自愿找同样有勇气的老师一起切磋。

（3）倾听更大共同体的声音。

有人说，真正理解阿德勒的个体心理学直至改变生活方式，需要"相当于自身岁数一半的时间"。实际上笔者觉得读书后的当下就可以开始实践，不再从属于纵向关系，不畏惧被人讨厌地自由前行就可以。认真的人生"活在当下"，要做到活在当下，自我接纳、他者信赖、他者贡献三者缺一不可。接受了真实的自我，也就是"自我接纳"，才能够不惧背叛（课题分离）地做到"他者信赖"，即能够对他人给予无条件的信赖并能够视他人为自己的伙伴，才能够体会到"我对他人有用"进而接受真实的自己，做到自我接纳。

课题分离是人际关系的出发点，就好像砍断"格尔迪奥斯绳结"，靠自己开创命运。如果人们想要和谐地生活在一起，那就必须把对方当成平等的人。当人能够感觉到"与这个人在一起可以无拘无束"的时候，才能体会到爱。假如恋爱是用红色丝线系起来的关系，那亲子关系就是用坚固的锁链联结起来的关系。所以我们不能够逃避，必须勇敢去面对。

共同体感觉是人际关系的终点，即把他人看作伙伴并能够从中感到"自己有位置"的状态。一个人首先可以以"我和你"为起点，把对自己的执着变成对他人的关心，就能够感觉到在共同体中有自己的位置并能体会到"可以在这里"，也就是拥有归属感。考虑"我能给这个人什么"，这就是对共同体的参与和融入。归属感不是生来就有的东西，要靠自己的双手去获得。当我们在人际关系中遇到困难或者看不到出口时，首先应该考虑的是"倾听更大共同体的声音"，没有必要固执于眼前的小共同体，更多的"我和你"，更多的"大家"，更多的大的共同体一定存在①。

（4）借助互联网，建立跨区域或虚拟的"同伴互助"教学科研团队。

我们的调研发现，大家都觉得在本校同事间建立共同体很难，唤醒人内心的力量，是很难的。只能一点点来，从唤醒真正的自我开始。现在有网络，可以有远程共同体，不局限于一时一地。

建立跨校在线共同体，从远及近，逐层递进，慢慢渗透，影响身边更多人。共同体这个词是有等级的，形式共同体—任务共同体—近似主动共同体—求真共同体，先从等级最低的共同体做起，一步步做。

_____

① 岸见一郎，古贺史健. 被讨厌的勇气［M］. 渠海霞，译. 北京：机械工业出版社，2015：112-123.

"同伴互助"教学科研团队不需要局限在自己学校，可以跨区域跨学科远程线上合作，比如：某区某科目的教师在固定时间聚在一起，集体备课、交流经验，根据教学需要达到的目标，组织发言，确定一个完整的教学体系，参与的教师再根据自己所在学校的特点进行改进。在教学科研中，教师要遵循共同体的规范要求，建立稳定的互惠关系，实现教师资源共享、人际关怀，建立有效的知识共享链。教师的知识是内隐的，分享后不能立刻被迁移至实际教学，不同教师需要交流以了解内容的复杂性，使隐性、显性知识循环转化，真正达到"同伴互助"。

虚拟教研室不打乱原来的教研室格局，不影响原有的教学团队和教研室成员。在此基础上，若干教研室中在统一方面较擅长，或为解决某一问题有共同意愿的教师组成虚拟的教研室，他们为自己追求的科研课题、学术前沿而在一起共同商讨和活动，形式上如同一个教研室，他们同时为某一课题为研究生或本科生开出较高层次的课程。虚拟教研室如同企业中的非正式组织，这种组织总体上是对高校的教学科研活动有利的。

（5）学习共同体内部要建立良性的关系，实现真正意义的"同伴互助"。

"同伴互助"是学习共同体的有效形式。教学科研活动将教师聚到一个大家庭中，教师们在这里找到心理上的支持，然后在互助中建立良性关系，消除因游离在组织边缘自认为不受器重而形成的不愿合作、不能合作、不会合作的想法。教师在组织中找寻预期的互惠关系，随着时间的推移形成认知和情感基础上的信任，明确知识分享达到的成果，能够激发思维的活跃度，迸发众多新观点，减轻教师的负担，提高教师教育行为的有效性。

三、有效提升学习共同体内部教师之间的知识分享水平

"同伴互助"的载体是教师学习共同体，解决现实学生学习中和教师教学科研中遇到的问题。"同伴互助"的有效性基于教师之间的讨论和知识共享。

个人知识的内隐程度很高，分享出来并非易事。有研究发现，教师在学习共同体中知识共享的问题集中为以下三点：一是知识共享的动机弱，二是教师间的信任度低，三是知识共享的方式单一陈旧①。

所以，为密切教师学习共同体内部的"同伴互助"，首先要改进学习共同体中教师之间的知识共享。

---

① 孙倩. 关于校本教研中教师知识共享的理性思考［J］. 教育导刊，2017（8）：72-75.

1. 个人提高知识分享的动机，体会在群体中的个人价值

保罗·亨德里克斯（Paul Hendriks）认为，"知识拥有者是否愿意分享其知识，需视员工知识共享的动机而定"[1]。而知识共享的动机影响着共享的发生、完成的整个过程。

因此，要提升校本教研中教师的知识共享活动，就要激发教师知识共享的动机，让教师为加强其专业水平和学校的发展而努力。

学校领导应关注教师的需求，无论是教师的物质需求还是精神需求。适当地采取对策会提高教师分享知识的动机，尤其是当年轻教师在教研组中表现出热爱、团结、乐于分享知识的行为，在面对教学问题和学生不良学习的改进方面能提出有效见解时，骨干老教师给予认同，领导表示肯定，能让年轻教师体会到在集体中的价值，分享知识和经验带来的喜悦感和幸福感，其日后知识共享的意愿会加强。

2. 积极互动，建立信任关系，打造有效促进知识分享的文化[2]

（1）每个人都可以成为教师学习共同体的领导者。

人的成功很大程度上取决于他所采取的行动。领导力由行动来决定，而不是取决于名义上的头衔或职位。在人生中，成功与否本质上取决于能否采取有效的行动。

首先，教师要主动担当，面对教学或科研中的问题有勇气去面对和解决它。通过主动担当，自己发起建立学习共同体的倡议，然后身体力行，参与其中，把自己培养成某一主题的专家，吸引身边对这一主题有兴趣的人来参加。

教学也好，科研也好，任何时候，教师都要自我提升与精进。

面对教学，改革的勇气是在行动中产生的，只管去教，在教的过程中觉察自己不满意的地方。问自己：这个问题，我想个什么办法解决它。

任何一个问题，只要被教师发现了，教师就有责任去解决它。比如在教学中，用情怀推动专业发展，这就是担当思维。比起找到教学改革的勇气，不如养成担当的习惯。

在担当中，肯定会碰壁，但是肯定也会有欣慰，找寻那一丝丝的成就感和获得感，那就是在积攒勇气。

---

① HENDRIKS P. Why share knowledge? The influence of ICT on the motivation for knowledge sharing [J]. Knowledge and process management, 1999, 6（2）: 91-100.

② 默里. 真实性学习：如何设计体验式、情境式、主动式的学习课堂 [M]. 彭相珍，译. 北京：中国青年出版社，2021.

在担当中，肯定会孤独，但是肯定也会偶遇同行者。大家或远或近，彼此相互支持，在被质疑、被攻击、被忽视的时候，相互理解，那也是积攒勇气。另外，同行者是一面镜子，有些质疑来自同行者，教师不应害怕差异，而要害怕不沟通。在差异中相互探索，是勇气。

在担当中，教师要学会与自我和解，发现与承认自己的不足是件痛苦的事情。因为自我既是方法，也是目的。说到底，自我才是教学勇气的根源。

其次，领导者要在学习共同体中，自己主动付出，奉献自己的智慧，发挥自己的领导力引领共同体内的所有人共同学习，引领共同体内每一位教师成长、担当和付出，从而在共同体中创造出分享知识、共同进步的学习氛围。

教育机构中的每个人，都有责任努力使自己所在的学校越来越好。领导力，从我们每一个教师开始。只要在教育系统内工作，一位教师无论扮演了什么样的角色，无论身处什么样的位置，都可以成为学生和同事的领导者。无论我们是什么身份和位置，都要诠释好自己在创建校园文化中扮演的角色。如果想让学校拥有伟大的领导力，那就从自己做起。所有的一切，不是为了他人，而是为了自己更好的未来。

我们每个人都要对自己身处职场的文化负责，因为每个人都对它有所贡献。我们每个人，每一天都在为其添砖加瓦或推动其分崩离析。学校文化与教师的心态和行动息息相关。如果我们想让整个学校向前发展，我们就必须自己先发展和行动起来，否则我们只是故步自封。创新的文化，是一个组织内部许多人以行动为导向的领导力的结晶。

为了培养教师的领导力，我们不妨试一试：

①对教职员工的招聘实施委员会制度，让教师对即将成为同事的人选有发言权。

②新教师入职的前三年，试行老带新辅导制度，让老教师有机会培养下一代教师的专业能力。

③让教师有能力规划和领导全年的专业学习。如果大部分的专业学习都施行自上而下的命令制度，那么不仅效果甚微，往往还可能会遭遇更大的阻力。

④在各个层面留出时间进行反思，因为对实践和经验的反思能推动教师的成长。

⑤校长要充分给予教师们自主发展的权利和机会。

⑥教育领导者，不仅包括选择了把教育作为职业的教师们，还包括每天带着最美好的希望和期待把孩子们送进学校的家长们。因此，要积极地调动家长

们参与教育。

（2）重视与同事的每一次互动。

你说过什么，做过什么，或许很容易被他人遗忘；但他们绝对不会忘记你给他们带来的感受和体验（玛雅·安吉洛）。

有领导力的教师，要意识到每一次的互动和联系都是促成转变的最佳契机，因此，要想方设法地提升每天日常互动的价值。教师通过言传身教，给学校的师生们带来积极的能量和创新的灵感。

每一次互动都是重要的，因为你永远都不会知道，它会不会变成十年之后依然被人铭记和津津乐道的奇迹（乔伊·圣菲利波）。

在学习共同体中，人际关系和互动很重要。共同体中每位教师都应该建立积极的人际关系，并承担起建立和发展"同伴互助"校园文化的责任。哪怕是最细微的互动，也可能成为对他人的一种鼓励。向他人表达自己的关心，肯定他人的存在和重要性，具有改变他人的影响力（托马斯·C.默里）。

在我们的学校和教室里，每一次互动都很重要。每一次互动都是对我们周围的人产生影响的机会。当别人感觉受到尊重时，学习动力就会从内而生。

我们必须拥有足够的能力，让每一次互动都有意义，以此创造教师成长所需的文化。只有长期坚持下去，坚持这些互动和珍惜这些时刻，信任才能被建立。

要建立一个高效的学习共同体，必须先建立积极的团队关系。团队成员之间积极互动、真诚地肯定带来的激励力量是无与伦比的，信任是真实性和个性化学习的基础。

（3）与周围的人建立信任纽带。

信任的建立，需要数年光阴，但打破信任有时只需要短短几秒。

教师之间"同伴互助"的校园文化能否建立，取决于教师之间的互信关系能否建立。由于教师教学工作的相对独立性，高职院校教师之间的关系比较疏远，但要形成教师之间的"同伴互助"，必须先建立教师之间的信任关系。

首先，教师要学会信任自己，建立自身的自信，肯定自我的价值（托马斯·C.默里）。

对自我的信任，来源于我们对自身需求的认知，以及我们对自我的关注和重视。作为教育工作者，我们只有照顾好自己，才能够确保在最具挑战性的时刻，释放最大的效能。我们每天都在花时间给手机充电，却经常几个月不给自己充电。帮助别人的前提，是我们首先必须照顾好自己。

教师可以给自己制定一个每日修复计划，选定一个对自身的健康和发展有益的行动，并在计划的周期内坚持施行；但要确保留出足够的空间和灵活性，使这项活动能够与繁忙的教学日常工作有机结合（莎拉·约翰逊）。

其次，要掌握人际互动的三大原则：开放性、目标感和建设性。这三个原则中，第二个原则目标感最为关键，它决定了一个人的情商以及人际关系（脱不花《沟通的方法》）。

所谓开放性，是指沟通中只有会识人，然后对不同性格的人采用不同的沟通方式，才算高情商沟通。也就是说，在沟通的时候要留意别人的说话特点，是喜欢使用祈使句，还是喜欢不断表现自己；是说话小心谨慎，还是温和友好。对于不同类型的人，要采用不同的沟通方式。

而沟通时的倾听，是一种良好的沟通技巧。当我们懂得倾听和闭嘴的时候，就更能让自己说的每一句话都有价值。

沟通中保持开放性，要秉承扩大共识和消除盲区的原则。这是指在沟通的过程中，说的内容不能只是自己知道，而对方不知道，这样的沟通就无法让双方相互理解，更无法让对方认同。

根据"乔哈里窗"理论（见图6-1），沟通双方要扩大双方的开放区，必须穷尽自己的已知，盘点自己的未知，尽可能探寻对方的已知，探寻双方共同的未知，一起找答案，扩大共识。

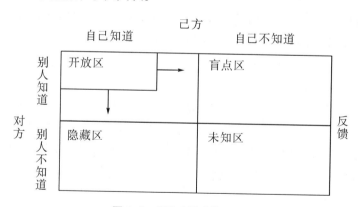

图6-1 "乔哈里窗"理论

要建立共同体，就要开启对方的开放性。每说一段话就问问对方的意见，找有想法的人先说，找持正面意见的人先说。

所以要在沟通中保持开放性，需要从以下三点做起：

①要在沟通的时候，把自己知道的东西尽可能用通俗的语言告诉对方；

②要知道哪些是对方不知道的信息，并尽可能引导对方说出更多属于盲区的知识；

③探寻双方都不知道的知识，然后共同去找答案。

这就是沟通中的开放性，要少说"我"，多说"我们"，并且在交流信息后，多问对方是否听明白，然后再进行下一阶段的沟通。

所谓目标感，是指哪些话该说，哪些话不该说，哪些话可说或可不说，在沟通的时候要做到心中有数。这样就可以做到重要的话先说，可说可不说的话就不说。

这个原则比较重要，是因为只有具备目标感，才能掌握主动权，才能知道对方的诉求，同时也更明晰自己的目标。

很多人在沟通的过程中，常常会被情绪或别人的言语"带偏"，从而忘记真正的沟通目标。

值得注意的是，目标感是知道自己在沟通的时候，说的每一句话是要达成什么样的目的。这时沟通不是把自己的意见强加给别人，而是要告诉别人：对于此事，我有一个建议，我们一起来商量讨论吧。

这个时候讨论自己的目标，就能保证每句话都不会偏离目标。当一个人时刻知道自己要做什么的时候，不断问自己想做的事和要做的事是否同一件事时，就意味着他时刻专注于目标。

这个时候的沟通不仅明晰高效，而且不会有废话。目标感对于高情商沟通，或获得对方的认同，都是极为关键和重要的。

所谓建设性，是从"我要"到"我来"的一次进阶。更直白地说，就是它决定了沟通结果的导向性。

或者说在沟通的过程中，不说废话、空话和套话，才能真正产生价值。这也意味着建设性需要具体的行动以及可持续性，以及每个节点的反馈。

例如，我们想要别人认同我们去做一件事时，想再多都没有用，只有先去做，也就是先做出与人沟通的动作。只有迈出第一步，接下来的行动才会像齿轮一样被带动起来。

当实现第一步后，再保持持续的沟通交流，然后再不断接受反馈，再根据反馈不断进行调整。这就是沟通的建设性。

沟通的建设性原则能让发起沟通者在每一步沟通中都产生掌控感，同时也可以将沟通的效果不断强化，更容易得到对方的认同。

脱不花在《沟通的方法》中提到，想要有更好的沟通效果，可采取以下两个技巧：

技巧一，将沟通的问题快速落实。当两个人沟通畅通的时候，千万不要忽略沟通的目的，要趁着对方还认同的时刻，赶快将结果敲定。

技巧二，向对方提出再提点要求的诉求。这是从人的心理层面出发，当对方产生认同感时，再虔诚地向对方征求意见和建议，既能表现自己谦逊，又能表现出精益求精的态度，这会让对方产生足够的信任。

从心理学来看，当对方随口说的一句话得到重视时，就会产生信任、亲密感以及熟悉感，这样不仅是高情商的处世之道，也更容易让双方在愿景上达成一致。

另外就是，在与别人沟通的时候，尤其是在与有利益关联的人沟通时，千万不要说一些负面的话。因为没有人喜欢牢骚满腹的人。整天抱怨的人要么情商太低，要么太过于负能量，这些都会影响沟通的效果。

想要做一个高情商沟通的人，就要时刻牢记，沟通不是对着别人的脸说话，而是对着自己的心，要时刻提醒自己学会倾听，适时闭嘴。只有自己的心足够开放，才能发现别人的存在，从而完成一次高效而友好的沟通。

最后还要遵循以下行动准则：

①诚实守信——在教学过程中，教师也可能会犯错，在犯错时要勇于承认错误，因为诚实是建立信任的基石。

②保持真实——如果别人没有感觉到真实，那么双方就无法建立相互信任的关系。

③保持善良——善良并不意味着盲目地对他人"好"，而是意味着我们需要怀抱同理心地对待每一种情况。

④保持同理心——每个人都可能面临着内心和思想上的挣扎，有些人面临的困境可能比其他人更大，保持同理心能让我们具备理解他人的能力。

⑤值得信赖——言出必行，说到了却做不到可能会导致别人怀疑我们的可靠性。

⑥始终如一——信任的建立需要通过长期的一致性和稳定的行动来实现。

⑦能力卓越——如果人们无法相信我们具备完成工作的能力，那么他们就很难有建立信任关系所需的信心。胜任工作的能力，来自研究和观摩比我们能力更强、教学业务更熟练的前辈，并要将学到的东西付诸实践。

因为我们知道每一次的互动都至关重要，且信任是建立良性人际关系的基础。所以我们每一天都要尝试找到与别人建立关系的纽带，所有这些都会成为取得教学上的成功的根基。切勿因为互动的微小，而不采取任何行动。

（4）有计划地冒险与创新。

20年后，你可能会更悔恨该做的事情没做，而不是后悔做过了什么。所以，拉起人生的风帆，驶离安全的港湾，去探索、去梦想、去发现未知的人生（马克·吐温）。

作为教学区的主管，我经常鼓励教师们去冒险并享受探索新事物的过程。我会鼓励他们去探索自己和学生都感兴趣的事物，鼓励他们推动创新和变革，并成为学生们的行动标杆。哪怕所有的尝试都失败了或没有达到预期的目标，也没有关系。只要教师能够从失败中汲取经验教训，并做出必要的改变和调整，那么他们的冒险和创新就是值得鼓励的（杰里·阿尔曼德雷兹，加利福尼亚州教学区主管）。

敢于承担经过精心计算的风险，才能够真正推动伟大变革的发生。因此，教师们既要有意识地走出自身的舒适区，又要将不可想象的事情变成真实的可能。

如果身为教师的我们，希望学生能够承担风险，那么我们就首先要树立一个敢于冒险的行动榜样；如果教育管理者们希望教师们敢于承担风险，那么他们首先要通过实际的行动来树立榜样，培养和创造一种能够让冒险精神蓬勃发展的学习文化（托马斯·C. 默里）。

3. 采用多种知识共享方式，保证知识共享的协同收益[①]

采用多种知识共享的方式，目的在于将教师的隐性知识变为显性知识。首先，需要学校创设适合教师知识共享的情境。知识共享本身是一个自上而下和自下而上的互动过程，情境的创设需要领导者的理性指引，不能让教师被动服从或是为了追求利益而进行，要在有名师榜样的基础上激发教师的分享动机后发起知识共享的行为，形成一种共享机制。

其次，要借助现代网络技术进行多样化的共享方式，弥补实体教研的不足。知识管理需要信息技术给予一定支撑，学校应鼓励使用信息与合作技术（information and communication technology，ICT），ICT 为知识管理提供了网络化和编码化两个基本能力。学校应培训教师，提高其 ICT 应用能力，支持知识共享。学校特色不同，知识共享的方式也不同。因此，学校应加强电子设施的建设，创立自有知识共享网络平台。教师自主自愿分享知识，撰写教学反思文

---

① 孙倩. 关于校本教研中教师知识共享的理性思考 [J]. 教育导刊，2017（8）：72-75.

章，开展社团合作、经验交流会等非正式活动，充分挖掘教师知识资源，实现有效共享。

最后，知识共享是一个贡献知识和接受知识的双向活动。教师在知识管理中将个人知识传给群体，群体将新知识内化后再分享给其他教师。贡献的知识能够兼容就会对接受知识的教师有意义，提高教学效率。如果教师的接受能力有限或是贡献知识的教师语言表达能力偏弱，知识共享就需要一定的协同规范。对于知识进行有效的规划管理，打破教师原有的思维习惯，改进其心智模式，使得不同教师能获取高效的知识，共同打造美好的教研愿景。

四、在学习共同体里通过"同伴互助"实现自我认同和自我完善[①]

崔老师在共读群里一直是解读担当，这种担当感就是共同体运转起来的原因。通过发声，让别人看见，通过反馈，进而看见自己。这就是自我认同和自我完善的动态过程。

帕尔默《教学勇气——漫步教师心灵》整本书都在回答自我认同和自我完善的相关问题。如果仅仅是因为教师拥有漫长的假期、稳定的收入而从事这个职业，并不是因为内心热爱教学，自我认同和完善就无法开启。教师首先要思考"教学对于我意味着什么？"如果仅仅把它当作一个职业，其他的问题便都没有意义。如果教师热爱教学，就会让这一切都不再是问题。

自我是什么？自我不是一堆标签，而是动态的。加入一个共同体去实现自我完善，是一种片面认识。自我不仅仅是通过教学来实现的目的，即达成自我认同和自我完善，自我更是实现的方法。

教师要通过把自我和学生、学科、教学方法结合在一起，实现自我认同和自我完善。

要让学生如其所是，不是都变成标准品。不要着急改造任何人，做好自己就好，让其他人慢慢卷入进来。教育是很难的，自鸣得意的麻木的教师所呈现的一定是没有源自心灵的教学。

内心参与也是共同体的参与形式。教师不要太纠结教学的技术性，更重要的是内心参与。

---

① 以下内容参考四元读书会《教学勇气》共读会的线上研讨和线上答疑，分享嘉宾包括河北大学崔佳副教授，湖南师范大学的刘艳侠老师和文华在线教育首席教学设计师刘欣老师。

第四节 "同伴互助"教学科研共同体的学习主题和互助形式

"同伴互助"的教学共同体是指教师基于共同的目标和兴趣,以课程或课程群为核心,为提高教育教学质量而组成的教师群体。这种共同体以教师专业学习共同体为载体,共同体内的教师之间围绕"伟大事物"(学习主题),比如教学改革、课程建设、教学组织和实施、课题申报、课题研究等,通过平等协作、知识共享等开展持续有效的教学研究和教学改革,开发优质教学资源、促进教学研讨和教学经验交流、加速教师的专业发展、培养可持续发展的师资队伍、实现教师与教师之间的教学相长,从而提高教师整体素质和教学水平,真正使学生受益。

教学是一项系统性很强的工作,学校要根据教学改革和教学任务的需要,建设教学团队。一门课程可形成一个教学团队,也可由具有明显逻辑关系的课程或相似课程的教师组成教学团队。专业教师既是某个学科的学术工作与活动的主体,又是教学工作与教学活动的主体,还是某一专业或某一门课程的授课人。所以在职业院校中,教学团队与科研团队基本上是重叠的,教学团队建设有利于教师的专业发展,教师的专业发展需要通过不断学习新知识与新技能来拓展专业内涵、提高专业水平。

一、"同伴互助"教学共同体的学习主题

教师要找到学习主题,围绕学习主题这个伟大事物开始"同伴互助"。

根据柯维"要事第一"的原则,"同伴互助"教学共同体首先要找到教学上的要事来共同学习和研究。广州番禺职业技术学院的阚雅玲教授提出,教学团队的要事,有以下几个特征:①符合时代潮流;②符合个人的价值观与特长;③能够作为抓手;④有基础可传承。

符合时代潮流就是要呼应国家的政策与形势以及职业教育发展的趋势。

符合个人的价值观就是身心合一,能够想清楚自己到底想要什么,并为之付出不懈的努力,这样的人生更有意义。不用去和别人比,人生中能遇见更好、更美的自己最重要。

能够作为抓手,就是说现在的工作太多,这件要事属于能带动一系列事情

发展的工作。

有基础可传承，就是说不要总是换地方挖坑，要在原有的基础上迭代创新，这样才容易挖到水。

所谓"抓手"，就是抓一项工作，其他不同的工作就可协同起来。例如，我们以课程思政为抓手，它协同我们提升了若干方面的工作（见图6-2）。

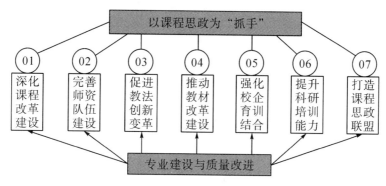

图6-2　协同工作的方法论

"同伴互助"教学共同体的重点是教学工作，根本目标在于实现课程教学在人才培养中的作用。具体任务主要有改革教学手段、提高教学质量、对人才培养方案进行优化、对人才培养模式进行改革、提高教师的素质和能力、教学改革和创新、课程建设、教学团队建设、教学能力大赛以及带学生参加创新创业及技能大赛等。

围绕高职教育的功能，"同伴互助"教学共同体的学习主题包括以下方面：

1. 专业建设

专业建设是基础，高职院校的专业设置应与产业需求对接，专业应尽可能集群式发展，切忌只设立不建设。

新时期高等教育的四大功能：人才培养、科学研究、社会服务、文化传承创新。对于高等教育来说，人才培养是核心，科学研究是做好人才培养工作的前提条件，人才培养是服务社会、传承和创新文化的直接表现。

而专业建设是高职院校人才培养的基础，师资队伍建设是人才培养的保障。所以高职院校的教学团队应加快以课程建设为核心的专业建设，在课程建设的基础上提升课堂教学质量、学生学习成效，完善专业建设，实现闭环式人才培养（见图6-3）①。

图6-3 闭环式人才培养过程

（1）专业设置与社会的契合度。

当我们在纠结就业率、就业对口率和就业质量时，就意味着我们对社会服务的质量带有不确定性和无把握。造成这个现象的是专业设置和社会建设与发展的契合度。

专业设置的前期准备（以广东农工商职业技术学院财经学院为例）：

①政策研读——当地政府的"十四五"规划、教育发展规划（穗府"十四五"规划中提出：建设平安广州、法治广州、幸福广州、美丽广州，争创新时代高质量发展示范区，加快建设国际大都市，奋力实现老城市新活力、"四个出新出彩"，为全省打造新发展格局的战略支点发挥重要支撑作用，在全省在全面建设社会主义现代化国家新征程中走在全国前列、创造新的辉煌中勇当排头兵）。广州"十四五"时期发展的主要任务之一：推动现代服务业②出新出彩，建设具有全球影响力的现代服务经济中心。加快建设现代金融服务体系，推动共建粤港澳大湾区国际金融枢纽，加快形成具有重要影响力的风险管理中心、财富管理中心和金融资源配置中心。

②社会调研——广州有着近2900年的历史（周秦时期开始），遍地古迹，

---

① 教育部教学诊断与改进体系中对专业建设的观测点包括以下方面：课程设置、教学内容、教学设计、教学队伍、实践教学、教学效果、特色创新和教学资源。

② 现代服务业：以现代科学技术特别是信息网络技术为主要支撑，建立在新的商业模式、服务方式和管理方法基础上的服务产业。广东省对现代服务业的认定包括9个类别的行业：现代物流业、金融服务业、新兴信息技术服务业、科学研究和技术服务业、租赁和商务服务业、健康服务业、房地产业、文化创意和设计服务业、其他现代服务业。

作为古代"海上丝绸之路"的发祥地,旅游资源非常丰富,人文底蕴可以追溯到西汉南越王时期。现在的广州,被全球最权威的世界城市研究机构之一GaWC评为世界一线城市,已然是国务院定义的国际大都市、国际商贸中心、国际综合交通枢纽、国家综合性门户城市、国家历史文化名城。

③了解岗位需求——对于专业所培养的人才未来就业岗位的职业需求做深入了解,针对岗位群所必须具备的知识、能力、素养等职业/技术标准制定课程体系。制定人才培养模式:工学交替、综合培养、教学演练、产教融合等。

④专业论证——由院、校两级召开专业建设指导委员会,请行业专家参与论证其可行性和必要性。

(2)办学机制的创新:政校企行合作——订单式培养企业需要的人才;校校合作——高校联合研发核心课程。

2. 课程建设

课程是专业建设的核心,高水平专业群建设的关键在于课程建设。没有科学的课程作为支撑,专业建设便是句空话。课程建设应做到:专业课程体系符合高素质技术技能人才培养目标和专业相关技术领域职业岗位(群)的任职要求;课程对学生职业能力的培养和职业素养的养成起主要支撑作用或明显的促进作用;前、后续课程衔接得当;课程为学生终身学习和可持续发展奠定扎实的基础;培养学生自主学习的能力、反思的能力和创新精神。

课程如何设定,应与岗位的职业需求对接。所有相关课程应纳入考证内容,做到课岗证融合。

(1)课程设置的理念与思路。

以职业能力和素养培养为重点;融入职业精神;与行业合作进行基于工作过程的课程开发与设计,校企合作制定人才培养方案和课程标准;体现职业性、实践性、开放性;将行业标准引入课程,制定职业教师专业标准;注重创新创业教育,将"双创"融入专业课程,开设创新创业指导课程;根据时代特色,创新式设置课程;将传统文化融入课程,开设美育课程陶冶情操。

比如,为提升教学质量,实现以学生为中心的教学,笔者带领年轻教师参赛的课程"金融产品营销",注重课岗证赛创融合。笔者在该课程中融入金融理财师认证、证券从业资格考试、银行从业资格考试、"1+X"人身保险理赔证书和"1+X"金融产品数字化营销考证的相应模块教学,实现课证结合、课赛结合、课创结合和岗证融合,拓宽了学生的职业技能和就业选择。

（2）课程设置的性质与作用。

专业课程体系应符合高素质技术技能人才培养目标和专业相关技术领域职业岗位（群）的任职要求。

课程对学生职业能力的培养和职业素养的养成起主要支撑作用或明显促进作用；前、后续课程衔接得当。

课程为学生终身学习和可持续发展奠定扎实的基础，培养学生自主学习的能力、反思的能力和创新精神。

（3）科学设置课程。

课程设置应与未来岗位的职业/技术要求相对应。

①课程建设规划应科学合理并得到严格执行。

课程建设规划应包括年度计划、教材研发规划、实训室发展规划、师资培养—团队职业规划等。

②课程建设要有目标，要有课程标准及实施的保障措施：各专业（群）要围绕地方产业涉及的职业岗位群，融入行业企业技术标准和职业资格标准，进一步梳理各专业基于工作过程系统化的核心课程，完善与人才培养模式相匹配、对接岗位任职要求的课程标准。

③做好学情研究。

A. 生源分析：学生入学测试（问卷调查、心理健康测试）、学生学习意愿、能力、学习预期目标分析。

B. 学生学习过程性记录。

C. 学生初期、中期及末期学习成效达成度分析。

（4）建立与完善闭环式质量监控。

①明确工作流程。

制定课程目标、选择课程内容（以职业能力为重）、抓好教学组织（多元的教学模式，模块化、项目化、理实一体化教学）、创新考核体系（过程性、终结性、以证代考等多元考核形式）、落实评价机制（学生对教师进行评价、同行评价、教师对学生进行评价、社会评价）。

②加强督导。

教务处：教学检查、听课（每月8节，期初中层干部听课）、教师教学能力比赛、青年教师教学大赛、校级微课竞赛、课堂革命典型案例评比等。

二级院（部）：以老带新，听课与主题教研相结合，完善督导体系。

二级督导体系见图6-4。

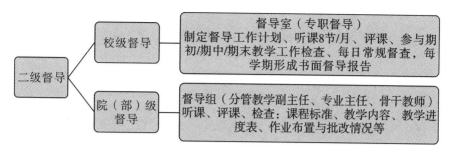

图 6-4　二级督导体系

加强课堂教学巡查：每学期第一天全体干部听课，每月每位中层以上干部随堂听课 8 节。每学期对二级教学部门进行两次不同侧重点的检查，听课评课记录为其重要内容之一。每 2 年开展一次的第三方专业评估都将随堂听课纳入其中。

集中听课与分散听课相结合。集中听课包括：每学期安排一周举行"公开周"或"示范周"活动、观摩课等。分散听课包括：校领导、职能部门领导、二级院（部）负责人听课，校级督导听课，院（部）督导听课及教师间的互相听课等。

面上听课与跟踪听课相结合。面上听课主要是了解教师的教学能力和学生的学习态度；跟踪听课主要是掌握课程改革的力度，教师教学能力水平的提升。

达成的教学效果：

A. 专家、督导及学生评价：校外专家、行业企业专家、校内督导及学生评价结果优良，教师教学能力比赛和青年教师教学大赛获得省级和国家级奖励，使用移动终端（如 App）评价方式。

B. 课程认可度：课程提高职业资格证书的获取比例，提高相应技能竞赛的获奖率；提高与职业顶岗实习的相关度。

③畅通反馈渠道。

学生信息员、教学通讯（电子版）、教学工作指导委员会、教学检查发现问题的整改与落实。

（5）改革与创新教育模式。

要保证教学质量，必须深化教育改革，进行教育模式的"系统创新"，主要包括以下四个方面：教育理念创新、教学内容创新、教学方式创新和考评方式创新。

①教育理念创新——课程三维目标与岗位的职业需求紧密对接。

知识目标：专业课程有哪些与大学要求、职业要求、能力要求相关？

能力目标：培养学生哪些能力，知识如何渗透，与哪些专业岗位对接？

素质目标：一门课如何培养学生的素质？哪些素质与课程相关？交流、协作、创新精神等素质如何渗透课程教学？

教师应认真研究以上三者之间的关联度，通过项目、任务将其渗透教学过程中。

②教学内容创新——教学资源研发，包括自编教材，开发省级精品在线开放课程，建设专业群教学资源库。

比如，笔者主持的课程"金融产品数字营销"，课程组依据人才培养方案和金融理财师执业标准，开展理财经理的岗位职责调研，提炼出跟客户沟通的能力（用话术）、市场调查和数据分析能力（做调查）、营销方案策划撰写能力（写方案）、营销项目宣传推广能力（练宣传）、营销实战创业绩能力（战业绩）等能力培养目标。

我们围绕上述能力培养目标，对课程内容进行了重构、重组和提升，在学习营销三大理论 SWOT 分析、STP 目标市场策略和 4P 营销策略的基础上，按照金融产品营销从先到后的时间线和从易到难的逻辑线，把营销实务部分教学内容凝练为层层递进的金字塔模型，以任务为驱动，依序实施"外拓营销触达客户、活动营销触发客户、厅堂营销触成客户"三个模块教学。我们把其中每学时、每一步营销技巧总结成简单好记的口诀和法则，方便学生易学巧记练本事。

③教学方式创新——教学模式、教学方法和教学形态结合课程内容进行创新。

教学模式的设计：重视学生课程学习与实际工作的一致性，有针对性地采取工学交替、任务驱动、项目导向、课堂与实习地点一体化等行动导向的教学模式。

教学方法的运用：根据课程内容和学生特点，灵活运用案例分析、分组讨论、角色扮演、启发引导等教学方法，引导学生积极思考、乐于实践，注重培养学生解决复杂问题的能力。

教学形态的展示：注重多元化的课程展示形态，要采用与课程内容相匹配的图文并茂的课件，视频、音频等多种信息形态协同组合，匹配高职学生的学习特征和认知规律，提高教学质量。

翻转课堂：慕课、微课。翻转课堂不等于教师失业，而是培养学生自主学习的能力。教师的任务：精心设计课前学习任务、课堂答疑解惑、组织考核评价，变学生被动学习为主动学习。未来教室：PPT/视频、微课、慕课、在线课程、省级精品在线课程、教学资源库的建设。

比如，我们在"金融产品数字营销"课程教学中合理运用多种信息化工具，建立智慧银行、虚拟营销场景等仿真教学环境，优化教学过程，提高教学质量和效率，取得实效。

为吸引学生全程参与，课程组发挥"00后"学生"数字原住民"的优势，在课堂上把人工智能、大数据、区块链等信息技术手段及各种实用手机App和营销环节紧密结合，让营销变得简单、有趣、可操作性。

A. 智能化工具：人工智能、大数据、区块链等信息技术手段，包括智能投顾、百度指数、区块链金融等提升营销精准度；

B. 实用手机App：百度地图、MAKA设计、AI理财师、配音秀、平安知鸟、识别全能王、抖音、手机银行、Kahoot！游戏等助力营销实操；

C. 协作编写软件：石墨文档、思维导图、问卷星等协助问卷调查和方案撰写。

④考评方式创新——实现"互联网+"教学评价新模式。

A. 项目评价与互动式教学环节相互立体渗透，实施项目绩效考核。对学生的每一项业绩和每一个行为均进行绩效考核。

学生综合成绩=课前学习（观看视频、期刊、讲座、公开课等）+签到考勤+随堂考试+课后作业+实训实践完成情况+小组讨论互评+在线课程学习+直播参与度+互动（抢答、随机选人、话题讨论、投票、问卷等）。

B. 实现翻转课堂、师生在线互动、点名、批改作业、课堂教学反馈、教学评价、教师评学全程实时动态化。

C. 教学质量监控：课堂组织教学、教学进度、教学质量检查、课程排名等（打开网页或截图，资源库自动生成的课程使用情况，学生点击数）实现在线化、实时化。

（6）完善实训条件。建好实训室，更要用好实训室。

实践条件：校企合作共同参与与设计校内外实训基地，满足课程实践教学需求，满足学生培养实践能力的需要。

实践教学：合理设计完整的实践内容体系，注重教学模式、教学方法等方面的创新，推进多元化、过程性等考核方式的改革，注重企业参与。

3. 建设"双师型"专兼职结合的教师队伍和"双师型"教师创新教学团队

高职院校应有规划地提升教师的教学能力[①]，尤其是要进行精品在线课程建设、课程思政建设、教学能力大赛及指导学生比赛（技能大赛、创新创业大赛等）。这些高难度教学工作更需要"同伴互助"的教学团队来完成。

（1）师德、能力与水平。

教师应师德高尚、治学严谨；执教能力强，教学效果好，参与和承担教育研究或教学改革项目，成果显著；与企业联系密切，参与校企合作或相关专业技术服务项目，团队中要有行业专家。

（2）"双师"结构、专兼职比例。

合理确定五大结构：学历、职称、双师、专兼、专业师资。专业教师中来自行业企业的兼职教师的比例符合课程性质和教学实施的要求，行业企业兼职教师承担适当比例（>30%）的实践教学任务。

（3）课程建设教学团队的分工协作能力。

团队带头人要具有高级职称和高级职业资格证书，最好是专业（或学科）带头人；团队主要由学校专任教师和来自行业企业的"大师""技师"组成；团队成员积极参与校企合作的产品研发、横向课题研究；团队能追踪行业高技能岗位对能力、知识、素质的要求，及时更新教学内容；团队积极申报省部级精品课程、优秀教材和教学成果奖。

（4）课程建设教学团队的课堂教学能力。

课程负责人带领年轻教师参加教学能力大赛是课程建设有效的方式，此外还要进行专业传承、培养年轻人，提升教学能力。

①激情能力：非智力因素，包括对学生的关爱，对教学的热爱，影响生命的伟大事物；②讲授能力：表达清晰流畅；③演示能力：PPT+板书+仿真+案例+情景；④互动能力："双主体"教学模式；⑤启发能力：提出问题过程中的启发；⑥驾驭能力：对学生、自己、情景的处理；⑦听课能力：多听骨干教师的课并展开讨论；⑧课堂教学六个环节的艺术能力：进课堂、开讲、问题导

---

① 中国食品药品职教联盟制定了教师的"十个一"规划：A. 制定一套切实可行的职业规划；B. 追踪一个行业专业的发展前沿；C. 精耕一门得心应手的专业课程；D. 掌握一种出类拔萃的教学技巧；E. 领衔一支能征善战的科研团队；F. 练就一手精湛娴熟的实践技能；G. 联系一家深度合作的知名企业；H. 获得一项令人羡慕的教研成果；I. 吸引一批忠实景仰的学生粉丝；J. 成为一位学高身正的教学名师。

入、讲课（互动）、板书或 PPT、结尾。

（5）课程建设教学团队的信息化教学能力。

课程团队教师能够熟练使用"互联网+"教学，实施信息技术支持的创新教学模式：①网络空间教学——线上学习与课堂教学结合；②翻转教学——微课、慕课的方式；③校园在线课程——开发提升学生兴趣、个性、素养的丰富第一课堂的网络课程；④引导式移动探究学习——手机 App 奇妙融入课堂教学；⑤课程网络资源库的建设——自主学习。

（6）职业教育课程的目标：以职业为导向，以能力为根本。

①培养实战能力——解决具体一线实际问题的综合能力；②培养专业理论知识体系；③培养企业或行业需要的技术、技能；④培养企业需求的高标准的职业素养和精神；⑤培养学生的非智力因素（如自信、勇气、意志、团队等）。

二、"同伴互助"教学共同体的互助形式

（一）集体备课

教研组"同伴互助"是由三位或三位以上同一学科专任教师组成小组，为探讨学科教学问题而进行的一种教学研究形式。教研组"同伴互助"的形式多样，教师比较欢迎的"同伴互助"形式有两种："集体备课+共同上课+集体评课"，以及"示范课+专题讲座"。

1."集体备课+共同上课+集体评课"形式

"集体备课+共同上课+集体评课"的互助是通过多元化的教研活动，从教学技能和专业发展上促进教师专业发展的一种形式。该互助模式主要有以下几个阶段：第一阶段是集体备课。各备课组的教师首先根据教材和大纲进行讨论、交流和决策以拟定共同备课的内容，然后进行集体备课、研讨教案，各备课组教师根据集体备课的提纲和各班的学情，一起设计、撰写教案。群策群力的集体智慧比教师单独备课写教案更能体现新意和特色，教师们发挥协同效应，让教学设计更加生动精彩。第二阶段是共同上课。通过抽签的方式，各备课组选派一名教师进行课堂展示，另一名教师进行教学反思。选派教师是随机的，这样可以使每一位教师都面临挑战和压力，也使每一位教师都获得了专业发展的机会，需要在"同伴互助"的过程中学会自我反思和协作互助。第三阶段是集体评课。展示课结束后，备课组首先进行自评，组内教师根据课堂效果反思自己小组课程实施是否实现了教学目标，教学过程中是否存在问题或者有哪些突出的表现。其他备课组教师可以提出问题或建议。

教师们在整个教研活动的过程中通过集体备课、共同上课和集体评课，很好地实践了合作授课理论，即不同智慧、不同知识结构、不同思维方式的教师共同合作授课，达到彼此促进的目标，产生了互勉、互助以及互爱的积极氛围。因此，这种以备课组为单位的"同伴互助"模式值得大力提倡。

2. "示范课+专题讲座"形式

"示范课+专题讲座"的形式是教学与研究相结合的互助形式。首先，学科带头人和骨干教师开协商会议，确定分工，拟定示范课主讲教师以及专题讲座教师。其次，主讲教师和讲座教师共同确定示范课的内容和专题讲座的内容，二者是统一的，主讲教师和讲座教师通过协商讨论的方式制定教学目标和演讲主题。最后，大家搜集整理资料并呈现方案。主讲教师和讲座教师通过多次磋商合作以及和学科组教师的配合协作，不断修改课程设计、讲课稿等，最终呈现一场精彩的从课堂教学实践上升到理论高度的合作教研活动。

这种形式使教师们在评课、议课的活动中提升了教学技能，还在理论上提升了对课堂的认识。"示范课+专题讲座"是一种理论和实践有效结合的形式。由于专题讲座是对示范课教学核心的提炼，因此教师们已经不仅仅局限于关注教师的教学设计和过程，而是从宏观的角度来更加理性地完善自己的课程理念、学生观以及教育观。如 S 中职学校语文教师 A 为示范课《掌声》设计的教学目标是让学生学会相处，学会鼓励别人，教学过程中要体现教师对学生的鼓励。教师 B 发表题为《人文性在语文教学中的渗透》的讲座，两者相得益彰，教师们在评课的过程中也更关注授课教师如何在语文课堂上体现人文性色彩。类似的研讨活动还有具有探索性的数学示范课和题为《教学情境的创设及价值取向》的专题讲座的结合，体现新课程理念的英语课《Dogs for people》和题为《国家英语新课程的变化》的主题讲座的结合。此种互助形式相对于以往评课随意、讨论主题发散的教研形式，无疑是一种很好的探索。

(二) 同伴观察

同伴观察主要是指教师间的课堂教学观察。美国教育学家 Gottesman 将其分为五个步骤：发出邀请、课堂观察、独自反思、一起反思、报告。每个教师互助的过程都因参与人、课程、关注重点、学生等因素的不同而有差别。美国教学督导与课程开发协会则将其简化为三步：观察前会议、教室观察、观察后会议。观察前会议的目的是培养教师间的相互信任，确定观察焦点、观察目的与计划。此阶段教师要了解同伴所关注的教学问题，把其转换成可观察的行为，并通过同伴小组成员的讨论与协商，选定最适宜的教学观察时间、地点与需要进行的次数，同时根据观察的目的和背景选择合适的记录方式。课堂教学一开始，作为教师同伴的观察人员就要开始教学观察，并做详细的记录。在观察后会议阶段，教师要对记录的原始资料即对教师课堂行为的客观描述做好归纳与整理，利用录像进行讨论与分析，从而得出有效的建议与改进措施。教学观察是一个循环的过程，观察后会议不但要对上一次的观察内容进行总结，还应做好下一次观察的安排，以便进一步观察教学、解决问题，不断提高教师的教学成效。

在进行同伴观察的同时，教师们还需及时进行专业对话。对话的主要类型有以下四种：一是信息交流。一方面，教师通过信息交流，最大范围地促进信息的传递，从而扩大和丰富信息量；另一方面，互联网中存在着大量的信息，因而甄别有用信息成为一项耗时、耗力的工作，如果教师间能及时进行信息交流，则会避免重复劳动，极大地节省时间和精力，从而提高效率。二是经验共享。教师可以讲述自身的教学实践故事，通过借鉴和吸收他人的经验进行反思，从而提升自己的教学水平。经验只有被激活、被分享，才会不断升值。三是深度会谈。会谈可以是有主题的，也可以是无主题的。它是一个自由的、开放的、发散的过程，能使教师把深藏于心的甚至连自己都意识不到的看法、思想、智慧展示和表达出来，形成很多有价值的新见解。四是专题讨论。教师在一起围绕某个问题畅所欲言，提出各自的意见和看法，每个教师都能从中获得单独学习所缺少的东西，从而丰富思想，不断提高自身对问题的认识。

同伴观察有三个核心：一是有目的的指导行为。这是指在课堂观察之前，就要确定观察的目的，明确观察的任务，观察的对象是自然状态下的课堂教学。二是客观描述。同伴观察不对教师的课堂表现予以评价，而是对所观察的课堂做客观的记录。三是每次集中对一两个教学技巧进行考察，如对课堂提问策略的运用等，也可以对教学中的一些盲点进行考察①。

主动发起教师互助的教师被称为"邀请教师"，是整个过程的主导者。其他参与的教师则为"受邀教师"，主要担任观察者一职，在邀请教师的带领下参与研讨和观察。

首先，发起者邀请一名或多名教师参与前期会议，会议包含以下内容：

（1）邀请教师可向其他受邀教师讲解观察课的具体教学计划和安排，包

---

① 张惠珍，段艳丽."同伴互助"与大学英语教师的专业发展［J］. 教育理论与实践，2012（30）：32-34.

含之前及之后的相关课时安排；邀请教师也可与受邀教师共同研讨和制定观察课的教学安排。

（2）邀请教师明确观察重点，如具体课堂活动效果、时间安排、教学内容、课堂管理手段、个别学生课堂表现、教学技能等。

（3）邀请教师阐明其他影响课堂的因素，如学生整体水平、授课时间、师生关系等。

（4）邀请教师为受邀教师的课堂观察行为制定基本的导向要求。

（5）邀请教师与受邀教师商讨合适的数据收集方式，如录像、录音、笔头记录、填表等。

（6）邀请教师就受邀教师对以上细节提出的问题进行解答。

观察课开始后，受邀教师可以作为旁观者，不参与实际教学活动，按照既定的观察重点和数据收集方式观察并记录课堂授课情况。或者，邀请教师和受邀教师可以进行"协同支持联合教学"———邀请教师作为主要授课教师，受邀教师作为辅助教师，在课堂上为学生参与课堂提供帮助，并观察学生反应和课堂效果。受邀教师在观察课上一定要注意自己的言行举止，明确自己的在场并不是为了给出建议、增加细节信息或分享教学经验。在整个观察过程中，受邀教师要考虑"在聆听和观察时，我的肢体语言如何表现？""我是不是要面对说话人？""需不需要进行眼神交流？"，等等。

结束观察后，受邀教师整理数据和记录，参与后期研讨。研讨的主导者仍为邀请教师，主要讨论内容有：

（1）邀请教师逐项提出前期会议确定的观察重点，受邀教师如实反馈课堂上发生的相关事实并提供数据。

后期研讨有效与否的关键在于受邀教师的反馈是否具有建设性。受邀教师不能批判、指责或泛泛概述其观察到的事实，相反，其描述必须诚实、客观且具体，采用"我听到你说……""当你……时，你的意图是什么""如果我没理解错，你的意思是……"等释义的话语，避免不应该出现的误会。

受邀教师的反馈一定要及时，最好观察课一结束就将一些重要信息和数据进行整理归类分析，在适当的时间和场所将反馈信息转达给邀请教师。

（2）邀请教师与受邀教师共同讨论课堂效果：好的方面有哪些，不尽如人意的方面是什么，问题出现的原因，如何解决问题，教与学怎样共同提升，等等。

在不偏离讨论主题的前提下，受邀教师应该尽可能多地采用开放性提问方式，引导邀请教师对其自身的教学进行反思，如"你感觉你今天的课上得如何？""如果……你觉得会发生什么？"等。教师"同伴互助"的过程中，邀请教师虽是主导者，但受邀教师才是这种互助形式取得成功的关键，每位受邀教师身兼多重身份———导师、资源、问题解决者、支持者、协助者、教练、搭档、顾问和值得信任的倾听者。

一名好的受邀教师需具备以下几个条件：善于提问；关注细节，善于观察；乐于交流分享，自愿协助；诚实公开，不抱偏见。有效的"同伴互助"，参与者不仅不会武断地对观察结果妄加评论或品头论足，反而会帮助彼此反思自己的教学实践。"同伴互助"中，邀请教师不一定非得是没有经验的新教师，受邀教师也不一定必须是专家。即便受邀教师与邀请教师可能在同一领域存在同样或相似的问题，但因为别人的观察通常比自己的反省更客观，邀请教师在受邀教师的帮助下仍可以跳出旧的思考模式，而受邀教师相对邀请教师也更有可能提出较好的问题解决方案，二者可以以平等的身份和地位共同寻求发展和进步。

"同伴观察"引入我国后，主要被中小学采纳，因为同行教师对彼此所讲授的内容比较熟悉，在观察前会议阶段可省去时间和精力去熟悉内容。

由于高校的专业划分很细，教师的专业性很强，有些同伴观察活动难以展开。但是，高校中一些相近的专业课和公共课则完全可以引入"同伴观察"活动。以大学英语课程为例，英语任课教师承担着大学英语课程的教学任务，他们从事的工作基本相同，即使教材不同，但难易度区分不大；而且，课程设置、课程进展、教学对象一样，其教学目标都是旨在培养学生的英语应用能力。与只有一两个人的专业课教师相比，大学英语教师组成学习小组有着得天独厚的优势。

"同伴观察"离不开技术手段的支持。在进行教室观察时，需要使用多媒体设备，如录像器材等。通过录像，大学英语教师可以看到自己在课堂上的表现、手势、语音、语调等。在观察后会议阶段及专业对话时，可以随时调取录像作为样本，进行分析。在录播教室，大学英语教师可以将一些有用的资料拷贝到教室的多媒体上，还可以将教学中的感悟、经验记录下来，制作成教学日志或博客，与小组成员互相交流，分析得失。学校还应架设校园网研究平台，积极构建基于网络的校本研究，帮助教师开展"同伴互助"活动。

"同伴观察"对高职院校教师专业成长的意义表现在以下方面：一是有助于化解高职院校教师的职业倦怠问题，二是促进高职院校教师科研能力的提升，三是有利于提升高职院校教师的专业发展能力①。

一般说来，开展"同伴互助"的校本教研团队以 5~7 人为宜，最多不超过 12 人。这样既可以保证每位教师都能充分发表自己的意见，成为集体决策的参与者，又可以使团队在大家意见不统一时，采用大多数人的意见，形成"同伴互助"的氛围，更能形成有益于团队决策的行为。

笔者认为，就高职院校教师而言，可以按教研室划分为不同的团队，最好按照自愿的原则，根据自己的兴趣点、性情以及日常的交往，结成课题小组。成员不分年龄，不拘性别，以平等为前提，是一种互助的合作关系。结成小组的关键在于，教师间要有真诚的人际关系，大家彼此信任，互相视为伙伴。小组的活动应立足于本校，结合学校的办学特色，确立共同目标，共享研究成果。

（三）课例研究

最为典型的、非常成熟的教师"同伴互助"的实施模式应该是日本的授业研究，日本的授业研究是指针对教与学过程的教师合作研究。英语表达是 lesson study，也可译成"课例研究"，是根据日语"jugyou kenkyuu"翻译过来的②。这里所说的"课例"都是教师们共同设计、观察和讨论的真实课例。

1. 课例研究的概念界定

目前，学者们对课例研究的概念界定基本都以过程描述的方式呈现，即抓住课例研究中的教师行为和行为结果来表述：教师通过做什么而达到什么样的效果。尽管研究者对课例研究概念的表述方式基本一致，但是他们对课例研究的作用指向有着不同的理解。

有些研究者认为课例研究是为了改进教师的教学、促进学生的学习。例如，赵惠勤和王云芝发现课例研究是一种校本教研方式，它缘于解决课堂教学中存在的实际问题，通过教师的集体交流、实践反思和教学创新，在实际教学中开展研究，从而提高教师的教学水平和研究能力③。杨帆和夏惠贤认为课例研究是教师进行实践研究的一种方式，以教师的课堂教学活动为研究对象，能够促进教师专业发展④。类似研究都把课例研究的作用指向教师专业发展或促

---

① 张惠珍，段艳丽."同伴互助"与大学英语教师的专业发展 [J]. 教育理论与实践，2012 (30)：32-34.

② STIGLER J W, HIEBERT J. The teaching gap [M]. New York：The Free Press, 1999：110.

③ 赵惠勤，王云芝. 试论课例研究的实施步骤与策略 [J]. 上海教育科研，2009 (5)：53.

④ 杨帆，夏惠贤. 日本课例研究的特征及对教师专业发展的影响 [J]. 外国中小学教育，2008 (12)：31-34.

进学生学习。

而有的研究则倾向于认为课例研究是为了对研究课进行分析和改进。例如，Lewis 认为课例研究主要是一种对课例的研究，教师们通过对研究课的观察，收集有关"教"与"学"的数据，然后教师合作分析收集的资料①。Tracy C. Rock 和 Cathy Wilson 认为课例研究是一群教师每隔一段时间有规律地集合，一起设计、实施、测试和改进一堂或几堂研究课，这些研究课是真实课堂中的课②。这些研究者把目光聚焦于研究课上，认为课例研究是为了改进课例。如果从教育研究的方法论角度看，课例研究可以被看作一种实践和理论的结合，它结合了教学实践和教学研究，是一种反思性实践。课例研究的行动者即研究者，研究者即行动者，教育研究与实践在当下展开立即交流③。课例研究就是教师们合作对"课例"进行研究，解决教师在教学中的问题，在对研究课的改进中提高教师的实际教学能力。

2. 主要国家和地区的课例研究实践

日本的课例研究引起了世界各国教育界的关注，美国很早就开始引进课例研究，他们开展课例研究的效果得到了美国众多教师的认可。随之，课例研究被传播到世界各地，许多国家和地区都根据自己对课例研究的理解和自身的实际情况开展起此项教研活动。虽然课例研究在各国的操作模式都比较接近，但它们各自具体的做法还是呈现出不同的特征。

（1）日本的课例研究实践。

日本是最早进行课例研究的国家，其课例研究使教师教学能力的提高、教师的专业成长等取得了良好的效果。早在 20 世纪 80 年代，日本的教师们已经开始使用这种方式研究与提高课堂教学，由于它是在实践中发展和成熟起来的，所以很难找到确切的理论定义。最初，日本推进课例研究是为了给在校的教师提供在职教育，此项举措得到了许多学校的参与和支持，它们纷纷在校内成立在职教育促进委员会，计划和组织课例研究活动④。日本课例研究的顺利开展与其良好的教师合作氛围分不开，日本教师之间的合作非常密切，他们认

---

① LEWIS C. What is the nature of knowledge development in lesson study? [J]. Educational action research, 2009, 17 (1): 96.

② ROCK T C, WILSON C. Improving teaching through lesson study [J]. Teacher education quarterly, 2005, 32 (1): 78.

③ 陈向明. 教育改革中"课例研究"的方法论探讨 [J]. 基础教育, 2011 (4): 74.

④ 吉田信, 费尔南德斯. 课例研究 [M]. 马晓梅, 邓小玲, 译. 石家庄: 河北人民出版社, 2007: 10-27.

为教师互相听课、互相交流十分必要，扎根于教室的教学研究能帮助他们改进课堂教学。

日本的一些学校把课例研究称为"授业研究"。名古屋大学的研究团体把"授业研究"理解为教师对课堂行为与活动的合作研究，其理念是"授业研究"创造各种机会和有效的方法来改变和丰富课堂实践、提升教学质量、促进教师专业发展和改善学校学习环境。名古屋大学主持"授业研究"项目的正美教授把"授业研究"的精神概括为"反思、合作、持续、改善、做中学"。

"授业研究"的基本操作过程：①定义问题及其范畴。对具体的课而言，就是确定教学内容。教师通常根据自己在教学实践中发现的问题确定课例研究的主题，这个研究问题涉及的内容对他们的学生来说也具有一定的挑战性。②教师合作设计教学。这一步的目标放在如何使授课促进学生学习上，教师要先思考其他教师怎样上同类的课。虽然最终将由一位教师来上研究课，但是研究课由教师共同设计，是教师们的集体劳动成果。③开展研究课，小组的其他老师合作观察课堂教学并录像，以便事后分析。在上研究课的前一天，课例研究小组全部成员将在学校留到很晚，帮助上研究课的教师准备教具、排演等。④评价研究课并进行反思，上课老师听取其他同事的意见和建议。⑤修改教案，根据课堂观察和课后反思修改教学。教师们可能会修改教学内容、教学活动、问题呈现方式等，尤其是学生不甚明了的那些部分。⑥教师上修改后的课。修改后的教案在另一个班被使用，有时是由同一位教师来上课，但通常是让课例研究小组中的其他教师来教，这次课将邀请学校的所有成员来听课。⑦再次评价和反思。学校的所有成员都参加课后研讨，有时还会邀请外面的专家。⑧分享研究结果。大多数课例研究小组会完成一份课例研究报告，讲述他们的工作过程，这份报告经常以书的形式出版①。课例研究是一个循环的过程，日本的学校一般会根据自身的实际需要进行 1~3 轮的课例研究。日本课例研究的特征是：选择长期的、长远的目标，他们认为长远的目标能够促使教师们团结在一起，做深入的研究；在兼顾其他薄弱学科的同时，较注重日语和数学的课例研究；在课堂观察时注意观察学生的学习，而不是教师的教导；注重现场的课堂观察，很少使用录像的方式作为观察手段②。

---

① STIGLER J W, HIEBERT J. The teaching gap [M]. New York: The Free Press, 1999: 112-115.

② YOSHIDA M. American educators' interest and hopes for lesson study in the United States and what it means for teachers in Japan [J]. Journal of education, 2001, 83 (4): 24-34.

（2）美国的课例研究实践。

课例研究在一定程度上改变了美国教师的职业生活，帮助他们摆脱了以往单独完成的工作模式，使他们开始和其他教师进行合作，让教师们拥有了互相学习的途径。美国的课例研究基本遵循了行动研究的模式，从问题或教学目标出发制订研究计划，再实施，然后由教师们研讨，从而促进教师的反思。美国课例研究的操作模式是：①学习课程标准，考虑学生长期学习和发展的目标；②选择研究课，策划资料的收集；③开展研究课，由一位教师上课，其他教师收集课堂教学资料；④反思阶段，分享各自获取的资料。完成这四个环节就是进行了一轮课例研究，教师可根据研究需要再按上述步骤再进行一轮，课例研究是一个循环往复的过程[①]。

美国的课例研究在操作模式上与日本基本相似，但其在一些环节的具体实施上又有着自身的特点[②]。首先，在研究的目标上，日本的教师会设定一个长远的目标，围绕这个目标展开课例研究，而美国的研究目标十分具体，一般是短期的、可测量的目标；其次，在课堂观察方面，日本教师往往在现场观察学生的学习情况，而美国教师偏重观察教师在课堂上的教学行为[③]；最后，在课例研究的内容上，日本的课例研究在各个学科中都可以实施，而美国的课例研究一般只在数学学科中进行。

（3）中国的课例研究实践。

①上海的课例研究实践。

中国内地于1952年开始在学校设立教研室，用以组织教师讨论教学方法和教学内容，目的是改进教师的教学。自那时起，教研活动就开始在中国内地的学校出现。我国中小学传统的教研活动正是在那样的背景下孕育出来的，教师们通过对公开课的观察，根据自己的理解对课例进行评价，并提出相关建议。基础教育课程改革以来，我们对课堂教学的评价逐渐由重点关注教师的"教"转向学生的"学"，教师开始根据学生的学习情况来评价课堂教学。

为了更有效地提高教师的教学能力，在上海，针对教师在职教育存在的问题，以顾泠沅教授为首的研究团队发起了名为"行动教育"的教研项目。其

---

① LEWIS C. What is the nature of knowledge development in lesson study? [J]. Educational action research, 2009, 17 (1): 97.

② DUBIN J. American teachers embrace the Japanese art of lesson study [J]. The education digest, 2010: 24.

③ 吉田信, 费尔南德斯. 课例研究 [M]. 马晓梅, 邓小玲, 译. 石家庄：河北人民出版社, 2007: 215-216.

核心理念是"实践反思、专业引领、行为跟进"①。虽然这项研究名为"行动教育",但细究其操作过程,其可以被视为中国版的课例研究。"行动教育"教研模式的主要过程是"三段两思、一课三研"。"三段两思"中的"三段"指的是原行为阶段、新设计阶段、新行为阶段,教师在原行为阶段关注个人已有经验的教学行为,在新设计阶段关注新理念、新经验的课例设计,在新行为阶段关注学生获得的行为调整;"两思",第一次反思是指教师在原行为阶段之后通过更新理念,寻找自身与他人的差距,第二次反思是指教师在新行为阶段之后改善自身行为,寻找设计与现实的差距。"一课三研"是指第一次课由上课教师自己完成,第二、三次课则是在听取同伴的意见后,教师们合作对教案进行修改后再上课,每次课都要经历课前会议、上课和课后研讨的过程②。

②香港的课例研究实践。

香港地区的"课堂学习研究",英译为"learning study",在短短十年左右的时间迅速发展。它主要受到了三方面的影响:日本的"授业研究"(lesson study)、中国内地的"教研活动"和马飞龙(Ference Marton)教授提出的"变易学习理论"③。香港的"课堂学习研究"与其他地方的课例研究最大的不同有两点:一是以学习内容为中心,在"教师中心"和"学生中心"之间找到了平衡点;二是以马飞龙教授的变易理论为工具,把它渗透于整个"课堂学习研究"之中,用以解释或改善课堂教学设计④。香港"课堂学习研究"的操作流程有以下几个步骤:确定研究的课题、确定学习内容、学情分析、确认学习内容及其关键特征、教学设计、课堂教学和课堂观察、后测及分析、反思教学成效、撰写研究报告并分享。在实际操作中,上述步骤不一定以固定的顺序出现,根据研究的具体需要,有时几个步骤会同时开展,有时几个步骤会循环进行。

3. 课例研究实施的基本模式

日本、美国、中国(上海、香港)的课例研究呈现出不同的特征,许多国家和地区根据各自的具体情况对日本课例研究的操作模式做了一些改变,以更好地适应当地学校的需求。但是综观上述国家或地区的实践,不难发现它们

---

① 顾泠沅,王洁. 以课例为载体引领教师专业发展 [J]. 人民教育, 2003 (6): 24-33.

② 顾泠沅,王洁. 教师在教育行动中成长:以课例为载体的教师教育模式研究(上)[J]. 课程·教材·教法, 2003 (1): 11-13.

③ 郭永贤. 课堂学习研究概论 [M]. 合肥:安徽教育出版社, 2011: 16.

④ 郭永贤. 课堂学习研究概论 [M]. 合肥:安徽教育出版社, 2011: 22.

的课例研究都基本遵循一种模式，如图6-5所示。

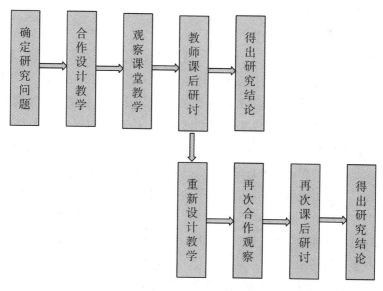

图6-5 课例研究实施的基本模式

课例研究大致都有几个关键步骤：确定研究问题、教师合作设计教学、教师合作观察课堂教学、教师课后研讨、根据发现的问题重新设计教学、教师再次合作观察第二次课、再次课后研讨、得出研究结论。正如有的学者提出的那样，在课例研究的过程中，最核心的三个环节是合作设计教学、课堂观察和课后研讨①。

4. 以课例研究为载体，以建立教师学习共同体为目标，积极探索"同伴互助"的有效形式

课例研究基于建构主义学习理论及知识创生的螺旋理论（SECI），以具体学科教学课例为载体，组建由导师和参研教师组成的研修共同体，营造民主、互助、探究的教师研修文化氛围，开展课例教学设计、教学名师课例教学观摩、课例说课、片段教学、同课异构教学等一系列教学研究活动。

"同伴互助"是课例研究共同体的另一重要作用。来自不同地区、学校的教师根据自己的教学实践性知识在课例说课、片段教学、同课异构教学观摩及研讨等教学研究活动中表达各自的见解，倾听、分享彼此的观点，在相互协

---

① REZA M, ARANI S, KEISUKE F. "Lesson Study" as professional culture in Japanese schools: an historical perspective on elementary classroom practices [J]. Japan review, 2010, 22: 184.

作、共同探究的课例深度会谈中，实现思维碰撞、智慧交锋和知识互补，从而获得新的理解、新的思路①。

学习共同体（learning community）或译为"学习社区"，是支撑以知识建构与意义协商为内涵的学习平台，成为信息时代知识创新的社会基础，强调人际心理相容与沟通，在学习中发挥群体动力作用。它有行为主体性、系统开放性、成员组织性、目标整体性和活动整合一致性等特征，同时也能体现社会强化和信息交流的功能。我们发现学习共同体的这种特点，能使教师在沟通交流中得到不同的信息，理解分析问题、解决问题的不同角度，而这又会促使他们进一步反思自己的想法，重新组织自己的思路。教师在学习共同体内，有强烈的归属感，便于形成和谐发展的价值取向。我们在具体活动设计中，以理智取向、实践—反思取向和生态取向三个维度分别进行学习共同体的构建，先后建立了以问题为基础的学习、探究性学习、服务性学习、新开选修课程等不同主题的教师学习共同体。

（1）学习共同体课堂观察的含义及实施流程。

在不断实践和总结的基础上，陈静静（2020）首创了"基于焦点学生完整学习历程的课堂观察与关键事件记录"（简称"LOCA Approach"）的课堂观察和研究的新方法，进一步深化课后研讨和改进的方式，探索培训教师进行课堂观察和研讨的策略。这种方法让每一位教师都可以参与进来，真正向学生学习，在课堂观察中找到反思和改进的线索，让课例研究真正走进日常教学研究，为教学中实施"同伴互助"提供了丰富的课例和详细的实操经验。

学习是学习者与客观世界的相遇与对话，是学习者与他者的相遇与对话，也是学习者与自我的相遇与对话。学习在对话中才能发生。

教师要参与学习共同体的研究和实践，首先要过课堂观察这一关。教师是否对学生的学习保持尊重和谦逊的心态，是否愿意进行自我反思，是课堂观察是否能够深入的重要因素。

"课堂观察的最终目的不应该聚焦于评价执教老师的教学质量的好坏，而在于真正深入地理解课堂的生态，特别是理解学生到底是如何学习的。"学习共同体的课堂观察与结构性、系统化观察的方法有所不同，学习共同体的观察所遵循的课堂观察方法，焦点在于学生完整学习历程观察与关键事件分析

---

① 陈欣，李高峰，许桂芬. 课例研修模式的特点、操作要素及建议 [J]. 课程·教材·教法，2015（10）：115-119.

（LOCA Approach）。课堂观察遵循"观察—研究—自我反思"的路径。课堂观察的目的是通过对学生学习过程、状态和学习成果的观察和分析来反观自己的课堂，而不是对他人的教学进行评价。课堂观察的焦点从观察执教教师的教学过程变为观察具体学生的完整学习历程；观察的深度从观察学生外在表象变为探究学生的真实世界；课堂观察要深入情境，阐述学生的关键事件；课后研讨要根据动态学情改进教学设计①。

学习共同体的课堂观察是将每位教师都作为专家来对待，让每位教师都能全身心地自我启动，用自己的双眼和大脑观察和分析孩子的一举一动。关注哪一个孩子，关注他或她的哪个方面，关注他或她的哪个学习细节，这对每一位教师来说无疑都是巨大的专业考验。做这样的选择是考验教师专业判断力和决策力的重要时刻。

在课堂观察方面，老师们表现出不同的特质。有的老师在课堂观察之前没有做好充分的思想准备，也没有认识到课堂观察的重要性，并认为课堂的事情自己都是最清楚的，所以不需要花什么心力。这类老师认为学生没有什么观察的价值，也没有什么值得研究的，所以带着一种无所谓的心理进入课堂。这类老师的课堂观察往往都比较粗糙，眼睛里看不到学生的表现、困境和变化，也看不到学生发展的可能性，这样的课堂观察自然是不会有太大收获的。特别是当老师看到有的孩子学习过程不太顺利，学习效果还不太好，就会有一种抱怨的心态，认为自己来参与观察是在浪费时间。一些老师看到课堂的状况不令自己满意，就会马上提出反对意见或者直接走掉。在课例研究氛围还没有建立起来的学校里，我们会看到留下来参与后期研讨的人非常少。其实后期研讨与课堂观察同样重要，这是老师们进行学习的重要时刻。在后期研讨中，老师们需要研究学生们到底是如何学习的，通过视角的融合，来共同打开学生学习的"黑匣子"。这是我们国家的老师一直以来都不太熟悉的领域，但是遗憾的是很多人并不知道这其中蕴含着重要的价值。无论表面上看起来多么普通的课堂，都有很多的东西可以研究，都有很多孩子需要关注，都有很多问题需要解决。而我们老师其实就是在研究课堂情境、关注孩子学习历程、解决课堂问题的过程中成长起来的。

（2）课例研究促进教师学习共同体的建立。

通过观察他人的课堂，进行自我反思，是学习共同体课例研究的基本原

---

① 陈静静. 学习共同体：走向深度学习［M］. 上海：华东师范大学出版社，2020.

则。不是反思其他人，而是进行自我反思，从而改进自己的课堂，所以这种教师学习共同体可以形成凝聚力。陈向明（2013）提出了通过课例研究组建教师学习共同体的方法和路径，即以"课"为分析单位，教师相互合作的、有结构的、探究导向的、有学术含量的、有意识的实践过程。

课例研究能够给教师提供一个合作研修的平台，为教师学习共同体的建构营造良好的人际氛围。在课例研究的过程中，教师合作对课例进行研究，解决教学中的实际问题，在对研究课的改进中提高实际教学能力。而且通过互助性的人际互动，教师之间可以逐渐增强信任感，愿意一起参与教学研究的对话，这种沟通有助于整个学校的学习共同体的形成[①]。还有研究发现，课例研究能促进教师之间建立良好的人际关系。课例研究的操作方式给教师之间的沟通提供了天然的机会，自然地导致教师之间产生更多关于教学实践的对话[②]。

在美国，教师们讨论教学问题时往往十分保守，为了保持对同事的礼貌，教师们不愿提出建设性的批评意见，而是给出一些肤浅的、试探性的反馈。课例研究的一个重要目的就是为教师提供一个安全的环境，让他们就"研究课"分享具有建设性的建议。教师在研讨中既要讲出自己的具体建议，又要不失礼节，在礼貌和诚恳之间找到微妙的平衡，以防影响同事间的人际关系[③]。

Catherine C. Lewis、Rebecca R. Perry 和 Jacqueline Hurd 在一项研究中提出课例研究能够促进教师专业共同体的形成。课例研究对教师的作用体现在三个方面，包括教师的知识和信念、教师的专业共同体、教学学习资源。其中，课例研究促进教师专业共同体的具体表现有：改进教学的动机、提供高质量教学的共同责任感、共享的长远目标、共同的话语和工作流程[④]。共同的责任感和目标使得教师们团结在一起，为了一致的愿景而共同奋斗；教师共同的话语和工作流程能够促进同事之间情感的培养，从而为创建教师学习共同体提供有利的人际环境。

---

① STEVENS W D, KAHNE J. Professional communities and instructional improvement practices: a study of small high schools in Chicago [R]. Chicago: the University of Chicago, 2006: 5.

② CHOKSHIAND S, FERNANDEZ C. Challenges to importing Japanese lesson study: concerns, misconceptions, and nuances [J]. Phi Delta Kappan, 2004, 85 (7): 524.

③ CHOKSHIAND S, FERNANDEZ C. Challenges to importing Japanese lesson study: concerns, misconceptions, and nuances [J]. Phi Delta Kappan, 2004, 85 (7): 524.

④ LEWIS C C, PERRY R R, HURD J. Improving mathematics instruction through lessonstudy: a theoretical model and North American case [J]. Journal of mathematics teacher education, 2009, 12 (4): 285-304.

Catherine Lewis 还根据日本和北美的一些案例，指出教师在课例研究中的学习主要有三个方面，包括有实践性知识的发展、人际关系的发展和个人素养的发展。课例研究之所以能促进教师学习共同体的建构，是由于教师合作研究教学的过程为改善他们的人际关系创造了机会。在北美，课例研究没有太久的历史，利用协议来指引课例研究的开展显得十分重要。这些教师之间的协议可以帮助他们转变人际互动的现状，使教师们形成一种新的集体工作方式，以改变当地的教师文化①。良好的人际互动正是教师学习共同体的重要特征，课例研究的开展能够促进同事之间人际关系的发展，从而使课例研究有一个真实的合作过程；实践性知识是教师专业素养的重要组成部分，教师们在课例研究中获得专业知识方面的发展，就能让教师群体有共同提高的机会。

以往的诸多研究已提出课例研究能够促进教师专业知识的发展、人际关系的改善等，这些都有助于促成教师学习共同体。但学者们对这个问题的研究大都通过对课例研究一般过程的分析，在理论上探讨课例研究对促进教师学习共同体建构的作用，偏重于理论思辨。即使少数学者通过研究案例在实践层面对这个问题进行探讨，也没有对课例研究推进教师学习共同体建构的作用展开细致分析，深入揭示其内在机制。

课例研究推进教师学习共同体建构的内在机制是什么？①教师共同面临的难题是共同体建构的驱动力。教研组可在研究目标的带动下形成对教学的共同认识，逐渐培育出价值观层面的共同愿景。而且，在难题的驱动下，教师群体将自然展开合作，互相提供支持和帮助；教师之间产生互助性的人际互动，共同解决课例研究过程中遇到的难题。这种难题驱动下的人际互动使得教师之间产生真实的合作。因此，"难题"成为培育共同愿景、促进教师合作的驱动力，推动教师学习共同体的建构。②教师教学观念的转变成为共同愿景塑造的内隐历程。课例研究是一个以学习为中心的研究历程。在课堂观察环节，教师们带着不同的观察量表进入课堂，教师们分工合作，把课堂中学生学习的具体情况记录下来，为之后的课后研讨做准备。在课后评课环节，所有教师就自己负责观察的内容做详细汇报，从抽样生、小组、集体等角度对课堂学习情况进行阐述。这种课堂观察能够帮助教师发现平时难以洞察到的细节问题，教师常常发现学生的很多学习状况十分出乎意料，自己的教学设计应该更加关照到学

---

① LEWIS C. What is the nature of knowledge development in lesson study? [J]. Educational action research, 2009, 17 (1): 100-102.

生的学情。这就使教师意识到需要在教学的过程中更加关注学生，重视课前的学情分析，并充分利用课堂教学过程中的生成性课程资源，在课后及时优化自己的课堂教学设计，使课堂教学更好地满足学生的学习需要。课例研究让教师的教学观念发生了转变，教师树立起以学生为中心的教学理念，更加意识到要接近学生、研究学生。当教师们都树立起这种教学理念的时候，他们在教学工作上的共同愿景也可能被逐渐培育起来，教学观念的转变将成为共同愿景塑造的内隐历程。③教学研究焦点的转移改善人际氛围。课例研究使教研活动由关注教师的"教"转向学生的"学"。教学设计、课堂观察和课后研讨等环节都聚焦于学生，在课后研讨时，需要教师先汇报学生学习的具体情况，再基于这些证据提出自己的观点。此时，教师的评课就不再主要依据自身的经验，而是根据学生实际的学习情况。这样的教学研讨让教师感到大家更多地在谈论学生，而较少直接评论教师。当教师们听到的大都是"学生怎么样"而不是"教师怎么样"的时候，言语上的冲突会被进一步规避，教师之间的人际风险就降低了。在这种情况下，教师之间才能逐渐敞开心扉，建立信任感，改善教师群体的人际氛围，从而使教师愿意互相提供帮助，让教师群体经历真实的合作过程。④问题解决的过程成为教师成长的契机。课例研究的开展帮助教师获得课堂中的诸多微观学习情况，并继而发现教学中的问题。当教研组在课例研究中遇到难题时，教师之间需要互助才能解决难题。互助性的人际互动带动更多成员参与到问题的解决过程中，使更多教师经历分析问题、解决问题的过程。教师群体解决问题的过程其实也是教师成长的过程，教师要成长，不仅需要学习，还需要在教学实践中历练。共同解决教学实践中的问题，有助于教师积累实践知识、提升实践智慧，教育实践知识和智慧形成的过程正是教师成长的过程①。在课例研究中，问题解决的历程不仅给每位教师带来成长的契机，同时还能促进教师群体共同提高。

　　谢维和从理论和现实的角度出发，主张大学教师之间相互听课，应该成为大学教学活动中一项基本的学术性规范，并且成为大学教学活动及其管理的一项重要制度。它应该作为大学教师的一个重要的规定性动作，是大学教师的义务与责任。而从大学教学建设的角度看，这种相互听课的制度性安排，也是促进大学教学发展、提升教学质量的比较具体有效的抓手②。

---

① 赵昌木. 教师成长：实践知识和智慧的形成及发展 [J]. 教育研究，2004 (5)：54.
② 谢维和. 相互听课：大学教学的学术规范 [J]. 中国大学教学，2013 (11)：4-6.

项乐源（2017）提出组建跨学科的"三明治教学法的课例研究小组"，进一步探索了通过课例研究深化教师学习共同体的建设逻辑、思路和方法，即主动学习策略。在团队中大家以不同寻常的方式共同做事——彼此间相互信任，取长补短；大家有着共同的目标，它比每个人的个人目标更大。最终团队取得了满意的结果。学习型组织之所以能存在，是因为大家在内心深处都是学习者。整体总是大于个体的总和。

（3）对于以课例研究推进教师学习共同体建构的几个建议①。

①让教师充分参与研究主题的确立过程。

共同的研究主题可被视为一种近期的愿景，有助于孕育教师群体长期的共同愿景。在课例研究主题的确立环节，需要教研组全体教师共同参与。教研组在进行充分的探讨后选择大多数教师关心的问题，以此作为研究主题，这有助于教师群体共同愿景的形成。有共同的愿景才能使教师们自愿地走到一起，积极参与组织的工作，努力实现个人和组织的高尚目标②，为教师学习共同体的建构奠定基础。

②教师自由组成课例研究小组。

课例研究小组的成立不该由行政领导决定，而应由教师们根据自己的意愿自由组建，这样的课例研究小组才能有更好的人际氛围。小组的规模可小可大，小规模的课例研究小组可由四人左右组成，较大的课例研究小组则可由更多教师组成。教师应根据自己的人际圈子和研究需要，自由组成课例研究小组，不必受学科、专业的限制。倘若由教师们自由组建，人际关系良好的教师组成课例研究小组，那么这些组员之间的互动就能更加随意，平等互助的人际互动可能成为小组活动的常态。这样的小组能为教师提供互相学习的研修平台，从而提升各自的专业能力，使得教师个体和群体都有提高的机会。

③逐渐将课例研究推广为日常的教研活动。

课例研究推动了教师学习共同体的建构，但这对教研组来说可能只是变革的开始，合作型的教师文化需要长时间的积淀才能形成。学校的课例研究不该只是作为一个课题来开展，可以尝试推广到日常的教研活动中去。教师同僚性的建构不是一朝一夕的事情，需要长期的精心培育。唯有沉下心来，放慢脚

---

① 邱欢辉. 课例研究推进教师学习共同体建构的个案研究［D］. 上海：华东师范大学，2014.

② 圣吉. 第五项修炼：学习型组织的艺术与实践［M］. 张成林，译. 北京：中信出版社，2009：7-11.

步，扎扎实实地推进教师研修方式的变革，搭建专业的教师合作平台，使教师在真实的合作中共同成长，教师学习共同体才能真正被建构起来。

因此，对于一个教研组来说，课例研究不应只在课题开展时进行，可以逐渐将课例研究常态化。在研究的内容上，可由一课时逐步拓展为一个单元的教学内容，并逐渐把课例研究推广到整个学期的教学内容中。高职院校则可以尝试在各个专业教研组开展课例研究，以最先试行的教研组为范例，各个教研组结合自身实际情况加以实施，使课例研究成为全校性的教研活动。这样，教师学习共同体就不只是在某个教研组被建构起来，全校教师都能在课例研究中获益，使整个学校向学习共同体迈进。

三、"同伴互助"科研共同体的本质、意义、学习主题和互助形式等

科研团队是指以较大型的科研项目为依托，以某一科技领域或方向的前瞻性研究与开发为主要内容，由技能互补、知识互补，愿意为共同的科研目的、科研目标和工作方法而共同承担责任的科研人员组成的正式群体①。科研团队是一种新型人才组织模式，是提升科技创新能力的重要平台。如前文所述，在职业院校中，教学团队与科研团队基本上是重叠的，职业院校的科研团队因其具备科技创新、助推专业发展、培养技能应用型人才的外在功能，并在实践中成为科技创新、人才培养、社会服务的有效结合点而被赋予了重要价值。但在实践中，高职院校科研团队建设过程中依然存在内部建设举措不得力、团队成员主体性不足等亟待解决的现实问题。

（一）"同伴互助"科研共同体的本质及意义

（1）"同伴互助"科研共同体是以研究性学习助推团队成员获得专业发展的实践共同体。

埃蒂纳·温格认为：人类活着就意味着我们必须不断卷入各种事业的追求中：从确保我们的生存到寻求最崇高的休闲。当我们定义这些事业并共同卷入追求时，我们彼此之间以及与世界之间都在互动。我们必须协调我们自己的关系以及与世界的关系。换句话说，我们在学习。随着时间的推移，这种集体学习产生了实践——这种实践反映了我们事业的追求和参与者的社会关系。因此，这些实践是我们对共享事业的持续追求所创造的一种共同体的属性。这

---

① 侯光明，席巧娟，于倩，等. 中国研究型大学理论探索与发展创新［M］. 北京：清华大学出版社，2005：250.

就容易理解我们为何将这种共同体称为实践共同体①。

相互卷入、合作事业和共享智库是实践共同体的三个维度。科研团队成员共同参与科研工作，致力于共同的科研事业，并共享科研的智慧及经验。根据温格的实践共同体理论，科研团队在本质上可以被视为实践共同体的一种具体类型。它既有实践共同体的共相，也具备自身特有的殊相。实践共同体所从事的实践具有学习的特征。

在实践共同体理论视域下，高职院校科研共同体的聚焦点是作为社会性学习具体实现方式之一的研究性学习，团队成员通过研究性学习理解意义、进行实践、归属组织、形成认同，进而实现自我的专业发展。不可否认的是，教师的专业发展不完全是教师个体自觉、自省、自主、自由的发展，而是必须依托外界启发、外部支持和外部引导的基于规范和规则的发展。然而，外部的影响往往不能直接作用于教师个体，而是需要借助实践共同体的中介功能才能起作用。在这个意义上，高校科研团队扮演着中介的角色并发挥着中介的功能，它通过研究性学习在外部条件和个体自主之间建立起紧密关联，进而促进每位团队成员在实践共同体中相互卷入、致力于共同的事业并共享智库，从而实现专业发展。因此，高职院校科研共同体是致力于以研究性学习助推团队成员获得专业发展的实践共同体，聚焦学术研究这个核心，采取以意义勾勒未来愿景、以实践推进过程塑造、以共同体容纳个体差异、以身份塑造集体认同等策略，帮助科研团队从内部出发推动团队的建设与发展②。

（2）以科研促教学，处理好教学与科研的关系是提高师资水平和保证教学质量的重要前提。

职业院校的很多教师往往缺乏科研训练，他们认为，把教学搞好就是职业院校教师的最终使命。但是职业院校是不是有理由忽视科研呢？

专业水平是一所学校师资队伍水平和人才培养质量的综合体现，一位受学生欢迎的教师、一位能得到专家肯定的教师，一定需要科研能力做支撑，否则他的持续发展就会受到限制。教学没有科研做支撑，教师就不能增长知识，学校就不能培养创新型人才。只有重视科学研究，教师才能进行研究型教学，才能为学生提供启发性知识。

---

① 温格. 实践共同体：学习、意义和身份［M］. 李茂荣，等译. 南昌：江西人民出版社，2018：3-81.

② 李明利. 实践共同体视域下的高校科研团队建设策略研究［J］. 教师教育论坛，2021，34（7）：65-69.

职业院校应"以教学为主要任务，以服务地方经济建设为主要方向"，以培养技能应用型人才为目标。职业院校往往非常注重专业建设，而忽略课程建设和学科建设，导致学校专业建设的效果欠佳，培养的学生质量不高。职业院校的人才培养是以专业为单位的，而专业人才培养是通过课程实现的，课程要为实现专业的培养目标服务。在专业建设的同时，必须进行课程建设。专业和课程又以学科为基础，若要提高专业和课程的建设水平，就必须以提高学科建设水平为前提①，所以以教学为主的职业院校也是需要进行学科建设的。学科建设与专业建设在目的上具有一致性，都在于更好地实现人才培养目标。对于办学者来说，不论其对学校的类型、层次、特色怎样定位，学科建设、专业建设和课程建设都是相辅相成的。学科建设、专业建设、课程建设和人才培养需要有一支高水平的教师队伍，所以必须进行教学科研团队建设。专业教师是教学的主体力量，在专业建设中，需以专业教师为主导。如果忽视学科建设、课程建设和教学科研团队建设，教师的科研训练和对知识的学习交流不足，那么师资水平就难以提高，专业教学质量就难以保障，这种情况下专业建设就毫无意义②。

（3）高职院校组建"同伴互助"科研共同体有利于提高教师的学术水平。

随着职业院校的快速发展，一批高水平人才以及博士进入了高职院校，这些高水平人才有学术发展的需求。发挥这些高水平人才的学术带头作用，以其为核心组建科研团队，带动教师队伍的学术水平提高，是目前高职院校教师队伍建设的主要举措。

从较普遍的情况来看，高水平学术人员既需要个人的独立，以求能自由地潜心于学术园地之中；但同时他们在个人复杂艰辛的学术研究中，还需要获得广博学术思想的滋润，需要站在多个"巨人"的肩膀上，取百家之长，造就出自己的学术风格。广博的学术思想可来源于方方面面，但不同的教师之间直接相互切磋及"同伴互助"是拓宽思想最迅捷最有效的方式。教师之间的相互交流、碰撞，往往会让人接触到许多意想不到的学术营养要素，如他人的认知模式、思维方式、感性体验、理性观点、价值选择、语言范式乃至学术意志等。教师所接触的学术群体的素质越高，所能得到的学术营养要素也就越珍

① 罗云. 关于学科、专业与课程三大基本建设关系的思考 [J]. 现代教育科学，2004（3）：32-34.

② 罗昊翔. 浅谈职业院校的专业、课程、学科和教学科研团队建设 [J]. 卫生职业教育，2016，34（20）：6-8.

贵。教师通过广泛品尝多样的学术营养要素，能使自己受到启发，活跃学术思维，并及时调整自己的观点、方法或技术路线等，使自己的学术水平得到较快的提高。科研团队的建设为教师提供了相互交流信息、切磋思想、阐述见解的渠道，培育了不同学科知识交叉、互补、综合的土壤，极大地调动了教师的科研积极性，促使教师不断完善知识结构，改变思维模式，克服认识上的偏颇，迅速提升学术水平。科研团队是教师追求学术卓越的重要组织保障①。

（二）"同伴互助"科研共同体如何建立？

调研发现，很多老师都说在学校里做科研是件很孤单的事，想求助不知求助谁，想合作不知跟谁合作，好不容易加了几个课题组成员还都不干活。很多老师都说学校里大家都有各自的小心机，不是真心实意的合作。

那么科研共同体如何建立呢？河北大学崔佳老师在她的公众号"教育技术应用实践"对这个问题做了系统深入的分析。

（1）共同体的发起人首先要积累科研能力，同时愿意担当和奉献，并有一定的领导力，让团队成员能有成长和发展空间。

首先，共同体发起人应积极培养自己的科研能力，把自己培养成某方面的专家，主动牵头课题申报、论文撰写和社会服务项目。

科研能力包括提出一个好问题的能力、阅读文献和文献综述的能力、提炼自己的观点、假说并搜集数据分析论证的能力。

问题意识很重要。教师可以通过文献检索（借鉴主义）、主题研究、经验萃取及现实观察找到好问题，同时要关注社会热点和社会发展的重大问题。

发起人自己有科研能力才是硬道理，在科研上找到切入点深入研究，先有所思考和独特见解，才能慢慢吸引年轻教师进入科研团队，甚至其他人会自动聚集过来，这是整个科研共同体建立的基础。

其次，共同体发起人要主动组建团队，具备带团队的能力，当能帮到年轻人时，年轻人才愿意加入学习共同体。比如明确团队目标及分工，学会赞美人、辅导人、激励人和提意见，团队成员认为加入共同体能成长，团队成员才能凝聚在一起。

共同体发起人应主动担当，认真履行以下工作职责：①准确地把握科学发展方向与规律，敏锐地捕捉科学研究的机遇与新的学科生长点，制订研究工作的计划、技术路线及相关实验条件建设计划；②组织、协调整个团队的科研工

---

① 刘国瑜. 创办研究型大学进程中的科研团队建设［J］. 中国科技论坛，2007（2）：119.

作，建立规范的科研工作秩序，承担团队的科研工作责任；③组织关键技术攻关，积极寻找课题并组织实施；④知人善任，积极发现和培养人才，充分发挥团队成员的作用；⑤组织学术交流和研讨，活跃学术气氛；⑥对团队成员的晋升、调配、奖惩提出建议，对科研经费的合理使用负责。

再次，共同体发起人要有传承和奉献的精神，愿意指导有科研意愿、踏实学习、刻苦钻研、合作意识强的年轻教师；通过持续的科研实践推动共同体合作和发展，提供科研团队建设的驱动力。科研团队建设既不是一个政策指令就能轻易完成的，也不是靠领导者个人魅力或者是教师个体自觉自愿就可以实现的。团队建设是一个渐进的过程，而不是激进的过程。构建一个助力教师共同成长的科研团队，必须依靠成员们的共同参与，让团队成员们在参与实践的过程中学习，即在实践中学习"如何去做"。实践意味着"做"，但不仅仅是"做"本身，而是在一个为我们的"做"赋予结构和意义的历史的、社会的情境中的"做"①。这种实践使团队成员在"做"中获得渐进发展，在"做"中激发出共同体的内在能量，进而才能为科研团队建设提供源源不断的驱动力。

最后，共同体发起人要明确团队的研究目标。科研团队的建设必须以明确的目标为导向，以科学的目标引导团队，以共同的目标凝聚团队，以创新的目标激励团队，使团队经过一段时间的发展，能够在科学前沿上有所开拓、有所建树，逐步形成具有引领学科未来发展的研究方向，孕育出具有重要影响的原创性成果，进而不断形成自己的优势和特色。许多团队很容易在较长一段时期的运作之后，淡化甚至迷失了团队最初的研究目标。造成这种现象的原因是多方面的，其中主要的因素有科研创新活动的长期性、复杂性、创新性和风险性。因此，共同体发起人在组建科研团队时，应依靠专家在认真研究本领域发展趋势的基础上，结合国家战略需求，从现实的研究条件如学术积累、研究水平、研究队伍及基础设施等出发，经过科学决策凝练研究目标；并根据科研团队实际运作过程中反馈的信息，适时地调整团队的研究目标，使团队始终保持旺盛的生命力。高绩效的科研团队都是把团队研究目标当作需要不断培育和关爱的事物②。

（2）吸引合适的人进入科研共同体。

科研共同体里都有谁？这个问题很关键。

---

① 温格. 实践共同体：学习、意义和身份 [M]. 李茂荣，等译. 南昌：江西人民出版社，2018.
② 刘国瑜. 创办研究型大学进程中的科研团队建设 [J]. 中国科技论坛，2007（2）：121.

最好的科研团队以 10 人左右为宜，成员过多，很可能会出现沟通困难，还会出现"搭便车"现象。在人员数量适当的基础上，还要考虑科研团队成员的结构：一是团队成员学科、专业背景互补；二是团队成员个性或者说性格互补；三是团队成员的资历、年龄结构合理。

有些人在"搭顺风车"。他来参与课题，其实就是想混个名而已。这种情况很普遍，共同体发起人有权利决定是否与他合作。

还有些人，共同体发起人并不想让他"搭顺风车"，而是希望带着他一起做。共同体发起人就要先思考两个问题：第一，为什么要拉他一起做课题？第二，他为什么要进入课题组，他是否真的愿意？

想吸引优秀的年轻人加入科研共同体，要让年轻人看到愿景，看到共同体发起人愿意并能够帮到他，他在合作研究中能得到成长和提高并能分享合作后的成果和荣誉。

很多人只是假设自己的课题很有用，对别人也很有用，别人就应该被感动。这种应该思维的背后是一种优越感，优越感会带来一些负面的东西，比如抱怨。这种情况下，很难建设好科研共同体。

还有些人，是行业领军人物。我们申请课题或组建科研共同体，很希望比自己优秀的人加入，那如何吸引这些优秀的人加入共同体并发挥其带头或领导作用呢？共同体发起人首先要是一个能交付价值的人，至少要让对方觉得提供帮助是有成就感的。所以共同体发起人要能够提出一个好问题，让其他成员能够根据他的回应做出相应的反馈，告诉他有了怎样的进展以及怎样的新困惑。没有交付产品、反馈和价值的人是不能得到领军人物的持续帮助的。

即使组建了共同体，我们也要多关注愿意合作的人，少抱怨不合作的人。既然加入共同体的人有不同的考虑，我们就不能指望每个人都会全力以赴做科研，要善于发现共同体内部每个人的优点和长处，善于发挥每个人的长处，取长补短，奔着共同体的目标持续努力。

不要总是希望得到很多人的支持。有时候有一两个人能一起共同探讨课题就已经很不错了。

做人也要灵活，不同人的兴趣点不同，那就把课题分为子课题，不同的关注点跟不同人探讨。自己做一个穿针引线的人也不错。

最后，当共同体发起人在学校里无法构建一个好的科研共同体的时候，是否可以问问自己："还有没有其他渠道？"学习共同体、研究共同体的成员不一定是本校人员。借助互联网，我们可以跳出本校、本专业的狭隘思维，建立跨校跨专业的线上科研共同体。

（3）科研共同体成员之间关系融洽，平等互信，相互成就。

好的关系是平等的。这与谁是课题主持人无关，与谁对所研究的课题更熟悉无关，与成员目前在学校的职务无关。

好的关系是相互成就的。这与共同体发起人当下的成就无关，与别人当下的成就也无关，与成员得到了成长有关。

不是因为关系的存在，我们就有义务对彼此负责。

好的关系是要经营的，是要跳出研究任务先去经营相互平等、相互信任、相互成就的关系。

好的关系不仅仅限于志趣相投的人，让更多不同的人参与进来，才能影响到更多人。

（4）科研团队内部建立明确的激励分配制度。

科研团队成员应当以青年为主，由学术权威带团队。科研活动的创造性和不确定性要求团队的管理制度应更加人性化和具有灵活性，这样才能充分激发团队成员的能动性和创造性。要建立与团队相适应的行为规范、奖惩措施等规章制度，形成一种激励约束机制，促使大家围绕团队的研究目标共同努力。团队成员创造力的产生，需要民主的学术氛围、宽松的学术环境、和谐的人际关系以及能不断激发新思想、产生新观念的学术交锋。要通过强化团队成员参与意识，来激发群体智慧，增强认同感、责任感、归属感。要结成"同伴互助"的科研团队，要建立以下机制：

①要有良好的激励机制。团队负责人必须首先是学科领域或专业领域的学术权威，能够对团队成员起到示范和引领作用；制定团队发展目标、明确团队成员分工及其责、权、利，做好经费分配和日后成果分配。

②要有良好的评价机制。要体现多劳多得，以及后续成果的分配。注重项目考核和团队考核，并把考核结果跟团队负责人和团队成员的职称考核挂钩。

③要有团队凝聚力。团队负责人首先要有奉献精神和团队文化建设的能力，提升领导力；在团队负责人引领下，团队成员应具有极强的追随意愿和行动能力，团队形成共同的集体行动，高质量完成团队科研任务。

（三）"同伴互助"科研共同体的学习主题和互助形式

1. 学习主题

"同伴互助"科研共同体的学习主题包括课题研究（科研课题和教改课题）、论文撰写和发表、年轻教师科研帮扶和社会服务，目的是提高教师的科研素质和解决社会问题的能力等。

2. 互助形式

（1）积极探讨科研共同体内可行的方法和规则。

很多老师迫切地把几个人聚在一起，然后就抛出任务，要大家分头解决。

我们大都有个错误的假设：进入课题组的成员就一定会做课题。这真的不一定，硕士、博士、工作好几年的人也未必会做课题。所以大家一起探索互助的方法和规则很重要。

如果自己都不知道做课题的方法，那就需要先研究方法。自己身先士卒，先做那个有担当的、解决共同体问题的人。

课题研究不是拼盘游戏。不是各自为战，再拼接到一起就可以的。做课题研究要有网状思维，大家的心灵和思维相互碰撞，才能延伸和拓展。否则就失去了对"共同体"本义的理解。

怎么才能有心灵和思维的碰撞呢？首先，课题主持人要有担当意识，主动跟大家探讨如何发表想法、怎样才算是在做课题、如何共同探讨问题、如何寻找资源和突破口等；其次，共同体内要建立激励大家勇于发言和创新的机制，比如大家轮流做主持，先确定研究主题或范围，搜集参考文献或著作进行共读，按周期组织思想碰撞会、头脑风暴会达成共识，确定研究主题，再分头深入研究，然后再进行思想碰撞，再发散再集中，直到做出研究大纲或技术路线；最后，由专家指导大家完成研究工作，提炼观点、做假设、找数据、建模型、做实证、得结论，并评估经济效益。

（2）互助形式多元化，互助包括校内互助和校外互助，也包括聘请专家。

只有形成了科研共同体，大家互通有无，互帮互助，互利互惠，每个人在共体内部得到成长和发展，才能保证共同体的持续发展。

这里的互助既包括共同申请课题，课题立项后共同开展研究，一起撰写论文并发表，按照每个人的实际贡献明确论文和成果的署名和顺序；也包括一起联系校外企业开展校企合作，产教融合，围绕企业实际问题或人才培养质量提升问题建立横向课题，通过校内外互助合作，实现企业、学校和学生三方共赢。

只要我们走在自我认同和自我完善的路上，就可以影响身边更多人，越来越清楚自己心目中的伟大事物。

第五节　教学名师的培养方案和路径

培育名师、造就名师是高校与社会关注的焦点，也是高职院校教师队伍建设的重中之重。教学名师成长的背后都有一个团队在支撑，"同伴互助"、博采众长成就了教学名师，也是名师成长的捷径。"同伴互助"、博采众长可以通过教学观摩、教学竞赛与教学研究等途径予以实施，并借助教师互动机制、教师互助平台与宽松环境的营造等予以保障①。

在长期的职业生涯中，教师面对各种可预测或不可预测的变化，需要不断优化重构自身专业能力以实现成长和成熟，即教师专业发展。尽管外在的客观环境、内在的先天禀赋、受专业教育系统化程度以及个人主观能动性等因素均会影响教师的专业发展速度，但却难以使其发生跨越式发展，即教师专业发展是循序渐进而非一蹴而就的。职称晋升只是外显路径，教学、科研工作重点及工作方式的变化则相对内隐。而研究这些内隐路径，有助于使处于不同专业发展阶段的教师关注应关注的重点，打好各阶段的基础，这样既可加快其专业发展速度，也可为其专业发展创造更大空间②。

一、教学名师的内涵和特征

国家"万人计划"（国家高层次人才特殊支持计划）教学名师是唯一以教育教学能力和实绩为遴选标准的国家级高层次人才项目。自 2013 年启动以来，该项目已遴选 4 批，共 497 人，其中 78 人来自高职院校，占 15.7%。这 78 名教学名师占 49.8 万高职院校专任教师的 0.015%，可以说是万里挑一。对于"万人计划"教学名师，国家教育行政学院学术委员会主任、职业教育研究中心主任邢晖认为，名师的"名"主要体现在六个方面：德、学、技三高，理、实、创一体，讲、做、导三能，教、研、服并进，勤、恒、效三强，个人、团队和学校并行。部分国家教学名师共同发起成立"全国高职名师联盟"，并向高职院校全体国家教学名师发出倡议：共同立德树人，做学生成长的航标灯；

---

① 张意忠. 同伴互助、博采众长：高职院校教学名师生成之道 [J]. 教育研究，2011（3）：49-50.

② 李丹妮，郝伟. 高校教师专业发展阶段及其路径研究 [J]. 高等教育研究学报，2019，42（3）：80-84，96.

以身示范，做教师队伍的排头兵；锐意进取，做教学改革的开拓者；刻苦钻研，做技术创新的带头人。国家级名师是教育改革中最珍贵、最有价值的资源，"全国高职名师联盟"将用名师专业之长、教学之策、成长之路，引领带动、示范辐射一线职教教师，担当起服务和促进我国职业教育改革发展的使命①。

教学名师是指集专家、导师和教育家于一身的教师，也是持续地绽放和成长，和学生一起学习和成长的教师。著名教育学家阿吉里斯说过：感谢我的学生，我在他的身上学到更多。

田俊国认为，要做有情怀的专家型导师，至少要满足以下三方面要求：真正的融会贯通的专家敢于放下自己的知识经验，与学生肩并肩地解决实际问题；真正的导师愿意俯下身来帮学生把抽象的知识转化成真正的能力；真正有情怀的教育家，在给学生知识的同时，滋养学生心灵。

二、教学名师的培养路径

教师应从教学水平提升开始，培育科研能力，教研相长。以提升教学质量为切入口，教学团队的课程负责人以老带新，指导年轻教师精耕一门得心应手的专业课程、掌握出类拔萃的教学技巧，练就精湛娴熟的实践技能，在教学中围绕人才培养和社会服务追踪一个行业专业的发展前沿、寻找教研和科研的主题开展合作和互助。在教学科研水平提升的过程中，学校应鼓励年轻教师主动吸引有共同兴趣、性格专业互补的其他教师，领衔组建一支能征善战的科研团队，并联系知名企业深度开展校企合作，从而获得令人羡慕的教研成果，最终成为一位学高身正的教学名师。

两年来笔者主动邀请年轻老师组建"金融产品营销"教学团队参加教师教学能力大赛。笔者先通过自学教学设计把自己培养成专家，精心设计教学内容，再主动付出，指导年轻老师学习教学设计、课堂授课和教学组织。比赛8个月期间笔者每周坚持线上带领年轻教师磨课，磨课中围绕教学重点、难点和信息化手段与营销的结合开展研究，申报教改课题，发表教改论文，课程也越磨越精彩，连续两年赢得了省赛一等奖，积累了丰富的课程资源和教学经验，具备了建设省级金课的条件和基础。这是笔者主动发起学习共同体，"同伴互助"、共赢发展的成功实践。以赛促教，比赛中建立课程负责人（教授或副教

---

① 邢晖，佛朝晖. 传递改革之声 共享名师经验［N］. 中国教育报，2020-01-07（7）.

授）老带新、师徒结对制培养机制，能有效提升年轻教师教学水平和科研能力，实现专业传承。可见，组建教学团队参加职业院校教学能力大赛是专业传承、培养年轻教师的有效形式。

具体而言，要从普通教师成长为教学名师，要经历以下阶段（见图6-6)①：

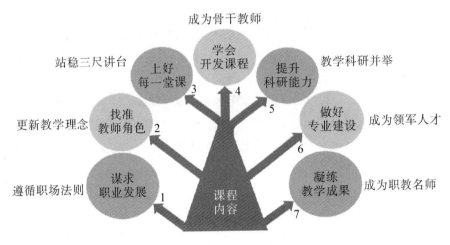

图6-6 职教名师的成长路径

1. 遵循职场法则，谋求职业发展

有职业道德、谦虚好学、勤于实践是教师职业生涯早期成功的基本要素。新教师工作水平不高通常源于缺乏经验、目光短浅、判断力不足以及行为不道德等，经验不足在短期内会被包容，而由于职业态度不端正导致行为不道德则是专业发展大忌。例如，只做表面工作，认为别人发现不了；撒谎、不靠谱，责任心不强，不能对自身行为负全责，功劳归于自己，过错推给别人，把个人利益置于集体利益之上；工作标准低，低级错误反复犯，认为别人太较真；不好学，懒散懈怠；等等。

（1）完成工作任务，端正职业态度。

教师首先应认识到专业发展的最大影响因素是自身心态。不成熟的教师往往在心理上拒绝接受或是有意忽视自身行为将带来的不可避免的后果。例如，长期满足于简单机械完成工作而不追求精益求精；缺乏竞先创优意识，不乐意参加各类竞赛；借口没有时间不写论文，实际上既不乐于也不善于思考；等

① 李丹妮，郝伟. 高校教师专业发展阶段及其路径研究［J］. 高等教育研究学报，2019，42（3）：80-84，96.

等。其次，教师应认识到获得专业发展的首要条件是出众的工作表现、未来的工作潜质以及岗位与自身专业能力及素质的匹配度，要勤奋好学得到所需技能、努力工作、专注于手头的工作并相信其重要性，持续用功，竭尽全力。在专业发展的道路上，优秀教师不是在一场赛事中而是在所有赛事中都表现出色并稳定发挥，恰是这种拙劲为他们赢得了更大的发展空间。

（2）掌握高效方法，提升工作效益。

教师工作是创造性的脑力劳动，需要大把时间通过专注、深入思考以获得灵感。日常工作的繁杂零碎却在客观上导致部分教师疲于应付，日积月累使工作日益浮于表面、陷于"拉磨式"循环。教师需克服拖延和消极心理，在勤奋基础上掌握高效方法，方能游刃有余。

一是积极、尽早、非正式地开展工作。在重要也紧急、重要但不紧急、不重要但紧急、不重要也不紧急的四类工作中，即便优先处理重要也紧急的工作，也要始终留出足够的时间处理重要但不紧急的工作。在其还没变成紧急工作之前，教师要没有压力、深思熟虑地着手准备，通过提前处理、主动开展工作牵引工作走向，促使工作进入良性循环状态。

二是管理时间。教师要定期做阶段性计划，确定重点工作及优先级等；同类事务分时段集中处理；控制干扰，避免办公时间处理私事、闲聊、长时间看手机等；适当提前或延后工作时间，主动寻找不受打扰的时间；善于立体操作，安排好随时可进行的备用任务；积极止损，坚持体育锻炼、劳逸结合；等等。

三是一次到位，避免工作反复。工作标准低更易引起工作的反复，教师应以扎实细致的作风争取工作一次到位，其后"螺旋式"上升，始终保持较高水平；充分利用马太效应，深挖并求效益，整合多项工作，避免工作相互割裂。例如，参加教学比赛、学习交流、工作总结后迅速将所思所得及时总结凝练成为学术论文。

2. 更新教学理念，找准教师角色

在现代职业教育中，由于以学生为中心的行动导向教学的推广，学习者需要逐渐承担起更多的学习和自我管理的责任，教师的任务从传统的"传道、授业、解惑"等中心性工作转向引导、指导和咨询等支持性工作。为实现真正意义上的教师主导和学生主体，教师成为学习过程中的导师和主持人。信息和计算机技术的发展改变了职业教育教师的工作方式，使教师在很大程度上成为一种"WEB（全球广域网）教师"。以上教师角色的改变在强调每个教师成为某一方面专家的同时，更需要团队协作。善于写教材的、善于讲课的、善于组织讨论的、善于辅导学生的，所有的教师组成一个团队，共同提供某一领域的教育培训服务①。

3. 站稳三尺讲台，上好每一堂课

年轻教师主要的教学工作是按照教学大纲、人才培养方案、课程教学计划的要求讲好每一堂课，这是年轻教师需要突破的第一个关口，也是树立职业自信的关键。此阶段主要存在"讲不下去、讲不清楚、讲不精彩"的问题。"讲不下去"表现为教师讲解不熟练、思路不流畅、照本宣科，讲课如背课，原因在于备课不充分，达不到脱稿上讲台的条件，未充分消化理解所要讲授的教学内容并内化为自身的教学语言和思路。"讲不清楚"表现为教师授课思路不清晰、重点不突出、难点没讲透，教学目标达成度不高，原因在于没有从"学"的角度遵循教学逻辑设计课堂教学，未规范、灵活运用各种教学方法。"讲不精彩"表现为教师未充分调动学生的学习积极性，讲授没有激情，教学如同学术报告，原因在于其课堂教学科学性有余、艺术性不足，没能充分挖掘出课程教学内容所蕴含的思维、情感、态度、价值观之"美"。

夯实教学基本功、成长为讲师是教师此阶段的专业发展重点。教师需在扎实的学科专业基础上，通过"备课程、备教材、备学员"的三备工作，深入了解教学对象的知识技能、学习兴趣和习惯等基础，苦练说（教学语言组织运用）、写（板书和媒体设计运用）、作（服饰仪表、形体姿态、动作姿态、情感态度等教态）、演（课堂教学设计与组织实施）四项教学基本功，在勤奋实践中获得发展。

高校教师专业发展的实质就是学科专业发展和教育专业发展。学科专业是解决"教什么"的问题，即教学内容。教师的学科专业知识越丰富，教学内容就越充实。教育专业是解决"如何教"的问题，即教学的技能技巧。教师的教育科学知识越丰富，教学实践能力越强，技能水平越高，教学效果就越好②。

青年教师需要和名师、同行之间进行与专业有关的沟通，来进一步提高自己的专业水平。

---

① 赵志群. 职业教育学习新概念［M］. 北京：北京师范大学出版社，2021：140-144.
② 徐平. 浅论高校教师专业化的必要性［J］. 教育艺术，2007（6）：22-23.

4. 学会开发课程，成为骨干教师

课程是教师的安身立命之本，教师要担任一门或几门课程的主讲老师并负责其建设，提升课程建设和开发能力，建设一门课也是成为副教授需要具备的基本条件。此阶段主要存在"不建设、不改革、不开发"的问题，即不（会）建设课程资源、不（会）改革课程教学、不（会）开发新课程。外在表现为教师在所负责的课程上教学理念陈旧，目标定位不准，内容针对性、时效性、实效性不强，教学模式不能满足教学目标达成要求，教材、训练器材、专业教室、实验室等无法完全满足课程教学组织实施的需求，精品课程、优秀教材、教学竞赛等标志性成果缺乏；不根据时代变化和教学对象岗位需求变化及时进行课程教学改革；不紧跟教学对象岗位实际、结合科研成果开发设计新的课程；等等。内在原因既有教师教学基本功不牢，未能在讲好每一堂课的过程中逐渐把握课程整体教学设计，也有不能驾驭涵盖课程基本文件、教材、教学训练器材和教师队伍的全面建设工作，不关注或不掌握课程建设方法，更遑论课程开发方法。

课程建设和开发能力的形成是教师此阶段的专业发展重点。教师需提升课程理论修养，学习课程设计、决策、实施、评估的课程基础知识，学习有关"学"和"教"的教育理论，关注学生学习能力的培养，积极思考教改背后的教育价值取向变化趋势及理论基础，及时更新教育理念，不断深化对课程教学三维目标的理解，在修订课程基本文件、组织实施教学、修编教材、开发建设教学训练器材中将先进理念落实落细。教师应增强观察教学需求和教学效果的敏锐性，把握教学管各方对课程教学的需求、理解和期望，及时优化调整教学目标、内容和模式，甚至根据需求重新设计开发新的课程。

5. 提升科研能力，教学科研并举

从写好论文到主持课题再到培育成果，教师即研究者。大家都认可教研相长，牛端（2018）的实证研究表明：高校教师教学与科研之间是相关而非独立的关系（$r = 0.35$，$p < 0.001$），科研绩效显著正向影响教学效能，而非相反。对教师教学效能影响最大的是沟通合作能力（$\beta = 0.58$），其次是科研绩效（$\beta = 0.18$），二者共同解释教学效能变异的44%。普通高校与高职（专科）院校教师在结构模型 M3 的路径系数上没有显著差异[1]。

---

[1] 牛端. 高校教师科研与教学关系的实证研究 [J]. 大学教育科学，2018，42（4）：51-57，126.

（1）写好学术论文，夯实思维能力和表达能力基础。

"写"是教学基本功之一，不仅包括板书、媒体的设计，还包括学术论文的撰写。理论上高职院校教师在入职前已具备一定的论文撰写能力，但现实情况并不尽如人意，论文主题不明确、中心不突出、思路不清、论证论述不足、内容宽泛、文体不当、语言不精炼等问题屡见不鲜。究其原因，一是教师的思维能力不足，不能透过现象看本质、看规律，其文章面面俱到而抓不住重点，分析乏力、不深刻；既不善于理论联系实际，感性认识也上升不到理性层面。二是教师的表达能力不足，在文章中堆砌资料而驾驭不了论点和论据的关系，概念混乱，缺乏推理，观点跳跃；处理不好论文与工作总结、报告或建议的关系；语言不精炼。三是教师的学科专业素养不够，其文章基本概念不准确，理论性不足，现实性不够，聚焦热点、难点问题不足。

当前部分年轻教师在职称晋升方面以教学任务繁重没时间写，科研任务缺乏不知道写什么等为借口，不重视论文撰写。实际上，思维和表达是教师作为教育者需要具备的基本能力，两者均衡发展更是优秀教师之本，学术论文撰写正是思维和表达能力训练的基本途径。再者，教师专业发展过程在实践、反思、学习、再实践的过程中完成，论文撰写过程恰是将实践能力通过反思上升为理论水平、将经验上升为智慧并形成学术观点和思想的过程，是实现专业发展必需的环节。因此，养成把问题撰写为论文的意识，在多思多写中夯实思维和表达能力，养成研究实际问题并及时通过论文撰写形成观点和思想的习惯，才能为后续的专业发展奠定基础。

（2）在成为副教授前主持课题研究，提升学术研究能力。

高校既传授知识也创造知识，教师必须是一个具有研究意识的研究者。美国教育家欧内斯特·博耶提出大学教师的学术研究应包括发现的学术、整合的学术、应用的学术和教学的学术，前三者可统称为学科的学术。而无论是学科的学术还是教学的学术，都是学术研究，都是高职院校教师的本职工作之一。高校教师在此阶段存在的问题较多，有几点不容忽视。一是部分教师专业发展自主意识不强的特点逐渐凸现，对科研的作用认识不足，甚至有一定抵触情绪。二是部分教师科研能力不足，表现为学科专业基础理论或教育理论水平偏低，课题研究的学术性、理论性不强；不跟踪前沿动态和发展趋势，不善于发现实际工作中的重难点问题并及时将其转化为课题进行研究，课题研究前沿性、实用性不强；研究方法手段单一，常常有定性而无定量，有方法论而无具体方法，课题研究的科学性不强、深度不够。三是部分教师缺乏稳定的课题研究方向，科研选题散乱随意，处处浅尝辄止。

加强学术研究是提升自身学术水平实现专业发展的必由之路，教师首先要有"育己"意识，正确认识学术研究工作的重要性，坚持学习，养成凡事格物穷理、凡行动必研究的习惯，始终保持对学科专业和教育教学前沿动态的敏锐性。其次，教师应掌握学术研究的科学方法，以教学学术为例，教师应坚持从问题中来到问题中去、从实践中来到实践中去的基本原则，从培养对象身上表现出来的问题，倒查教学基本要素的合理性，从导向要求和现实的差距中发现问题，依据教与学的原理探求问题根源，基于现实研究解决问题的具体方案，并评估实施结果。最后，教师要有科研方向意识，结合本职工作和实际能力水平确定方向，克服急躁、浮躁和急功近利思想，孜孜以求，聚焦于稳定的方向，坚持多角度、多方面持续深入研究。

（3）教师在教学和科研的交融中实现由"匠"到"师"的转变。

教学与科研之关系是高校永恒的话题，教师不应将两者看作非此即彼的对立关系，或是认为"人的精力是有限的，我不可能把教学和科研都做好"，或是认为"搞科研势必影响教学，教师要回归初心，专心搞好教学"。在内在逻辑上，教学与科研本就是良性互促关系。从教学学术来看，20 世纪 60 年代英国课程专家斯腾豪斯便提出了"教师研究者"，意为教师应以教育教学实践中的实际问题为研究对象，对教育教学实践进行反省、研究和改进以提高实践效果。此后，"教师即研究者"逐渐成为教育界普遍认同的理念和努力追求的目标。现实中，随着教师专业发展的日益成熟，教师会日益意识到没有研究的教学无异于做课本知识的搬运工，简单、机械。只有当教学与研究交融，科研成果转化为教学中真实的内容、方法和手段时，教学实践才有了更科学、更理性的内涵。从学科学术来看，科研经历使教师有更宽的视野、更严谨的思维以及对学科专业基本理论更深刻的理解和把握，深入的学科专业教学也能使教师获取更多的科研灵感。当然，教师也必须清楚地认识到，倘若教学与科研相关度不高，二者相辅相成的关系将不复存在。部分教师在确定科研选题时忽视其与本职教学工作的相关度，以省劲好干、易出成果为标准，常常导致两者产生矛盾冲突。因此，教师在专业发展过程中应坚持"教师即研究者"的理念，注重正确选择科研方向，积极建立科研与教学的互促关系，在二者交融互促中实现专业发展。

6. 做好专业建设，成为领军人才

（1）负责一个专业，形成专业建设发展引领能力，成为领军人才。

成为副教授后，教师不能局限在一门课或者一类课程中，应力争站在专业层面，以带头人姿态或骨干姿态负责专业建设与发展。此阶段主要存在"不掌握、无统筹、不培养"的问题，即教师不掌握专业技术领域和教育领域前沿动态和发展趋势，不理解专业教学质量标准，不了解培养对象的未来岗位需求；没有统筹考虑教学管各方要求，不能实施前瞻性建设以保持专业建设领先水平；不注重培养团队，专业师资队伍建设效益较低等。

专业建设发展引领能力的形成是教师此阶段的专业发展重点。教师先应明晰专业带头人与学术带头人之间的本质区别，除把握科研发展趋势确保本专业的科研领先度之外，还应具备较高的教育理论水平和教学能力，能够站在教育层面审视专业建设，把握人才培养方向，保证专业教育的领先度，并具备相应管理能力，注重团队建设。

（2）教师在教师与课程的交融中实现由"教书匠"到教学名师的转变。

教学始终是教师最重要的本职工作。从一堂课到一门课再到一个专业，教师需完成从教书到教学再到教育的转变。新教师刚入职时还是一个学科专业的学习者，习惯于关注学科专业知识和技能本身，常常处于"教书"层面；随着工作的深入，教师必须关注到学科专业知识和技能背后所隐藏的学科思维方式和行为方式，并设法以科学有效的方法教给学生，即关注"教学"，关注学习如何发生、学习能力如何形成、学科思维如何形成等。而课程教学的最高境界远不止如此，教师最终应关注教育，关注蕴含在学科思维方式和行为方式之中的情感态度和价值观，并能将自身的人格素养与课程价值观融为一体，"润物细无声"的融入课程教学情境中，才能实现言教和身教的完美融合。加拿大教育学家马克斯·范梅南曾经提出："老师就是他所教授的知识。一个数学老师不仅仅是碰巧教授数学的某个人。一个真正的数学老师是一位体现了数学、生活在数学中、从一个很强意义上说他本身就是数学的某个人"。这是一种新的课程观：教师即课程。当教师在长期的教学工作中，逐渐从教书、教学走向教育，自觉将自身学科专业素养、教育教学素养和人格素养与课程三维教学目标完美融合，便实现了这种课程观，实现了从课程基本文件的照本宣科者到课程研究、创造和重构者的转变，真正从一个"教书匠"成长为有思想的教育大师。

7. 凝练教学成果，成为职教名师

研究表明，46~55岁年龄段教师的科研能力强，获得奖励最多，说明此阶段教师大多进入了专业发展成熟期、成果丰硕期。但从整体来看，此阶段也出现了教师专业发展的两极分化现象，不同性格、对专业发展持不同态度、具备不同能力素质结构、不同工作习惯、不同外部环境等各种因素的影响效果均开始集中显现。此阶段教师的专业发展，应在前期围绕稳定方向开展课题研究的基础上，着眼解决现实中意义重大的实际问题，积极思考在什么样的新形势下面临什么样的新问题？解决问题的现实意义是否重大？实践问题中蕴含着怎样的科学问题？如何创新性地解决这些问题？如何取得可持续的实质效果？解决问题的方法是否可以被借鉴推广？等等。在发现问题、理论研究、方案论证、组织实施、推广应用中，教师要统筹规划成果的立项培育、实践验证和总结推广，在人才培养、科学研究和服务社会的交融中，形成自身专业发展中的标志性成果。

教学成果正式申请立项之前，先期理论研究应基本完成，教育教学改革方案应基本成形，对于想要解决什么问题、用什么创新性方法解决、哪些东西可供他人学习借鉴等问题已有清晰思路，才可能在申报中获得较高等级的立项。

教师在自我管理与团队领导的交融中实现由"教书匠"到教学名师的转变。在全球研究领导力的热潮中，人们对领导力的理解，由领导才应具备的能力转变为人人都应具备的、一种进行社会交往和有目的合作所必需的能力。1988 年，利伯曼、萨斯尔和迈尔斯首次提出教师领导力的概念。教师领导力，是指教师在特定情境中为实现学校教育目标而对学校中的人和事施加影响的能力。迄今为止，对教师领导力的研究可分为三个阶段，第一阶段是 20 世纪 80 年代，此时的研究者认为教师领导力体现在让教师领袖展现他们在专业教学方面的才能上。第二阶段是 20 世纪 90 年代初至 90 年代末以前，此时的研究者认为教师领导力体现在让教师领袖参与学校决策和创立专业学习共同体上。第三阶段是 20 世纪 90 年代末至今，此时的研究者认为教师领导力体现在教师领袖的教学领导职责上。从教师领导力研究中可以看到，发展教师领导力是为了让教师参与领导，从而积极有效地影响学校的运作和发展，有利于形成教师学习共同体，并可使卓越的教师个体脱颖而出并获益。现阶段，教师领导力可以分为教师的管理领导力、学科领导力、人际领导力和德育领导力①。

在高校中，教师从来都不应是教学科研的参与者、追随者，而应是真正的

---

① 胡泽民，杨元妍，宋思萦. 教师德育领导力的三重维度［N］. 中国教育报，2019-10-24（7）.

引领者、行动者、领导者。只有教师真正认识到自身角色定位，通过自身思想信念、知识、能力、情感等要素的相互作用，管理自我、影响他人，为了达成教育教学目标，真正发挥对自己、学生、课程、专业、团队乃至学校的"领导"时，才真正实现师生共同成长、自我专业发展和协助同伴发展。

综上所述，教师专业发展是有路径可循的，教师在各个阶段都要扎实做好相应工作，夯实相应基础，迎接下一个阶段的到来。教师专业发展也是持续终生的，晋升教授后的教师，发展平台变得更大，需要带领团队、管理专业、培育成果、传承文化。与此同时，平台越大责任越大，身为教授绝不能仅仅关注自身，而应切实发挥出"教师即课程、教师即研究者、教师即领导者"的作用，更加注重观全局、尽义务、做公益，更多地参与学校公共事务，反哺给予自身广阔专业发展平台的学校和行业。

第七章 广东农工商职业技术学院"同伴互助"教学科研团队实践探索及成效

第一节 广东农工商职业技术学院的发展及"同伴互助"教学科研团队建设成效

一、广东农工商职业技术学院的发展沿革及建设成效

广东农工商职业技术学院是一所公办全日制普通高等专科院校。学校创建于 1952 年,前身为叶剑英元帅在兼任华南垦殖局局长期间创办的华南垦殖干部学校。1984 年经广东省人民政府批准成立广东农垦管理干部学院,开始举办大专学历教育;1989 年经农业部批准挂牌"农业部华南农垦干部培训中心";1993 年易名为广东农工商管理干部学院;2000 年转制为广东农工商职业技术学院。

学校以习近平新时代中国特色社会主义思想为指导,秉承"立德博学、知行合一"的校训和"艰苦奋斗、勇于开拓"的农垦精神,以强农兴农为己任,坚持"依托农垦、面向广东,辐射全国,服务农垦产业转型升级、国家'乡村振兴'战略、粤港澳大湾区建设和'一带一路'倡议"的服务定位,围绕"国内一流、世界水平、凸显热带农业产业特色、树立中国职业教育品牌"的高水平高职院校的办学定位,稳规模、提质量,走出了一条具有农工商特色的高职教育发展之路。

该校 2005 年被确定为全国"高职高专院校人才培养工作水平评估"优秀

院校；2016年被确定为"广东省示范性高等职业院校"以及"广东省一流高职院校建设计划"立项建设单位；2018年入选《中国高等职业教育质量年度报告》"服务贡献""国际影响力""教学资源"三个方面的全国50强。2021年，该校的高职院校"创新强校"考核成绩位居广东省第一名，入选国家级示范性职教集团（联盟）培育单位，被教育部、农业农村部评为全国"乡村振兴人才培养优质校"，获"广东省脱贫攻坚先进集体"。2022年该校入选《2021中国职业教育质量年度报告》"高职院校资源建设优势学校60强""服务贡献典型学校60强""学生发展指数优秀院校100强"三大榜单。该校先后荣获"广东省职业教育先进单位""广东省师德建设先进集体""广东省文明单位""广东省依法治校示范校""全国农业农村信息化（技术创新型）示范基地""BTEC大中华区优秀示范中心""广东省高校十大校园文化品牌"等称号；先后成立"广东农垦经济与乡村振兴研究中心""广东农垦综合类职业农工培训基地""广东省高素质农民培育示范基地"等。

该校开设49个招生专业，其中国家级骨干专业8个，包括作物生产与经营管理、市场营销、食品智能加工技术、酒店管理与数字化运营、大数据与会计、商务英语、现代通信技术、软件技术；省高水平专业群7个，省级品牌专业16个，名列广东省前列，其中一类品牌专业有作物生产技术、市场营销、农产品加工与质量检测，二类品牌专业有会计、食品加工技术、商务英语、软件技术、通信技术、酒店管理、数字媒体应用技术、园林技术、国际金融、汽车营销与服务、电子信息工程技术、物流管理、产品艺术设计；省高职教育重点专业4个，包括大数据与审计、旅游英语、现代文秘、动漫制作技术。该校还开设省高职现代学徒制试点专业33个，1+X证书试点专业43个，与本科院校合作协同育人专业项目11个。

该校全日制在校生2万多人，在校生规模居广东省职业院校前列，招生范围遍及广东、湖南、新疆、江西、广西、河南、海南、贵州、甘肃、山西、四川、云南12个省份，考生报考踊跃，生源优势持续领跑。

该校注重学生素质教育，大力培育和践行社会主义核心价值观，弘扬和传承农垦精神薪火，创办校内各类学生刊物8种，成立各类学生社团48个，定期举办科技学术节、文化艺术节、创意比赛、运动会等校园文化活动，培养学生的创新思维和实践能力，助力学生成长成才。2021年全校师生各类竞赛共取得省级以上奖励近300项；教师在省教学能力比赛、高校青年教师教学大赛和微课大赛中荣获奖项93项；一等奖数量及获奖总数均居广东省第一；立项课题 211 项，其中国家级、省部级课题 59 项，位居广东省高职院校第 3 位。

该校积极开展"一带一路"和粤港澳大湾区的服务工作，与英国、德国、美国、马来西亚和中国港澳台地区的学校开展长期合作，引进中英合作项目，成为国内规模最大、质量最优的 BTEC 教育中心；输出与东南亚国家的"一带一路"合作项目，为马来西亚、泰国等国家的企业院校开发了多门课程。该校还承担了农业农村部援外官员培训项目，为 22 个国家的近千名官员提供了培训。

二、广东农工商职业技术学院师资队伍建设及成效

广东农工商职业技术学院现有广州天河和增城两个校区，设有热带农林学院、商学院、管理学院、财经学院、智能工程学院、计算机学院、外语学院、艺术与设计学院、国际交流学院 9 个二级学院，以及基础部、马克思主义学院、继续教育学院等教辅培训机构，还有热带作物研究所、职业技术教育研究所、计算机应用研究所、通信技术研究所、思想政治教育研究所等科研机构。

该校获国家级教学成果二等奖 1 项，省级教学成果一等奖 8 项、二等奖 6 项。该校教学资源丰富，专业教学资源库课程中有国家级课程 5 门、省级课程 1 门，精品资源共享课程中有国家级课程 1 门、省级课程 19 门，省级精品在线开放课程 9 门，全国职校课程思政典型案例 10 个，其中一等奖 2 个、二等奖 3 个。该校设有广东省工程技术研究中心 4 个；国家级实训基地 4 个，省级实训基地 7 个；国家级应用技术协同创新中心 1 个、省级应用技术协同创新中心 3 个；国家级技能大师工作室 1 个、省级技能大师工作室 2 个；全国农村创业园区（基地）1 个；产教融合创新平台 3 个。

该校师资业务水平高。该校有高级职称教师 450 人，国务院特殊津贴专家 2 人，珠江学者 1 人，全国优秀教师 1 名，全国巾帼女标兵 1 人，全国五一劳动奖章获得者 1 人，广东省五一劳动奖章获得者 2 人，省级教学名师 9 人，"广东特支计划"教学名师 1 人，"千百十"工程省级培养对象 1 人，南粤优秀教师 16 人，省级青年教师 2 人，省级教学团队 8 个，省级专业领军人才 4 人，省级高层次技能兼职教师 43 人。该校教师教学能力比赛成绩优异，历年获国家级奖项 8 项，省级奖项 102 项，多次名列全省第一。

广东农工商职业技术学院目前立项的省级教学团队有 9 个，其中市场营销和作物生产技术教学团队 2014 年立项，食品加工技术、电子信息工程技术和会计教学团队 2015 年立项，旅游英语、农产品质量检测 2016 年立项，软件技

术和商务英语教学团队 2019 年立项。2021 年，农产品加工与质量检测教师教学创新团队和物联网应用技术专业教师教学创新团队被认定为省教师教学创新团队。

第二节 "'同伴互助'卓越教学科研创新团队"课题组 "同伴互助" 情况及成效

该课题组在开展"同伴互助"教学科研团队建设理论探索的同时，以广东农工商职业技术学院一流院校建设为核心，引领团队教师同心协力克服疫情影响，以财经学院为试点，高质量完成课题建设任务，取得了一系列标志性成果，包括国家级 9 类 30 项，省级 16 类 52 项。具体成果见表 7-1。

表 7-1 2017 年以来项目团队取得成果一览

序号	成果类型	创新团队建设目标	实际取得成果
1	发表论文	8 篇，其中核心期刊论文 3 篇	62 篇，其中核心期刊论文 5 篇
2	出版专著	1 本	5 本（杨群祥、张乖利）
3	出版教材	1 本	7 本（其中"十三五"国家级规划教材 3 本）
4	申请专利		2 项（刘后伟）
5	精品在线课程		4 门，其中建成省级精品在线课程一门（创新能力开发与应用）
6	教学成果奖		省级教学成果一等奖 3 项（杨群祥、董斌）
7	首届全国教材建设优秀奖		1 项［杨群祥《商务谈判》（第二版）］
8	教育部"战疫课堂"课程思政典型案例获奖		1 个组织奖，1 个二等奖，1 个优秀奖
9	教学能力大赛省级以上奖励		10 项省级以上奖励
10	学生技能大赛省级以上奖励		12 项省级以上奖励

表7-1(续)

序号	成果类型	创新团队建设目标	实际取得成果
11	科技创新培育项目		2 项广东省攀登计划项目
12	立项省级及以上课题		17 项
13	团队成员培养	2 人晋升高级职称	2 人晋升教授，3 人晋升副教授
14	国际交流		累计 47 人次
15	举办学术会议、国际培训		累计 4 次
16	社会培训		累计培训人数 5 000 多人
17	社会服务		建立乡村振兴团队 3 个；服务农垦经济学会、广东农垦财务研究与资本运营中心
18	广东农工商职业技术学院财经学院试点成果		组建模块化教学团队，建设成效显著

（1）项目团队成员发挥各自特长完成"同伴互助"，科研上实现了优势互补，取得了超出预期的科研成果。

我们项目团队的成员包括财经学院的博士、教授和副教授，热带农林学院食品检测和植物学专业的副教授和外语学院的副教授。大家年龄及性格互补，整合资源，围绕社会热点开展交叉研究，合作申报课题，撰写论文，立项省级重点科研项目 17 项，累计获经费 150 多万元；合作发表论文 62 篇，其中中文核心期刊 5 篇；合作出版专著 5 本、教材 7 本、授权专利 2 项，申报广东省教育教学成果奖（职业教育）一等奖三次。代表性成果见表 7-2 至表 7-7。

表 7-2　2017 年立项以来项目团队成员公开发表主要论文一览

序号	论文题目	作者及排名	刊物名称及刊号	核心期刊种类	发表时间
1	黄金与股票价格指数之间的关系研究	张乖利 独撰	《技术经济与管理研究》ISSN:1004-292X	北大中文核心	2020 年 5 月
2	集团财务公司流动性管理优化探析	陈倩媚 独撰	《中国注册会计师》CN:11-4552/F	北大中文核心	2019 年 10 月
3	基于因子分析的中国食品行业盈利能力分析	杨立艳，第一	《食品工业》ISSN:1004-471X	北大中文核心	2018 年 9 月
4	基于全面预算管理强化行政事业单位内部控制	杨立艳，第一	《地方财政研究》ISSN:1672-9544	北大中文核心	2018 年 6 月

表7-2(续)

序号	论文题目	作者及排名	刊物名称及刊号	核心期刊种类	发表时间
5	跨境贸易风险识别机制建立与风险规避策略	杨立艳，第一	《商业经济研究》ISSN：2095-9397	北大中文核心	2018年5月
6	高校教师教学科研中"同伴互助"实施情况的调查分析	张乖利、刘后伟	《广东农工商职业技术学院学报》ISSN：1009-931X	高职核心	2019年12月
7	高职院校"同伴互助"教学科研团队建设的内在机制分析	张乖利，第一	《财经与管理》ISSN：2529-783X		2021年9月
8	基于竞争力视角的高职院校教师发展中心服务功能研究	胡爱清	《教学方法创新与实践》ISSN：2661-4367		2021年10月
9	"转型跨越、发展创新"谱写高职教育新篇章——我国高职教育发展轨迹下的农工商学院办学路线图	杨群祥	《广东农工商职业技术学院学报》ISSN：1009-931X	高职核心	2018年12月
10	The thinking path of deepening transformation and innovation of China's banking industry under the background of "New Normal" economy	张乖利，第一	Journal of Economic Science Research ISSN：2630-5240		2019年10月
11	Analysis of the impact of interest rate liberalization on internet finance	张乖利，第一	Social Sciences ISSN：2326-9863		2018年6月
12	The theoretical explanation of distribution of college graduates' successful job interviews	刘后伟、张乖利	TEST Engineering & Management ISSN：0193-4120		2020年5月

表7-3　2017年立项以来项目团队成员出版专著一览

序号	作者	书名及书号	出版年月	出版单位
1	张乖利、刘后伟	《高职院校"同伴互助"教学科研团队建设理论及实践探索》ISBN：978-7-5504-5121-6	即将出版	西南财经大学出版社
2	杨群祥	《解码高职院校国际化探索创新》ISBN：978-7-5361-6787-2	2020年8月	广东高等教育出版社
3	杨群祥等4人	《全国中高职衔接市场营销专业教学标准》ISBN：978-7-5361-6367-6	2019年1月	广东高等教育出版社
4	杨群祥等8人	《高职教育课程建设的研究与实践》ISBN：978-7-5361-6401-7	2019年11月	广东高等教育出版社
5	杨群祥	《解码高职院校创新发展与治理》	即将出版	天津社会科学院出版社

表 7-4　2017 年立项以来项目团队成员出版教材及获奖情况

序号	主编	书名及书号	出版社及出版时间	获奖情况
1	杨群祥	《商务谈判》(第二版) ISBN：978-7-0405-3181-7	高等教育出版社 2020 年 1 月	2021 年 9 月，获首届全国优秀教材一等奖；2020 年 12 月入选"十三五"国家级规划教材
2	杨群祥	《市场营销概论——理论、实务、案例、实训》(第三版) ISBN：978-7-04-051579-4	高等教育出版社 2019 年 5 月	2020 年 12 月入选"十三五"国家级规划教材
3	廖旗平	《个人理财》(第三版) ISBN：978-7-04-050805-5	高等教育出版社 2020 年 1 月	2020 年 12 月入选"十三五"国家级规划教材
4	张乖利、阮锐师、陈倩媚	《金融产品营销》 ISBN：978-7-5504-3955-9	西南财经大学出版社 2019 年 8 月	
5	陈倩媚、张乖利	《金融企业会计》 ISBN：978-7-5504-3984-9	西南财经大学出版社 2019 年 12 月	
6	廖旗平、陈倩媚等	《金融学基础》 ISBN：978-7-5504-3532-2	西南财经大学出版社 2018 年 8 月	
7	刘维、杨立艳	《会计基础和实务》 ISBN 978-7-3024-9344-0	清华大学出版社 2018 年 3 月	

表 7-5　2017 年立项以来项目团队成员申请发明专利

序号	专利权人	专利名称及编号	专利授权时间	专利号
1	刘后伟等	紫甘蓝发酵酒	2018-08-21	ZL201511003109.1
2	刘后伟、李淑莹	一种含火龙果色素的口红及制备方法	2020-06-29	ZL2017106956934

表 7-6　2017 年立项以来项目团队成员申报立项的省级课题

序号	项目名称 (项目编号)	主持人、主要参与人	项目来源及经费	结项时间
1	全国高职教育商务管理专业教学标准	杨群祥等 15 人	教育部课题	2020 年 4 月
2	高职院校涉农专业群服务地方产业开展扩招人才培养途径和模式研究(JGGZKZ2020063)	董斌	广东省教育厅关于公布 2020 年省高职教育教学改革研究与实践项目高职扩招专项立项名单的通知(粤教职函〔2020〕27 号)，3 万元	未结项
3	基于 SRGO 金融专业人才培养模式创新研究(2017GGXJK032)	陈倩媚、张乖利	2017 年度科研平台和科研项目——特色创新类项目(人文社科)粤教科函〔2018〕64 号，3 万元	2020 年 8 月(优秀结题)

表7-6(续)

序号	项目名称（项目编号）	主持人、主要参与人	项目来源及经费	结项时间
4	广东省高等职业教育国际金融专业品牌专业建设	陈倩媚、张乖利	广东省教育厅关于做好第二批高等职业教育品牌专业建设工作的通知（粤教高函〔2016〕293号），300万元	2020年11月
5	广东农垦产业链末端有机质废弃物高值利用核心技术协同创新中心	刘后伟	广东省教育厅关于公布省高等职业教育教学质量与教学改革工程第一批认定项目的通知（粤教高函〔2019〕109号）	2019年12月
6	智慧财经产教融合创新平台（2020CJPT280）	陈倩媚、张乖利等	广东省教育厅关于公布2020年度普通高校重点科研平台和项目立项名单的通知（粤教科函〔2020〕5号），15万元	未结项
7	热带作物工程技术研究中心（2020GCZX009）	董斌	广东高校重点科研平台和项目的通知（粤教科函〔2020〕5号）	未结项
8	剑麻紫色卷叶病科技攻关及田间防控新型材料的研制（2020ZDZX2091）	刘后伟	广东高校重点科研平台和项目的通知（粤教科函〔2020〕5号），5万元	未结项
9	非洲猪瘟流行下生猪养殖及污染防治的金融政策支持研究（2019GWZDXM002）	张乖利、刘后伟	广东省教育厅2019年广东普通高校重点项目（社科）（粤教科函〔2020〕1号），10万元	未结项
10	应急管理视觉下广东省森林火灾防控能力研究	杨群祥等9人	广东省教育厅	2021年8月
11	农业全产业链财政支农路径形成策略研究与探讨（Z2020129）	陈倩媚、张乖利	广东省财政厅（粤财办函〔2021〕7号）	2021年12月
12	基于财务共享的业财融合模式研究（9-11）	李典、张乖利	广东省财政厅关于公布2021—2022年度会计科研立项课题的通知（编号9-11）	2021年10月
13	甘蔗优质新品种引种、繁育及全程机械化栽培技术研究	董斌	广东省教育厅2019年广东高校重点科研平台和目的通知（乡村振兴）（粤教科函〔2020〕1号）	未结项
14	雷州半岛全程机械化高糖甘蔗新品种的引种、繁育及栽培示范项目	董斌	关于下达2018年省级乡村振兴专项任务清单计划的通知（粤财农〔2018〕125号），40万元	未结项
15	东盟区域旅游合作言语建构与集体行动研究（2017GWTSCX026）	胡爱清	2017年度科研平台和科研项目——特色创新类项目（人文社科）（粤教科函〔2018〕64号），3万元	2021年1月

表7-6(续)

序号	项目名称 (项目编号)	主持人、 主要参与人	项目来源及经费	结项时间
16	行政事业单位内部控制研究与实践 (2017GWQNCX039)	张奕奕、杨立艳	2017年度科研平台和科研项目——青年创新人才类项目（人文社科）（粤教科函〔2018〕64号），3万元	2020年8月
17	"一带一路"倡议下国有企业境外资产管理研究(2020GXJK280)	张奕奕、杨立艳	广东省教育科学规划领导小组办公室立项文件2020年9月立项	未结项

表7-7　2017年立项以来项目团队成员获得的教学成果奖

序号	主持人	成果名称	参与人	立项文件名称	立项单位	立项时间
1	杨群祥	"商务谈判"课程教授"七化"模式的探索与实践	杨群祥等12人	广东省教育教学成果奖（职业教育）一等奖	广东省教育厅	2018年5月
2	杨群祥	服务"产业走出去"，创新"六化模式"提升国际化水平的探索与实践	杨群祥等16人	广东省教育教学成果奖（职业教育）一等奖	广东省教育厅	2020年3月
3	陶正平	农林类专业通用绿色技能系统开发与培养实践	杨群祥、董斌等7人	广东省教育教学成果奖（职业教育）一等奖	广东省教育厅	2020年3月

（2）主动担当组建教学团队参加教学能力大赛，教学团队的教学能力和科研水平都得到了显著提高。

我们通过教师跨专业组队连续参加教师教学能力大赛，以老带新，专业传承，培养了一批能讲课、会实训、专业技能扎实的年轻教师，打磨了一批精品在线课程。我们成功实践了教师老中青专业传承的教学名师成长路径，为教师教育教学能力、科研能力和社会服务能力的提升探索了可行路径：遵循职场法则，谋求职业发展；更新教学理念，找准教师角色；站稳三尺讲台，上好每一堂课；学会开发课程，成为骨干教师；提升科研能力，教学科研并举；做好专业建设，成为领军人才；凝练教学成果，成为职教名师。

在2017—2021年教师教学能力比赛中，项目团队成员连续获得国赛一等奖1项、二等奖1项，省赛一等奖7项、二等奖1项，微课大赛全国优秀奖2项（见表7-8）。我们以赛促教，提升了团队教学能力。

表7-8 2017年以来项目团队教师教学能力大赛获奖证书一览

序号	主持人	竞赛名称	团队成员（排序）	主办单位	获奖时间
1	赖巧晖	2017年全国职业院校信息化教学大赛高职组一等奖	易弦、董斌	全国职业院校信息化教学大赛组委会	2017年11月
2	赖巧晖	2017年广东省职业院校教师信息化教学大赛高职组一等奖	易弦、董斌	广东省教育厅	2017年9月
3	莫凡	"调研与分析"获教师教学能力比赛国赛二等奖	陈倩媚、蔡建轩	全国职业院校技能大赛组委会	2018年1月
4	张乖利	"说写做练战，打造金牌理财顾问"获2021年广东省职业院校技能大赛教学能力比赛一等奖	莫琳、伍岳连、江芸	广东省教育厅	2021年7月
5	张乖利	"长尾客户盘活的3T法则"获2020年广东省职业院校技能大赛教学能力比赛一等奖	莫琳、薛宇辰、李小杭	广东省教育厅	2020年7月
6	张乖利	"长尾客户盘活的3T法则"获2020年全国职业院校技能大赛教学能力比赛国赛遴选比赛二等奖	莫琳、薛宇辰、李小杭	广东省教育厅	2020年7月
7	陈倩媚	"货币时间价值"获2018年广东省职业院校信息化教学大赛一等奖	张乖利、陈丽銮	广东省教育厅	2018年6月
8	伍岳连	"房地产估值"获教师教学能力比赛省赛一等奖	陈倩媚、徐宏菲	广东省教育厅	2019年6月
9	张乖利	"长尾客户盘活的3T法则"获第五届全国职业院校教师微课大赛优秀奖		全国职业院校教师微课大赛组委会	2020年8月
10	杨立艳	"审计的分类"获第四届全国职业院校教师微课大赛优秀奖		全国职业院校教师微课大赛组委会	2019年8月

（3）积极培养人才，举办学术会议，开展国际交流和社会培训。项目团队成员职称晋升等信息见表7-9至表7-12。

表7-9 2017年立项以来项目团队成员职称晋升

序号	团队成员	原职称	现职称及编号	晋升时间
1	郑文岭	副教授	教授 1900101070712	2019年3月
2	熊焰	副教授	教授 2000101099666	2020年6月
3	杨立艳	讲师	副教授 1900101070717	2019年1月

表7-9(续)

序号	团队成员	原职称	现职称及编号	晋升时间
4	张乖利	讲师(高级经济师)	副教授 2000101099669	2020年6月转评副教授
5	刘后伟	讲师(工程师)	副教授 2000101099639	2020年6月

表7-10　2017年立项以来项目团队成员国际交流一览

序号	项目成员	国际交流	交流内容	时间
1	杨群祥、胡爱清	由杨群祥教授带队,赴马来西亚砂拉越科技大学、新加坡南洋理工大学考察学习	考察市场营销专业建设及校企合作状况,签署双边国际合作协议,开展学术交流及课程交流合作、学生交流、教师互访合作	2017年6月10日—17日
2	张乖利	由亚洲营销集团(MAG)和砂拉越研究学会(SRS)联合举办2018年亚洲营销年会	宣讲论文"*A Game Analysis on deepening the Economic Integration between the two sides of the Taiwan Strait under the New Situation*"	2018年6月23日—26日
3	刘后伟等20位教师	澳大利亚大数据技术在现代农业生产经营中的应用培训	澳大利亚农业信息化基本情况;精准农业、物联网、电子商务、移动互联等技术在农业中的应用情况;澳大利亚大数据战略的基本内容、实施情况及对农业的影响;澳大利亚农业数据资源开发利用现状、特点及发展趋势;大学与涉农商业机构利用大数据资源开展农业生产管理与服务、农产品市场监测预警等	2018年8月
4	陈倩媚等20位教师	工业4.0背景下的绿色技能开发德国培训项目	德国工业4.0战略、工业技术的发展及其对卓越双元制职业教育的影响;工业4.0下的职业教育发展,工业4.0下理工科教学体系改革和实践教学模式研究;职业教育的教学理念:以工作为导向的职业教育教学法	2019年8月
5	张凯、李法春、胡爱清	由张凯校长带队,赴马来西亚敦胡仙翁大学开展合作	共同签署精准农业合作备忘录	2019年7月23日—24日
6	胡爱清等5位教师	参加由泰国宋卡王子大学举办的"国际旅游职业教育校企协同育人研讨会"	赴泰国宋卡王子大学普吉校区的国际研究学院、旅游与酒店管理学院学习交流旅游职业教育国际化经验,考察该大学课堂教学和校内外实习实训基地建设情况,了解该校面向全球开展旅游职业教育国际化合作的经验	2019年8月13日—29日

表 7-11 2017 年立项以来项目团队举办重要会议（国际培训）一览

序号	负责人	会议名称	会议（培训）内容	时间
1	胡爱清	"一带一路"倡议在东南亚的实践：成就、问题与挑战	中国亚太学会 2018 年年会暨学术研讨，邀请暨南大学华人华侨研究院、中国社科院亚太研究所、广西社科院、云南社科院等专家共商中国在东南亚推进"一带一路"倡议面临的挑战和问题	2018 年 1 月 13 日
2	杨群祥	2018 年泰国农村发展研修班	系统学习了农业专业知识，来自泰国的稻米种植司、渔业司、农业推广司、合作促进司等 24 名政府农业官员参加了此次研修学习	2018 年 5 月 20 日—27 日
3	胡爱清	东南亚旅游职业教育线上国际研讨会	泰国宋卡王子大学 Steven A. Martin 教授介绍了旅游科学研究方法及泰国旅游职业教育课程标准建设	2020 年 9 月 2 日
4	吴红宇	广东农垦经济学会第七次会员代表大会暨理事会换届会议	会议通过了广东农垦经济学会第六届理事会工作报告和财务审计报告，修订了学会章程，并选举了第七届理事会理事长、常务理事、秘书长、副秘书长和理事	2018 年 4 月 13 日

表 7-12 2017 年立项以来项目团队社会培训一览

序号	项目成员	培训内容	培训对象及人数	时间
1	杨群祥	"善水大讲坛"之"做人做事做学问"系列讲座	广东财经大学学生、辅导员（800 人）	2019 年 4 月 23 日
2	杨群祥	"职教 20 条"背景下一流院校建设思考	广东南华工商职业学院全体教职工（500 人）	2019 年 9 月 20 日
3	杨群祥	深改革 高赋能 强贡献——实施职教 20 条回顾与展望	广州体育职业技术学院全体教职工（500 人）	2019 年 12 月 13 日
4	杨群祥	深改革 高赋能 强贡献——实施职教 20 条回顾与展望	广东高职教育商业教指委员及相关院校骨干教师（150 人）	2019 年 12 月 29 日
5	张乖利	大堂致胜	中山市，邮储银行大堂经理（35 人）	2018 年 5 月 17 日
6	张乖利	支行长能力提升系列课程	长沙市，邮储银行支行长（120 人）	2018 年 6 月 23 日
7	张乖利	心智领导力和目标管理	西安培华学院全校教师（800 人）	2019 年 7 月 18 日
8	张乖利	乡村振兴和农村金融	中国建设银行一级分行农村金融业务负责人培训（30 人）	2019 年 12 月 25 日

表7-12（续）

序号	项目成员	培训内容	培训对象及人数	时间
9	张乖利	思维升级——教学能力大赛助力金课打磨	2021年高职骨干教师基于"教学能力大赛"的专业能力提升专题研修班（25人）	2021年10月20日
10	张乖利	学习情境设计与案例分析	肇庆市中职教师	2020年2月
11	张乖利	大学生金融知识教育	退役军人	2020年9月
12	张乖利	人工智能时代教师的角色困境及行动策略	肇庆市中职教师	2021年2月
13	胡爱清	中国-东盟农业互联互通合作进程及合作成果	广东农垦"走出去"高级管理人员	2017年11月10日
14	杨立艳	管理者的财务思维	广东农垦管理人员（素质能力提升培升班）（35人）	2021年1月13日
15	杨立艳	农业企业成本核算与管理	广东农垦农业经理人（第一期培训班）（57人）	2021年8月2日
16	杨立艳	农业品直接成本与间接成本构成与控制	广东农垦农业经理人（第二期培训班）（110人）	2021年8月17日
17	杨立艳	农业企业成本核算与管理	广东农垦农业经理人（第二期培训班）（110人）	2021年8月25日
18	杨立艳	财务报告分析与财经应用文写作	增城区财政支农政策执行人员(580人)	2020年10月23日
19	吴红宇	数字经济时代的产业新发展	锦屏县青年致富带头人	2021年12月11日
20	吴红宇	"十四五"面临的政治经济形势分析与展望	南海区农业农村局	2021年12月9日
21	吴红宇	中国宏观经济形势分析与解读	高明区组织部	2021年12月1日
22	吴红宇	习近平新时代中国特色社会主义思想之经济解读	临沂市商务局	2021年11月5日
23	吴红宇	房地产业宏观调控政策及走势分析	湛江公积金中心	2021年5月18日
24	吴红宇	党的十九届四中全会和五中全会精神解读	南宁良庆区人社局	2020年12月15日
25	吴红宇	"双循环"的新发展格局	肇庆广宁税务局	2020年11月25日
26	吴红宇	疫情后经济形势分析	茂名高州税务局	2020年11月4日

（4）指导学生参加技能大赛、创业大赛省级以上获奖12项，提升了人才培养质量。

项目团队成员大多是"双师型"教师，有企业和金融行业经营管理和实战营销的丰富经验，而且负责学校创业实务和创新思维训练等课程的教学。我们结合行业发展和各自研究领域带领学生进行创新和技能训练，实现了以赛促学、以赛促教，获得了不少奖项（见表7-13）。

表7-13 2017年立项以来项目团队成员指导学生比赛获奖一览

序号	指导教师	获奖等级	主办单位	获奖时间
1	刘后伟、张乖利	2018年"挑战杯·创青春"广东大学生创业大赛银奖	广东省教育厅	2018年6月
2	刘后伟、张乖利	2018年"挑战杯·创青春"广东大学生创业大赛最佳创意奖	广东省教育厅	2018年6月
3	刘后伟	2017年广东省大学生节能减排工业设计大赛二等奖	广东省教育厅	2017年10月
4	刘后伟	第九届广东省大学生生化技能大赛三等奖	广东省教育厅	2017年10月
5	杨立艳、张奕奕、黄怡凡	第七届中国国际"互联网+"大学生创新创业大赛广东省分赛产业赛道省赛二等奖	广东省教育厅	2021年9月
6	陈莉銮、陈倩媚	"互联网+"大学生创新创业大赛优胜奖	广东省教育厅	2018年6月
7	杨立艳、施秋霞	2020—2021年度广东省职业院校学生技能大赛"财务管理"赛项一等奖	广东省教育厅	2021年6月
8	杨立艳	2020年"网中网"杯南区财务管理技能大赛国赛二等奖	中国商业会计学会	2020年8月
9	杨立艳	2019年第十二届"畅享杯"全国职业院校创新创业技能大赛企业经营管理沙盘模拟赛项全国总决赛二等奖	全国职业院校创新创业大赛组委会	2019年12月
10	杨立艳	2018年第十一届"畅享杯"全国职业院校创新创业技能大赛企业经营管理沙盘模拟赛项全国总决赛三等奖	全国电子商务职业教育教学指导委员会	2018年12月
11	张莉、杨立艳	2019年第十二届"新道杯"广东大学生企业经营模拟沙盘大赛省赛三等奖	广东省教育厅	2019年8月
12	陈倩媚、陈莉銮	2017—2018广东省银行综合技能大赛二等奖	广东省教育厅	2018年6月

（5）组建社会服务团队，项目团队教师成为服务农垦博士团和乡村振兴的骨干力量。

我们积极响应广州市的乡村振兴"百团千人科技下乡"工程，杨群祥书记组建"农产品流通与产业发展专家团队，102团"，董斌处长组建"园林景观与城镇绿化服务团，23团"，张乖利、刘后伟老师成立了"农业废弃物高值利用服务团队，132团"，为乡村振兴注入创新的血液，推动农业全面升级、农村全面进步、农民全面发展。

2020年4月广东省湛江农垦集团成立湛江农垦博士工作团，我们项目团队三位博士张乖利、董斌和胡爱清老师被聘请为湛江农垦博士工作站专家，到湛江农垦调研挂职，进行课题研究，支持湛江农垦产业化大发展。

第三节 "同伴互助"教学科研团队在广东农工商职业技术学院财经学院的建设及成效

我们以广东农工商职业技术学院财经学院为试点，改革基层教学组织，组建模块化教学团队，建设成效显著。

1. 财经学院"同伴互助"教学科研团队基本建成

财经学院会计电算化教学团队2015年立项省级教学团队，2015年立项第一批省级二类品牌专业，2020年会计省级二类品牌专业通过验收（粤教职函〔2020〕19号）；财经学院国际金融专业2016年立项第二批省级二类品牌专业，2020年11月，国际金融省级二类品牌专业通过验收；2018年财经学院国际金融专业校级优秀教学团队立项；2020年财经学院审计专业校级优秀教学团队立项；2021年财经学院财务管理专业校级优秀教学团队立项。

2021年3月，财经学院审计专业群（组群专业包括大数据与审计、大数据与会计、资产评估与管理、国际金融四个专业）（粤教科函〔2021〕9号）立项为广东省高水平专业群。

2. 改革基层教学组织，组建模块化教学科研团队

我们以财经学院为试点，按照广东省高水平专业群审计专业群对接的新一代大数据技术与目标就业岗位体系，重构原来以专业教研室为单位的基层教学组织；以专业群课程体系中的"平台+岗位模块+个性发展模块"的分类模块为导向，优化分类配置教师队伍，组建涵盖大数据与会计、大数据与审计、大

数据与财务管理、资产评估与管理、国际金融、证券实务等若干技能应用方向的课程思政教学团队、科研技术服务团队、创新创业团队等6个课程模块教学团队，促进专业教师之间在教学、科研、带领学生比赛方面的"同伴互助"，优势合作。

我们通过改革基层教学组织，破除专业之间的壁垒，解决课程、资源等重复配置与建设、利用率低的难题，进一步聚焦教师团队技术专长，明确各团队的发展方向和工作任务。同时我们构建项目导向、模块化、协作式的教学团队，实施扁平化管理，团队协作完成标准开发、教材开发、教研教改、数字资源建设、科研创新、社会服务等高水平专业群的重难点改革任务。

根据高水平专业群纵向贯通、横向融通的课程体系设计，我们完成了专业群18个教学团队规划，成立了第一批6个课程建设团队，并明确各团队的年度建设任务。团队实施"1+N"建设计划，"一团队一精品课程、一团队一教改、一团队一产品、一团队一科研"等措施，确保每个课程团队负责完成课程模块的课程标准规定、教材与资源开发、教研教改任务，围绕关键的重、难点任务，坚持定向支持与持续建设，确保产出一批高质量成果。团队教学科研成果等信息见表7-14和表7-15。

表7-14   2017年以来财经学院"同伴互助"团队教学科研成果一览

序号	教学科研团队	申报省级以上课题/项	教师教学能力大赛	校级精品在线课程和资源库建设	学生技能大赛获奖	创业大赛获奖	发表核心论文/篇	出版教材和专著/部
1	国际金融	4	获国赛二等奖1次,省赛一等奖3次	1门省级,3门校级	获省赛二等奖4次	获"挑战杯"银奖1次,"互联网+"优胜奖	2	3
2	大数据与会计	4	获省赛一等奖1次,青教赛一等奖1次	3门	获国赛1等奖2次,国赛2等奖2次,国赛3等奖1次,省赛一等奖5次	获"互联网+"银奖	1	2
3	大数据与审计	6	获省赛一等奖1次,青教赛二等奖1次	6门	获国赛1等奖1次,2等奖1次;省赛一等奖4次	获"互联网+"银奖、铜奖各1次	5	1

表7-14(续)

序号	教学科研团队	申报省级以上课题/项	教师教学能力大赛	校级精品在线课程和资源库建设	学生技能大赛获奖	创业大赛获奖	发表核心论文/篇	出版教材和专著/部
4	大数据与财务管理	4	获省赛一等奖1次	1门	获国赛三等奖2次,省赛一等奖1次,二等奖5次,三等奖1次			2
5	资产评估与管理	1	获省赛一等奖2次,青教赛三等奖1次	6门	获国赛进取奖,省赛一等奖1次			
6	证券实务	2		2门	国赛二等奖1次,省赛二等奖6次		1	2
	合计	21	12	22	38	5	9	10

表 7-15　2017—2021 年财经学院教师指导学生技能大赛、创业大赛获奖情况

序号	获奖项目	获奖时间	级别	等次	学生	辅导老师
1	2021 年全国职业院校技能大赛高职组智能财税比赛	2021 年5月	国家级	三等奖	林泽昊、何灼均、颜漫淇、谢艺琳	谢芳、舒文芳
2	2021 年第三届"科云杯"全国职业院校高职组税务技能大赛全国总决赛	2021 年5月	国家级	一等奖	黄琪琪、谢佳妮、张兰兴	秦兴高、施秋霞
3	第四届全国高职院校"网中网杯"审计技能竞赛一等奖及优秀指导老师奖	2020 年11月	国家级	一等奖	李晓琳、邓纪扬、郑静薇、吴燕璇	欧昌惠、莫琳
4	2020 年全国高职院校智能审计职业能力大赛	2020 年12月	国家级	一等奖	吴燕璇、李晓琳、郑静薇、邓纪扬	骆佳佳、黄怡凡
5	第六届"东方财富杯"全国金融精英挑战赛	2020 年8月	国家级	二等奖	严伟坚、邹广盛、卢泽鑫	刘梁炜
6	第九届全国高等职业院校"网中网杯"南区财务管理技能大赛	2020 年10月	国家级	二等奖	余琴瑶、苏佳燕、陈金红、徐如燕	杨立艳、施秋霞
7	第三届全国高职院校"网中网杯"审计技能竞赛二等奖	2019 年10月	国家级	二等奖	李泳橦、林子婷、黄菲宇、周紫婷	欧昌惠、莫琳
8	2020 年第三届"福思特杯"全国大学生审计精英挑战赛高职组及优秀指导老师奖	2020 年12月	国家级	三等奖	刘琳娜、朱思椅、梁容娟	欧昌惠、莫琳
9	中国资产评估协会举办的"初心无悔 追梦未来"微电影大赛	2021 年9月	国家级	进取奖	许佳源、赖子涵、陈慧芯、邓柔等	苏惠霞

表7-15(续)

序号	获奖项目	获奖时间	级别	等次	学生	辅导老师
10	2018全国金融与证券投资模拟实训大赛	2018年8月	国家级	二等奖	陈梓超、卓振龙、张晓萍、陈永桐、李媛瑛、杨玉汇、卓振龙	刘梁炜、肖本海
11	2017年第十一届全国大学生会计信息化技能大赛全国总决赛	2017年11月	国家级	三等奖	刘玲秀、梁瑞欣、卢雨婷、方肖菁	谢芳
12	2020—2021年度广东省职业院校技能大赛高职组	2021年7月	省部级	一等奖	何灼均、林泽昊、谢艺琳、颜嫚淇	谢芳、舒文芳
13	2020—2021年度广东省职业院校技能大赛高职组	2021年7月	省部级	一等奖	林泽昊、颜嫚淇、谢艺琳、何灼均	陈华妹、杨自昂
14	2020—2021年度广东省职业院校技能大赛高职组	2021年7月	省部级	一等奖	林瑞妹、吕绮丽、曹李桐、赖学佳	施秋霞、杨立艳
15	2020—2021年度广东省职业院校技能大赛高职组	2021年7月	省部级	一等奖	张兰兴、谢佳莹、黄琪琪	施秋霞、秦兴高
16	2020—2021年度广东省职业院校技能大赛高职组	2021年7月	省部级	二等奖	傅佳妙、张丽敏、李燕娜、刘海城	薛宇辰
17	2020—2021年度广东省职业院校技能大赛高职组	2021年7月	省部级	三等奖	郝丽怡、邓晓恩、张亚如、郑曼冰	闫金秋
18	2020—2021年度广东省职业院校技能大赛高职组	2021年7月	省部级	二等奖	黄宜津、张益童、陈晓雯、黎沛雯	杨立艳、施秋霞
19	2021年第四届"福思特杯"全国大学生资产评估知识竞赛	2021年9月	省部级	一等奖	许佳源、何福娣、赖子涵	苏惠霞、陈银月
20	中国"互联网+"大学生创新创业大赛广东省分赛	2021年9月	省部级	银奖	黄洁仪、黄静怡、吴佳嫚、肖蔼财、黄炳森、张伊婷、李云飞、吴廷锋、陈文青	杨立艳、张奕奕、黄怡凡
21	中国"互联网+"大学生创新创业大赛广东省分赛	2021年9月	省部级	铜奖	李欣欣、张嘉敏、黄沛民、魏土生、林浪影、温敏儿、郑佳美	古青菲、施秋霞、秦兴高
22	2019—2020年度广东省职业院校技能大赛学生专业技能竞赛财务管理技能赛项(高职组)	2020年12月	省部级	一等奖	余琴瑶、徐如燕、陈金红、苏佳燕	杨立艳、施秋霞
23	2019—2020年度广东省职业院校技能大赛学生专业技能竞赛会计技能赛项(高职组)	2020年12月	省部级	二等奖	陈永健、张丽真、陈艳姿、刘佳豪	谢芳、陈华妹

表7-15（续）

序号	获奖项目	获奖时间	级别	等次	学生	辅导老师
24	2019—2020年度广东省职业院校技能大赛学生技能竞赛互联网金融赛项（高职组）	2020年12月	省部级	二等奖	郑丹妮、梁嘉倩、肖丹敏、陈浩铭	刘梁炜、徐宏菲
25	2018—2019年度广东省职业院校技能大赛	2019年6月	省部级	三等奖	陈永健、刘佳豪、张丹琪、张丽真	谢芳、陈华妹
26	"互联网+"大学生创新创业大赛	2018年6月	省部级	优胜奖	惠联行	陈莉鋆、陈倩媚
27	2017—2018年度广东省职业院校技能大赛会计技能赛项（高职组）	2018年6月	省部级	二等奖	郭滢、吴月梅、冯银芝、范丹霞	谢芳、陈华妹
28	2017年第十届"畅享杯"全国职业院校创业技能大赛"企业经营管理沙盘竞赛"全国总决赛	2017年12月	省级	二等奖	符欣茹、董建宏、吴健华、许志鹏	杨莉、杨立艳
29	2017年第十一届全国大学生会计信息化技能大赛广东省赛	2017年11月	省级	三等奖	张丹琪、许金秀、楚旭阳、陈晓敏	何少娟
30	"我的中国梦"——"立志·修身·博学·报国"主题教育系列活动之一"品粤微生活·畅想中国梦"主题摄影大赛	2017年2月	省级	一等奖	陈健彬、简咏斯、潘俊晓、王佳林	余瞳、陈莉鋆
31	"我的中国梦"——"立志·修身·博学·报国"主题教育系列活动之一"品粤微生活·畅想中国梦"主题摄影大赛	2017年2月	省级	三等奖	潘俊晓、简咏斯、谭伟杰、黎丽娜	龚坤、陈莉鋆
32	2018年第十二届广东大中专学生学术科技节之第十一届广东大学生"新道杯"企业经营模拟沙盘大赛	2018年5月	省级	二等奖	刘琼、李锦玲、许志鹏、康壮、蔡莹婧	杨莉
33	2018年第十四届全国职业院校"新道杯"沙盘模拟经营大赛	2018年4月	省级	二等奖	刘琼、李锦玲、许志鹏、蔡莹婧、吴健华	杨莉
34	2017年广东省高等职业学院技能大赛——"银行业务综合技能"赛项	2018年6月	省级	二等奖	苏燕玲、李弘钊、魏兆裕、黄婉宜	陈倩媚、陈莉鋆
35	增创杯创新创业大赛暨"青创杯"第五届广州青年创新创业大赛增城分赛	2018年5月10日	省级	季军	傅晓晓	闫金秋、杨洁
36	2017—2018年度广东省职业院校技能大赛会计技能赛项（高职组）	2018年6月	省级	二等奖	郭滢、吴月梅、冯银芝、范丹霞	谢芳、陈华妹

表7-15（续）

序号	获奖项目	获奖时间	级别	等次	学生	辅导老师
37	2018年第一届全国高职院校"管理会计"大赛初赛	2018年10月	省级	一等奖	冯银芝、范丹霞、徐丝娜、林胜芷	陈华妹、谢芳
38	2018年第一届全国高职院校"管理会计"大赛初赛	2018年10月	省级	二等奖	谭善尹、欧汝红、邓颖珊、张丽君	陈华妹、谢芳
39	2017年第三届"挑战杯——彩虹人生"广东职业院校创新创效创业大赛	2017年12月	省级	二等奖	张晓萍、许海涛、王竹兴、张泽健、江佩芸、蔡伟健、孙跃权、阳秀云、刘菲妃、许泳	王代梅、林淑贤
40	2018年第十一届"畅享杯"全国职业院校创业技能大赛"企业经营管理沙盘竞赛"全国总决赛	2018年12月	省级	三等奖	吴健华、许志鹏、蔡莹婧、吴颖欣	杨莉、杨立艳

参考文献

阿吉里斯，2012. 组织学习 ［M］. 张莉，等译. 北京：中国人民大学出版社.

安德森，2015. 长尾理论 ［M］. 乔江涛，石晓燕，译. 北京：中信出版社.

安东纳基斯，2011. 领导力的本质 ［M］. 林嵩，徐中，译. 北京：北京大学出版社.

岸见一郎，古贺史健，2015. 被讨厌的勇气 ［M］. 渠海霞，译. 北京：机械工业出版社.

波特，2012. 国家竞争优势：上册 ［M］. 李明轩，译. 北京：中信出版社.

常平芳，2019. 基于教师专业发展的教师同伴互助研究：以 J 小学为例 ［D］. 太原：山西大学.

陈诗瑶，2020. 民办高校青年教师同伴互助研究：以上海市为例 ［D］. 上海：上海师范大学.

陈维嘉，2018. 同伴互助视角下地方高校教师专业发展研究 ［D］. 青岛：青岛大学.

陈静静，2020. 学习共同体：走向深度学习 ［M］. 上海：华东师范大学出版社.

陈亚军，刘予东，2018. 高职院校教师发展中心建设：职能与特色 ［J］. 中国职业技术教育（10）：65-70.

崔佳，2022. 校园里的有效沟通：如何构建良好师生关系 ［M］. 上海：华东师范大学出版社.

邓小妮，2014. 高职院校专业"双带头型"教学团队基本范畴辨析 ［J］. 职业技术教育（10）：55-58.

丁钢，2004. 教师的专业领导：专业团队计划 ［J］. 教育发展研究（10）：5-10.

段琼辉，李永，黄陈，等，2018. 国内高职院校教师发展中心建设现状与存在

问题析因 [J]. 高教学刊 (6)：63-67.

冯霭群, 2007. 试论激励机制在高校教师管理中的意义及其构建 [J]. 广东医学院学报, 25 (2)：230-231.

高国富, 2010. 我国高等院校教学团队建设存在的问题及原因分析 [J]. 时代教育 (教育教学版) (11)：97-98.

桂海进, 汤发俊, 2011. 高职院校教学团队建设研究与实践：以无锡商业职业技术学院电子商务教学团队为例 [J]. 包头职业技术学院学报 (4)：72-74.

哈贝马斯, 2018. 交往行为理论：第一卷：行为合理性与社会合理化 [M]. 曹卫东, 译. 上海：上海人民出版社.

哈蒂, 弗雷, 费舍, 2021. 高度参与的线上线下融合式教学设计 [M]. 彭正梅, 伍绍杨, 译. 北京：中国青年出版社.

贺毅, 2012. 高职院校专业教学团队建设研究 [D]. 南宁：广西大学.

何婷, 2015. 高职教师互助式观课对其职业发展的影响 [J]. 哈尔滨职业技术学院学报 (5)：29-30.

胡柏翠, 周德强, 周良才, 2011. 高职院校优秀教学团队建设的制度保障 [J]. 职业技术教育 (11)：62-65.

花美莲, 2012. 高职院校教学团队建设的探讨 [J]. 科技信息 (1)：79-80.

黄红兵, 2014. 高职院校专业教学团队建设研究 [M]. 合肥：中国科学技术大学出版社.

黄红英, 李佳圣, 2019. 新时代高职院校教师发展中心的功能与运行机制探析 [J]. 湖北职业技术学院学报 (12)：31-35.

霍德, 2004. 学习型学校的变革：共同学习·共同领导 [M]. 胡咏梅, 译. 北京：中国轻工业出版社.

季舒鸿, 高查清, 2012. 高职"双师结构"教学团队：内涵与建设要素 [J]. 职业技术教育 (4)：49-53.

教育部职业技术教育中心研究所课题组. 全国职业院校教情调查报告 [N]. 中国教育报, 2020-10-16 (10).

凯勒曼, 2011. 追随力 [M]. 宋强, 译. 北京：中国人民大学出版社.

克罗齐耶, 费埃德伯格, 2007. 行动者与系统：集团行动中的政治学 [M]. 张月, 等译. 上海：上海人民出版社.

赖翔晖, 张翔, 2017. 教师专业发展新模式："教师领导：校长主导" [J]. 遵义师范学院学报 (2)：101-106.

赖小萍，2008. 高职院校教学团队建设激励机制研究 [J]. 湖南科学学院学报，29 (5)：175-176.

莱夫，温格，2007. 情境学习：合法的边缘性参与 [M]. 王文静，译. 上海：华东师范大学出版社.

黎进萍，2007. 专业学习共同体中的教师专业发展：美国的实践及启示 [D]. 兰州：西北师范大学.

李金榜，2008. 使校本教研真正成为课程改革的推动力 [J]. 内蒙古教育 (3)：41-42.

李品，2015. 高职院校教师同伴互助模式研究 [J]. 湖北函授大学学报 (5)：107-108.

李英霞，2013. 新世纪以来国内关于"同伴互助"的现状研究 [J]. 齐齐哈尔师范高等专科学校学报 (4)：113-116.

刘玆波，2006. 日本在职教师教育实践模式："授业研究"探析 [J]. 教师教育研究 (2)：72-77.

刘雪妮，2019. 我国职业院校教师发展中心的发展历程与评价 [J]. 品牌研究 (4)：286-287.

吕峰，2020. 打造组织追随力 [J]. 清华管理评论 (12)：22-29.

罗宾斯，1997. 管理学 [M]. 北京：中国人民大学出版社.

罗瑾琏，闫佳祺，贾建锋，2018. 社会建构视角下员工积极追随特质对追随行为的影响研究 [J]. 管理学报 (7)：971-979.

马传军，2010. 当代合作型教师文化研究：基于教师学习共同体的视角 [D]. 上海：华东师范大学.

马奎特，2016. 学习型组织的顶层设计 [M]. 顾增旺，周蓓华，译. 北京：机械工业出版社.

马奇，蒂里韦尔，2020. 论领导力 [M]. 张晓军，郑娴婧，席酉民，译. 北京：机械工业出版社.

迈尔斯，2017. 管理与组织研究必读的 40 个理论 [M]. 徐世勇，李超平，译. 北京：北京大学出版社.

孟芳，2012. 西北农村学校教师专业学习共同体研究：以甘肃市三所农村中学为例 [D]. 西安：陕西师范大学.

默里，2021. 真实性学习：如何设计体验式、情境式、主动式的学习课堂 [M]. 彭相珍，译. 北京：中国青年出版社.

帕尔默, 2020. 教学勇气：漫步教师心灵 [M]. 上海：华东师范大学出版社.

逄明波, 2009. 校本教研中教师同伴互助问题研究 [D]. 哈尔滨：东北师范大学.

乔雪峰, 卢乃桂, 黎万红, 2013. 从教师合作看我国校本教研及其对学习共同体发展的启示 [J]. 教师教育研究 (6)：74-78.

秋杰, 2013. 同伴互助促进大学英语教师专业发展研究 [D]. 西安：西安外国语大学.

邱欢辉, 2014. 课例研究推进教师学习共同体建构的个案研究 [D]. 上海：华东师范大学.

圣吉, 2018. 第五项修炼：学习型组织的艺术与实践 [M]. 张成林, 译. 北京：中信出版社.

斯科特, 戴维斯, 2012. 组织理论：理性、自然与开放系统的视角 [M]. 高俊山, 译. 北京：中国人民大学出版社.

孙荣君, 2009. 在参与中共享, 在互助中成长 [J]. 辽宁教育 (11)：20-21.

孙倩, 2017. 关于校本教研中教师知识共享的理性思考 [J]. 教育导刊 (8)：72-75.

孙晓雪, 2017. 同伴互助：教师专业发展的有效途径 [J]. 辽宁教育 (20)：23-26.

脱不花, 2021. 沟通的方法 [M]. 北京：新星出版社.

王中标, 2011. 几所示范性高职院校教学团队建设的经验与启示 [J]. 科技信息 (25)：13-14.

魏建平, 闫晓天, 胡鸿毅, 等, 2011. 上海中医药大学教师发展中心建设的策略与实践 [J]. 中华医学教育杂志, 31 (1)：70-73.

文革, 2007. 西方社会学理论：经典传统与当代转向 [M]. 上海：上海人民出版社.

吴秉健, 2009. 国外教师同伴互助伙伴指导研究综述 [J]. 中国信息技术教育 (5)：79-81.

夏莫, 2013. U 型理论 [M]. 邱昭良, 译. 杭州：浙江人民出版社.

项乐源, 胡鸿毅, 魏建平, 等, 2011. 教师发展中心模式下学习共同体的建设实践 [J]. 高校医学教学研究（电子版）(1)：76-79.

肖志芳, 2011. 基于激励机制的高职院校教学团队建设研究 [J]. 当代教育理论与实践 (12)：113-115.

谢维和，2013. 相互听课：大学教学的学术规范［J］. 中国大学教学（11）：4-6.

熊燕，王晓蓬，2010. 教师专业学习共同体的内涵及生成要素［J］. 当代教育科学（3）：31-33.

徐文祥，2009. 教师学习共同体运行机制的研究：以秀洲现代实验学校为例［D］. 上海：华东师范大学.

许晟，2013. 追随力：内涵、影响因素及对领导效能的作用机理［D］. 南昌：江西财经大学.

杨斌，2012. 信息技术环境下的立体化校本教研研究［D］. 合肥：安徽师范大学.

杨翠娥，2011. 信息技术环境下同伴互助促进教师专业发展的策略研究［J］. 中国电化教育（11）：67-71.

余文森，2003a. 论以校为本的教学研究［J］. 教育研究（4）：53-58.

余文森，2003b. 自我反思 同伴互助 专业引领（一）：以校为本的教学研究的三个基本要素［J］. 黑龙江教育（综合版）（28）：20-21.

余文森，2003c. 自我反思 同伴互助 专业引领（二）：以校为本的教学研究的三个基本要素［J］. 黑龙江教育（综合版）（31）：15.

余晓梅，2013. 校本研究的基本概念和实施策略［J］. 卷宗（7）：6.

袁书杰，胡月星，2016. 追随者特征及追随力提升策略［J］. 领导科学（10）：44-45.

约翰逊，2008. 集合起来：群体理论与团队技巧［M］. 9版. 谢晓非，译. 北京：中国轻工业出版社.

张德锐，1999. 以临床视导促进教师专业成长［M］//师资培训与教育革新研究. 台北：五南图书出版公司：110-111.

张惠珍，段艳丽，2012. "同伴互助"与大学英语教师的专业发展［J］. 教育理论与实践（30）：32-34.

张建玲，2015. 同伴互助模式：英语教师专业发展有效途径［J］. 常州信息职业技术学院学报（12）：60-62.

张亚珍，2011. 促进高职院校教师专业发展的有效路径：同伴互助［J］. 浙江树人大学学报（人文社会科学版）（5）：61-66.

张意忠，2011. 同伴互助、博采众长：高职院校教学名师生成之道［J］. 教育研究（3）：49-50.

张意忠，2014. 高校学科带头人成长规律与培育机制 [M]. 北京：中国社会科学出版社.

张莹，符文娟，2011. 教师同伴互助：教师专业发展的有效途径 [J]. 新课程研究（11）：9-11.

赵健，2006. 学习共同体：关于学习的社会文化分析 [M]. 上海：华东师范大学出版社.

赵书松，2013. 中国文化背景下员工知识共享的动机模型研究 [J]. 南开管理评论（5）：28-39.

赵志群，2021. 职业教育学习新概念 [M]. 北京：北京师范大学出版社.

周成海，2015. 推动教师知识分享的四种策略 [J]. 教学与管理（36）：67-70.

周俊，2010. 障碍与超越：美国学校专业学习共同体研究 [J]. 中国教育学刊（7）：87-90.

朱宁波，张萍，2005. 校本教研中的教师同伴指导 [J]. 教育科学（5）：30-32.

朱宁波，张萍，2007. 教师同伴互助的校本教研模式探析 [J]. 教育科学（6）：16-20.

朱旭东，2011. 教师专业发展理论研究 [M]. 北京：北京师范大学出版社.

左璜，黄甫全，2010. 国外同伴互助学习的研究进展与前瞻 [J]. 外国教育研究（4）：53-59.

佐藤学，2012. 教师的挑战：宁静的课堂革命 [M]. 钟启泉，陈静静，译. 上海：华东师范大学出版社.

BRAWNER C E, FELDER R M, ALLEN R, et al., 2002. A survey of faculty teaching practices and involvement in faculty development activities [J]. Journal of engineering education, 91（4）：393-396.

BURNS J M, 1978. Leadership [M]. New York：Harper &Row.

CHALLEF I, 2004. The courageous follower：standing up to and for our leaders [M]. San Francisco：Berrett-Koehler Publishers.

COOK C E, MARINCOVICH M, 2010. Effective practices at research universities [M] // A guide to faculty development. 2nd ed. San Francisco：Jossy-Bass：279.

CURRIE J P, 2014. Complementing traditional leadership：the value of followership [J]. Reference & user services quarterly, 54（2）：15-18.

DAVID D, 2000. Developing teachers：the challenges of lifelong learning [J]. Educational review, 52（1）：90-91.

ERICKSON G, 1986. A survey of faculty development practices ［J］. To improve the academy（1）：92-96.

EVANS L, 2002. What is teacher development? ［J］. Oxford review of education, 28 （1）：123-137.

FESSLER R, CHRISTENSEN J, 2006. The teacher career cycle: understanding and guiding the professional development of teachers ［M］. Boston: Allyn Bacon.

FULLER F F, 1969. Concerns of teachers: a developmental conceptualization ［J］. American educational research journal（2）：207-226.

GRAEN G B, CASHMAN C J, 1975. A role-marking model of leadership in formal organizations: a developmental approach ［M］. Kent: Kent university Press.

HENDRIKS P, 1999. Why share knowledge? The influence of ICT on the motivation for knowledge sharing ［J］. Knowledge and process management（2）：91-100.

JEHN K A, BEZRUKOVA K, 2003. A field study of group diversity, workgroup context, and performance ［J］. Journal of organization behaviour（25）：703-729.

JOYCE B, SHOWERS B, 1982. The coaching of teaching ［J］. Educational leadership（1）：4-10.

LIN H F, 2007. Effects of extrinsic and intrinsic motivation on employee knowledge sharing intentions ［J］. Journal of information science, 33（2）：135-149.

MARCH J G, SIMON H A, 1958. Organizations ［M］. New York: Free Press.

MORAN M T, HOY W K, 2000. A multidisciplinary analysis of the nature, meaning, and measurement of trust ［J］. Review of educational research（70）：547-593.

PARKER P, KRAM K E, HALL D T, 2014. Peer coaching: an untapped resource for development ［J］. Organizational dynamics（43）：122-129.

PAUL G, KRIS A, 1995. Peer coaching: an effective staff development model for educators of linguistically and culturally diverse students ［J］. Directions in language & education, 1：10.

RICHTER D, KUNTER M, KLUSMANN U, et al., 2014. Professional development across the teaching career ［M］//Teachers' professional development. ［S.l.:s.n.］：97-121.

SORCINELLI M D, AUSTIN A E, EDDY P L, et al., 2005. Creating the future of faculty development: learning from the past, understanding the present ［M］. Bolton, MA: Anker Publishing.

附录 A：高校教师教学科研合作情况调查问卷

高校教师教学科研合作情况调查问卷

尊敬的领导、老师：

您好！

非常感谢您在百忙之中填写问卷。本问卷主要用于"'同伴互助'卓越教学科研团队建设"课题研究，旨在了解贵校教师教学科研"同伴互助"建设情况。您的真实、准确的回答对本项研究非常重要！本次调查实行匿名制，题目选项无对错之分，仅做学术研究之用，不涉及任何商业用途，绝不会向他人公开。衷心感谢您的支持与合作！

一、您的基本信息

1. 您的性别：

A. 男 　　　　　　　　　　B. 女

2. 您就职院校的类型：

A. 本科院校 　　　　　　　B. 高职院校

3. 您的专业大类：

A. 自然科学 　　　　　　　B. 社会科学

4. 您的职称：

A. 初级 　　　　　　　　　B. 中级

C. 副高级 　　　　　　　　D. 正高级

5. 您的年龄：

A. 20～29 岁 　　　　　　　B. 30～39 岁

C. 40~49 岁   D. 50 岁及以上

二、"同伴互助" 建设情况调研

1. 您目前教学中遇到哪些问题？

A. 教学内容更新   B. 教学手段信息化，教学方式优化

C. 教学效果提升   D. 课程标准制定与执行

E. 人才培养方案的制定和更新

F. 其他＿＿＿＿＿＿＿＿＿＿＿＿

2. 您目前科研中面临的挑战包括：

A. 个人发展目标不清晰，动力不足

B. 单打独斗，成效不明显

C. 教学任务重，没时间进行教改或科研

D. 缺乏专家指导或有经验的前辈帮助

E. 其他＿＿＿＿＿＿＿＿＿＿＿＿

3. 教学科研中遇到上述问题您如何解决？

A. 个人研究探索   B. 团队合作、"同伴互助"

C. 在线寻求帮助   D. 其他＿＿＿＿＿＿＿＿＿＿＿＿

4. 如果通过团队合作解决上述问题，您觉得团队成员几个人比较合适？

A. 3~5 人   B. 6~8 人

C. 10 人左右   D. 其他＿＿＿＿＿＿＿＿＿＿＿＿

5. 在团队合作中，如果您是团队带头人，您觉得该如何凝聚团队成员？

A. 团队带头人品德高尚、专业权威、协调能力强，具有无私奉献精神

C. 建立互助合作的氛围和机制，包括校内互助、校外互助以及聘请专家，
团队成员能够得到有效指导

D. 建立良好的激励机制，做好经费分配和后续成果、荣誉的公正分配

E. 建立良好的评价机制，要体现多劳多得

F. 其他＿＿＿＿＿＿＿＿＿＿＿＿

6. 在团队合作中，如果您是团队成员，您觉得该如何促进团队合作？

A. 主动承担工作，负责任   B. 主动学习，虚心请教

C. 师徒结对   D. 主动合作、"同伴互助"

E. 其他＿＿＿＿＿＿＿＿＿＿＿＿

7. 您认为教师"同伴互助"最理想的状态是由哪些人员构成？

A. 本校同学科教师   B. 本校跨学科教师

C. 跨校同学科教师   D. 跨校跨学科教师

E. 其他_____

8. 您认为教师"同伴互助"主要包括哪些项目?

A. 教学   B. 科研

C. 教师发展   D. 学生发展

E. 班级管理   F. 其他_____

9. 您认为教师"同伴互助"形式包括:

A. 教学经验交流   B. 教学资源交换或共享

C. 定期参加集体备课活动   D. 观察课堂教学并提出意见和建议

E. 课例研究   F. 观摩公开示范课

G. 定期进行的教研组活动   H. 其他_____

10. 您目前实际参与的教师"同伴互助"形式有哪些?

A. 教学经验交流   B. 教学资源交换或共享

C. 定期参加集体备课活动   D. 观察课堂教学并提出意见和建议

E. 观摩公开示范课   F. 定期进行的教研组活动

G. 其他_____

11. 您认为教师"同伴互助"方式包括:

A. 共享网络平台

B. 专业领域资深专家或教师的指导

C. 专题讨论、教材推介会或学术会议

D. 师徒结对,老教师带新教师

E. 教学或科研合作研究项目

F. 其他_____

12. 您认为教师"同伴互助"的沟通渠道包括:

A. 面对面讨论   B. QQ 或微信

C. 学习小组   D. 专题研讨

E. 其他_____

13. 您认为教师"同伴互助"的目的是:

A. 促使教师向专业化方向发展

B. 实现教师间的优势互补和资源共享

C. 促进教师之间互助学习、合作与交流并改进教学和科研

D. 提升教师的自身素质

E. 培养教师之间团队合作的意识

F. 其他＿＿＿＿＿＿＿＿＿＿＿

14. 贵校是否为教师提供"同伴互助"平台？

A. 经常提供　　　　　　　　B. 偶尔提供

C. 有需要时提供　　　　　　D. 从不提供

E. 其他＿＿＿＿＿＿＿＿＿＿＿

15. 贵校为教师"同伴互助"提供了哪些制度保障？

A. 动力机制　　　　　　　　B. 整合机制

C. 激励机制　　　　　　　　D. 保障机制

E. 其他＿＿＿＿＿＿＿＿＿＿＿

16. 您认为目前教师"同伴互助"存在的主要问题包括：

A. 为拿到课题和项目临时拼凑团队

B. 团队是为了完成摊派的任务

C. 团队无实质互助合作

D. 团队互助合作无持续性

E. 团队成员分工合作意愿不强，"同伴互助"的动力机制、激励机制和评价机制缺乏

F. 其他＿＿＿＿＿＿＿＿＿＿＿

17. 您认为教师之间"同伴互助"缺失的原因有哪些：

A. 学校的互助氛围不足，缺乏"同伴互助"的文化、传统或制度

B. 教师任务重或课时较多，没有足够时间进行有效的"同伴互助"

C. 教师之间彼此不了解或性格原因造成缺乏有效沟通

D. 可供进行信息交流的平台有限（如网络平台、教师沙龙等）

E. 教研组的活动流于形式，没有得到较深入的开展

F. 参加专题研讨会、教材推介会或学术讲座的机会比较少

G. 接受相关专业的资深教授或专家指导的机会较少

H. 其他＿＿＿＿＿＿＿＿＿＿＿

18. 您觉得培育优秀教学科研团队应从哪些方面努力？

A. 校园团队互助文化氛围的营造

B. 高校的行政领导由学术权威挂帅

C. 建立团队考核的评价机制

D. 加强团队互助的制度建设，如动力机制、整合机制、激励机制和保障机制

E. 其他＿＿＿＿＿＿＿＿＿＿＿＿

19. 如何加强高校教师"同伴互助"及教学科研团队建设，请您提出宝贵建议。

＿＿＿＿＿＿＿＿＿＿＿＿＿＿＿＿＿＿＿＿＿＿＿＿＿＿＿

＿＿＿＿＿＿＿＿＿＿＿＿＿＿＿＿＿＿＿＿＿＿＿＿＿＿＿

附录B：高校教师教学科研合作情况访谈提纲

高校教师教学科研合作情况访谈提纲

一、调研目的

按照"'同伴互助'卓越教学科研团队建设"（广东省教育厅2017GWCXTD002）项目进度安排，2018年12月24日起项目组成员将开展广东省外标杆院校优秀教学科研团队建设情况的调研，了解兄弟院校教学团队和科研团队建设的动力机制、激励机制和保障机制，借鉴标杆院校在教师的成长、教学质量的提高、教学的改革创新和教学科研团队建设方面采取的得力举措，为高职院校全面提升教师教学能力和科研水平总结经验并在广东全省推广。

一、调研时间

2018年12月25日—12月28日。

二、调研对象

国家级或省级优秀教学科研团队，文科和工科各1~2个。

三、调研人员

"'同伴互助'卓越教学科研团队建设"项目组成员：广东农工商职业技术学院财经学院副院长陈倩媚副教授、财经学院国际金融专业负责人张乖利副教授、廖旗平教授和广东农工商教师发展中心胡爱清副教授。

四、调研方式

走访、座谈。

五、调研内容

（一）教师学习共同体

1. 贵校以专业为单位的教师"同伴互助"合作的开展情况；

2. 教师参与"同伴互助"合作的路径、障碍和效果有哪些？

3. "同伴互助"合作形式的可持续状况；

4. 教师发展中心对教师"同伴互助"合作的推进作用。

（二）教学团队

1. 贵单位教学团队建设取得了哪些成果？教学团队建设经验有哪些？

2. 对教学团队有哪些激励机制和约束机制？

3. 优秀教学团队的核心凝聚力如何打造？

4. 教学成果的培育思路及激励措施；

5. 国家级精品在线开放课程建设经验介绍；

6. 技能竞赛经验介绍。

（三）科研团队

1. 贵单位科研团队的组织架构和形式。

2. 经费来源：日常经费拨款？依靠项目申请经费？两者结合？

3. 科研团队人员组成：主要由上级指派？还是志同道合者自愿组成？还是跨部门人员经协调组成？

4. 科研团队运作与激励机制，有哪些绩效考核措施？绩效考核方式和频率是怎样的？团队考核还是个人考核？

5. 科研团队负责人的职责与权利，由上级确定还是成员投票决定？

6. 科研工作量能不能折算为教学工作量？

7. 加强科研团队成员"同伴互助"的措施。

联系人：张乖利

广东农工商职业技术学院

"'同伴互助'卓越教学科研团队建设"项目组

2018 年 12 月 10 日